Anna Halm

Neues, praktisches Kochbuch für die gewöhnliche und feinere Küche

KOCHBUCH VERLAG

Anna Halm

Neues, praktisches Kochbuch für die gewöhnliche und feinere Küche

ISBN/EAN: 9783944350042

Auflage: 1

Erscheinungsjahr: 2013

Erscheinungsort: Bremen, Deutschland

@ Kochbuch-Verlag in Access Verlag GmbH, Fahrenheitstr. 1, 28359 Bremen. Alle Rechte beim Verlag und bei den jeweiligen Lizenzgebern.

Neues, praktisches

Kochbuch

für

die gewöhnliche und feinere Küche

oder

bewährte und vollständige Anweisung
zur schmackhaften Bereitung der verschiedenartigsten
Speisen, Backwerke, Getränke u. s. w.

Von
Anna Halm.

Zweite Stereotyp-Auflage.

Reutlingen.
Druck und Verlag von Enßlin & Laiblin.

Vorrede.

Die große Menge von Kochbüchern, welche im Buch-
handel erschienen sind, geben meinem Entschluß, nun auch
meine eigenen Erfahrungen in der Kochkunst herauszugeben,
den Anschein einer überflüssigen Arbeit, und wohl nicht so
leicht hätte ich mich zu diesem Schritte entschlossen, wenn
nicht viele Gönner und Freundinnen mich dazu ermutigt
hätten. Mit eifriger Energie machte ich mich an die mühe-
volle Arbeit und stellte mir als Hauptaufgabe, nicht
ein Kochbuch zu schreiben, das eben eine Anzahl Recepte
enthalte, sondern ein solches, das seinem Zwecke möglichst
vollkommen entspreche, für die Küche jeden Standes passe
und für jedermann leicht verständlich sei. Deswegen bin
ich auch bei der Wahl der Recepte äußerst gewissenhaft zu
Werk gegangen und habe mich dabei nur an die eigene,
langjährige Erfahrung gehalten. Ob ich meine Aufgabe
zur Zufriedenheit meiner freundlichen Leserinnen ausge-
führt habe, wage ich nicht zu behaupten, allein der Beifall
meiner Freundinnen, denen ich Einsicht von der Arbeit gegeben habe, läßt mich hoffen, daß solche nicht ungünstig
aufgenommen werden wird.

Anna Halm.

Einleitung.

Ein Kochbuch macht noch keine Köchin, die einfachsten Kochkenntnisse sind daher, wie bei jedem Kochbuch, so auch hier vorausgesetzt. Immerhin dürften aber nachstehende Bemerkungen nicht überflüssig sein und besonders Anfängerinnen gute Dienste erweisen. Sämmtliche in der Küche vorkommenden Arbeiten erlerne man erst gründlich und behandle sie aufmerksam, wie die wichtigsten Geschäfte. Nur wer mit Aufmerksamkeit beim Kochen ist, wird gute Speisen bereiten und verstehen, das seinem Geschmack und den Verhältnissen angemessene auszuwählen, nötigenfalls zu vereinfachen und hiedurch eine billigere, aber immer noch schmackhafte Speise zu bereiten. — Reinlichkeit ist die Grundbedingung einer guten Küche, deswegen befleißige sich die Köchin der größten Sauberkeit, sowohl hinsichtlich ihrer eigenen Person, als der Küchengerätschaften. Alle Töpfe sind von Zeit zu Zeit mit Asche von hartem Holz auszukochen und jedesmal vor dem Gebrauch auszureiben. Letzteres bleibt erspart, wenn statt der seither üblichen offenen Bretter und Gesimse die neuerdings in Aufnahme kommenden geschlossenen Schränke zur Aufbewahrung des Geschirrs verwendet werden, welches hiedurch vor Staub und Fliegen geschützt ist. Die Verwendung messinguer und kupferner Geräte muß thunlichst vermieden werden, da solche, wenn sie nicht äußerst sorgfältig behandelt werden, der Gesundheit sehr schädlich sind; kann deren Verwendung aber durchaus nicht vermieden werden, so sehe man darauf, daß kupfernes Geschirr stets gut verzinnt und messingnes glänzend blank ist. In solchen darf kein Mehl geröstet oder Schmalz heiß gemacht, ebenso wenig saure, mit Essig oder Wein zubereitete Speisen gekocht, noch Speisen zum Erkalten stehen gelassen werden. Das bei weitem angenehmste und für Privathäuser empfehlenswerteste Geschirr ist das **irdene**

Kochgeschirr, welches der größeren Dauerhaftigkeit wegen in Draht gebunden sein sollte. Vor dem Gebrauche muß dasselbe mit Wasser ausgekocht werden; man hüte sich dabei, dasselbe in den ersten Wochen des Gebrauchs zum Rösten des Mehls zu verwenden, da sonst die Glasur sich ablösen würde. Eisernes Geschirr ist der Gesundheit niemals schädlich und wenn es vor Fall bewahrt wird, von großer Dauer; je länger es im Gebrauch ist, je besser wird es, da man dann selbst Saures und Hülsenfrüchte darin kochen kann, ohne daß diese sich verfärben. Vor dem erstmaligen Gebrauch muß es mit starker Lauge ausgekocht, hierauf tüchtig gefegt und dann mit Fett eingerieben werden. Statt der Lauge kann auch Salzsäure in folgender Weise dienen: Man stellt den Topf auf das Feuer, gießt für etwa 10 Pfennig Salzsäure, dann etwa ½ Liter Wasser hinein und läßt dies einige Augenblicke kochen, worauf der Topf mit Sand gefegt, mit Fett eingerieben, dann mit Lauge und alten Knochen ausgekocht und nochmals gefegt wird. Eiserne Töpfe mit Glasur sind zu feinen Gemüsen, Reis ꝛc. sehr zweckmäßig, da sie dem Gekochten weder in der Farbe, noch im Geschmack nachteilig sind; man achte aber darauf, daß die Glasur geschont bleibt, denn der Topf ist unbrauchbar, sobald solche sich loslöst. Die Reinigung soll deswegen nur mit Wasser vermitelst eines Lappens geschehen, Sand keineswegs verwendet und der Topf auch nie leer zum Feuer gestellt werden. Will sich die Köchin das tägliche, mühsame Abfegen des Rußes ersparen, so halte sie sich einen aus Asche und Wasser angerührten Teig vorrätig, bestreiche damit die äußere Seite des Geschirrs, ehe es auf das Feuer kommt und die Reinigung wird kaum halb so viel Mühe machen. Außer den praktischen, viel Heizmaterial ersparenden Dampftöpfen sind noch die **Petroleumherde** erwähnenswert. Solche sind natürlich nur für kleine Haushaltungen zur Bereitung aller Speisen geeignet, aber auch in größeren für Kaffee, Thee, Chocolade gut verwendbar und haben den Vorzug, — besonders wenn

sie mit Rundbrennern versehen sind, — daß an Heizungs-
material beträchtliches erspart wird. — Die Vorräte
sind zu ihrer Erhaltung sorgfältig aufzubewahren. Die
Speisekammer sollte auf der Nordseite liegen und nahe
bei der Küche, trocken und luftig sein, damit die darin
aufbewahrten Gegenstände keinen Schaden leiden. Bei
heißer Witterung halte man des Nachts die Fenster offen
und versehe die Füllung mit passenden Drahtgittern, bei
Tage aber halte man jede eindringende Wärme vorsichtig
fern. Im Winter schütze man sie ebenso sorgfältig gegen
Kälte. Pflanzen und Fleisch verwahre man an kühlen
Orten, die gegen Mäuse, Katzen und Fliegen geschützt sind;
Hülsenfrüchte, Mehlarten, dürres Obst an trockenen, luf-
tigen Orten. Fleisch, Küchengewächse und gekochte Speisen
sind im Sommer vor der Hitze und vor Fliegen, wie
im Winter vor der Kälte zu schützen, weil das Gefrieren
den Geschmack herauszieht, und vieles ganz unbrauchbar
macht; dagegen wird großes Geflügel und Wildbret durch
Gefrieren milder. — Beim Einkauf beachte man, daß
Mehl trocken, fein und von jedem Geruch frei sei, es darf
sich nicht sandig und knollig anfühlen; der davon bereitete
Teig muß gleichmäßig fest bleiben und nicht nach wenigen
Minuten dünner werden. Zu feinem Backwerk muß man
es stets zuvor sieben. Vorräte davon werden an trocke-
nem, kühlem Orte aufbewahrt, im Frühjahr und Sommer
rühre man von Zeit zu Zeit darin, damit das Mehl nicht
bitter werde. — Frische Eier sind an rotgelbem Dotter
erkennbar. Um zu finden, ob ein Ei nicht schon in Ver-
wesung übergeht, halte man es gegen das Licht; ein
schlechtes oder faules Ei hat entweder einen dunkeln Punkt,
oder es ist schon ganz schwarz, während ein gutes Ei an
seinem rötlich-durchsichtigen Schein oder auch daran erkennbar ist, daß man beim Schütteln desselben fühlt, daß
es noch voll ist. Eier sollen an kühlem Orte aufbewahrt,
und sind die Vorräte groß, nicht auf, sondern neben einander auf ein Brett gelegt werden. Will man sich einen
Vorrat davon für den Winter anlegen, so empfiehlt sich

das Einkalken in folgender Weise: In ein im Keller be-
findliches Faß oder ein Gefäß von hartem Holze werden
die frischen, unbeschädigten Eier sorgfältig eingelegt. Hierauf wird so viel abgelöschter Kalk, mit Wasser verdünnt,
— daß er dickflüssig ist, — langsam darüber gegossen,
bis die Eier völlig bedeckt sind. Nun hat man nur
noch dafür Sorge zu tragen, daß das Eintrocknen des
Kalkes durch zeitweiliges Zugießen von Wasser vermieden
wird. — Gefrorene Eier lege man sofort in eiskaltes
Wasser, das den Frost herauszieht; in die Wärme gebracht, würden sie unbrauchbar. — Gute Butter soll nicht
weiß, sondern blaßgelb aussehen, ist sie jedoch stärker
gelb, so ist zu befürchten, daß sie entweder gefälscht ist,
oder von einer kranken Kuh kommt. Zum Backen und
Beschmieren der Bleche kann nur ganz gute Butter verwendet werden, da sich jeder schlechte Geschmack derselben
fühlbar macht, während zum Rösten des Mehls ꝛc. auch
ältere Butter geeignet ist. Im Sommer lege man die
Butter in ein Gefäß mit Salzwasser, das man bei sehr
großer Hitze in den Keller stellt. Zu längerer Aufbewahrung
durchknete man die Butter mit Salz und stelle sie in einem
Topfe zugedeckt in den Keller; vor dem Gebrauch muß
sie mit Wasser durchknetet und kann sie nur zu gesalzenen
Speisen verwendet werden. Schmalz siede man thunlichst
selbst aus und verwende dazu nur gute Butter, die wenn
auch · teurer, doch viel ausgiebiger ist. Die Butter wird
in einem eisernen Topfe auf's Feuer gestellt; wenn sie
zu steigen anfängt, so schöpfe man immer ab und lasse
sie wieder langsam hineinlaufen, damit sich die Masse
etwas abkühle. Steigt die Butter zum zweiten Mal und
wird der Bodensatz bräunlich, so ist das Schmalz fertig;
man nimmt den Topf vom Feuer, damit er sich abkühle,
und füllt die Masse in irdene Töpfe oder blecherne Kapseln;
der Bodensatz muß natürlich abgesondert werden. Schweineschmalz ist allerdings vom Metzger billiger zu erhalten,
aber da solches mitunter mit anderem, geringerem Fett
vermengt ist, so empfiehlt es sich, seinen Bedarf selbst zu

sieden. Zu diesem Behufe nimmt man Speck, schneidet
ihn in · kleine Würfel, gibt sie in einen eisernen Topf
und bratet sie weißgelb. Nachdem das ausgeschwitzte
Fett abgegossen und etwas abgekühlt ist, füllt man es
in Häfen oder Büchsen, bindet sie zu und stellt sie an
einen kühlen Ort. — Gemüse soll möglichst frisch ver=
wendet werden, andernfalls stelle man es gut zugedeckt
in einen trockenen Keller. Beim Einkauf der Gemüse be=
achte man folgendes: Gelbrüben sollen glatt und rot sein,
im Frühjahr sind die kurzen, runden am besten, bei vor=
gerückter Jahreszeit dagegen die langen vorzuziehen. Grüne
Erbsen sollen frisch — grün und beim Zerbeißen saftig sein.
Bohnen sind jung, wenn sie keine Kerne haben und sich
leicht zerbrechen lassen. Wirsing und Kraut sollen fest und
schwer sein, Kopfsalat fest geschlossene Köpfe haben, Rettiche
glatt und rundlich sein. Gurken müssen grün und nicht
gelblich sein, sogenannte Schlangengurken, länglich geformt,
sind die besten. Beim Blumenkohl (Karviol) soll die
Blume weiß, groß, fest und nicht mit grünen Blättern
durchwachsen sein. Gute Spargeln sind an kurzen, dicken
Köpfen erkennbar, Spinat an großen Blättern; Meer=
rettich soll dick sein und beim Zerbrechen abschnellen. Rote
Rüben müssen spitz, klein und dunkelrotblätterig sein.
Winterkohl ist am besten, wenn er einige Fröste bekommen
hat. Um Sellerie=Wurzeln, Gelbrüben, rote Rüben, Meer=
rettich und Petersilienwurzel für den Winter aufzubewahren,
grabe man sie in trockenen Sand ein, sie bleiben dann
bis zum Frühjahr gut; Kraut und Wirsing halten sich
in gutem Keller gleichfalls lange. Sauerkraut wird auf
folgende Weise für den Winter eingemacht: Das Kraut
wird von den Strünken befreit und eingeschnitten. Das
zum Einmachen bestimmte Gefäß muß rein und geruch=
los sein; der Boden desselben wird mit Krautblättern
belegt, das Kraut eingesalzen, lagenweise hinein gethan
und mit einem Stämpfel festgestampft, bis es Wasser
zieht. Auf diese Weise fährt man fort, bis das Gefäß
voll ist, dann wird es wieder mit Blättern belegt, mit

einem paſſenden, hölzernen Deckel bedeckt und mit Steinen beſchwert. Nach 14 Tagen kann man das Kraut ſchon verwenden; zuvor wird jedoch der ſich erzeugende unreine Saft abgenommen, doch ſo, daß das Kraut noch Flüſſigkeit behält. Beim Herausnehmen des Krautes müſſen die Steine und das Brett jedesmal ſauber abgewaſchen werden. Um Bohnen zu trocknen, werden ſolche noch jung und zart verwendet; man befreie ſie von den Faſern, ſpalte ſie, laſſe ſie in kochendem Salzwaſſer einigemal überwallen, ſchwenke ſie hierauf mit kaltem Waſſer mehrmals ab und trockne ſie auf Brettern an einem ſchattigen, kühlen Ort oder im Backofen. In manchen Gegenden iſt das Waſſer ſehr kalkhaltig, in welchem Hülſenfrüchte ſehr ſchwer weich zu kochen ſind; für letzteren Zweck ſammle man daher am beſten Regenwaſſer, welches zu beſſerer Aufbewahrung mit Salz verſetzt wird, oder man gebe dem kalkhaltigen Waſſer eine Meſſerſpitze voll Soda bei. Beim Einkauf des Fleiſches iſt gleichfalls manches zu berückſichtigen und beſonders darauf zu ſehen, daß ſolches von geſunden, friſch geſchlachteten Tieren ſei. Ueber Ochſenfleiſch iſt das Nötige bei „III. Ochſen- und Rindfleiſch“ geſagt. Schweinefleiſch ſoll jung ſein, altes iſt wegen ſeiner größeren Fettmenge wenig nützlich, beſonders wenn es zu Schinken verwendet werden ſollte, auch wird es beim Kochen nicht genügend weich. Fleiſch und Fett ſollen daher weiß und nicht rot ſein, ein weiteres Erkennungszeichen iſt die Größe der verſchiedenen Teile des Tieres; ein junges Schwein hat ſehr kleine Rippen und Schinken. Vor dem Ankauf zu jungen Schweinefleiſches hüte man ſich dagegen im Sommer, denn Krankheiten ſind dann meiſtens die Urſache, daß das Schwein geſchlachtet worden. Gebeiztes, geräuchertes Schweinefleiſch wird entweder in Aſche gelegt, oder an einem kühlen, trockenen Orte aufbewahrt. Vor dem Gebrauche wird es am beſten mit Hafermehl abgerieben und hierauf mit lauem Waſſer abgewaſchen. Wie Schinken eingebeizt werden, iſt bei Recept: „Pöckelfleiſch“ erſichtlich. Gutes Kalbfleiſch

muß weißlich sein und zartfaserige Nieren haben; bei
der Zubereitung ist rasches Braten empfehlenswert; die
Leber ist nur ganz frisch brauchbar. Lamm- und Hammelfleisch soll jung, das Fett weiß sein. — Junge Gänse
und Enten haben enge Hälse, weißes Gebiß und weiche
Gurgel, auch müssen ihre Füße und Flügelröhren schwach
sein; junges Federvieh ist außerdem an schwächeren Knochen,
weniger gedrungenem Körperbau, dünnerer Haut und weichen, nicht so abgenützten Krallen erkennbar. Alte Hühner,
Gänse, Enten, Kapaunen 2c. müssen 2—4 Tage, junge
Hühner und Tauben wenigstens den Tag vor dem Gebrauch geschlachtet sein. Beim Abschlachten werden den
Tauben die Köpfe abgerissen, den Enten wird er abgehauen, Hühnern, Hähnchen, Kapaunen und Putern durchschneidet man die Gurgel. Hierauf wird das Rupfen
sofort vorgenommen; die feineren, schwer zu entfernenden
Härchen sengt man mit Strohfeuer oder einem Lichte
ab und zieht dann noch die Stoppeln mit einem scharfen
Messerchen heraus. Gänse und Enten wäscht man nach
dem Sengen mit Kleie und heißem Wasser rein und
entfernt die harte Haut von den Füßen. Das Ausnehmen geschieht folgendermaßen: Den Hühnern sticht man
die Augen aus, schneidet den untern Teil des Schenkels
weg, säubert den oberen, entfernt die Zunge, zieht die
Haut vom Kamme und drückt den Brustknochen ein,
welcher dann herausgenommen wird. Am Halse, dicht
an der Brust, macht man einen kleinen Querschnitt, zieht
den Schlund und die Gurgel heraus und löst den Kropf
sorgfältig ab, damit er nicht aufspringt. Soll das Huhn
gebacken werden, so trennt man die Füße im Ge-
lenke ab, soll es gekocht werden, so schneidet man die
Flechsen im Kniegelenk durch, damit die Füße, von denen
die Klauen entfernt sind, zurückgelegt werden können.
Das Aeußere des Hinterteils wird weggeschnitten und
man macht von da an einen kleinen Längen- oder Querschnitt, durch welchen man die Eingeweide behutsam entfernt. -- Die Galle wird sodann sorgfältig von der Leber

getrennt, damit sie nicht zerdrückt wird, das Harte am
Magen entfernt und wenn er quer durchschnitten ist, die
innere weiße Haut abgezogen. Nun wird das Huhn in
kaltem Wasser rein gewaschen, worauf man dessen beide
Flügel nach dem Kopf herumdreht, daß sie quer auf dem
Rücken liegen und die Brust hervortritt. Die Beine
werden in den untern Querschnitt hineingeschoben oder
mit einem dünnen, spitzen Hölzchen festgemacht; indem man
mit letzterem zu der unteren Oeffnung hinein über die
Beine hinweg und auf der anderen Seite hinaus fährt.
Mit einem zweiten Hölzchen durchsticht man den Kopf an
der linken Seite und sticht ihn, indem man den Hals
dreht, an der rechten Seite des letzteren fest, daß die
obere Seite der Brust zu und nach außen kommt. Nun
werden noch die Schlegel niedergedrückt, mit einem dritten
Hölzchen durchstochen und Leber und Magen unter einen
Flügel geklemmt oder in den Leib geworfen. Zum Braten
ist natürlich ein junges Huhn erforderlich, während zum
Absieden ein altes Huhn oder eine alte Henne zweckmäßiger
ist. Truthähnen oder Hennen schlägt man den Brustknochen
gleichfalls ein, indem man zu beiden Seiten darauf klopft,
um das Aufspringen der Haut zu verhüten. Dann werden
sie noch warm gerupft, ausgenommen, die feinen Haare
abgesengt, mit Kleie oder Hafermehl gerieben, Hals und
Füße abgeschnitten und wie ein Huhn dressiert. Sollen
Brust und Hals nicht gefüllt werden, so steckt man Milch=
brote in den Leib, daß die Brust hoch bleibt. Bei Tauben
wird der Kropf gleichfalls behutsam entfernt und der Hals,
sollte er zu lang sein, abgeschnitten, was auch bei den
Füßen im Kniegelenk geschieht. Sind die Tauben, wie
dies bei den Hühnern angegeben, ausgenommen, so klemmt
man ihnen Magen und Leber ebenfalls unter die Flügel
oder legt sie in den Leib. Zum Schluß macht man am
Hinterteil rechts und links einen kleinen Einschnitt und
schiebt die Beinchen hinein. Gänse sind nur vom Oktober
bis Januar gut; sie werden in das Genick gestochen, das
Blut zu Ganspfeffer in Essig aufgefangen, und das Loch

mit einem glühenden Eisen zugebrannt, damit die Federn nicht zu blutig werden. Sowohl Gänse wie Enten werden, wenn sie gewaschen und völlig erkaltet sind, auf gleiche Weise, wie die Hühner, ausgenommen, das Fett, welches sich unten und an den Eingeweiden befindet, entfernt, Hals und Flügel kurz abgehauen, in beliebige Stücke geschnitten und von den Füßen die Klauen entfernt. Hierauf bindet man die Beine mit Bindfaden zusammen und hängt das so zubereitete Geflügel an einem kühlen, trockenen Orte auf. Die kleinen Stückchen der Gans: Leber, Füße, die ausgewaschenen Gedärme 2c. werden gleichfalls zu Gans= pfeffer verwendet, während die Gedärme der Ente nicht verwendbar sind.

I. Suppen.

1. Gewöhnliche Fleischbrühe. Zu einer solchen nimmt man ein Stück Ochsenfleisch, das nicht zu fett ist, klopft es und setzt dasselbe in kaltem Wasser in einem eisernen Topfe zu. Wenn dasselbe zu sieden anfängt, wird die Brühe abgeschäumt, mit Salz, Petersilie, Lauch, Sellerie, Gelbrüben, einer in Butter braun gerösteten Zwiebel, etwas Wirsing, Muskat und einigen Pfefferkörnern versehen, und auf die Seite gestellt, damit sie nicht zu stark siedet und dadurch trübe wird. Hat man übrige Knochen, so gibt man sie zu der Brühe, sie wird dadurch kräftiger. Will man eine ganz kräftige Brühe, so siede man ein Huhn damit. Einer schwachen Fleischbrühe kann man durch einige Messerspitzen voll Jus oder Fleischextract nachhelfen. Auffüllen mit Wasser ist so viel wie möglich zu unterlassen. Bei einem Dampftopf wird Salz und das Grüne sogleich dazu gegeben, der Topf geschlossen und die Brühe nicht abgeschäumt; das auf diese Weise gekochte Fleisch ist in einer Stunde gar.

2. Kraftbrühe. Ochsenfleisch, etwa ½ Pfd. oder 250 Gramm, wird fein gehackt, in eine Flasche oder sonst in ein verschließbares Gefäß gefüllt, und so lange in siedendes Wasser gestellt, bis das Fleisch ausgekocht und aller Saft herausgezogen ist. Diese Brühe wird sehr viel für Schwache und Genesende verwendet. Jedoch ist es gut, die Brühe vor dem Gebrauch mit etwas Wasser zu vermischen, da sie sonst zu stark ist.

3. Schnelle Bouillon. Zu einer Tasse nimmt man ein Eigelb, rührt es mit siedender Fleischbrühe an, und gibt diese zu Tische.

4. Jus zu fast allen Suppen. Man schneidet 500 Gramm Ochsenfleisch in ganz kleine Stücke, gibt Zwiebeln, gelbe Rüben, Wurzeln und etwas Kartoffeln, auch 3 Löffel voll Fleischbrühe und gute Butter dazu, dämpft alles gelbbraun und löscht es mit Wasser ab. Nach 3—4stündigem Kochen wird es durch ein Haarsieb gegossen. Man mischt davon nach Belieben unter die Suppen. Das Jus muß gut zu= gedeckt an einem kühlen Orte aufbewahrt werden.

5. Allgemeines über die Suppen. Die zu den Sup= pen verwendete Fleischbrühe muß immer die erste sein, welche das Fleisch abgibt. Das Fett muß sorgfältig von ihr abgeschöpft werden. Diese fette, abgeschöpfte Brühe nimmt man an das Gemüse. Das Brot, welches zu Suppen verwendet wird, soll nie sauer sein. Ebenso ist wohl darauf zu achten, daß die trockenen Gemüse, wie Reis, Gries, Sago, grüne Kerne ꝛc. nicht dumpfig schme= cken. Butter und Eier müssen ebenfalls von bester, frischester Beschaffenheit sein.

6. Gries=Suppe. Zu einer Suppe für 6 Personen wird eine Obertasse voll Griesmehl in siedende Fleischbrühe gerührt und diese schnell mit 1—2 gut verrührten Eiern abgezogen.

7. Einlauf=Suppe. Zwei Eier werden gut verrührt, soviel Mehl dazu genommen, daß man dieses glatt rühren kann, mit einem dritten Ei oder etwas Milch verdünnt, und langsam in siedende Fleischbrühe gerührt. Der Teig muß jedoch so dick sein, daß er Flocken gibt.

8. Sago=Suppe. Eine Tasse voll Sago wird in sie= bende Fleischbrühe gestreut und gekocht, bis die Körner hell sind, worauf die Suppe mit einem oder zwei Eiern abge= zogen wird.

9. Grüne Kern=Suppe. Die Kerne werden mit einem Tuche sorgfältig abgerieben und in einem Mörser so fein gestoßen, daß keine ganzen Kerne mehr darunter sind. Hierauf werden sie mit Fleischbrühe zugesetzt, eine schwache

halbe Stunde gekocht und die Suppe mit einem oder zwei
Eiern abgezogen.

10. Reis-Suppe. Der Reis wird rein gelesen, dreimal gebrüht, und kalt, halb mit Wasser, halb mit Fleischbrühe, zugesetzt. Ist der Reis weich und das Wasser eingekocht, so wird er mit einem Stückchen Butter und einem
Kochlöffel voll Mehl tüchtig verrührt, mit Fleischbrühe verdünnt und nach nochmaligem Aufkochen angerichtet.

11. Andere Art. Nachdem der Reis auf obige Art
zugesetzt und weich gekocht ist, wird er durch ein Haarsieb
getrieben, dann mit Fleischbrühe verdünnt, und wenn er
nochmals gekocht hat, mit einem oder zwei Eiern abgezogen.

12. Gersten-Suppe. Die Gerste wird rein gelesen, gewaschen, und mit einem Schöpflöffel voll kalten Wassers
zugesetzt. Nachdem sie einige Zeit gekocht hat, wird gute
Fleischbrühe daran gegossen, worauf man sie noch 1—2
Stunden kochen läßt und durch öfteres Umrühren das
Anbrennen verhütet. Ist sie weich, so rührt man ein Stückchen Butter und 1 Kochlöffel Mehl mit etwas Milch daran.

13. Gersten-Schleim wird ebenso gemacht, nur läßt
man denselben vor dem Anrichten durch ein Haarsieb laufen,
damit die Kerne zurückbleiben. Bei beiden Suppen ist es
ratsam, entweder einige Kalbsstozen oder eine geräucherte
Bratwurst mitzusieden, wodurch sie kräftig schmecken.

14. Wecken-Suppe. 2 Wecken werden fein eingeschnitten, mit Fleischbrühe gebrüht und einige Male aufgekocht.

15. Geröstete oder gebähte Wecken-Suppe. Zu derselben werden die Wecken-Schnittchen auf einem Roste über
glühenden Kohlen gelb geröstet, gebrüht und aufgekocht.
Es empfiehlt sich, immer solch geröstetes Brot vorrätig
zu haben.

16. Milchbrot-Suppe. Von altgebackenen Semmeln
oder Milchbroten werden Würfelchen geschnitten, zwei bis

drei Eier mit süßem Rahm an die Milchbrote gerührt und das Ganze mit siedender Fleischbrühe abgebrüht

17. Mutschelmehl=Suppe. Man röstet Mutschelmehl in einem Stückchen Butter gelb und löscht es mit Fleisch= brühe ab. Nachdem es einige Mal aufgekocht, wird es mit Eiern und süßem Rahm abgezogen. Oder man läßt übrig gebliebene Semmeln und Brotreste im Backofen gelb werden, stößt es fein und verwendet dieses geröstete Mut= schelmehl wie Griesmehl zu Suppen.

18. Wurzel=Suppe. Eine Semmel wird in kleine Stück= chen geschnitten, 2 Sellerie=, 3 Petersilienwurzeln, 2 Kar= toffeln, 2—3 Gelbrüben werden geschabt, gleichfalls in Stückchen geschnitten und gewaschen. Inzwischen stellt man eine Kasserolle oder eine irdene Kachel mit einem Stück Butter auf das Feuer. Ist dieselbe zerlassen, gibt man die Wurzeln nebst dem Brot dazu, dämpft sie einige Zeit und löscht sie mit Fleischbrühe ab. Sind dieselben ganz weich, so wird alles durch den Suppenseiher getrieben und mit Eiern abgezogen.

19. Körbel=Suppe. Eine Hand voll Körbel wird ge= waschen und fein gewiegt. Hierauf läßt man 1—2 Koch= löffel voll Mehl in 1 Stück Butter gelb rösten, dämpft den Körbel darin, gießt Fleischbrühe daran und zieht es mit Eiern ab. Bevor diese Suppe zu Tisch gegeben wird, wirft man eine Hand voll in Butter gelb gerösteter Wecken= würfelchen hinein.

20. Petersilien=Suppe wird auf die gleiche Weise bereitet.

21. Erbsen=Suppe. Ein Kochlöffel voll Mehl wird in einem Stück Butter gelb geröstet, übriges Erbsenge= müse nach Belieben mitgedämpft, mit Fleischbrühe abge= löscht und über in Butter geröstetem oder gewöhnlichem Weißbrot angerichtet.

22. Kartoffel=Suppe. Ein Kochlöffel voll Mehl wird in einem Stückchen Butter gelb geröstet, geriebene Kartoffeln werden darin gedämpft, mit Fleischbrühe abgelöscht, mit einem Ei abgezogen und über geröstete Weckenwürfelchen angerichtet

23. Nudeln-Suppe. Von Eiern und Mehl wird ein fester Teig gemacht, aus welchem ganz dünne Kuchen gewellt werden. Nachdem sie etwas abgetrocknet, schneidet man sie ganz fein und schüttelt sie auseinander. Die Nudeln werden in siedender Fleischbrühe gesotten und angerichtet.

24. Flädlen-Suppe. Von 200 Gramm Mehl, 3—5 Eiern und Milch wird ein dünner Teig gemacht. Nachdem derselbe mit dem nötigen Salz versehen, backt man in einer mit Speck bestrichenen Pfanne ganz dünne Kuchen davon, schneidet sie in schmale Streifen und gießt siedende Fleischbrühe darauf.

25. Brieslein-Suppe. Ein Kalbsbrieslein wird verwellt, sauber abgehäutelt und mit etwas Petersilie fein gewiegt, ein Kochlöffel voll Mehl in Butter gelb geröstet, die Brieslein nebst Petersilie einige Augenblicke darin gedämpft und mit Fleischbrühe abgelöscht. Hat alles eine Weile tüchtig gekocht, so wird die Suppe langsam mit zwei gut verklöpperten Eiern abgezogen.

26. Hirnsuppe wird auf die gleiche Weise gemacht; nur hat man dabei nicht nötig, das Hirn zu wiegen, da es nach dem Verwellen nur verrührt werden muß.

Um die Suppe noch wohlschmeckender zu machen, kann man zu beiden Arten noch geröstete Weckbröckchen geben.

27. Angerührte Griessuppe. 120 Gramm Griesmehl werden mit 3 Eiern, einem Stückchen zerlassener Butter und etwas Salz zu einem flüssigen Teige angerührt. Man kann denselben auch mit süßem Rahm verdünnen und rührt dann den Teig in siedende Fleischbrühe.

28. Baumwollen-Suppe. 60 Gramm Butter werden weiß gerührt, 3—4 Eier hineingeschlagen, 1 Kochlöffel voll Mehl und ein wenig süßer Rahm dazu gethan, alles gut verrührt mit siebender Fleischbrühe verwellt und damit aufgekocht.

29. Griesklößchen-Suppe. 30 Gramm Butter werden leicht gerührt, 150 Gramm Griesmehl, 3 Eier und etwas Salz gut darunter gemengt. Nach einer halben Stunde, wenn das Griesmehl gut aufgequollen ist, legt man ganz kleine Klößchen davon in siedende Fleischbrühe. Wenn die Masse zu fest ist, hilft man mit einem Ei oder süßer Milch nach. Im umgekehrten Fall nimmt man etwas geriebene Kartoffeln oder weißes Mehl dazu. Nachdem die Klößchen eine starke Viertelstunde gesotten, werden sie angerichtet.

30. Fleisch-Klößchen-Suppe. Fleischreste, etwas Petersilie und Zwiebel werden fein gewiegt, 2 Wecken in Wasser eingeweicht, gut ausgedrückt und in einem Stück Butter gedämpft. Nach einigen Augenblicken gibt man auch das Fleisch dazu und dämpft alles so lange, bis es sich ballt. Man versäume jedoch nicht, die Wecken vor dem Dämpfen tüchtig zu verzupfen und zu verrühren. Nun werden noch 3 Eier und etwas Salz und Muskat in die Masse gerührt, kleine Klößchen davon in siedende Fleischbrühe gelegt und ungefähr 10 Minuten lang gesotten.

31. Gezupfte Wecken-Klößchen-Suppe. Das Weiche von 3 Wecken wird zu ganz feinen Flöckchen gezupft, 50 Gramm Butter leicht gerührt, 3—4 Eier darein geschlagen und an die Weckflöckchen gerührt, das nötige Salz dazu gethan und Klößchen davon in siedende Fleischbrühe gelegt.

32. Mutschelmehl-Klößchen werden auf dieselbe Art bereitet, nur nimmt man statt gezupfter Wecken Ulmer Mutschelmehl. In Ermanglung desselben kann man auch gewöhnliches Mutschelmehl nehmen, muß jedoch beim gewöhnlichen Mutschelmehl etwas Muskat und gewiegte Petersilie hinzufügen.

33. Hirn-Klößchen. Das Hirn wird gehäutelt, in einem Stück Butter mit fein gewiegter Zwiebel und Petersilie gedämpft, bis es weich ist und dann gut verrührt, ebenso Salz, Muskatnuß, Mutschelmehl und die nötigen Eier dazu gethan. Hat die Masse einige Zeit gestanden, so werden kleine Klößchen davon in siedende Fleischbrühe gelegt.

34. Kartoffel-Klößchen. 50 Gramm Butter werden zerlassen, 3—4 Hände voll geriebener Kartoffeln, Salz und 4 Eier dazu gethan und Klößchen davon in Fleischbrühe gelegt.

35. Kuheuter zu Suppen. 6 Eier werden mit einem Schöpflöffel voll Fleischbrühe gehörig verklöppert, Salz, Muskatnuß und Schnittlauch dazu gethan, und in einem Gefäß in kochendes Wasser gestellt, bis die Masse ganz dick ist; dann werden kleine Stückchen heruntergestochen und als Einlage zu Suppen verwendet. Hauptsächlich zu Krebssuppen gut.

36. Nieren-Suppe. Gekochte oder gebratene Nieren werden mit etwas Zwiebeln und Petersilie fein gewiegt, ein Kochlöffel voll Mehl in Butter gelb geröstet, das Gewiegte eine Zeit lang darin gedämpft und mit Fleischbrühe abgelöscht. Zwei bis drei Eier werden mit saurem Rahm verrührt, die Suppe damit abgezogen, und ohne wieder auf das Feuer gesetzt zu werden, über geröstete Weckbröckchen angerichtet.

37. Krebs-Suppe. 20—25 Krebse werden geputzt, im Salzwasser gesotten und der Magen nebst der Galle herausgenommen. Die Schwänze behält man zurück. Die Schalen werden mit 40 Gramm Butter gestoßen und in 50 Gramm Butter mit etwas Petersilie gedämpft. Hierauf wird eine Handvoll Semmelmehl oder ein feingeschnittenes Milchbrot nebst guter Fleischbrühe daran gegeben. Nach einigem Kochen treibt man die Masse durch ein Haarsieb, schöpft das fette ab und macht die Brühe wieder heiß. Hierauf wird die abgeschöpfte Krebsbutter mit 4 Eiern abgezogen, die Suppe dazu gegossen und die Krebsschwänze und irgend beliebige Klößchen hinein ge-

than. Statt derselben können aber auch geröstete Weck=
bröckchen genommen werden. Wird die Suppe dünner ge=
wünscht, so läßt man die Eier an der Krebsbutter weg und
schüttet solche ohne weitere Zuthat auf die Krebsschwänze.

38. Hühner=Suppe. Nachdem das Huhn sauber ge=
rupft, ausgenommen und zubereitet ist, wird es mit etwas
Kalbfleisch und Petersilie in Butter gedämpft, mit Mehl
bestreut, mit Fleischbrühe abgelöscht und gesotten, bis es
weich ist. Dann wird es ausgebeint, das Fleisch mit Ei=
gelb, Salz, etwas Pfeffer und Muskatnuß gestoßen, mit
Fleischbrühe verdünnt, durch ein Haarsieb getrieben und
mit Klößchen oder geröstetem Brot zu Tisch gegeben.

39. Julienne=Suppe. Allerlei junge Gemüse: Bohnen,
gelbe Rüben, Carviol, Brockelerbsen 2c. werden in einem
kleinen Stück Butter mit Fleischbrühe abgelöscht, darin
vollends weich gekocht und diese Brühe mit den Kräutern
über beliebige Klößchen oder kleine Kuchen gegossen.

40. Gebrühte Suppen von kleinen Kuchen. Aus 200
Gramm Mehl wird mit einem Viertel=Liter Milch ein Teig
gemacht und glatt geklopft, worauf man ihn auf ein
schwaches Feuer setzt und unter beständigem Rühren kochen
läßt, bis er ganz dick ist und sich von der Pfanne schält.
Man versäume jedoch nicht, die Pfanne vorher gut mit
Butter zu bestreichen, nehme hierauf den Teig in eine
Schüssel, und rühre, so lange er noch warm ist, 3 Eier
und 60 Gramm Butter hinein; wenn er etwas abgekühlt
ist, nochmals 3—4 Eier. Nun wird er mit dem nötigen
Salz (eher zu wenig als zu viel, damit er nicht schwer
wird), versehen, und kleine nußgroße Kuchen in Schmalz
davon gebacken. Das Schmalz muß so reichlich sein, daß
die Kuchen schwimmen, auch ist es gut, die Pfanne hin
und her zu bewegen, damit die Kuchen besser aufgehen.
Wenn alle gebacken sind, brüht man sie mit guter Fleisch=
brühe an.

41. Kleine Grieß=Kuchen. 1 Viertel oder nach Be=
dürfniß ein halb Liter Milch wird siedend gemacht, Grieß=

mehl hineingeſät, ein ganz dicker Brei davon gekocht, und
ſo lange er noch warm iſt, 1 Stück Butter und 3 Eier
hineingerührt. Nachdem er abgekühlt, werden 4 weitere
Eier und Salz dazu gethan, alles tüchtig vermengt, und
in kochendem Schmalz kleine Kuchen davon gebacken. Dieſe
beiden Teige dürfen keine Knollen haben, deshalb rühre
man alle Eier vor dem völligen Erkalten daran.

42. Waffel=Schnitten. 125 Gramm Butter werden
leicht gerührt, 6 Eier und 6—7 Kochlöffel voll Mehl ab=
wechſelnd darunter gemengt. Iſt alles zuſammen zehn
Minuten lang gerührt, ſo gibt man Salz und eine Nuß
groß Bierhefe daran, füllt es in eine mit Butter beſtrichene
und mit Mehl beſtreute Form und backt es bei guter
Ofenhitze. Nach dem Erkalten werden kleine viereckige Stück=
chen daraus geſchnitten und mit Fleiſchbrühe abgebrüht.

43. Fleiſchkuchen zu Suppen. 5 Milchbrote werden
in Waſſer eingeweicht oder fein geſchnitten und mit heißer
Milch begoſſen, gekochtes oder gebratenes Kalbfleiſch fein
gewiegt und in einer Kaſſerolle oder einer irdenen Kachel
mit feingewiegten Zwiebeln und Peterſilie nebſt den aus=
gedrückten Broten in einem großen Stück Butter gedämpft;
die Maſſe wird hierauf in eine Schüſſel gethan, 6—8
Eier daran geſchlagen und in einer gut beſtrichenen und
mit Mutſchelmehl beſtreuten Kapſel in guter Hitze gebacken,
in Stückchen geſchnitten und mit Fleiſchbrühe abgebrüht.
Man kann auch das Fleiſch weglaſſen und ein Milchbrot
mehr dazu nehmen.

44. Wecken=Suppe. Ein oder zwei Wecken werden
eingeſchnitten, mit Salz beſtreut, mit ſiedendem Waſſer
angebrüht und zugedeckt. Nachdem das Brot gut aufge=
quollen, wird die Suppe noch ein paar Mal aufgekocht
und mit einem Stück Butter, in welchem feingeſchnittene
Zwiebel ſchön gelb gemacht wurden, abgeſchmälzt. Statt
Butter und Zwiebeln kann man auch ſauren oder ſüßen
Rahm an die Suppe rühren.

45. Bettelmanns=Suppe. Schwarzbrot wird eingeschnit=
ten, mit Wasser gebrüht und weich gekocht, durch einen
Suppenseiher getrieben, mit einem Stück Butter, Kümmel
und Salz nochmals durchgekocht und angerichtet.

46. Mutschelmehl=Suppe. Brot aller Art, schwarzes
und weißes, wird im Backofen gelb geröstet und fein ge=
stoßen, ein Kochlöffel voll Mehl in Butter gelb geröstet,
eine Tasse voll von dem Mutschelmehl darin gedämpft,
bis es schön gelb ist, mit Wasser abgelöscht und glatt
gerührt. Hat die Suppe einige Male aufgekocht, so wird
sie vom Feuer genommen, da sie durch zu langes Kochen
an Geschmack verliert.

47. Gebrannte Mehl=Suppe. Ein nußgroßes Stück=
chen Butter wird in einer irdenen Kachel warm gemacht
und 150 Gramm Mehl gelb darin geröstet, mit Wasser
abgelöscht, einige Mal aufgekocht und angerichtet. Bei
dem Rösten des Mehls muß die Kachel öfters vom Feuer
genommen werden, da es sonst leicht anbrennen könnte.
Die sich bildenden Mehlknollen zerdrückt man während
des Rührens mit dem Kochlöffel.

48. Gebrannte Grieß=Suppe. Eine Tasse voll Grieß=
mehl wird in einem Stück Butter gelb geröstet, abgelöscht
und eine halbe Stunde gekocht. Man kann diese Suppe
nach Belieben mit 1 oder 2 Eiern abziehen. Unbedingt
nötig ist es nicht.

49. Hafer=Suppe. Hafer= oder schwarzes Breimehl
wird in einer ordentlichen Portion Schweineschmalz gelb
geröstet, abgelöscht und so lange gekocht, bis die Körnchen
weich sind. Diese Suppe schmeckt so kräftig wie eine
Fleischsuppe.

50. Eier=Gerste. Einige Kochlöffel voll Mehl werden
in reichlicher Butter hellgelb geröstet, mit kochendem Wasser
abgelöscht und nach einmaligem Aufkochen mit 2—3 Eiern
und süßem Rahm abgezogen.

51. Kartoffeln-Suppe. Geriebene Kartoffeln werden in einem Stück Butter mit kleingeschnittenen Zwiebeln gedämpft, bis sie sich ballen, unter beständigem Rühren abgelöscht, nach einigem Aufkochen angerichtet und mit gerösteten Weckwürfeln geschmälzt.

52. Andere Art. Ein Stück Butter wird in einer Kasserolle heiß gemacht, einige Kochlöffel voll Mehl darin hellgelb geröstet, eine bis zwei Hände voll geriebener Kartoffeln mit gedämpft, mit heißem Wasser abgelöscht und über geröstetem Weißbrot angerichtet.

53. Riebel-Suppe. Auf 150 Gramm Mehl kommt 1 Ei. Das Mehl nimmt man in eine gut glasirte Schüssel und tröpfelt unter beständigem Rühren mit einem Blechlöffel das verklöpperte Ei nach und nach hinein. Dabei ist zu beobachten, daß der Löffel die Riebeln immer am Rande der Schüssel gleichsam durchschneidet. Ist das Ei verbraucht, so schafft man auf diese Weise noch so lange fort, bis die Riebeln fein und nicht mehr mehlig sind. Sie werden hernach in siedendes Salzwasser gerührt, einmal aufgekocht und mit heißer Butter, in der einige zurückbehaltene Riebeln geröstet wurden, abgeschmälzt. Von dem Ei und der angegebenen Quantität Mehl kann auch ein recht fester Teig gemacht und derselbe auf einem Reibeisen gerieben werden. Die auf diese Weise gewonnenen Riebeln müssen aber auf einem Brett abgetrocknet werden.

54. Zwiebel-Suppe. Feingeschnittenes Brot wird mit siedendem Wasser angebrüht, einige Kochlöffel voll Mehl in Butter oder Schmalz braun geröstet und fein geschnittene Zwiebel einige Minuten darin gedämpft und abgelöscht; wenn es kocht, wird das Brot dazu gegeben und alles nochmals durchgekocht.

55. Milch-Suppe, gewöhnliche. Gutes Hausbrot wird fein eingeschnitten, mit siedender Milch gebrüht, durchgekocht, gesalzen und beim Anrichten mit Pfeffer bestreut.

56. Grieß-Suppe mit Milch. Ein Drittheil Wasser und zwei Drittheile Milch werden siedend gemacht, Grießmehl hineingesät und eine Viertelstunde gekocht. Zu einem Liter verdünnter Milch werden 60 Gramm Griesmehl genommen Wenn die Suppe gesalzen ist, wird sie angerichtet und mit Butter geschmälzt.

57. Milch=Riebel=Suppe. Die Riebeln werden nach Nr. 53 gemacht, in Milch gestreut, gesalzen und mit Butter geschmälzt.

58. Einlauf=Suppe in Milch wird wie Nr. 7 gemacht, nur daß man den Teig in Milch laufen läßt, statt in Fleischbrühe.

59. Milch=Nudeln. Die Nudeln werden in Salzwasser gekocht, abgegossen und mit siedender Milch nochmals ge= kocht. Sind die Nudeln nicht sehr mehlig und von festem Teig, so kann man sie gleich in Milch kochen.

60. Feine Milch=Suppe. Man röstet fein geschnittenes Brot, mit Zucker bestreut, schön hellgelb, brüht es mit Milch an, und zieht die Suppe mit 1 oder 2 Eiern ab.

61. Bier=Suppe. Bier und Milch zu gleichen Teilen werden mit einem Kochlöffel voll Mehl und etwas Wasser unter beständigem Rühren siedend gemacht, gezuckert und mit Eiern abgezogen. Zu 1 Liter Bier nimmt man 4 Eier.

62. Andere Art. Schwarzes Brot wird in wenig Wasser weich gekocht, durchgetrieben und mit Bier, Butter, Kümmel und Salz oder Zucker, je nach Belieben, noch= mals aufgekocht.

63. Wein=Suppe. Röste 2—3 Kochlöffel voll Mehl in einem Stück Butter dunkelgelb, lösche es mit halb Wasser, halb Wein ab, gib ein Stückchen Zimmt und Zucker dazu, bis es süß genug ist, ziehe die Suppe während des Kochens mit Eigelb oder ganzen Eiern ab und richte sie über geröstetem oder gewöhnlichem Brot an. Diese Suppe kann man, wie alle Wein=Suppen, nur in irdenem Ge= schirr machen.

64. Andere Art. 2 Kochlöffel voll Mehl rührt man mit Wasser glatt, thut 4 Eigelb, ½ Liter weißen alten

Wein, genügend Zucker, Zimmt und Zitronenschale hinein, rührt es auf dem Feuer, bis es kocht, und richtet es an.

65. Kirschen-Suppe. Schöne schwarze Kochkirschen werden abgezopft, einige Kochlöffel voll Mehl in Butter dunkelgelb geröstet und die Kirschen darin gedämpft, bis sie aufspringen. Hierauf löscht man sie halb mit Wasser, halb mit Wein ab, gibt Zucker, Zimmt und Nelken dazu und richtet sie über feingeschnittenem Weißbrot an, das man noch einige Augenblicke mitkochen läßt. Ebenso kann man die Kirschen ganz mit Wasser ablöschen und zur Ersparniß erst vor dem Anrichten ein kleines Gläschen Wein daran schütten.

II. Klöße.

Alle Klöße werden zuerst probiert, indem man ein Klößchen in siedendes Wasser legt; zerfällt oder versiedet es, so hilft man mit Weckmehl oder anderem Mehl nach, während man, wenn die Masse zu fest ist, noch ein Ei hineinschlägt.

Bei der bürgerlichen Küche gibt man dieselben zu Salat, oder mit einer Butter- oder Kartoffelsauce (siehe daselbst). Bei feineren Tischen aber gibt man Klöße zu Ragout oder Braten. Sie müssen gleich nach dem Sieden zu Tisch gegeben werden. Uebrig gebliebene Klöße werden in Würfel geschnitten, in Butter geröstet und ein oder mehrere verklöpperte Eier daran geschlagen.

Das zu Klößen verwendete Weißbrot muß altbacken sein und alle verbrannte Rinde sorgfältig abgeschnitten werden.

Vor dem Anrichten überzeuge man sich durch Zerschneiden, ob die Klöße gar sind und schmälze sie nach dem Anrichten mit in Butter gerösteten Weckwürfeln

1. Gewöhnliche Wecken-Klöße. Für 6 Personen rechnet man 6 Drei-Pfennig-Wecken. Man weiche dieselben in

kaltem Wasser ein und drücke sie, wenn sie gehörig durch=
weicht sind, sauber aus. Dann wiege man Zwiebeln und
Petersilie fein, jedoch nicht zu viel, damit der Geschmack
nicht vorwiegt, dämpfe das Brot und das Grüne in einem
reichlichen Stück Butter, bis die Masse sich ballt, nehme
sie vom Feuer, verrühre das Brot noch gut, daß keine zu
große Stückchen in der Masse bleiben, schlage 4—6 Eier
daran und lege mit einem Löffel die Klöße in's Salzwasser.

2. Baierische Klöße. 4 bis 6 Wecken werden fein ge=
schnitten, mit so viel siedender Milch, als die Wecken zum
Aufquellen brauchen, angebrüht, zugedeckt und die ange=
brühten Brotschnittchen mit kleinen Speckwürfelchen in ziem=
lich viel Butter gedämpft, nach dem Erkalten mit Eiern,
Salz und Muskat angerührt, mit den in Mehl getauchten
Händen große runde Klöße daraus geformt und im Salz=
wasser gesotten. Auf den Wecken rechnet man 1 Ei. Wer
es liebt, kann auch zu diesen Klößen feingewiegte Zwiebeln
und Petersilie mit dämpfen.

3. Fleisch=Klöße. Fleischreste, gesotten oder gebraten,
werden fein gewiegt, ebenso Zwiebeln und Petersilie. Einige
Wecken werden im Wasser eingeweicht und ausgedrückt.
Die Menge des zu verwendenden Brotes richtet sich natür=
lich ganz nach der Quantität des Fleisches. Bei viel
Fleisch ist es nicht nötig, viel Brot zu nehmen. Wecken,
Fleisch und Grünes werden in Butter gedämpft, bis sich
alles ballt. Wenn die Masse etwas abgekühlt ist, werden
die nötigen Eier und Salz daran gerührt, ungefähr so
viel Eier als Wecken; es ist immer gut, auch einige Koch=
löffel voll Mehl dazu zu nehmen. Von dieser Masse legt
man kleine Klöße mit einem Löffel in Salzwasser.

4. Leber=Klöße. Ein Pfund oder 500 Gramm Kalbs=
leber wird gehäutelt und fein gewiegt, 5—6 Wecken in
Wasser eingeweicht, gut ausgedrückt, mit einer Obertasse
voll Mehl, gewiegten Zwiebeln und Petersilie, Salz und
Muskatnuß an die Leber gerührt, 3 Eier dazu geschlagen

und Klöße davon in siedendem Waſſer gekocht. Wer ſparen will, kann dieſe Klöße auch ganz ohne Eier machen, und kann man auch zur Erſparniß halb Lunge, halb Leber nehmen.

5. **Feinere Art Leber-Klöße.** Die Leber wird nicht gehackt, ſondern mit einem Löffel geſchabt. Die Wecken werden vor dem Einweichen abgerieben und das Weckmehl daran gerührt. Im übrigen wie oben, nur daß noch 1 bis 2 Eier mehr dazu genommen werden.

6. **Schinken-Klöße.** Gekochter Schinken wird feingewiegt, Wecken eingeweicht, hierauf ausgedrückt und Butter leicht gerührt; nun werden Brot, Schinken und fein gewiegtes Grün mit der Butter angerührt, ſo viel Eier als Wecken daran geſchlagen und Klöße davon in Salzwaſſer geſotten.

7. **Spinat-Klöße.** Fleiſchreſte werden fein gewiegt, ebenſo einige Hände voll ſauber gewaſchenen, abgebrühten Spinats. Dann weicht man 5—6 Wecken in Waſſer ein, drückt ſie ſauber aus und dämpft Wecken, Fleiſch und Spinat in einem ziemlich großen Stück Butter, bis ſich die Maſſe ballt. Nun nimmt man alles zuſammen in eine Schüſſel, rührt 4—5 Eier, das nötige Salz, nach Belieben auch Muskatnuß daran, und legt mit einem Eßlöffel davon Klöße in ſiedendes Salzwaſſer.

8. **Frankfurter Klöße.** Einige Wecken werden zur Hälfte klein gewürfelt und in Butter geröſtet, die andere Hälfte in Milch eingeweicht, etwas Mehl mit Milch glatt gerührt, 6—8 Eier hineingeſchlagen, die eingeweichten Wecken feſt ausgedrückt und an den Teig gerührt. Zu 6 Wecken werden 125 Gramm Speck klein gewürfelt, Zwiebel und Peterſilie darin gedämpft, Salz und Muskat daran gethan, und auch an die Maſſe gerührt. Die geröſteten Brotwürfelchen kommen erſt kurz vor dem Sieden in den Teig. Man ſiedet die Klöße in Salzwaſſer und ſchmälzt ſie.

9. **Kartoffel-Klöße.** Kalte Kartoffeln werden geſchält und gerieben, Weckwürfel in Butter gelb geröſtet, Zwiebel

und Peterſilie fein gewiegt, dieſes zuſammen mit einigen
Eiern, Mehl und Speckbröckchen angerührt und die Klöße
in Salzwaſſer geſotten.

10. Andere Art. Es werden 2 Wecken in Würfel ge=
ſchnitten und mit Eiern und etwas Milch angefeuchtet. Hierauf
dämpft man Peterſilie und Zwiebel in Butter, thut beides
nebſt Salz an die Wecken, reibt ſo viele kalte, geſottene
Kartoffeln daran, daß man mit Mehl runde Klöße formen
kann, ſiedet und ſchmälzt ſie.

11. Mark=Klöße. Man ſchneidet 250 Gramm friſches
Mark in kleine Stücke, thut 60 Gramm Butter daran
und rührt es leicht an der Wärme, jedoch ſo, daß es nicht
heiß wird. Dann rührt man 4 Eier und 1—2 Hände
voll Semmelmehl hinein, bis der Teig die richtige Dicke
hat. Iſt er tüchtig verrührt, gibt man Salz, Muskatnuß
und nach Belieben fein geſchnittenen Schnittlauch dazu und
legt Klößchen davon in ſiedende Fleiſchbrühe.

12. Mehl=Klöße. Semmel und Speckwürfel werden
braun geröſtet, warme Milch, Mehl, Salz und ein Ei
daran gethan, ein Teig davon gemacht, die Knödel in
ſiedendes Salzwaſſer gelegt und ſo lange gekocht, bis ſich
beim Hineinſtechen kein Teig mehr an die Gabel hängt.
Man gibt ſie zu gekochtem Obſt.

13. Gewöhnliche Spatzen. Man macht von weißem
Mehl, 1 Ei und Waſſer oder Milch einen feſten Teig und
klopft ihn glatt. Dann taucht man das Spatzenbrett in
kaltes Waſſer, nimmt von dem Teig darauf und ſchneidet
mit einem Meſſer längliche, dünne Streifen in ſiedendes
Salzwaſſer. Wenn ſie oben ſchwimmen, nimmt man ſie
heraus und legt ſie in kaltes Waſſer. So wird fortge=
fahren, bis aller Teig gar iſt; dann ſchüttet man das
Waſſer ab, gießt wieder ſiedendes daran und ſchmälzt die
Spatzen mit Butter. Man kann ſie auch ohne Brühe zu
Tiſch geben. Nur muß dann nach dem kalten noch zwei=
mal ſiedendes Waſſer daran geſchüttet werden, damit ſie

heiß bleiben. Nachdem die Spatzen abgegossen sind, werden sie mit in Butter geröstetem Brot geschmälzt.

14. Milch-Spatzen. Werden ebenfalls in Salzwasser gesotten und in kaltes Wasser gelegt. Nun macht man Milch siedend, rührt aus einem Kochlöffel voll Mehl und Milch ein dünnes Teiglein in die Milch, läßt sie aufkochen, salzt sie und gießt sie über die Spatzen, von denen das Wasser vorher sauber abgelaufen sein muß.

15. Saure Spatzen. Man röstet Mehl in Butter braun, dämpft feingehackte Zwiebeln darin und löscht halb mit Wasser, halb mit Fleischbrühe ab, macht alles mit einigen Löffeln voll Essig sauer und schüttet es an die Spatzen.

16. Schweden-Knödel. Für sechs Personen wird 1½ Liter Milch siedend gemacht und so viel Grieß hineingestreut, daß es nach einigem Kochen einen dicken Brei gibt. Man muß jedoch vermeiden, zu viel hinein zu rühren, ebenso muß der Grieß gut gekocht sein, sonst schmecken die Knödel rauh. Hat der Teig genug gekocht, so streicht man ihn auf eine Platte und läßt ihn etwas erkalten. Inzwischen macht man Butter in einer Pfanne heiß, sticht dann von dem Teige mit einem Löffel Stücke ab und kehrt sie in der Butter um. Man kann sie auch nur damit abschmälzen. Wer ganz vorzügliche Knödel will, kehre sie in gerührtem Ei um und backe sie in Schmalz gelb.

17. Wickel-Klöße. Von Mehl, Eiern und ein wenig Salz macht man einen festen Teig, rollt ihn messerrückendick aus, bestreicht ihn mit gelbbrauner Butter und mit in derselben gerösteten Zwiebeln, streut geriebene Semmel darauf, rollt ihn quer drei Finger breit zusammen, schneidet ihn in längliche, viereckige Stückchen, drückt sie, wo sie abgeschnitten sind, fest zusammen, läßt sie in Salzwasser gar kochen und schmälzt sie mit Butter.

18. Lungen-Klöße. Man kocht eine Kalbslunge halb weich, wiegt sie klein und dämpft sie in Speck oder Butter

mit 3—4, zuvor in Wasser eingeweichten und wieder aus=
gedrückten Wecken so lange, bis sich die Masse ballt; dann
rührt man 3 Eier, Salz, Pfeffer und Muskatnuß daran
und legt mit einem Löffel Klöße davon in siedendes Salz=
wasser.

19. Hefenkloß. Man macht von 350 Gramm Mehl,
lauwarmer Milch, 1 Eßlöffel voll Hefe, 50 Gramm Butter
und 2 Eigelb einen Teig, der mit den Händen geschafft
wird, läßt ihn auf warmer Herdplatte aufgehen, formt auf
dem Nudelbrett einen runden Kloß daraus, läßt denselben
nochmals ein wenig aufgehen und siedet ihn in einem hohen
Geschirr, wohl zugedeckt, eine Stunde in Salzwasser. Ist
er gar gekocht, was sich am besten durch Einstiche mittelst
eines Hölzchens zeigt, wobei sich kein Teig mehr anhängt,
so wird er mit Butter abgeschmälzt.

20. Kirschen=Klöße. 250 Gramm schwarze Kochkirschen
werden ausgesteint und mit Zucker, Zimmt und etwas
Zitronenschale weich gekocht. Sind sie abgekühlt, so rührt
man ein Stückchen Butter, 4 Eier und so viel Semmel=
mehl dazu, daß es einen Teig gibt, aus dem man Klöße
in Wasser siedet; wenn das Probe=Klößchen zerfällt, muß
mit Mehl nachgeholfen werden. Man gibt eine Wein=
Sauce dazu.

21. Grüne Klöße. Eine Hand voll Petersilie, etwas
Lauch und Sellerie werden mit Zwiebeln fein gewiegt,
6 Wecken in Wasser eingeweicht und sauber ausgedrückt,
alles zusammen in Butter gedämpft, bis es sich ballt;
hierauf werden in einer Schüssel, wenn die Masse etwas
abgekühlt ist, 4—5 Eier nebst 1—2 Hände voll geriebener
Kartoffeln tüchtig hinein gerührt, mit mehlbestreuten Hän=
den Kugeln daraus geformt und in Salzwasser gesotten

III. Ochsen= und Rindfleisch.

Es ist vor allem beim Einkauf darauf zu sehen, daß
das Fleisch schön dunkelrot und das Fett weißlich ist.

Nimmt man zur Ersparniß Rindfleisch, was zum Einbeizen, Braten u. s. w. fast die gleichen Dienste thut, so hüte man sich wohl, kein altes Kuhfleisch zu bekommen. Das beste und einzige Kennzeichen ist auch hier das Fett. Junges Rindfleisch hat beinahe weißes Fett, altes Kuhfett sieht dagegen sehr gelb aus. Frisch geschlachtetes Fleisch ist nicht sogleich brauchbar, es muß wenigstens einen Tag alt sein. Noch besser ist es, wenn man solches einige Tage auf Eis legen kann.

Wird Ochsenfleisch zum Sieden eingekauft, so vermeide man es, ein Markbein zu bekommen, oder stoße das Mark heraus, da die Fleischbrühe zu fettig und ölig davon wird; das Mark kann in der Küche sehr gut anderweitig verwendet werden.

Will man mehr eine gute Fleischbrühe, als schmackhaft gesottenes Fleisch, so setze man dasselbe mit kaltem Wasser und ziemlich viel Knochen zu. Ist aber das Fleisch die Hauptsache, so nehme man siedendes Wasser und siede das Fleisch rasch. Da auf einen feineren Tisch eigentlich kein gesottenes Fleisch gehört, Fleischbrühe aber doch so nötig ist, so helfe man sich dadurch, daß das gesottene Fleisch — gewiegt — als irgend eine Fülle verwendet wird.

In Beziehung auf das Braten von Ochsen- oder Rindfleisch ist noch zu bemerken, daß dasselbe langsam bei mäßigem Feuer und unter öfterem Begießen geschehen muß. Ein sehr gutes Mittel, saftige Braten zu erhalten, ist das Spicken desselben mit Speckstreifen.

Im Sommer darf man Fleisch keine Minute unbedeckt lassen, weil die Fliegen augenblicklich ihre Eier darauf legen.

Zum Schluß noch eine Erklärung über die Benennung der einzelnen Fleischstücke: hinteres Viertel heißt das Schwanzstück oder die Schwanzfeder, diesem entgegengesetzt befindet sich innerhalb des Schenkels die Oberschale oder Nuß, zwischen diesen beiden Fleischstücken liegt der Rückgrat, und dieser enthält das Mark. Das sich um den Rückgrat lagernde Fleisch ist der Schlacht- oder Lenden-

braten (Filet). An diesem befinden sich die Seiten, als
zum vorderen Viertel gehörend, mit den Rippstücken (Hoh=
rippen, Halshohripp), Hals und Kopf. Unten an die
Seiten reiht sich der Brustkern, welcher zum Teil wie
das Zwischenrippstück von dem Bug gedeckt wird; der Fuß
bildet den Schluß des vorderen Viertels.

1. **Ochsenfleisch zu sieden.** Wird das Fleisch in einem
gewöhnlichen Topfe gesotten, so braucht es zwei Stunden,
im Dampftopfe dagegen nur eine. Die saftigsten und
zum Sieden die besten Stücke sind: die Schwanzfeder, das
Halshohripp und das Fleisch gegen den Fuß. Bei der
Schwanzfeder sehe man darauf, daß man nicht von dem
Teil, der trocken und brotig, sondern von dem, der dunkel=
rot und mit Fett durchwachsen ist, bekommt; es ist dieses
auch zum Aufschneiden das beste Stück.

Das Fleisch wird vor dem Zusetzen mit einem hölzer=
nen Klopfer gut geklopft, gewaschen und mit kaltem Wasser
in einem eisernen Topfe zugesetzt. Fängt es an zu sieden,
so achte man darauf, daß es nicht übersiedet und die beste
Fleischbrühe in's Feuer läuft, sondern schäume es sorg=
fältig ab, bis es rein ist. Nun wird die Brühe gesalzen
und die Gewürze und Kräuter, letztere wohl gewaschen,
hinzugefügt; eine gebratene Zwiebel, Sellerie, gelbe Rüben,
Petersilie nebst Wurzeln, Lauch, Kohl, etwas Pfeffer und
etwas Muskat. Die Quantität dieser Gewürze soll bei
jedem so ziemlich die gleiche sein, so daß kein Geschmack
vorherrschend ist. Hat das Fleisch einmal angefangen zu
sieden, so kommt es auf schwächeres Feuer, damit es nicht
zu stark koche und die Fleischbrühe trüb werde. Beim
Anrichten wird das Fleisch mit Salz bestreut und mit et=
was Fleischbrühe begossen.

Wird das Fleisch im Dampftopfe gekocht, so werden
Salz, Gewürz und Kräuter sogleich dazu gegeben und der
Topf geschlossen. Weil man auf diese Weise die Fleisch=
brühe nicht abschäumen kann, so seiht man sie vor dem
Gebrauche durch oder schöpft sie in eine Schüssel, so daß
das Unreine sich zu Boden setzt.

2. **Gebackenes Rindfleisch.** Uebrig gebliebenes Ochsen- oder Rindfleisch schneide in Schnitten, lege sie mit Pfeffer eingerieben in eine Kachel, lasse sie mit Butter etwas anziehen, verklöppere 1—2 Eier mit Milch, gib fein gewiegten Schnittlauch dazu, gieße dies über das Fleisch und backe es gelb. Noch besser ist, die Fleischschnitten über Nacht in Essig zu legen; ist er zu scharf, so nehme man halb Wasser, halb Essig.

3. **Rindfleisch in Zwiebelsauce.** Gekochtes Ochsen- oder Rindfleisch wird in Stücke oder Streifen geschnitten; hierauf wird eine Hand voll feingewiegter Zwiebeln in einigen Kochlöffeln voll Mehl, welches in Butter oder Rindschmalz gebräunt wurde, gedämpft, mit Fleischbrühe und einigen Löffeln voll Essig abgelöscht, mit Pfeffer gewürzt und das Fleisch darin aufgekocht. Man gibt es zu gebratenen und gesottenen Kartoffeln oder zu gebratenen Spatzen.

4. **Gekochtes Ochsenfleisch mit Essig.** Dasselbe wird in fingerlange Streifen geschnitten, mit ¼ Liter Fleischbrühe und etwas weißem Wein in einer Kachel auf das Feuer gesetzt und Gewürzkräuter, Grünes, Zwiebel, Nelken, Pfeffer, Lorbeerblatt und etwas geriebener Meerrettich dazu gethan. In dieser Sauce wird das Fleisch gedämpft, bis die Sauce zur Hälfte eingekocht ist. Nun nimmt man es heraus, gibt noch ein Citronenrädchen und etwas Essig an die Sauce, seiht sie durch und gießt sie über das Fleisch.

5. **Geröstetes Rindfleisch.** Uebrig gebliebenes Rindfleisch wird mit Mehl und Pfeffer bestreut, Butter und Schmalz in einer Kachel heiß gemacht, das Fleisch nebst etwas Zwiebeln und Gelbrüben hinein gelegt, mit Fleischbrühe abgelöscht und, gut zugedeckt, etwa zehn Minuten gedämpft.

6. **Gespicktes Ochsenfleisch mit Sauce.** Ein übrig gebliebenes Stück Ochsenfleisch, nicht zu weich gesotten, wird auf eine Platte gelegt, mit geräuchertem Speck und Schinken, oder mit Streifen einer geräucherten, gesottenen Ochsenzunge gespickt und mit zerlassener Butter bestrichen. Dann nimmt man zwei Hände voll geriebenes Brot, mischt es

mit etwas Salz und wenig Pfeffer, bestreut das Fleisch und läßt es im Backofen gelb werden. Man gibt eine Petersilien= oder Sardellensauce dazu.

7. Panirtes Ochsenfleisch. Gekochtes Ochsenfleisch lege wenige Stunden in Essig, schneide es in fingersdicke, handgroße Stücke, bestreue sie mit Pfeffer, bestreiche sie mit einem verklöpperten Ei oder mit Eiweißschnee und Weckmehl und backe sie mit Schmalz. Petersiliensauce oder Gemüse aller Art sind dazu passend.

8. Ochsenfleisch mit Wurzeln. Hiezu ist ein fleischiges Stück wie die Schwanzfeder am besten. Man siede es wie gewöhnlich, schneide Wurzeln, gelbe Rüben, Petersilie oder Sellerie in kleine Schnitzchen, röste Mehl in 100 Gramm Butter gelb, dämpfe die Wurzeln, wenn sie sauber gewaschen sind, darin, lösche sie mit Fleischbrühe ab und lege, wenn alles kocht, das Fleisch hinein, lasse es noch eine halbe Stunde mitkochen und richte es an. Die Sauce muß etwas dick sein. Ist sie zu dünn, hilft man mit etwas Weckmehl, ist sie zu dick, mit Fleischbrühe nach.

9. Roastbeef. Nimm ein Rippstück (Schwanzfeder), klopfe es tüchtig, schneide es aber zuvor so in Stücke, daß je ein Ripp mit dem dazu gehörigen Fleisch ein Stück bildet. Dann reibe es mit etwas Pfeffer und Salz ein, und brate es gut zugedeckt in Butter unter öfterem Begießen oder Beträufeln mit Fett schön gelb. Beim Anrichten werden rings um das Fleisch kleine gedämpfte Kartoffeln gelegt, welche man 15 Minuten vor dem Anrichten in die Kachel oder Bratpfanne legen kann, damit sie gelb werden.

10. Englischer Braten. Vom Rippstück nimmt man nach Bedürfniß, läßt es ausbeinen und legt es wo möglich vorher 1—2 Tage in dem Keller auf Eis, klopft es dann gut und bratet es auf beiden Seiten in Butter oder Schmalz gelb, legt Speck, 2—3 Zwiebel sammt den Häuten, gelbe Rüben, Pfefferkörner, 1 Lorbeerblatt, 1

Citronenräbchen und Selleriewurzeln dazu, löscht es mit
Wein und wenig Fleischbrühe ab und bratet es langsam
schön gelb und weich. Beim Anrichten wird die Sauce
durchgeseiht und der Braten mit gedämpften Kartöffelchen
und grünen Petersilienblättchen garniert. Die Kartöffelchen
dämpft man mit dem Braten weich.

**11. Braten im Dampftopfe statt am Roste, auf englische
Art Roastbeef.** Man muß dazu einen eisernen Topf haben,
der sehr gut schließt. Ist das nicht der Fall, so öffne
man ihn ein oder mehrere Male, damit der Braten nicht
anbrenne. Ein in einem Dampftopfe zubereiteter Braten
steht einem am Spieße gar gebratenen an Saftigkeit wenig
nach und ist der Aufwand an Mühe und Holz gering.
Um sich zu überzeugen, ob noch Fett und Feuchtigkeit genug daran ist, braucht man nur den Hahn zu öffnen;
strömt noch Dampf aus, so ist keine Gefahr des Anbrennens
vorhanden. Man nehme ein Stück vom Halshohripp oder
der Schwanzfeder, klopfe es gut und mache überall mit
dem Messer Einschnitte hinein, fülle diese mit Salz, Pfeffer
und etwas Nelken, die wohl vermengt sein müssen, reibe
das Stück auch außen damit ein und belege es oben mit
Speckscheiben. Dann gebe man viel Butter und Rindsschmalz, 2—3 Zwiebel, 1 Lorbeerblatt, Wachholderbeeren,
2 Citronenräbchen, und Pfefferkörner in den Topf, lege
das Fleisch so hinein, daß die mit Speck belegte Seite
nach oben kommt und schließe den Topf. Nach einiger
Zeit muß der Braten gedreht und oben wieder mit Speck
belegt werden. Binnen einer Stunde etwa wird er gar
sein, wenn es kein sehr großes Stück ist. Wasser darf
keines dazu kommen, der Braten vielmehr nur mit Fett
begossen werden.

12 Gewöhnlicher Rindsbraten. Ein Stück von der
Schwanzfeder oder Keule wird stark geklopft und rein gewaschen, mit dem Messer dichte Einschnitte gemacht und
Speckstreifen hinein gelegt, wodurch das Fleisch sehr mürbe
und saftig wird. Nun lege man es in die Bratpfanne

reibe es aber vorher gut mit Salz und etwas Pfeffer ein,
gebe Zwiebeln, Lorbeerblatt, Gewürz, Pfeffer, 1 Citronenscheibe und etwas kaltes Wasser hinzu, lasse das Fleisch
bei gelindem Feuer langsam unter häufigem Umwenden
recht weich braten und begieße es mit Butter und seinem
eigenen Fette.

13. Bœuf à la Mode. Hiezu nimmt man vom
Schwanzstück, klopft es und reibt es mit Salz und Pfeffer
ein, legt es mit Speckscheiben, Zwiebeln, 1 Lorbeerblatt,
1 Citronenrädchen und Gelbrüben in den Topf, legt obenauf eine Brotrinde, auch etwas braunen Pfefferkuchen,
gießt ¼ Liter Wein, ebensoviel Essig, Fleischbrühe und
Wasser daran, deckt es fest zu und läßt es weich kochen.
Beim Anrichten wird die Sauce durchgetrieben, mit saurem
Rahm verrührt und an das Fleisch gegeben.

14. Schlachtbraten im Ofen zu braten. Der Braten
wird gewaschen, geklopft, etwas gesalzen, mit ein wenig
Pfeffer eingerieben und einige Tage in Essig gelegt. Dabei ist zu bemerken, daß, wenn der Essig zu sauer ist,
halb Wasser, halb Essig genommen werden muß. Sehr
gut ist es, wenn der Essig mit dem nötigen Gewürz,
Pfeffer, Citrone, Lorbeer und Wachholderbeer kochend gemacht und so über das Fleisch gegossen wird. Im Sommer
muß das Fleisch an einem kühlen Orte vor Fliegen geschützt sein, ebenso versäume man öfteres Umwenden nicht.
Nach 8 Tagen ist der Braten hinlänglich gebeizt. Vor
der Zubereitung wird er abgetrocknet und wie gewöhnlicher
Rinderbraten gespickt, indem man tiefe Einschnitte macht
und Speckstreifen hinein steckt; nun gibt man Fett, Zwiebeln,
Gelbrüben, Pfefferkörner, Lorbeer, Citronen ꝛc. in eine
flache Kachel, schiebt sie in den heißen Ofen, legt den
Braten hinein und läßt ihn unter Begießen mit seiner
eigenen Sauce gelb und weich braten. Nach einer Stunde
schüttet man eine Tasse Wasser daran, um mehr Sauce
zu erhalten. Beim Anrichten wird die Sauce durchgeseiht
und der Braten mit kleinen Kartoffeln umlegt.

15. Schlachtbraten nach Wildbretart. Nachdem derselbe auf obige Weise eingebeizt und gespickt ist, setze man ihn mit etwas Wasser und Fett zu, gebe viel Zwiebel, Pfeffer= körner, 1 Lorbeerblatt, Gelbrüben, 1 Citronenrädchen und Wachholderbeeren dazu und brate ihn gelb und weich. Et= wa eine Stunde vor dem Anrichten rühre man einen Koch= löffel voll Mehl mit einer Tasse Wein an, gieße es an den Braten und lasse die Sauce damit schön gelb werden. Ist der Braten gar, so wird die Sauce durchgetrieben, mit saurem Rahm verrührt und besonders zu Tisch ge= geben.

16. Rindfleisch auf welsche Art, sehr fein. Man schnei= det von einem Stücke Rindfleisch, von der Schwanzfeder, halb fingerdicke Scheiben, klopft sie gut, salzt sie ein und schmort sie in einer Kasserolle mit einem Stück Butter, Zwiebeln, Zitronenschale und feinen Kräutern, röstet eine Handvoll geriebener Milchbrote in Butter, thut etwas Nelken, Pfeffer und Ingwer dazu und läßt es zusammen ein wenig gelb werden. Hierauf streut man es auf die Hälfte der Fleischschnitten, deckt die anderen darauf, gießt Wein und etwas Fleischbrühe daran, drückt den Saft von 1—2 Citronen darauf, deckt alles zu und läßt es recht weich dämpfen, streut ein wenig Mehl darüber, gibt süßen Rahm und noch etwas Fleischbrühe nebst klein gewiegten Kapern daran, läßt die Schnitten nochmals mit aufkochen und richtet sie zierlich an.

17. Ochsenfleisch mit Kräutern. Klopfe und wasche ein fleischiges Stück, am besten vom Schlachtbraten, reinige Sardellen, schneide sie in Streifen nebst Citronenschale, wiege beides mit feinen Kräutern aller Art, Petersilie, Dill, Esdragon u. s. w., reibe das Fleisch mit dem Ge= wiegten und mit etwas Salz und Pfeffer ein, mache auch Einschnitte in das Fleisch und fülle sie mit den Kräutern, lasse es über Nacht stehen und brate es andern Tags mit Speckscheiben, viel Zwiebeln, Gelbrüben, Pfefferkörnern, etwas geröstetem Brot und Wein mit Essig in einer irdenen

Kachel weich. Letztere muß immer gut zugedeckt sein. Beim Anrichten wird die Sauce durchgeseiht.

18. Rindfleisch mit saurer Milch. Ist dasselbe geklopft, gewaschen, etwas eingesalzen und gepfeffert, so wird es wie gewöhnlich mit Fett zugesetzt, gelb gebraten und dann mit saurer Milch abgelöscht. Es gibt dies eine gute Sauce und saftigen Braten. Man kann auch das Fleisch einige Tage in saurer Milch aufbewahren. Ist es nicht mehr ganz frisch, so lege man es ebenfalls vorher 1—2 Stunden in saure Milch. Dies nimmt den üblen Geruch.

19. Gerolltes Rindfleisch. Man schneidet ein gutes, aber mageres Stück Rindfleisch in feine Schnitten, klopft sie gut, und salzt sie ein, hackt Rindfleischreste, Sardellen, Kapern, Speck oder Nierenfett, Zwiebel, Citronenschale und Petersilie, bestreicht damit die Schnitten, rollt sie auf, bindet sie mit Bindfaden zu und bratet sie mit Butter und Fleischbrühe gelb. Vor dem Anrichten rührt man etwas Mehl mit wenig Wasser an, schüttet es an die Sauce und gibt noch Citronensaft dazu.

20. Beefsteak. Schneide vom Lendenbraten handgroße Stücke und hacke sie so fein, daß man sie streichen kann, forme gleichmäßig runde, fingersdicke Küchlein daraus, reibe sie mit Pfeffer und Salz ein, und bestreue sie mit Mehl; hierauf lasse ziemlich viel Butter in einer Pfanne oder Kachel heiß werden, lege die Beefsteaks hinein, decke sie gut zu und lasse sie langsam auf beiden Seiten backen. Wenn der Blutsaft heraus treibt, sind sie gar.

21. Beefsteak. Schneide wie oben Stücke vom Lenden= braten oder Schwanzstück; nur müssen beim letzteren alle Fasern entfernt, und ziemlich viel Nierenfett damit gehackt werden, auf welche Weise fast kein Unterschied vom Lendenbraten zu bemerken ist. Nachdem das Fleisch gehackt, geformt und mit Mehl, Pfeffer und Salz bestreut ist, nehme man Zwiebel und Grünes, gebe viel Butter in eine Pfanne, lege dieses mit den Beefsteaks hinein und

decke sie fest zu. Sie müssen beständig mit der Butter be=
gossen und mit Citronensaft beträufelt werden. Noch besser
ist es, wenn man auf jedes derselben ein Citronenräbchen
legt. Beim Umkehren müssen sie natürlich wieder belegt
werden. Nach einigen Minuten werden sie angerichtet.

22. Beefsteak mit Ei. Nachdem das Fleisch gehackt
oder geschabt, geformt, nach obiger Angabe mit Salz und
Pfeffer eingerieben und mit Mehl bestreut worden, schmort
man es in Butter einige Minuten, schlägt dann ein Ei
in wenig Butter, salzt das Weiße, backt es leicht weich,
richtet das Beefsteak an und legt das Ei darauf.

23. Rohes Beefsteak. Fleisch vom Schlachtbraten wird
in Stücke geschnitten, diese ganz fein gehackt, runde, fingers=
dicke Küchlein daraus geformt, mit Salz und Pfeffer ein=
gerieben und mit einem in Butter gebackenen Ei (Ochsen=
auge) belegt.

24. Pöckelfleisch. Zu solchem nimmt man ein fleischiges
Stück, reibt es mit Salz, 2 bis 3 Messerspitzen voll Sal=
peter und Zucker gut ein, legt es in einen Kübel oder in
eine große Schüssel, deckt es zu, beschwert es mit einem
Stein und stellt es an einen kühlen Ort. Nach 2 Tagen,
wenn das Salz gut eingedrungen ist, kocht man Salz in
siedendem Wasser. Ob die Lake dick genug ist, erprobt
man dadurch, daß ein darauf gelegtes Ei nicht untersinkt.
Von diesem Salzwasser schütte man so viel an das Fleisch,
bis es vollständig im Wasser liegt, lege allerhand Kräuter,
Thymian, Esdragon, Lorbeer, Zwiebel, Pfeffer und Citro=
nenscheiben dazu, beschwere es wieder, wende es von Zeit
zu Zeit um und lasse es 2—3 Wochen stehen. Man kann
es auch noch längere Zeit in der Beize lassen; durch leich=
tes Räuchern hält es sich noch länger. In einer solchen
Lake kann man Zungen und alle Arten Schweinefleisch zu=
gleich beizen, es ist dies die sicherste Art; zur Ersparniß
können auch die Kräuter weggelassen werden. Das Fleisch
wird gesotten und kalt oder warm gegeben.

25. Pöckelfleisch anderer Art. Ein großes Stück Ochsen- oder Rindfleisch vom Schwanzstück wird stark geklopft und mit Salz und Salpeter nach folgendem Verhältniß einge- rieben: Auf 2 Kilo Fleisch kommen 60 Gr. Salz, 3 Gr. Salpeter und 2—3 Gr. Zucker, nach Belieben auch etwas Pfeffer, gestoßene Wachholderbeeren und Nelken. Dann stellt man es in einem engen Gefäß, fest zugedeckt, an einen kühlen Ort und wendet es einige Mal um. Hat es nach einigen Tagen noch nicht etwas Wasser gezogen, so gieße man 1 Obertasse voll dickes Salzwasser daran und begieße es damit. Nach 8—10 Tagen wird es verwendet. Im Winter kann es 14 Tage auf diese Weise aufbewahrt werden. Dieses gebeizte Fleisch wird sehr langsam gesotten, am besten im Dampftopfe mit etwa 1 Liter ungesalzener Fleischbrühe.

26. Französisches Beefsteak. Fleisch vom Lendenbraten wird in Stücke geschnitten, fein gehackt, einen Tag, mit einem Brettchen bedeckt und einem Gewicht beschwert, in den Keller gestellt. Dann forme man runde, handgroße Küchlein daraus, reibe sie mit etwas Salz und Pfeffer ein, und bestreue sie leicht mit Mehl. Hernach gebe man sie mit dem herausgetriebenen Saft mit ziemlich viel Butter in eine Kachel, belege sie mit Butterscheiben, setze einen Aufzugdeckel mit Kohlen darauf, lasse sie oben und unten bei mäßiger Hitze schmoren, bis sie innen noch rot, aber nicht mehr roh sind, und gebe sie mit der Brühe und mit gedünsteten ganzen Kartöffelchen zu Tische.

27. Grüne Ochsen- oder Rindszunge. Eine solche wird in Salzwasser weich gesotten, geschält, und die Gurgel davon weggeschnitten. Läßt sie sich nicht schälen, so ist sie auch noch nicht weich genug. Hierauf wiegt man gereinigte Kapern, 40 Gr. Sardellen, Petersilie, Zwiebel und Citro- nenschale sehr fein, röstet einige Kochlöffel voll Mehl dun- kelgelb, dämpft das Gewiegte darin und löscht es mit Fleischbrühe ab. Diese Sauce wird mit Citronensaft oder ein wenig Essig abgeschärft. Man kann nach Belieben die Zunge der Länge nach verschneiden und in der Sauce noch einige Zeit aufkochen lassen, oder beides besonders zu Tische geben. Diese Sauce muß ziemlich dick sein; ist sie zu dünn, so helfe man mit etwas Semmelmehl, welches darin aufgekocht wird, nach. — Man kann auch eine Zwiebelsauce dazu geben.

28. Geröstete Zunge. Die Zunge wird in fingersdicke Scheiben geschnitten, ein Ei mit Milch oder Wasser verklöppert, die Schnitten hinein gelegt, i n Weck= oder Semmelmehl umgekehrt, bis sich eine dicke Kruste bildet, und rasch in so viel Schmalz gebacken, daß sie schwimmen. Während des Backens kann man die obere Seite der Schnitten mit etwas Citronensaft beträufeln.

29. Geräucherte Zunge. Nachdem dieselbe wie das Pöckelfleisch eingesalzen ist, wird sie geräuchert, doch nicht zu stark. Man kann sie Monate lang aufbewahren. Beim Gebrauch wird sie mit etwas Hirse, Kleie, oder auch Hafermehl gerieben, um den Ruß zu entfernen, gewaschen und in Wasser langsam weich gesotten. Sie wird vor dem Anrichten geschält und mit Gemüse zu Tisch gegeben.

IV. Saucen zu Ochsenfleisch.

Die Saucen zum Ochsen= oder Rindfleisch sollen alle ziemlich dick sein; solche, die mit Eiern gemacht werden, müssen, nachdem diese daran gerührt sind, gleich zu Tische gegeben werden, weil sie nicht warm gehalten werden können, ohne daß das Ei gerinnt. Man kann aber die Sauce ganz gut vorher machen, warm stellen, vor dem Anrichten nochmals aufkochen und dann erst mit den Eiern abziehen. Saucen mit Wein oder Essig können nur in irdenem Geschirr gemacht werden, die dazu verwendeten Kräuter, Zwiebel ꝛc. müssen stets auf's feinste gewiegt werden. Sollte eine Sauce knollig werden, so treibe man sie durch den Schaumlöffel. Süße Beilagen zum Ochsenfleisch kommen

unter der Rubrik: „Compots und Eingemachtes" vor, Sa-
late: siehe diese Rubrik.

1. **Meerrettich-Sauce.** Ein Meerrettich wird gewaschen,
geschabt und auf dem Reibeisen gerieben. Für eine kleine
Portion nehme man nur die Hälfte und lege die andere
sogleich wieder in den Keller. Oben gegen das Kraut hin,
ist er nur verwendbar, so lange er nicht holzig ist, was
man sogleich beim Reiben spürt. Nun läßt man dem
Quantum des Meerrettichs entsprechend, und mit Rücksicht,
ob die Sauce scharf oder mild gewünscht wird, einen oder
mehrere Kochlöffel voll Mehl in Butter einen Augenblick
schwitzen, dämpft den Meerrettich darin, gießt nach und
nach unter beständigem Rühren, damit die Sauce nicht
knollig werde, Fleischbrühe daran und läßt sie nochmals
aufkochen. Die Sauce muß dick sein und weiß aussehen,
es darf daher das Mehl beim Rösten nicht gelb werden.

2. **Meerrettich mit Zucker.** Der Meerrettich wird geschabt, gerieben, etwas Zucker daran gethan, alles gut
vermengt und zum gesottenen oder gebratenen Ochsenfleisch
gegeben.

3. **Meerrettich mit Milch.** Ein Kochlöffel voll Mutschel-
oder Semmelmehl wird mit einem Stückchen zerlassener
Butter, ein paar gestoßenen und geschälten Mandeln, kalter
Milch und mit dem Meerrettich glatt angerührt, mit heißer
Milch verdünnt, mit etwas Zucker und Salz gewürzt, in
einer irdenen Kachel gekocht und angerichtet. Diese Sauce
sollte aber erst kurz vor dem Gebrauch gekocht werden,
da sie durch langes Kochen schlecht wird.

4. **Zwiebelsauce.** Eine Hand voll kleiner oder 2 große
Zwiebel werden geschält und fein geschnitten oder gewiegt,
einige Kochlöffel voll Mehl in Schmalz oder Butter ziemlich braun geröstet und die Zwiebel darin gedämpft, bis
sie glasig oder hell werden; unter beständigem Rühren
gießt man nach und nach so viel Fleischbrühe daran, bis
diese dick genug ist, läßt sie aufkochen und gibt noch einige

Löffel voll Essig mit Pfeffer dazu. Ist der Essig sauer, so genügen 2 Löffel voll.

5. Zwiebelsauce anderer Art. Man schält 4—5 mittelgroße Zwiebeln, steckt in jede eine Nelke, läßt sie mit einem Stückchen Schmalz auf allen Seiten hellbraun braten, gießt etwas Fleischbrühe darauf und gibt einige Pfefferkörner dazu, läßt alles zusammen weich kochen und treibt es dann durch. Hierauf röstet man 3 Kochlöffel voll Mehl gelb, löscht sie mit der durchgetriebenen Brühe und einem ⅛ Liter Essig ab, gibt noch 2 Stückchen Zucker dazu und läßt die Sauce gut durchkochen.

6. Zwiebelsauce zu einer grünen Ochsenzunge. Ein gutes Stück Butter, eine starke Handvoll gehackter Zwiebel und 3 Stückchen Zucker werden so lange gekocht, bis es eine braune Farbe bekommt; dann werden ein paar Kochlöffel voll Mehl dazu gethan, mit diesem die Zwiebel noch so lange gedämpft, bis alles bräunlich aussieht, Wein darauf gegossen, und mit Pfeffer, 1 ganzen Nelke, 1 Citronenräbchen und Fleischextrakt oder Bratensauce gewürzt. Nachdem die Sauce wiederholt tüchtig gekocht, wird sie durch ein Haarsieb getrieben, nochmals aufgekocht und dann angerichtet. Diese Sauce ist sehr fein, nur trage man Sorge, daß die Zwiebel und das Mehl braun genug werden.

7. Petersiliensauce. Eine Hand voll Petersilie wird gewaschen und mit einer halben Zwiebel sehr fein gewiegt. Inzwischen röste man Mehl in Butter oder Schmalz braun, dünste das Gewiegte einige Augenblicke darin und lösche es unter beständigem Glattrühren mit Fleischbrühe ab. Vor dem Anrichten gibt man noch 2—3 Löffel voll Essig oder Wein daran und zieht die Sauce mit 1—2 Eigelben, die mit kaltem Wasser oder mit süßem Rahm verrührt sind, ab.

8. Kartoffelsauce. Einige Hände voll geriebener Kartoffeln werden mit etwas feingewiegter Petersilie und Zwiebel in einem Stück Butter gedämpft, bis sich die Masse ballt, hierauf mit Fleischbrühe abgelöscht, aufgekocht und zu Tisch gegeben. Beim Ablöschen hat man sich zu hüten, daß nicht zu viel Fleischbrühe auf einmal zugegossen wird, da die Sauce sehr leicht knollig wird.

9. Selleriesauce. Sellerie-Wurzeln werden gewaschen, geschabt und in kleine Würfel geschnitten, mit gewiegter Petersilie, Zwiebeln und einem Kochlöffel voll Mehl in Butter gedämpft, mit Fleischbrühe abgelöscht und weich gekocht. Nach einiger Zeit kommen noch Kartoffelwürfelchen, etwas Citronenschale und Muskat dazu. Wenn alles recht weich ist, wird es durchgetrieben, nochmals aufgekocht, gesalzen und mit Citronensaft gewürzt.

10. Sardellensauce. 50 Gramm Sardellen und einige Kapern werden mit wenig Zwiebeln, Petersilie und etwas Citronenschale sehr fein gewiegt, Mehl in Butter bräunlich geröstet, das Gewiegte darin gedämpft und mit Fleischbrühe abgelöscht. Vor dem Anrichten gibt man Essig und Citronensaft oder ein Citronenrädchen dazu.

11. Andere Art. Einige Kochlöffel voll Mehl werden in Butter braun geröstet, Zwiebel und Petersilie fein gewiegt, darin gedämpft und mit Fleischbrühe abgelöscht. Nun reinige man 50—60 Gramm Sardellen und einige Kapern, wiege sie fein und reibe sie noch mit einem Stück Butter ganz zart durcheinander. Einen Augenblick vor dem Anrichten werden sie an die Sauce gerührt und dieselben mit Citronensaft gewürzt.

12. Häringssauce wird wie die beiden Sardellensaucen gemacht, nur daß statt der Sardellen ein halber oder ganzer Häring, ebenfalls gut gereinigt, ausgegrätet und gewiegt, dazu verwendet wird.

13. Sauerampfersauce. Eine Hand voll Sauerampfer wird gewaschen, gröblich gehackt, Mehl in Butter gelb geröstet, der gehackte Sauerampfer darin gedämpft, mit etwas Fleischbrühe abgelöscht, daß die Sauce noch gehörig dick bleibt, saurer Rahm damit verrührt und das Ganze mit Salz und Muskat gewürzt.

14. Estragonsauce. Einige Kochlöffel voll Mehl werden mit Butter schön gelb geröstet, mit Fleischbrühe abgelöscht und einige Stengel sauber gewaschener Estragon darin gekocht. Vor dem Anrichten werden diese herausgenommen und etwas Bratensauce oder Fleischextrakt an die Sauce gethan.

15. Senfsauce. Mehl wird in Butter gelb geröstet, mit etwas Fleischbrühe abgelöscht, ein Löffel voll zubereiteten Senfs, etwas Wein, eine Citronenscheibe, ein wenig Zucker dazu gethan und alles gut durchgekocht.

16. Gurkensauce. Man schält einige junge Gurken, schneidet sie in längliche Stückchen oder Rädchen, bestreut sie mit Salz und läßt sie eine halbe Stunde stehen. Hierauf läßt man 1 Löffel voll Mehl in Butter gelb werden, dämpft klein geschnittene Zwiebel und die ausgedrückten Gurken darin, löscht alles mit Fleischbrühe und Weinessig ab, thut etwas Zucker daran und läßt die Sauce gut durchkochen. Dieselbe paßt sehr gut zu Pökelfleisch.

17. Häringssauce, kalt. Man zerdrückt 2 Eidotter mit der Milch eines Härings, gießt Essig und Oel daran, rührt es glatt, hackt den Häring, wenn er ausgegrätet ist, mit Petersilie und Kapern fein, rührt ihn mit etwas Pfeffer zu der Sauce und füllt diese in eine Sauciere.

18. Senfsauce, kalt. Einige Eidotter werden zerdrückt, mit Senf und Essig nebst etwas Oel angerührt und nach Belieben mit Schnittlauch, der fein geschnitten sein muß, vermengt.

V. Pasteten und Butterteige.

Die kleinen Pasteten pflegt man häufig nach der Suppe als Zwischenspeise, ebenso zum Thee, aber immer heiß zu geben. Dieselben werden je nach Angabe vor oder nach

dem Backen gefüllt. Sie müssen in guter Hitze gebacken
werden. Das Gelingen derselben hängt in erster Linie
von dem Butterteig ab. Man achte daher genau auf die
folgende Angabe der Zubereitung. Sind die Pastetchen
schon Tags zuvor gebacken worden, so müssen sie auf
einem Blech wieder heiß gemacht werden. Das zu dem
Butterteig verwendete Mehl muß gesiebt, ebenso soll die
Butter frisch und gut ausgeknetet sein. Im Sommer ist
es ratsam, den Teig im Keller oder sonst an einem kühlen
Orte zu machen. Im Winter dagegen stelle man die
Butter vorher in's warme Zimmer.

1. **Butterteig** (billiger). Auf 500 Gr. Mehl kommen
1—2 Eier, 180 Gr. Butter, 2 Löffel voll Kirschengeist
und etwas Salz. Man nimmt das Mehl in eine Schüssel, schlägt die zwei Eier ganz oder von einem nur das
Gelbe hinein, gibt etwas Salz, etwa eine Messerspitze voll,
und den Kirschengeist dazu, rührt so viel Milch hinein,
bis man den Teig glatt klopfen kann und er die Dicke
eines sehr festen Spatzenteigs hat. Nun bearbeitet man
ihn auf dem mit Mehl besäten Nudel- oder Backbrett, bis
er weiße Bläschen bekommt oder bis eine mit der Finger-
spitze eingedrückte Vertiefung sich sogleich wieder hebt. Ist
dies der Fall, so wird er fingersdick ausgewellt, die Butter
in kleine Stückchen zerpflückt, auf die eine Hälfte gelegt
und die andere darüber geschlagen, daß es wie ein großer
Krapfen aussieht, dann wird er noch einmal ausgewellt,
wobei man sich aber sehr in Acht zu nehmen hat, daß
die Butter nirgends herausfällt; man welle daher immer
von außen herein, und bestreue das Brett, sowie den
Teig überall gut mit Mehl. Ist er auf diese Weise
halbfingersdick ausgewellt, so wird er von allen Seiten
über einandergeschlagen, etwa wie man früher einen Brief
zusammenlegte, ehe es Couverte gab, aber so, daß er fünf-
fach auf einander liegt. Dann bestreut man ihn dick mit
Mehl, legt ihn auf eine Platte und deckt ihn mit einer
zweiten Platte zu, läßt ihn über Nacht an einem kühlen
Orte stehen, wellt ihn vor dem Gebrauch auf die gleiche

Weise aus und schlägt ihn auch wieder so zusammen. Erst jetzt wird ihm die Kuchenform gegeben. Zur Not kann ein Butterteig auch sogleich verwendet werden.

2. **Butterteig zu Pasteten.** Auf 500 Gr. Mehl, 2 Eidotter, 10 Gr. Salz, 200 Gr. Butter. Von Mehl und Eiern wird mit der nötigen Milch und dem angegebenen Salz ein fester Teig gemacht, derselbe genau, wie oben angegeben, behandelt, die 200 Gr. Butter, wenn der Teig gut geknetet ist, zerpflückt und eingewellt.

3. **Butterteig mit Wasser.** Zu einem solchen nehme man 500 Gr. Mehl, 1 Messerspitze Potasche, das nötige Salz und Wasser, mache einen festen Teig, knete ihn und welle 180—200 Gr. Butter hinein.

4. **Feiner Butterteig.** Zu 500 Gr. Mehl, 2 Eier, 500 Gr. Butter, 1 Kelch Kirschengeist, etwas Salz und Milch. Von dem Mehl, der nötigen Milch, dem Kirschengeist, 2 ganzen Eiern und einem Dotter nebst 100 Gr. der angegebenen Butter, entweder leicht gerührt oder zerlassen, und Salz, mache nach Angabe einen Teig und welle, wenn er gut geknetet ist, die übrige Butter dazwischen.

5. **Butterteig mit saurem Rahm.** Zu 500 Gr. Mehl nimm 2—3 Eier, 400 Gr. Butter, Milch, sauren Rahm und etwas Salz. Von Mehl, Eiern, Milch und einigen Eßlöffeln voll Rahm nebst Salz wird der Teig angemacht und mit der Butter gewellt.

6. **Geriebener Butterteig.** 500 Gr. Mehl, 250 Gr. Butter, 4 Eigelb und 1 Messerspitze Salz wird auf dem Backbrett gewiegt, bis sich alles vermengt hat.

7. **Süßer Obstkuchenteig.** Nimm 500 Gr. Mehl, 200 Gr. Zucker, 150 Gr. Butter, 2—3 Eier, eine Messerspitze Potasche, 16 Gr. Zimmt. Die Butter wird leicht gerührt, dann Eier, Zucker, Zimmt, Potasche und Mehl hinein geschafft, ausgewellt und verwendet. Gibt zwei Kuchen.

8. Andere Art. 375 Gr. Mehl, 120 Gr. Zucker 190 Gr. Butter und 5 Eigelb werden auf einem Brett schnell zusammen geknetet, ausgewellt und ein Blech damit belegt.

9. Butterteig mit Wein. 500 Gr. Mehl, ¼ Liter weißer Wein, 4 Eigelb, mit der noch nötigen Milch, knete zu einem Teig und welle 250 Gr. Butter hinein.

10. Teig zu Weinbacken. ¼ Liter Wein, 3 Eier, eine Hand voll Zucker wird mit dem erforderlichen Mehl zu einem zum Wellen tauglichen Teig verarbeitet, gut geknetet, 300 Gr. Butter zerpflückt. Wenn der Teig schwach fingersdick ausgewellt ist, kommt die Butter wie gewöhnlich dazwischen, wird aber sogleich zweimal ausgewellt. Man füllt kleine Blechformen damit, bestreicht sie mit verrührtem Ei und backt sie bei guter Hitze.

11. Teig zu Kirchweihkuchen. Auf 1 Kilo Mehl kommen 100 Gr. Butter, ½ Liter Milch, 1—2 Eier, Salz und je nach der Fülle auch Zucker. Das Mehl wird in eine Schüssel genommen, mit einem Löffel ein Loch ausgebohlt, ein Löffel voll guter Bierhefe darin verrührt, und von einem Teil des Mehls in dem Loch ein Vorteig gemacht und über Nacht zum Aufgehen an einen warmen Ort gestellt. Andern Tags verschafft man den Vorteig, die Eier, die Butter, welche zerlassen wird, nebst Salz und der übrigen Milch, klopft den Teig glatt, und läßt ihn nochmals aufgehen.

12. Kuchenteig von saurem Rahm. 375 Gr. Mehl werden mit saurem Rahm und etwas Salz auf dem Backbrett mit einem Messer so lange gehackt und vermengt, bis es einen nicht allzufesten Teig bildet, den man auswellt und ein Kuchenblech damit belegt. So lange er aber unter einander gemengt wird, darf der Teig mit den warmen Händen nicht berührt werden. Nach Belieben kann auch ein Ei dazu genommen werden, jedoch ist es nicht unbedingt nötig.

13 Butterteig zu kalten Pasteten. 1 Kilo Mehl, 4 Eier, 400 Gr. Butter, Wasser und Salz werden zu einem festen Teig geknetet, 2 mal ausgewellt, jedes Mal wieder zusammengeschlagen und dann sogleich verwendet.

14. Schinken=Pastete. Hiezu wird ein geriebener oder gehackter Butterteig nach Nr. 3 verfertigt, in gleiche Teile geteilt, messerrücken=dick ausgewellt und ein Kuchenblech, dessen Rand sich aber nach oben nicht erweitern sollte, damit belegt. Hierauf wird so viel geräucherter Schinken mit Fett nebst Zwiebeln sehr fein gewiegt, (man kann die Reste vom Schinken sehr gut dazu verwenden,) daß es einen Suppenteller voll gibt, und derselbe mit 5—6 Eiern, 1/2 Liter saurem Rahm, Salz und Muskat gut verrührt. Von dieser Fülle bestreicht man den Teig ziemlich dick, wellt von dem noch übrigen Teig einen Deckel darauf, bestreicht diesen wieder, bedeckt das Bestrichene nochmals und fährt so abwechselnd fort, bis die Fülle zu Ende ist, und ein Stück gewellter Teig als Deckel den Schluß bildet. Diese Pastete wird in starker Hitze gebacken.

15. Maccaroni=Pastete. Mache nach Nr. 1 oder 3 einen gewöhnlichen Butterteig, belege den Boden eines Bleches damit, fülle ihn mit nachfolgender Fülle, belege die Fülle wieder mit einem Deckel von Butterteig und gib die Pastete in einen heißen Ofen. Fülle: weichgesottene Maccaroni, geriebener Käse, welcher mit den Maccaronis vermischt wird, dünn geschnittene Schinkenscheiben, dann noch Bratwurstlädchen und Butterscheiben. Zuerst der Schinken, dann die Maccaroni und zuletzt Wurst und Butter.

16. Schweinsleber=Pastete. Eine Pastetenform wird ganz mit Butterteig ausgelegt, eine Schweinsleber 5 Minuten in heißes Wasser gehalten, gehackt und durch ein Sieb gerührt, hierauf 200 Gr. Speck in kleine Würfel geschnitten, andere 200 Gr. Speck gesotten und dann fein gehackt, beides, sowie etwas von der Brühe worin der Speck gesotten wurde, nebst 6 gekochten, durchgetriebenen Zwiebeln, Gewürz und einem Glase Rotwein an die Leber gerührt, und diese

Masse gekocht, bis sie etwas dick wird. Darauf wird die Pastete, deren Boden aber vorher mit Speck belegt wurde, mit dieser Masse gefüllt. Zum Schluß legt man, damit der Deckel Halt bekommt, Streifen von Butterteig kreuzweis über die Fülle, bedeckt sie dann erst mit dem Deckel und backt die Pastete hellgelb.

17. Kalbfleisch-Pastete. Man fertigt zu dieser Pastete einen gewöhnlichen Butterteig nach Nr. 1 oder 3, wellt davon Böden aus, so viel man Pasteten wünscht, behält aber die andere Hälfte des Teiges zu den Deckeln. Nun wird Kalbfleisch in Stückchen geschnitten, gut geklopft, eingesalzen und der Boden damit belegt. Vorher jedoch reibe man das Fleisch noch mit gewiegter Petersilie, ebenso mit gewiegten Citronenschalen ein und beträufle es mit Citronensaft. Nun wird der Butterteig noch mit Citronenrädchen, Petersilie und etwas Semmelmehl bestreut. Zum Schluß belege man das Fleisch mit Butterscheiben, bestreiche den Rand des Butterteigbodens mit etwas Wasser, gebe den ausgewellten Deckel darauf, und backe die Pastete, nachdem der Deckel, ja nicht der abgeschnittene Rand, mit verrührten Eiern bestrichen wurde, in heißem Ofen gelb.

18. Feine Kalbfleisch-Pastete. Eine obere Schale wird gut geklopft, gespickt, mit Salz und Pfeffer eingerieben, in Butter und Wein mit Zwiebeln, Pfefferkörnern und Gelbrüben halb weich gedämpft, und zum Erkalten in der Brühe bei Seite gestellt. Zur Fülle nimmt man 500 Gr. von diesem Fleisch, hackt es mit 250 Gr. Speck, etwas Citronenschale und Mark, Zwiebel und Petersilie sehr fein, reibt ein Milchbrot ab, weicht es in Wasser ein, drückt es fest aus, verreibt es mit dem Fleisch vollends fein, streicht die Fülle mit einem Löffel durch ein Haarsieb, rührt sie mit zwei Eiern, dem nötigen Salz und Muskat an, belegt dann ein mit Butter bestrichenes, mit Weckmehl bestreutes Blech mit Papier, wellt von der Hälfte des zu dieser Pastete verfertigten Butterteigs einen Boden, legt ihn auf das Papier, bedeckt ihn mit Speckscheiben,

streicht die Fülle darauf, schneidet das noch ungewiegte Kalb=
fleisch in Scheiben und legt diese auf die Fülle, hierauf ab=
wechselnd Fülle und Fleisch, zuletzt Fülle und Speckscheiben, auf
welche ein Teigdeckel kommt, welcher am Rande sehr gut schlie=
ßen muß. Ehe die Pastete in den Ofen gegeben wird, muß
der Butterteigdeckel mit einem verrührten Ei bestrichen werden.

19. **Gänseleber=Pastete.** Diese Pasteten werden größ=
tenteils ohne Butterteig in einer besonderen Terrine ge=
fertigt, damit sie länger aufzubewahren sind. Ist man
jedoch nicht in der Lage, eine solche zu bekommen, so
mache man von 300 Gr. Butter, 4 Eiern, Salz und
Milch einen festen Teig, verarbeite ihn gut, bestreiche eine
passende Form mit Butter, bestreue sie mit Weckmehl und
belege sie mit dem ausgewellten Teig, der aber dabei etwas
über die Form hinausgehen muß. Dann fülle man die
Pastete mit folgendem: Sechs große Gänselebern werden
je in zwei Teile geteilt, da wo sie zusammengewachsen
sind; dann die gelbe Stelle der Galle ausgeschnitten und
mit süßer Milch gewaschen. Nun werden 8 dieser Stücke
mit Trüffeln gespickt, die übrigen 4 mit Zwiebeln, Trüffeln,
Sardellen und Kapern fein gewiegt, und mit Pfeffer,
Muskat und Salz gewürzt; hiezu kommt noch 1 Kilo
gesottenen, ebenfalls fein gewiegten Specks, worauf die
Masse durch ein Sieb getrieben wird. Mit dieser Fülle
bestreicht man dick den Butterteig, gibt von den gespickten
Lebern, mit Salz und weißem Pfeffer bestreut, in die
Pastete, abwechselnd wieder Fülle und Lebern, bis alles
darin ist. Den Schluß muß die Fülle bilden; darüber
kommt noch eine Lage Butter und Speckscheiben, und über
diese der Deckel von Butterteig; der überhängende Rand
wird über den Deckel geschlagen, daß die Pastete gut ver=
schlossen ist. Diese Pastete wird in einem heißen Ofen
zwei Stunden gebacken und kalt serviert, nachdem sie zwei
Tage gestanden hat.

20. **Blinde Pastete.** Von Butterteig werden 2 runde
Böden ausgewellt und nach einer Kuchenplatte schön be=

schnitten, den einen legt man auf ein gut beschmiertes
Blech, den andern als Deckel zurück. Von dem Abfall,
welcher aber durchaus nicht geknetet, sondern nur streifen-
weise auf einander gelegt werden darf, damit er blätterig
bleibt, wellt man einen fingerbreiten Streifen, bestreicht
den Rand des Pastetenbodens mit Wasser und belegt ihn
rings herum mit diesem Streifen; reicht es zu zweimaliger
Einfassung, um so besser; es muß dann jedoch auch vorher
Wasser auf den ersten Streifen gestrichen werden, damit
der zweite hält. Nun wird das Innere der Pastete mit
dürren Erbsen oder einer Serviette gefüllt, damit sich der
Boden im Backen nicht hebe, der Deckel mit Ei bestrichen,
darauf gelegt und die Pastete gebacken. Nach dem Backen
wird der Deckel abgeschnitten und die Pastete mit Compots
oder Fleischbrühe gefüllt.

21. Pastete von Fleischresten. Fleisch aller Art wird
mit Zwiebeln, Petersilie, Citronenschale, Häringsstückchen
und Kapern sehr fein gewiegt, in 60 Gramm Butter gedämpft, mit einem Glase Rotwein begossen und mit
Pfeffer, Salz, Muskatnuß und Citronensaft gewürzt. Hernach wird von Blätterteig ein Boden ausgewellt, auf ein
mit Butter bestrichenes und mit Papier belegtes Blech gelegt, der Rand des Bodens mit Wasser bestrichen, die
Fülle darauf gegeben, mit einem Deckel, der ebenso groß
sein muß, als der Boden, zugedeckt, mit verrührtem Ei
bestrichen und gebacken.

22. Vorbemerkung zu kleinen Pasteten. Zu den kleinen
Pasteten sticht man von Blätterteig mit einem Literglas
oder einem Ausstecher Böden aus, legt die untere Hälfte
auf das mit Butter bestrichene Blech und sticht dann die
andere Hälfte aus, aber mit einem kleineren Glase. Der
außen abfallende Rand wird, nachdem der Boden an
dem Rande entlang mit Wasser bestrichen, auf diesen
gelegt, dann das Pastetchen gefüllt und mit dem Deckel
geschlossen.

23. Farce-Pastetchen. Mache einen Blätterteig, steche mit einem Ausstecher kleine runde Kuchen aus, lege die Hälfte auf ein mit Butter bestrichenes Blech und von nachstehender Fülle kleine Häufchen darauf, bestreiche den Rand mit Wasser, decke die übrigen Kuchen als Deckel darüber, bestreiche noch den obern Rand mit verrührtem Ei und gib sie in den Ofen. Die Fülle wird auf folgende Weise bereitet: Kalbsbraten, von welchem Haut, Sehnen und Knorpeln entfernt worden, wird mit ausgegräteten, gewaschenen Sardellen, Zwiebeln und Citronenschale fein gewiegt und mit in Milch eingeweichtem, gut ausgedrücktem Milchbrot verrührt, alles in eine Schale geschüttet und mit einem Stück Butter fein zerrieben, worauf noch 2 Eier, Salz, Muskatnuß und Pfeffer daran gerührt werden.

24. Schinken-Pastetchen. Ungefähr 200 Gramm fein-gewiegter Schinken werden mit 50 Gramm Parmesankäse zerrieben und hernach mit saurem Rahm nebst 3—4 Eiern, 2 ganzen und 2 Dottern, gut verrührt. Nun macht man von Butterteig, wie oben angegeben, kleine Kuchen, behält aber noch etwas von dem Teig zurück. Von diesem werden ganz schmale Streifen gemacht und der Rand des Bodens rings herum damit belegt, nachdem er vorher ge-rade dem Rande entlang mit Wasser bestrichen wurde. Der Raum innerhalb des Randes wird mit der Fülle be-deckt, die andern Kuchen als Deckel darauf gegeben, die Pastetchen mit verrührten Eiern bestrichen und in einem heißen Ofen schön gelb gebacken.

25. Reis-Pastetchen. Reis wird dreimal gebrüht, mit Milch und dem nötigen Salz weich und dick eingekocht. Unterdessen wird Schinken sehr fein gehackt und mit sau-rem Rahm vermengt. Pastetenförmchen werden mit Butter bestrichen, mit Semmelmehl bestreut und lagenweise Reis, Parmesankäse, der gewiegte, angerührte Schinken darein gefüllt und gebacken.

26. Englische Pastetchen zum Dessert. 200 Gramm Rosinen und ebenso viel Korinthen werden angebrüht, ge-

waschen, wieder getrocknet und mit 100 Gramm Ochsen=
mark sehr fein gewiegt. Diese Fülle wird mit einer Tasse
Rum und etwas Muskatblüte vermischt, auf kleine Butter=
teigkuchen gestrichen, mit gleich großen Butterteigdeckeln
bedeckt, bestrichen und gebacken. Beim Servieren werden
sie auf eine Platte gelegt, daß sie einen Kranz bilden,
mit Rum begossen und angezündet herumgereicht.

27. Sardellen=Pastetchen. Gebratenes Kalbfleisch wird
fein gehackt, ebenso Sardellen, Zwiebel und Citronenschale.
Alles zusammen wird mit ziemlich viel Butter gedämpft,
mit Salz, Muskatnuß und Citronensaft gewürzt, 2 Ei=
dotter daran gerührt und die Masse heiß in zuvor ge=
backene, offene Pastetchen gefüllt.

28. Spinat=Pastetchen. Verwiege eine Hand voll Spi=
nat, nachdem er gebrüht wurde, sehr fein, dämpfe ihn in
Butter, gib süßen Rahm und 4 Eier dazu, und fülle die
Pastetchen, welche in Formen gebacken werden, damit.

29. Brieslein=Pastetchen. 2 Kalbsbrieslein werden mit
Zwiebeln, Petersilie, Kapern, Citronenschale und Mark
fein gewiegt und kurz in Butter gedämpft, die Pastetchen
damit gefüllt, in kleinen Formen gebacken und heiß zu
Tisch gegeben.

30. Kartoffel=Pastetchen. Hacke 60 Gramm Speck und
100 Gramm rohes Kalbfleisch nebst einem Häring sehr
fein, dämpfe es mit gehackten Zwiebeln in Butter, rühre
60 Gramm Butter leicht, gib 5 gesottene, geriebene Kar=
toffeln, 5 Eigelb und sauren Rahm dazu, verrühre es gut,
schlage dann noch den Schnee der Eier dazu, vermenge
diese Masse mit dem Fleisch und fülle sie in Butterteig.
Man kann auch die Kartoffelmasse als eine besondere
Lage, dann abwechselnd Fleisch und wieder Kartoffeln, in
die Pastetchen füllen.

31. Mark=Pastetchen. 125 Gramm Rindsmark läßt
man zergehen, gibt 3 verrührte Eier dazu und rührt die
Masse auf Kohlen so lange, bis sie dick wird, weicht zwei

Milchbrote in Milch, drückt fie aus, rührt fie in die von
dem Kohlenfeuer genommene Maffe, fchlägt noch 3 Eier daran,
gibt den nötigen Zucker, geftoßene Mandel, etwas fein
gewiegte Citronenfchale dazu, füllt den **Butterteig** damit,
backt fie und gibt fie zum Deffert.

VI. Gemüfe.

Es ift am beften, die zu fiedenden Gemüfe in einem
eifernen, oft gebrauchten oder glafierten Topfe zu kochen.
Dabei achte man wohl darauf, daß das Waffer nie auf=
hört zu kochen, und daß immer viel Waffer auf dem kochenden
Gemüfe ift, da dies andernfalls eine unfchöne, graue oder
bräunliche Farbe und einen fchlechten Gefchmack bekommen
würde. Beim Zufetzen gebe man nicht alles Gemüfe auf
einmal in das fiedende Waffer, fondern nur teilweife, zu=
erft eine Hand voll; wenn das Waffer wieder fiedet, die zweite,
und fo fort. Ich glaube fchon bei der Einleitung bemerkt
zu haben, daß zum Kochen der Hülfenfrüchte Regenwaffer fehr
gut ift. Bei anderen Gemüfen kann man dem Waffer eine
Mefferfpitze Soda oder doppelt kohlenfaures Natron beifügen.

1. **Spinat.** Die Blätter werden forgfältig ausgelefen,
von den größten Stielen befreit und gewafchen. Verwend=
bar ift der Spinat nur, ehe er in Samen fchießt. Man
koche ihn in Salzwaffer, jedoch ohne ihn zuzudecken, achte
auch genau darauf, daß er nicht zu lange kocht, fonft ver=
liert er feine fchöne Farbe; 5—10 Minuten genügen.
Hierauf wird er aus dem Kochwaffer genommen, in frifches,
kaltes Waffer gelegt, ausgedrückt und fehr fein gewiegt.
Inzwifchen wird in einem irdenen Kochgefäß Butter oder
halb Butter, halb Rindfchmalz heiß gemacht und eine Hand
voll Mehl darin fchön braun geröftet, der Spinat darin
gedämpft und mit Fleifchbrühe fo abgelöfcht, daß er noch
einen dicken Brei bildet; hat er einige Mal aufgekocht, fo
wird er auf die Seite geftellt oder angerichtet. Pfeffer,
Muskat oder fonftige Gewürze verderben nur den Gefchmack.

Hat man keine Fleischbrühe, so kann man den Spinat auch mit Wasser und Bratensauce oder mit süßem Rahm ablöschen. Man gibt Ochsenaugen, Omelette, Eierhaber, gebratene Spatzen oder Kotelettes dazu.

2. Schwarzwurzeln. Dieselben werden geschabt und sogleich jede, wenn sie geschabt ist, in saure Milch oder in einen dünnen Teig von 1—2 Kochlöffeln voll Mehl, Essig und Wasser gelegt, damit sie schön weiß bleiben, hierauf gewaschen, in Salzwasser weich gekocht und in frisches Brunnenwasser gelegt. Einige Löffel voll Mehl werden mit einem Stück Butter in einem Kochgefäß angerührt und sogleich mit Fleischbrühe abgelöscht. Hat die Sauce einige Male aufgekocht, wird sie noch gesalzen, die Wurzeln werden hinein gelegt und nach einigen Augenblicken zu Tische gegeben; jedoch muß die Sauce etwas dick sein. Man gibt französische Omelette, Beefsteaks oder Kotelettes, auch Kalbsbraten dazu.

3. Spargeln. Die Spargeln werden gewaschen und bündelweise kurz vor dem Anrichten in Salzwasser gesotten, weil sie gleich zu Tische gegeben werden müssen. Wenn sich die Köpfe weich anfühlen, werden sie heraus genommen, aufgeschnitten und kranzweise auf eine Platte gelegt, daß die Köpfe nach innen sehen. Inzwischen werden ungefähr 60 Gramm Butter in einer irdenen Kachel auf schwachem Feuer zerlassen, mit Mehl zu einem dicken Teig angerührt und mit Fleischbrühe oder dem Spargelwasser sogleich abgelöscht. Ist die Sauce, welche durch ein wenig Zucker sehr wohlschmeckend wird, gut durchgekocht, so werden 4 bis 6 Eidotter mit etwas süßem Rahm verrührt und die Sauce damit abgezogen; man kann auch noch etwas Citronensaft dazu nehmen, doch ist dies Geschmackssache; Kotelettes 2c. werden dazu gegeben.

4. Hopfen. Die Hopfentriebe werden, in Bündel zusammen gebunden, kurz vor dem Anrichten in Salzwasser gekocht. Man gebe jedoch genau Acht, da sie im Augenblick zu weich sind. Sie werden wie Spargeln auf eine

Platte gelegt und eine Butterſauce, wie bei den Schwarz=
wurzeln, von Butter und weißem Mehl in einem irdenen
Kochgefäß dazu gemacht. Man kann auch das Mehl ein klein
wenig anziehen laſſen, mit Fleiſchbrühe ablöſchen und mit
2—3 oder mehr Eidottern abziehen. Paßt zu Kotelettes ꝛc.

5. Karviol. Der Karviol oder Blumenkohl muß weiß
und feſt ſein. Er wird von der Haut und den grünen
Blättchen befreit, ohne zerſchnitten zu werden, und in Salz=
waſſer weich gekocht. Kann das Kochen nicht unmittelbar
vor dem Anrichten geſchehen, ſo laſſe man ihn nur halb
weich kochen und ſtelle ihn in heißem Waſſer zugedeckt bei
Seite, auf welche Weiſe er vollends gar wird. Beim An=
richten oder Herausnehmen muß man ſehr vorſichtig ſein,
damit er nicht zerſtoßen wird. Ebenſo hat man ſich vor
dem zu weich kochen zu hüten, weil ſonſt die Blumen oben
abbröckeln. Er wird auf eine Platte gelegt und eine Eier=
ſauce mit oder ohne Citronenſaft, wie ſie bei ı eı Spargeln
angegeben, dazu gemacht. Iſt man nicht ſicher, ob das Waſſer
vom Karviol rein abgelaufen iſt, ſo richte man die Sauce
in einer Saucière beſonders an, damit ſie nicht wäſſerig
und dünn wird; es werden ebenfalls Kotelettes oder Wiener=
ſchnitzel dazu gegeben.

6. Junge gelbe Rüben oder Mohrrüben werden gewaſchen
und gebrüht, damit ſie leichter zu reinigen ſind, man kann
ſie aber auch ſchaben. Dann werden ſie, mit oder ohne
grüne Erbſen, ſammt einem Stück Butter und etwas Zucker
in einem irdenen Kochgefäß auf das Feuer geſetzt und ge=
dämpft. Will man Butter ſparen, ſo nimmt man noch einige
Löffel fette Fleiſchbrühe dazu. Wenn die Erbſen und Rübchen
beinahe gar, ſtreut man einen Kochlöffel voll Mehl, einige
gewiegte Zwiebeln, die man auch weglaſſen kann, und Peter=
ſilie darauf, läßt alles noch einige Zeit mitdämpfen, ſchüttet
etwas Fleiſchbrühe oder ſüßen Rahm daran, und gibt ſie,
wenn ſie ziemlich dick eingekocht, zu Tiſche. Beefſteaks,
Kotelettes, Fleiſchvögel, gedämpfte Leber, Omelette und
Eierhaber ſind dazu paſſend.

7. **Grüne Erbſen.** Ungefähr 1½ Liter grüne Erbſen
werden in **Butter** oder in Butter und etwas Fleiſchbrühe
weich gedämpft, etwas Zucker, 1 Kochlöffel voll Mehl, nach
Belieben fein gewiegte Zwiebel und Peterſilie darauf ge=
ſtreut, noch einige Zeit mitgedämpft, mit etwas Fleiſchbrühe
abgelöſcht, aufgekocht und angerichtet. Beilage wie oben.

8. **Gelbe Rüben und grüne Erbſen auf andere Art.** Die
Rübchen werden mit den Erbſen in Fleiſchbrühe oder Salz=
waſſer, von beidem ſehr wenig, weich gekocht. Dann röſtet
man 1—2 Kochlöffel voll Mehl in Butter hellgelb, dünſtet
fein gewiegte Zwiebeln, Peterſilie und die aus dem Waſſer
genommenen Rübchen und Erbſen darin, löſcht alles mit
fetter Fleiſchbrühe ab, thut etwas Zucker daran, läßt es
aufkochen und richtet das Gemüſe an. Auf dieſe Art kann
man ſowohl die Erbſen, als auch die Rübchen allein machen.

9. **Feine, ſpäte oder ältere gelbe Rüben** werden geſchabt,
und in längliche Schnitzchen geſchnitten, mit einem Stückchen
Zucker in Waſſer halb weich gekocht, heraus genommen und
in einem Stück Butter mit fein gewiegten Zwiebeln, Peter=
ſilie und 1 Kochlöffel voll Mehl vollends weich gedämpft
und mit Fleiſchbrühe abgelöſcht.

10. **Andere Art.** Man läßt die geſchabten und in läng=
liche Schnitzchen geſchnittenen Rübchen in ungeſalzenem
Waſſer weich kochen, röſtet einige Kochlöffel voll Mehl in
einem Stück Butter bräunlich, dünſtet ſie mit gewiegter
Peterſilie und Zwiebeln darin, löſcht mit ein wenig Fleiſch=
brühe ab, läßt ſie aufkochen und gibt ſie zu Tiſch.

11. **Saure Gelbrüben.** Solche von großer Sorte wer=
den geſchabt und in Rädchen geſchnitten, in Salzwaſſer
geſotten, und wenn ſie halb weich ſind, mit den Schnitzen
von 6—7 roh geſchälten Kartoffeln weich gekocht, das
Waſſer abgegoſſen, Rüben und Kartoffeln durch den Durch=
ſchlag (Suppenſeiher) getrieben, einige Löffel voll Mehl in
halb Butter, halb Rindſchmalz bräunlich geröſtet, das Durch=
getriebene gedämpft und mit Fleiſchbrühe und Eſſig abge=

löscht, aufgekocht und angerichtet. Man gibt sie mit ge-
sottenem Fleisch für den gewöhnlichen Tisch.

12. **Bohnen.** Junge Bohnen werden von den Fäden
befreit, gewaschen und in einem Stück Butter gedämpft.
Wenn sie beinahe weich sind, streut man einen Kochlöffel
voll Mehl darauf, gibt noch fein gewiegtes Bohnenkraut,
nach Belieben Zwiebel oder statt dessen etwas gestoßenen
Pfeffer und Petersilie dazu, dämpft sie vollends gar und
löscht sie mit ein wenig Fleischbrühe ab. Nach einigem
Aufkochen werden sie angerichtet. Oder: die Bohnen werden,
wenn sie nicht mehr ganz jung sind, von den Fasern befreit
und, indem man der Länge nach an denselben herunter
schneidet, gespalten. Sind die Bohnen jedoch schon kernig,
so bricht man sie in der Mitte; sie sind dann aber nur
für den gewöhnlichen Tisch verwendbar. Man kocht sie
mit etwas Bohnenkraut in Salzwasser weich und legt sie
in kaltes Wasser. Einige Kochlöffel voll Mehl werden in
Butter oder Rindschmalz braun geröstet, Zwiebeln und
Petersilie fein gewiegt, darin gedämpft, mit ein wenig
Fleischbrühe abgelöscht, und die inzwischen zum Ablaufen
auf den Durchschlag gelegten Bohnen darin aufgekocht.
Man gibt dazu Kalbs=, Rinds= oder Hammelsbraten mit
gesottenen Kartoffeln, oder Kotelettes, Beefsteaks ꝛc.

13. **Weiße Rüben** (auch Teltower Rüben genannt).
Man koche die gut geschabten und in siedendem Wasser
gewaschenen Rüben in so viel Fleischbrühe, daß sie gerade
davon bedeckt sind, mit etwas Butter und Salz gar. Dann
röste man Mehl in Butter braun, lösche es ab mit dieser
Fleischbrühe, thue etwas Zucker, auch Reste von Braten=
sauce daran und lasse alles zu einer seimigen Sauce ver=
kochen, in welcher man die Rüben gut umschwenkt. Zu
geschmorter Hammelskeule, geschmorter Ente, Bratwurst.

14. **Schnittkohl.** Nachdem derselbe ausgelesen und ge=
waschen, wird er in Salzwasser weich gekocht und fein
gewiegt, einige Kochlöffel voll Mehl in Butter, oder halb
Butter, halb Schmalz bräunlich geröstet, der Kohl darin

gedämpft, mit etwas Fleischbrühe abgelöscht und dick ein=
gekocht.

15. **Kopf=Kohlraben.** Die Blätter werden von den
Köpfen abgeschnitten, von den Rippen und Stengeln be=
freit und gewaschen. Dann werden die Köpfe gleichfalls
von der Haut befreit, alles zusammen in Salzwasser weich
gekocht und in kaltem Wasser abgeschwenkt, die Blätter
ausgedrückt, fein gewiegt und die Köpfe in Rädchen ge=
schnitten. Für die Köpfe oder Rädchen dünstet man einen
bis zwei Kochlöffel voll Mehl in Butter weißgelb, löscht
sie mit Fleischbrühe ab und läßt dieselben darin aufkochen.
Für die gewiegten Blätter röstet man ebenfalls Mehl in
Butter oder auch Rindschmalz schön bräunlich, dämpft sie
darin, löscht sie mit Fleischbrühe ab und läßt sie dick ein=
kochen. Beim Anrichten legt man die geschnittenen Rädchen
mit der Buttersauce auf das Innere der Platte und macht
von dem Grünen rings um dieselben einen Kranz. Dazu
passen: Wienerschnitzel oder Kotelettes.

16. **Andere Art.** Man wäscht und siedet die Kohl=
räbchen wie oben, schneidet die Köpfe in Rädchen, röstet
einige Kochlöffel voll Mehl in Butter gelb und löscht sie
mit ein wenig Fleischbrühe ab, legt die im Wasser abge=
schwenkten Blätter und zerschnittenen Köpfe hinein, läßt
sie aufkochen und richtet sie an.

17. **Wirsing** wird von den grünen Blättern und dicken
Rippen befreit und in Salzwasser gesotten. Ist er weich,
wird er herausgenommen und wie Kohl in kaltes Wasser
gelegt, sauber ausgedrückt und einige Mal durchschnitten.
Einige Kochlöffel voll Mehl werden in Butter hellgelb ge=
röstet, der Kohl darin gedämpft, mit ein wenig Fleisch=
brühe abgelöscht und aufgekocht. Braten aller Art, ge=
sottene, gedämpfte oder gebratene Kartoffeln, Fleischwürst=
chen 2c. passen dazu.

18. **Andere Art.** An die in Salzwasser gesottenen
Blätter macht man von einigen Kochlöffeln voll Mehl und

Butter eine Sauce, wie zu den Kopfkohlräbchen, nur darf das Mehl etwas gelber geröstet werden.

19. Süß- oder Weißkraut. Die Krautköpfe werden in Stücke geschnitten, von den dicksten Rippen befreit und in Salzwasser weich gekocht. Einige Kochlöffel voll Mehl werden in Butter, oder halb Butter, halb Rindschmalz hellgelb geröstet, das weichgekochte Kraut in kaltem Wasser inzwischen abgeschwenkt, etwas gewiegt, in dem Mehle gedämpft, mit einem Löffel voll sauber ausgelesenem Kümmel und mit etwas Fleischbrühe abgelöscht. Zu diesem, jedoch nur für den gewöhnlichen Tisch passenden Gemüse gibt man gesottene oder gebratene Kartoffeln, gesottenes oder gebratenes Rindfleisch, Kalbsbraten oder Fleischwürstchen.

20. Bairisches Kraut. Das Kraut, rotes oder weißes, wird entweder am Abend zuvor, oder doch einige Stunden vor dem Zusetzen eingeschnitten und gesalzen. Das Zusetzen muß wenigstens 2—3 Stunden vor dem Anrichten geschehen, weil das Kraut sehr langsam weich wird. Man setzt es mit 60—90 Gr. Schweineschmalz zu und dämpft es darin beinahe weich und bräunlich, gießt dann ein Glas guten roten Wein daran, streut Kümmel darauf und läßt es vollends weich werden. Mittlerweile röstet man einige Kochlöffel voll Mehl in Schweineschmalz braun, dämpft das Kraut darin, löscht es noch mit ein wenig Fleischbrühe ab und läßt es aufkochen. Dieses Gemüse darf nur in einem irdenen Gefäß zubereitet werden. Schweinebraten, gesottene Kartoffeln oder Kartoffelbrei werden dazu gegeben.

21. Mangold und Gartenmelde werden wie Spinat zubereitet, ebenfalls ziemlich fein, doch nicht so fein, wie der Spinat gewiegt, und vor dem Sieden von den Stielen befreit. Man gibt: Omelette, Fleischwürstchen, Kotelettes, gefüllte Flädchen, gebratene oder gewöhnliche Spatzen dazu.

22. Eingemachtes Sauerkraut wird, wenn es schon zu sauer ist, abgewaschen und das Wasser einmal abgegossen;

ift es noch jung, bleibt es ungewaschen. Setze es mit
etwas Wasser, jedoch nicht zu viel, zu, und lasse es in
einigen Stunden weich kochen. Nun dünste einige Koch=
löffel voll Mehl in 60 Gramm Schweineschmalz ganz hell=
gelb oder lasse es nur darin anziehen, und dämpfe das
Kraut, von dem das Wasser sorgfältig abgegossen sein
muß, darin, lösche es mit sehr wenig Fleischbrühe ab,
und koche es nochmals auf. Dazu passen gesottene Kar=
toffeln, Kartoffelbrei, Schweinsbraten, Rauchfleisch. Man
kann auch für gewöhnlich ein Stück Schweinefleisch mit
dem Kraut sieden, braucht dann aber weniger Fett zum
Schmälzen zu nehmen.

23. **Sauerkohl** (Norddeutsche Art). Den fein geschnitzel=
ten Weißkohl bringt man in kochendem Wasser auf das
Feuer und gießt während des Kochens von der Brühe und
dem Fett von gleichfalls ins Kochen gebrachtem Schweine=
fleisch hinzu. Man kann den Kohl auch ohne Wasser, nur
in dieser Brühe auf das Feuer setzen. Ist derselbe halb
gar, so gibt man gut gereinigten Kümmel und kurz vor
dem Garwerden noch auf einen großen Kopf einen ge=
häuften Suppenteller voll geschnittener Aepfel, sowie Salz
daran; ist er vollständig weich, so thut man den nötigen
Essig und nach Probe Zucker oder Syrup dazu und rührt
endlich so viel Klarmehl daran, daß der Kohl nicht mehr
wässerig ist. Am besten mit frischem Schweinefleisch.

24. **Winterkohl.** Derselbe ist nur zu verwenden, wenn
er einige Mal durchgefroren ist. Die Blätter werden von
den größten Rippen befreit; die äußersten Blätter lasse
man weg, wasche die übrigen und siede sie in Salzwasser
weich, gieße dieses weg und schwenke die Blätter in kaltem
Wasser ab, drücke sie aus und wiege sie ganz fein, röste
einige Kochlöffel voll Mehl in Butter braun, dämpfe das
Gemüse darin und lösche es mit etwas Fleischbrühe ab;
vor dem Anrichten muß es noch gut durchkochen; Brat=
würste, Kotelettes, Omelettes, Fleischwürstchen und Braten
passen dazu.

25. Roſenkohl. Die Röschen werden von den Stengeln abgeschnitten, von den gelben Blättchen befreit und einige Minuten im Salzwasser gekocht, bis ſie weich ſind. Es iſt gut, dieſes erſt kurz vor dem Anrichten zu thun und wohl darauf zu achten, daß die Röschen nicht zerkochen. Inzwischen läßt man einige Kochlöffel voll Mehl in Butter anziehen, löscht ſie, ehe ſie eine Farbe bekommen, mit Fleischbrühe ab, daß es eine dicke Sauce gibt und gießt ſie über die Röschen. Dieſelben müſſen aber auf einem Sieb vorher ablaufen, damit die Sauce nicht wäſſerig wird. Will man dieſes Gemüſe fein zubereiten, ſo zieht man die Butterſauce mit einigen Eidottern ab. Man gibt Kotelettes, Omelettes oder Fleischvögel dazu.

26. Linſen. Die Linſen werden ausgeleſen und über Nacht in weichem Waſſer eingeweicht. Man ſetze ſie frühe mit kaltem Waſſer zu; ſie müſſen 2—3 Stunden kochen, bis ſie weich ſind. In einem Dampftopf genügt eine Stunde. Dann gießt man das Waſſer ab, und kocht ſie in frischem, heißem und geſalzenem Waſſer, röſtet hierauf einige Kochlöffel voll Mehl und etwas Zwiebel in Schweine- oder Rindschmalz braun, dämpft die Linſen darin, löscht ſie mit etwas Fleischbrühe ab, ſchüttet einige Löffel voll Eſſig daran, läßt ſie dick einkochen und gibt ſie mit geſottenen Kartoffeln und geſottenem oder geräuchertem Fleiſche zu Tische.

27. Erbſen, trockene. Die Erbſen werden wie die Linſen ausgeleſen und über Nacht in weiches Waſſer gelegt. Sie werden mit kaltem, ungeſalzenem Waſſer zugeſetzt; wenn ſie einige Minuten gekocht haben, wird daſſelbe abgegoſſen und durch friſches, heißes, geſalzenes Waſſer erſetzt. Sie brauchen 2—3 Stunden, bis ſie gar ſind; in einem Dampftopfe genügt eine Stunde, der Topf wird aber erſt dann geſchloſſen, wenn das erſte Waſſer abgegoſſen iſt. Sind die Erbſen weich gekocht, ſo werden ſie durch den Durchschlag getrieben, nachdem natürlich zuvor das Waſſer abgegoſſen worden iſt. Bei gegerbten

ober geschälten Erbsen ist die Mühe des Durchtreibens erspart, auch brauchen diese nicht am Abend vorher in
Wasser gelegt zu werden. Nun röstet man ein Paar Kochlöffel voll Mehl in Rinds- oder Schweineschmalz schön
gelb, dämpft den Erbsenbrei darin, löscht ihn mit etwas
Fleischbrühe oder Wasser und Bratensauce ab, läßt alles
gut durchkochen, und gibt ihn mit Kartoffeln, Leberwürsten,
geräuchertem oder gebratenem Schweinefleisch zu Tische.

28. **Bohnenkerne** werden ebenfalls über Nacht in Wasser gelegt, den andern Tag frühe zugesetzt und wie Erbsen oder Linsen abgegossen und dann gesalzen. Wenn sie
weich sind, schüttet man das Wasser ab, dämpft Mehl in
Butter oder Schmalz hellgelb, gibt die Bohnenkerne darein
und löscht sie mit etwas Fleischbrühe und 3—4 Eßloffel
voll Essig ab.

29. **Gedörrte weiße Bohnen** werden wie die grünen
gekocht, nur muß das erste Wasser auch abgegossen werden,
wenn es zu sieden anfängt. Es ist ratsam, sie am Abend
vorher zu brühen und gut zuzudecken, damit sie besser aufquellen.

30. **Gefüllte Gurken.** Man schält recht große halbreife
Gurken, schneidet sie durch, nimmt alle schwammigen Teile
heraus, füllt sie mit einer guten Fleischfarce und bindet sie
wieder zusammen. Sodann macht man in einer Schmorpfanne etwas Zucker und Butter braun, legt die Gurken
hinein, gibt nebst ein paar Gewürznelken und einem Lor-
beerblatte so viel Fleischbrühe darauf, daß sie zur Hälfte
darin liegen und läßt sie in dieser Brühe schmoren. Inzwischen thut man so viel Essig oder Citronensäure dazu,
daß ein säuerlicher Geschmack entsteht und streut so viel
zerstoßenen Zwieback mit etwas Zucker daran, daß sich eine
semige Sauce bildet. Sind die Gurken auf der einen
Seite gar, so kehrt man sie vorsichtig um und läßt sie so
lange schmoren, bis sie vollständig weich sind. Nach Ab-
nahme der Bänder richtet man sie auf einer flachen Schüssel

an und gibt die Sauce darüber. Ohne Beilage oder mit geschmorter Hammelkeule.

31. Gestovte Gurken. Geschälte Gurken, aus denen man die schwammigen Teile entfernt hat, schneidet man in längliche Streifen, kocht sie und bereitet die Sauce ganz nach er Anweisung in der voraufgehenden Nummer.

32. Kartoffel=Purèe (Brei). Große Kartoffeln werden roh geschält, geschnitzelt, in Salzwasser gesotten, dieses, wenn sie gar sind, abgeschüttet, und die Schnitze gut verrührt oder zerdrückt. Zu einer Portion für 6 Personen kommt 40 Gr. Butter; dieselbe wird unter die zerdrückten Kartoffeln gerührt, nach und nach etwas kalte süße Milch mit hinreichendem Salz daran gegossen, und der Brei, wenn er leicht und schaumig gerührt ist, gleich zu Tisch gegeben; nach dem Anrühren darf er durchaus nicht mehr kochen; man besorge dasselbe auf schwachem Kohlenfeuer. Beim Sieden gebe man genau Acht, daß die Kartoffeln nicht wässerig werden. Dieses gute Gemüse gibt man entweder allein mit Braten oder zu Sauerkraut.

33. Rahm=Kartoffeln. Kleine Kartoffeln werden gesotten, geschält und in Würfel geschnitten, Petersilie mit etwas Zwiebeln gewiegt, ein Stück Butter in einem Kochgefäß zerlassen und die Kartoffeln nebst Petersilie darin gedämpft. Wenn sie durchgedämpft sind, rührt man noch Salz und einige Löffel sauren Rahm daran und gibt sie gleich zu Tische; der Rahm darf nicht gerinnen.

34. Kartoffeln in einer Rahmsauce, zu Gemüse und Braten. Kleine Kartoffeln werden gesotten und geschält, einige Kochlöffel voll Mehl mit Butter angerührt und sogleich mit süßem Rahm abgelöscht. Die Kartoffeln werden noch einige Augenblicke in dieser Sauce, welche sehr dick sein muß, gekocht, gesalzen und angerichtet. Zu Kalbs= oder Ochsenbraten.

35. Kartoffeln in einer Buttersauce. Gesottene Kartoffeln werden geschält und in dünne Scheiben geschnitten.

Dann läßt man Mehl in Butter etwas anziehen, löscht es mit Fleischbrühe ab, daß es eine dicke Sauce gibt, thut nach Belieben etwas gestoßenen Pfeffer oder fein gewiegte Petersilie daran, kocht die Kartoffeln mit und richtet an. Für den gewöhnlichen Tisch mit Fleisch und Spatzen.

36. Kartoffel-Schnitze. Große Kartoffeln werden geschält, in Schnitze geschnitten und in Salzwasser gesotten. Wenn sie gar sind, wird das Wasser abgegossen, die Schnitze werden auf eine Platte gelegt, und mit geschnittenen, in Butter gelb gerösteten Zwiebeln geschmälzt.

37. Gedämpfte Kartoffeln. Kleine Kartoffeln werden roh geschält, gewaschen, gesalzen, mit einem Stück Butter und etwas Wasser auf das Feuer gegeben und unter beständigem Rütteln weich gedämpft.

38. Ganz gebratene Kartoffeln. Kleine Kartoffeln werden roh geschält, gewaschen und eingesalzen. Schmalz und Butter, von beiden reichliche Stücke, werden auf dem Feuer in einer Kasserolle oder Bratpfanne heiß gemacht, die Kartoffeln nebst Zwiebeln mit den Häuten und Gelbrüben hinein geworfen, und unter öfterem Umwenden gebraten. Haben sie einmal eine gelbe Farbe, so kann man sie, wenn das Fett eingeschmort ist, auch mit etwas Wasser ablöschen. Man gibt sie zu Beefsteaks, Cotelettes oder Braten. Durch Bestreuen mit etwas gestoßenem Zucker beim Schmoren werden sie schön glänzend.

39. Geröstete Kartoffeln. Uebrig gebliebene oder frisch gesottene Kartoffeln werden geschält, in Scheiben geschnitten und in einer Bratpfanne mit etwas klein geschnittenen Zwiebeln in Schweine- oder Gänsefett geröstet. Haben sie eine schöne hellgelbe Farbe, so rührt man einige Löffel voll sauren Rahm daran und gibt sie gleich zu Tische.

40. Gefülltes Kraut. Ein Krautkopf wird in Salzwasser halbweich gesotten, auf eine Platte gelegt, damit das Wasser ablaufen kann, in der Mitte entzwei geschnitten und der Herzstengel herausgenommen. Inzwischen richtet

man folgende Füllung her: 2—3 Semmel werden in Wasser
oder Milch eingeweicht und sauber ausgedrückt, gebratenes
oder rohes Kalbfleisch mit 30 Gramm Speck fein gewiegt,
ebenso Zwiebel und Petersilie; hat man Schinkenreste, so
wiege man auch ein Stück davon. Fleisch und Brot werden
in einem Stückchen Butter gedämpft, und wenn die Masse
ein wenig erkaltet, mit 4 Eiern, Salz und Muskat ange=
rührt. Mit dieser Fülle wird jedes einzelne Blatt bestrichen
und schön aufeinander gelegt, so daß der Kopf wieder aus=
sieht, wie zuvor; dann wird er mit einem Stück Butter
und etwas Fleischbrühe in einer Kasserolle gut zugedeckt
und vollends weich gedämpft, am besten im Backofen. Zur
Vorsicht kann man die beiden Teile mit einer feinen Schnur
umwinden, welche aber natürlich vor dem Anrichten ent=
fernt wird. Man sehe darauf, daß der Kopf schön ganz
bleibt. Wird mit Buttersauce gegeben.

41. Würstchen von Weißkraut. Krautblätter werden
von den Rippen befreit, in Salzwasser nicht ganz weich ge=
sotten und auf einem Brett zum Ablaufen ausgebreitet. Nun
macht man eine Fülle, wie zum gefüllten Kraut, von Fleisch=
resten und Brot; gut ist Schinkenfett, oder der Inhalt
einer geräucherten Bratwurst darunter. Hiemit werden die
Blätter in Form von Würstchen gefüllt, in Butter gebacken
und mit Buttersauce gegeben.

42. Laubfrösche. Man wäscht schöne, große Spinat=
blätter, brüht sie und legt sie auf ein Tranchirbrett. In=
dessen weicht man Semmel ein, schneidet aber vorher die
zu braune Rinde weg und wiegt Kalb=, Rind= oder Schweine=
fleisch mit etwas Speck klein, drückt die Semmel aus und
dämpft Brot und Fleisch in Butter mit etwas fein gewiegten
Zwiebeln und Petersilie. Auf 4 Semmel kommen etwa
25 Gramm Butter. Wenn die gedämpfte Masse etwas
abgekühlt, werden zu 4 Semmeln 5 Eier hinein gerührt
und jedes Blatt mit einem Löffel der Fülle gefüllt, zu=
sammengewickelt und alles mit einem großen Stück Butter
und etwas Fleischbrühe eine halbe Stunde gedämpft. Die

Laubfrösche werden mit einer gewöhnlichen Butter- oder Eiersauce (wie zu Spargeln) angerichtet.

43. Mit Spinat gefüllte Flädlein oder Eierkuchen. Es werden von einem gewöhnlichen Teig recht dünne Flädlein, aber nur auf einer Seite gebacken, hierauf Spinat gewaschen, gebrüht und fein gewiegt, (es kann auch übriggebliebenes Spinatgemüse dazu verwendet werden.) Milchbrot oder Semmelmehl wird mit dem Spinat in Butter gedämpft und einige Eier, Salz und Muskat dazu gerührt; die Fülle soll nicht zu dünn sein; man richte sich mit dem Semmelmehl und Ei deshalb danach. Mit dieser Fülle nun füllt man die Flädlein auf der gebackenen Seite, rollt sie auf und schneidet sie in stark fingerslange Würste, welche in einem mit etwas Milch verrührten Ei und in Semmelmehl gewälzt werden, backt sie in vielem Schmalz schön gelb und gibt eine Buttersauce dazu.

VII. Mehl= und Milchspeisen.

1. Maultaschen. Von 4 Eiern macht man einen gewöhnlichen Nudelteig und wellt dünne Kuchen davon aus. Zur Fülle hackt man 200 Gramm Kalb- und ebenso viel Schweinefleisch mit Zwiebeln und Petersilie, auch nach Belieben mit einer Hand voll gebrühter Spinatblätter recht fein. Statt rohen Fleisches kann übrig gebliebenes Fleisch aller Art verwendet, im Notfall auch das Fleisch ganz weggelassen und die Fülle nur von Spinat und Semmeln gemacht werden. Ist das Fleisch oder der Spinat gewiegt, so werden eingeweichte und wieder gut ausgedrückte Semmeln damit in einem Stück Butter gedämpft, die Masse in einer Schüssel etwas abgekühlt und Eier, Salz und Muskatnuß hinein gerührt. Zwei Eier sind genügend, doch wird die Fülle um so besser, je mehr man nimmt. Nun schneidet man die Kuchen in Hälften, bestreicht sie mit der Fülle, rollt sie etwa 3 Finger breit auf, macht mit einem

Kochlöffelstiel schräge Einschnitte und schneidet die auf diese Art gebildeten, schrägen Vierecke auseinander. Werden die Kuchen vor der Fülle gerichtet, so müssen sie zwischen ein Tischtuch gelegt werden, damit sie nicht zu spröde werden.

2. **Süße, gefüllte Fläblein.** Man backt gewöhnliche Fläblein auf einer Seite und füllt sie mit dickem, süßem Apfelmuß, das mit Rosinen, abgeriebener Citronenschale und Korinthen vermengt wird. Um die Füllung etwas dicker zu machen, kann auch eine Hand voll Semmelmehl dazu genommen werden. Sind die Fläblein gefüllt und aufgerollt, so werden sie in fingerslange Würstchen geschnitten, in mit Milch verrührtem Ei und Semmelmehl gewälzt und in viel Schmalz gelb gebacken. Man kann diese Würstchen auch mit übrigem Reisbrei, der mit Zucker, etwas geriebener Citronenschale und 1—2 Eiern angerührt wurde, füllen, ebenso mit Kirschen oder Zwetschgenmus. Sie können auch, warm gefüllt, ohne das zweite Backen gegeben werden.

3. **Rahmwürste.** Von ¼ Ltr. Milch und 180—200 Gr. Mehl macht man einen Teig, kocht ihn in einer Pfanne, bis er sich losschält, rührt rasch ein Stück Butter und später 5 Eier mit etwas Salz darunter, formt kleine Würstchen, legt sie in so viel heißes Schmalz, daß sie darin schwimmen, backt sie schön gelb und gibt eine Mandelsauce dazu.

4. **Grieß-Törtchen.** Zu 150 Gr. Grieß, 1 Ltr. Milch, 120 Gr. Butter, 6—7 Eier, etwas Citrone, 90 Gr. Zucker. Die Milch wird siedend gemacht, das Grießmehl so lange darin gekocht, bis es sich von der Pfanne schält und ein dicker Brei ist, dieser zum Abkühlen auf eine Platte gestrichen, die Butter unterdessen leicht gerührt und der abgekühlte Brei daran gegeben. Dann rührt man das zu Schnee geschlagene Eiweiß mit dem Gelben davon und dem Zucker eine Viertelstunde, mischt den Grießbrei darunter und füllt die Masse in gut bestrichene und bestreute kleine Förmchen.

5. **Reis-Törtchen.** Zu 120 Gr. Reis, 1 Ltr. Milch, 120 Gr. Butter, 6 Eier, Citronenschale, 100 Gr. Zucker. Der Reis wird gewaschen, abgebrüht und mit der Milch und einem Stück Citronenschale, (wer es liebt, mit Vanille,) zu einem dicken, nicht mehr wässerigen Brei eingekocht. Im übrigen wird mit dieser Masse wie mit den oben angegebenen Grießtörtchen verfahren.

6. **Bischofs-Törtchen.** 120 Gr. Butter, 10 Eier, 50 Gr. Zucker, das Abgeriebene einer halben Citrone, 60 Gr. Mehl. Die Butter wird leicht gerührt; hierauf werden die Eigelb, der Zucker und der Schnee von 6 Eiweiß eine halbe Stunde gerührt, die Butter darunter gemengt, und die Masse in mit Butter bestrichenen und mit Semmelmehl und geschnittenen Mandeln bestreuten Formen gebacken.

7. **Rahm-Törtchen.** 6 Eier, 60 Gr. Zucker, 1 Löffel Mehl, 10 Gr. Zimmt, ½ Ltr. süßer Rahm. Das Mehl wird mit 3 ganzen Eiern, 3 Eigelb, dem Zucker, dem Zimmt und dem Rahm gut verrührt, und dann die übrigen 3 Eiweiß als Schnee darunter gemengt. Inzwischen schmiert man kleine Formen gut mit Butter, bestreut sie mit Semmelmehl und legt sie mit Butterteig aus. Auf diesen Butterteig kommen Korinthen und Rosinen und dann die nochmals gut durchgerührte Füllung.

8. **Wiener Törtchen.** 250 Gr. Butter, 4 ganze Eier, 4 Eigelb, 250 Gr. Mandel, 125 Gr. Mutschelmehl, 60 Gr. gestoßener Zucker, Citronenschale und nach Belieben Zimmt. Die Butter wird leicht gerührt; die Mandeln werden mit zwei der Eiweiße sehr fein gestoßen und mit der Butter und dem Semmelmehl angerührt. Hierauf schlägt man die übrigen 2 Eiweiß zu Schnee, rührt sie mit den 8 Eigelb und dem Zucker eine halbe Stunde, mengt dann die Butter, — die Mandeln und die Citronenschale fein gewiegt, — sowie das Mutschelmehl langsam darunter und füllt die Masse aus.

9. **Biskuit-Roulade.** 120 Gr. Zucker, 6 Eier, 100 Gr. feines Mehl, Eingemachtes. Das Eiweiß wird zu steifem

Schnee geschlagen, mit dem Eigelb und dem Zucker eine halbe Stunde gerührt, dann das Mehl langsam darunter gemengt. Diese Masse wird auf einem gut bestrichenen, mit Semmelmehl bestreuten langen Blech als Streifen aufgesetzt und sogleich in den Ofen gegeben, damit der Streifen nicht zu breit wird. Das beste ist, wenn man ein Blech hat, das abgeteilt ist, wie zu Anisbrot. Ist die Masse schön hellgelb gebacken, so wird das Blech sogleich umgestürzt, und so lange sie noch warm ist, die innere, auf dem Boden des Bleches gelegene Seite mit Marmelade dünn bestrichen und aufgerollt. Nach dem Erkalten kann diese Roulade in Schnitten geteilt oder ganz serviert werden. Sie paßt zum Dessert oder mit Weinsauce als süße Speise.

10. **Andere Art.** 3 ganze Eier und 3 Eigelb, 120 Gr. Zucker, 100 Gr. Mehl, Citronenschale. Die 3 Eiweiß werden als Schnee mit den Eigelb und dem Zucker eine halbe Stunde gerührt, das Mehl und die fein gewiegte Citronenschale darunter gemengt. Im übrigen wird damit verfahren, wie bei obiger Roulade. Ist sie gebacken und gefüllt, so schlage man einen Schnee von einem der übrigen Eiweiße, vermische ihn mit 70 Gr. Zucker und einem Eßlöffel voll Citronensaft, rühre ihn stark eine Viertelstunde, dann schütte man 2—3 Löffel voll Arrak auf die Roulade, bestreiche sie oben mit der Glasur und lasse sie im kühlen Ofen trocknen.

11. **Gefüllte Milchbrote.** Altgebackene Milchbrote werden am Reibeisen abgerieben, quer durchgeschnitten, etwas vom Weichen herausgezupft und jedes mit einem Löffel voll eingemachter Träublein oder Johannisbeeren gefüllt, mit starkem Faden zugebunden, zerlassener Butter bestrichen, mit Semmelmehl bestreut und im Backofen gebacken. Oder man bestreicht sie mit einem mit 3 Löffeln voll Milch verrührten Ei, kehrt sie in Semmelmehl um und backt sie in Schmalz hellgelb. Will man sie aber auf diese Weise panirt im Ofen backen, so müssen sie mit Butterscheiben

belegt werden. Beim Anrichten wird der Faden entfernt und eine beliebige süße Sauce darüber gegossen.

12. Ofenschlupfer. Milchbrote werden in dünne Scheiben geschnitten und in ein gut bestrichenes, bestreutes Blech gelegt, hierauf Eier mit süßem Rahm oder süßer Milch, Zucker und gestoßenem Zimmt verrührt, über die Milchbrote gegossen, das Ganze mit einigen Butterstückchen belegt und im Ofen gebacken. Man rechnet auf ein Milchbrot ein Ei und auf 4 Milchbrote ½ Liter Rahm, hat man aber nur Milch statt Rahm, so muß ein Ei mehr genommen werden.

13. Wackelpeter. 75 Gr. Mehl, 30 Gr. geschälte, gröblich gestoßene Mandel, schwach 1 Liter Milch, 70 Gr. Zucker. Der Zucker wird in der Hälfte Milch aufgelöst, während sie mit etwas Vanille siedend gemacht wird; von der anderen Hälfte macht man mit dem Mehl und den Mandeln ein glatten Teig, rührt ihn in die Milch und läßt diesen Brei 1 bis 2 Minuten kochen. So lange er dann in einer Schüssel etwas abkühlt, schlägt man 10 Eiweiß zu Schnee, mengt ihn unter den Brei und gießt die Masse in Formen, stellt diese in kaltes Wasser, bis sie steif sind, stürzt sie dann auf eine Platte und gibt sie mit kalter oder warmer Sauce zu Tisch.

14. Gestürzter Reis. 250 Gr. Reis, 120 Gr. Mandeln, 1½ Liter Milch, Citronenschale, Zucker. Der Reis wird mit einem Tuche sauber abgerieben und gestoßen, bis kein ganzer Kern mehr darin ist; die Mandel werden geschält und ebenfalls gröblich gestoßen, dann wird beides mit der Milch angerührt, mit dem nötigen Zucker versüßt und unter beständigem Rühren ganz dick eingekocht. Nun wird eine halbe Citrone am Reiber abgerieben und unter den Brei gerührt, welcher darauf in eine mit Wasser ausgeschwenkte Form gefüllt wird. Nach dem völligen Erkalten wird er auf eine Platte gestürzt und mit einer kalten Sauce serviert.

15. Schneeballen. ³/₄ Liter Milch werden siedend ge=
macht, mit 5 Eigelb abgezogen, d. h. dieselben werden mit
kalter Milch vorher gut verrührt und dann die siedende
unter beständigem Rühren langsam daran geschüttet. Hier=
auf thue man sie nochmals in die Pfanne und lasse sie
unter beständigem Rühren etwas anziehen, aber ja nicht
kochen. Diese Eiermilch gieße man auf die Schüssel, in
welcher die Schneeballen serviert werden sollen und lasse sie
inzwischen erkalten. Dann schlägt man das Weiße der
Eier zu Schnee und vermengt es mit etwa 70 Gr. Zucker
und etwas abgeriebener Citronenschale, ohne noch viel darin
zu rühren. Nun wird die Eiermilch mit 2—3 Löffel voll
Kirschengeist gewürzt, von dem Schnee mit einem Löffel
Schneeballen auf dieselbe gesetzt und ein Aufzugdeckel mit
glühenden Kohlen darauf gestellt, bis die Schneeballen blaß=
gelb aussehen. Wird kalt serviert, sehr zu empfehlen.

16. Schwimmender Berg. 6 Eier, 1 Liter guter Wein,
60 Gramm Zucker und das am Zucker Abgeriebene einer
Citrone. Der Wein wird mit Zucker versüßt, mit etwas
Citronenschale gewürzt, an die mit etwas Mehl verrührten
Eigelb geschüttet, gut mit denselben vermengt und in einem
Kochgefäß auf dem Feuer so lange gerührt, bis er dicklicht
wird. Man kann auch den siedenden Wein nach und nach
über die Eigelb schütten (siehe: Schneeballen). Während
der Wein auf der Platte oder Schüssel erkaltet, schlägt
man das Eiweiß zu Schnee, vermischt es mit Zucker und
der Citronenschale, gibt es als Berg auf den Wein, bestreut
es dann noch dick mit Zucker und geschnittenen Mandeln
und läßt es unter dem Kohlendeckel hellgelb werden.

17. Gefülltes Omelette (aux confitures). 3 Eigelb,
1 Löffel voll süßer Rahm und 1 Kochlöffel voll Mehl
werden verrührt und der Schnee der Eier mit einer kleinen
Messerspitze Salz darunter gerührt. Dieser Teig wird wie
ein Eierkuchen in Rindschmalz gebacken, mit eingemachten
Johannisbeeren gefüllt, zusammen gerollt, dick mit Zucker
bestreut und mit einem glühenden Eisen schnell 3 Streifen
darauf gebrannt.

18. Soufflé. 45 Gramm Zucker, 3 Eier, 3 Messer=
spitzen Mehl. Die Eiweiß werden zu Schnee geschlagen,
mit den Eigelb und Zucker stark eine Viertelstunde gerührt,
mit dem Mehl vermengt und aufgezogen oder im Ofen
gebacken.

19. Karthäuser Klöße. Milchbrote werden auf dem
Reiber abgerieben und halb durchgeschnitten. Auf 4 Drei=
Pfennigbrote rechnet man schwach ½ Liter Milch, 2—3
Eier und 2 Eßlöffel Zucker. Alles wird gut zusammen
verrührt und über die Brote gegossen. Sind sie gehörig
durchgeweicht, so werden sie in der abgeriebenen Rinde
umgekehrt und in abgeklärter Butter gelb gebacken. Passen
zu Kompotts oder Fruchtsauce.

20. Kapuziner = Klöße. 4 abgeschälte Wecken werden
in Milch eingeweicht, gut ausgedrückt, mit 4 Eigelb, Ro=
sinen, etwas gestoßenen Mandeln und Zucker angerührt
und kleine Klößchen davon in heißem Schmalz gebacken.
Man gebe sie mit einer Kirschensauce zu Tisch.

21. Goldschnitten. Wecken werden in Schnitten ge=
schnitten und in Milch getunkt oder damit begossen; nach
einer Viertelstunde, ehe sie so weich werden, daß sie zer=
fallen, kehre man sie in verrührtem Ei um und backe sie
in Schmalz gelb. Man gibt sie mit gekochtem Obst oder
einer Obstsauce.

22. Windbeutel. Man macht einen gebrühten Teig,
wie solcher unter den Suppen als Pfeil beschrieben, backt
wallnußgroße Kuchen davon, daß sie in Schmalz schwimmen,
schneidet Mandeln länglich und steckt sie in die Kuchen,
so daß sie ganz stachelig aussehen. Man gibt sie mit
Hagebutten= oder Glühweinsauce zu Tisch.

23. Reiswürste. 125 Gramm Reis werden gebrüht,
mit 1 Liter Milch weich und dick eingekocht und zum Er=
kalten auf eine Platte gestrichen. Hierauf nimmt man
den Brei in eine Schüssel, rührt einen Kochlöffel voll
Mehl, das Abgeriebene einer halben Citrone und Zucker,

bis alles süß genug, etwas geschälte und gestoßene Mandeln und 3 Eier hinein, formt auf einem Brett mit Mehl kleine Würste oder Kuchen davon, bestreicht sie mit Eiweißschnee oder mit verrührtem Ei, bestreut sie dick mit Semmelmehl und backt sie in Schmalz; man gibt sie mit Sauce.

24. Wespennest oder holländische Nudeln. Man macht einen einfachen Butterteig nach No. 1, wellt ihn 2 Messerrücken dick aus, schneidet 2 fingersbreite Streifen davon und bestreicht sie mit Marmelade oder mit Wein und Korinthen, geschmorten Äpfeln ꝛc., rollt sie zusammen und backt sie hellgelb, nachdem sie zuvor außen, aber nicht am Rande, mit einem gut verrührten Ei bestrichen worden sind.

25. Andere Art. Von 500 Gramm Mehl macht man mit einem Löffel voll Hefe und einer Tasse Milch einen Vorteig; wenn er aufgegangen und wieder gesunken ist, schafft man ihn mit 120 Gramm Butter, 2—3 Eiern und der nötigen lauen Milch so lange, bis er von der Schüssel sich loslöst, und läßt ihn nochmals aufgehen. Inzwischen kocht man dürre Zwetschgen mit dürren Kirschen, Zucker und Zimmt weich, steint sie aus und treibt sie durch den Suppenseiher, läßt sie mit einem Gläschen Wein, etwas geschnittenem Citronat und Citronenschale nochmals kochen, formt dann, wie oben, Schnecken daraus, läßt sie nochmals aufgehen und backt sie auf einem Blech.

26. Französischer Eierkuchen. Man läßt in einem Kochgefäß Butter zergehen, schüttet 6—7 Löffel voll feines Mehl dazu, läßt es anziehen und gießt nach und nach 1½ Liter kochende Milch hinein, in welcher man vorher eine Tafel Chokolade aufgelöst hat; dieses alles rührt man auf dem Feuer, bis es ein dicker, glatter Brei ist, nimmt ihn vom Feuer, läßt ihn etwas erkalten und rührt nach und nach 7—8 Eigelb, 20 Gramm gestoßene Mandeln und fein gewiegte Citronenschale hinein; zuletzt wird noch der Eiweißschnee langsam dazu gegeben und die Masse in eine mit Butter bestrichene, irdene Form gefüllt. Man mache die Form jedoch nicht voll; der Kuchen geht sehr auf. Beim Anrichten wird er stark mit Zucker bestreut.

27. Gefüllte Aepfel. Gutkochende große Aepfel werden geschält, in der Mitte durchgeschnitten und ausgehöhlt, noch besser aber ist es, man entfernt das Kerngehäuse mittelst eines kleinen, eigens dazu gemachten Löffels, ohne die Aepfel zu zerschneiden. Nun schlägt man 1 Eiweiß zu Schnee, rührt es mit 2 Eigelb und 60 Gramm Zucker eine Viertelstunde, gibt 50 Gr. geschälte, fein gewiegte Mandeln dazu, füllt die Aepfel damit, setzt sie vorsichtig in ein Kochgefäß und dämpft sie mit halb Wein, halb Wasser, Zucker, ganzem Zimmt und Nelken, bis sie weich sind. Man hüte sich vor dem Zerfallen und Zuweichwerden der Aepfel.

28. Rahmstrudeln. Mache von 4 Eiern und Mehl einen gewöhnlichen Nudelteig, welle feine Kuchen davon aus, schneide sie, wenn sie halb trocken sind, in Hälften, fülle jeden Kuchen mit dickem, saurem Rahm und rolle sie auf, lege sie auf ein mit Butter bestrichenes Blech, gib auf jeden einige Stückchen Butter, gieße $^1/_2$ Ltr. Milch mit dem nötigen Salz daran und ziehe sie auf oder backe sie im Ofen.

29. Rahmstrudeln anderer Art. Ein fester Teig von saurem Rahm, 4 Eiern und Butter wird messerrückendick ausgewellt und Kuchen davon gemacht. Diese werden durchgeschnitten und mit folgender Fülle gefüllt: 1 Ltr. saurer Rahm, 6 Eier, mit Zucker, Zimmt und nach Belieben auch Rosinen gut verrührt. Sind sie gefüllt, so setze sie auf ein Blech, rühre $^1/_2$ Liter Milch mit 6—8 Eiern, Zucker und etwas abgeriebener Citronenschale an, gieße dies an die Strudeln und ziehe sie auf oder backe sie in nicht zu heißem Ofen.

30. Dampfnudeln. 500 Gr. Mehl, 90 Gr. Butter, 2 Eier, Milch, Hefe. Das Mehl wird in eine Schüssel genommen und in der Mitte von einem Löffel voll Hefe

und einer Tasse lauer Milch am Abend vorher ein Vor=
teig gemacht. Andern Tags wird mit der Butter, den
Eiern und etwas Salz das übrige Mehl vollends verschafft
und zum Aufgehen an einen warmen Ort gestellt. Dann
macht man auf dem Backbrett kleine runde Nudeln oder
Brötchen daraus, setzt sie auf ein gut beschmiertes Blech,
läßt sie nochmals aufgehen, gießt dann ½ Liter Milch
daran, zerpflückt in diese Milch 30 Gr. Butter, streut
Zucker hinein und gibt diese Nudeln in den Backofen.
Man kann sie auch in ein Kochgefäß setzen, auf dem Herde
sieden und mit einem Aufzugdeckel voll glühender Kohlen
bedecken, oder in einem wohlverschlossenen Topfe, welcher
da, wo der Deckel schließt, mit einem feuchten Tuch um=
legt ist, damit kein Dampf entweicht.

31. **Andere Art.** Mache einen Teig wie oben, nur
nimm 125 Gr. Butter und 3 Eigelb, auch Salz. Wenn
dieser Teig gut aufgegangen, mache Nudeln davon, lasse
sie noch einmal aufgehen, doch nicht zu sehr, sonst werden
sie zu trocken, setze sie auf ein Blech, bestreiche sie mit
zerlassener Butter und backe sie im Ofen. Man kann
beide Arten Dampfnudeln mit Milch im Dampftopfe sieden.
Dabei hat man aber darauf zu achten, daß die Milch
kaum die halbe Höhe der Nudeln erreicht und daß das
Feuer nicht stark ist.

32. **Gewöhnliche breite Nudeln.** Für 6 Personen mache
von 4 Eiern und dem nötigen Mehl einen so festen Teig,
daß er beim Kneten nicht mehr anklebt. Je fester der
Teig ist, desto besser die Nudeln. Dann teile ihn in
4—5 gleiche Teile, knete diese Teile nochmals durch und
welle sie so dünn aus, daß man dadurch lesen kann.
Lasse die Kuchen etwas abtrocknen, rolle sie auf und
schneide ½ cm. breite Streifchen davon, schüttle sie auf
und siede sie in Salzwasser ungefähr 10 Minuten lang.
Dann werden sie zum Ablaufen auf einen Durchschlag
gelegt, mit klarem siedendem Wasser übergossen, auf einer
Platte angerichtet und mit in Butter geröstetem Semmel=
mehl geschmälzt.

33. Schinken-Nudeln. Oben angegebene, breite Nudeln werden in gesalzener Milch oder in Salzwasser gesotten und auf ein Backbrett gelegt, damit sie etwas abtrocknen, hierauf 400 Gramm Schinken fein gewiegt,
ebenso Zwiebel und Petersilie, letztere in Butter gedämpft,
und in einer Schüssel mit 9 Eiern, einem ½ Liter sauren
Rahm, Salz und Muskatnuß verrührt. Zuletzt werden
noch die Nudeln darunter gemengt und diese Masse in
ein sehr stark mit Butter bestrichenes Blech gefüllt, mit
kleinen Butterstückchen belegt und 20 Minuten gebacken.
Statt der breiten Nudeln können auch Maccaroni genommen
werden.

34. Rahmnudeln, gefüllte, (Wollensäcke). Man macht
einen gewöhnlichen Nudelteig und wellt Kuchen davon aus. Es
kann aber auch ein gewöhnlicher, mürber Teig (siehe: Dampfnudeln) dazu verwendet werden. Sind die Kuchen fertig, so
schneidet man sie in 3 Teile, füllt sie mit in Butter und Speck
gedämpften, fein geschnittenen Zwiebeln, welche mit saurem
Rahm, 1—2 Eiern, Kümmel und Salz verrührt wurden,
rollt sie auf, bestreicht sie mit Butter und backt sie im
Ofen; sind sie von gewöhnlichem Nudelteig, so werden sie
mit Milch übergossen und aufgezogen.

35. Maccaroni mit Fleischbrühe. Hierbei ist zu bemerken, daß nur die echten italienischen Klebernudeln nahr-
haft und wohlschmeckend sind, die gewöhnlichen, aus Mehl
gemachten, nicht. Beim Einkauf ist daher wohl darauf
zu achten, daß man solche bekommt, die etwas glasig aussehen und oben vom Aufhängen eingedrückt sind. Die
gewöhnlichen Eiernudeln könnten nicht aufgehängt werden, sie
würden brechen. Die Maccaroni werden in fingerslange
Stücke gebrochen, und in Salzwasser 5 Minuten lang gesotten, mit dem Schaumlöffel herausgenommen und schnell
in eine Schüssel voll kaltes Wasser getaucht, auf einem
Brett ausgebreitet oder auf einen Durchschlag gelegt, damit sie ablaufen. Nach einer Viertelstunde legt man sie
in schöner Ordnung auf eine Platte, gießt mit Fleischextrakt

ober Jus gebräunte Fleischbrühe darüber, stellt sie auf die heiße Herdplatte und läßt die Maccaroni noch einige Minuten daselbst kochen.

36. Maccaroni mit Schinken oder Käse. Dieselben werden in Salzwasser weich, aber nicht teigig gekocht; dann läßt man sie auf dem Durchschlag gut ablaufen und wiegt einige Stückchen Schinken, vermengt ihn mit geriebenem Parmesankäse, legt die Maccaroni und den Schinken lagenweise in ein Kochgefäß mit einem reichlichen Stück Butter, dämpft sie unter öfterem Rütteln noch 10 Minuten und gibt sie zu Tisch. Oder: wenn die Maccaroni gesotten sind, kommen sie auf eine Platte, werden mit Käse bestreut und mit zerlassener Butter begossen.

37. Reis-Ring. 250 Gramm Reis werden gebrüht und in Salzwasser so weich gekocht, daß er nicht zerfällt; dann läßt man ihn gut ablaufen und stellt ihn noch einige Zeit in den Backofen, damit er vollends weich und trocken werde. Beim Anrichten wird er als Ring um ein Ragout gelegt, paßt auch, auf einer Platte serviert, zu Schlachtbraten ⁊c

38. Reiskuchen-Mus. 125 Gramm Reis werden in Milch weich gekocht, aber so, daß die Körner ganz bleiben. Nachdem er kalt geworden, wird eine abgeriebene Semmel in Milch eingeweicht, 100 Gramm Butter leicht gerührt, die Semmel ausgedrückt und nebst Reis, 60 Gramm Zucker und 5 Eiern, eine schwache Viertelstunde verrührt. Zuletzt kommen noch 30 Gramm gestoßene Mandeln und etwas gewiegte Citronenschale dazu; die Masse wird in eine bestrichene Form oder Schüssel gefüllt und gebacken, oder mit einem Kohlendeckel aufgezogen.

39. Reisbrei. Reis wird gewaschen, 3 Mal gebrüht und mit ein wenig Wasser zugesetzt. Ist das Wasser eingekocht, gieße man Milch daran und lasse ihn weich und dick einkochen. Dann rühre man ein Stückchen Butter und eine Messerspitze voll Salz daran, richte ihn an und be-

streue ihn mit Zucker und Zimmt. Man hüte sich vor dem
Anbrennen und gebe ihn, so bald er anbrennen will, schnell
in ein anderes, vorher mit Butter bestrichenes Kochgefäß.
Zur Ersparniß kann auch ein Stück Stangen-Zimmt in der
Milch gesotten werden, dann kommt nur noch Zucker darauf. Die Scharre kann in Streifen auf den Brei gelegt
werden.

40. Mandelbrei. Zu 1 Liter Milch nehme man 100
Gramm Mehl, 2 Eigelb, ein Stück Zucker und 60 Gramm
Mandel. Die Hälfte der Milch wird mit einem Stück
Zucker, etwa 70 Gramm, siedend gemacht, die andere Hälfte
mit dem Mehl zu einem glatten dünnen Teig vermengt,
in die siedende Milch gerührt und gekocht. Hernach werden
die Eigelb mit den geschälten und feingestoßenen Mandeln
vermengt, der kochende Brei damit abgezogen, noch ein Mal
einige Augenblicke unter beständigem Rühren auf das Feuer
gesetzt, damit er anziehe; um hiebei das Gerinnen zu verhüten, soll er aber ja nicht mehr zum Kochen kommen. Will
man den Brei besser machen, so nehme man 50 Gr. Mehl,
5 Eigelb und 80 Gramm Mandeln. Je mehr Eier und
Mandeln, desto weniger Mehl wird genommen.

41. Grießbrei. 150 Gramm Grieß kommen auf 1 Liter
Milch. Die Milch wird entweder kalt mit dem Grießmehl
angerührt und auf's Feuer gesetzt, oder dasselbe in die
siedende Milch gerührt. Man lasse diesen Brei ungefähr
eine halbe Stunde langsam kochen, bis er etwas dick und
der Grieß weich ist. Dann rühre man ein nußgroßes
Stück Butter und eine Messerspitze voll Salz hinein,
richte ihn an und stelle Zucker und Zimmt dazu auf. Er
kann auch mit einem Ei abgezogen werden und schmeckt
gesalzen so gut oder besser, als gezuckert.

42. Mehlbrei. 1 Liter Milch und 120 Gramm Mehl.
1/2 Liter Milch wird mit dem Mehl angerührt, die andere Milch siedend gemacht und der Teig hinein gerührt,
5 Minuten gekocht, etwas gesalzen und angerichtet.

43. Aufgezogener Brei. Mache einen Mehlbrei wie oben, ziehe ihn mit 3—4 Eiern ab, versüße ihn mit Zucker, würze ihn mit etwas abgeriebener Citronenschale, stelle ihn auf Kohlen und ziehe ihn mit einem Kohlen- oder Aufzugdeckel auf.

44. Citronenbrei. Wird wie Nr. 43 behandelt; statt aufgezogen, wird er nochmals in das Kochgefäß gegeben, damit er anzieht.

45. Sagobrei. 150 Gramm Sago werden in 1 Liter Milch gekocht, bis die Körner klar sind, dann mit einem Stückchen Butter und ein wenig Salz verrührt, nach Belieben auch mit 1—2 Eiern abgezogen und mit Zucker angerichtet.

46. Flammeri mit Fruchtsaft (Rote Grütze). Man kocht ³/₄ Liter Wasser mit etwas Citronenschale, Zimmt und 135 Gr. Grieß- oder Reismehl oder 115 Gr. Sago, bis letzteres gar ist. Nach Herausnahme der Citrone und des Zimmt rührt man hierauf eine halbe Flasche Fruchtsaft darunter, bis das Ganze ein dicker Brei ist, den man in eine vorher in kaltes Wasser getauchte Form füllt. Nach völligem Erkalten wird der Flammeri auf eine Schüssel gestürzt und mit einer Vanillesauce serviert.

47. Milchfläblein. Die Fläblein werden wie gewöhnlich gebacken, aufgerollt, oder in fingerbreite Streifen geschnitten, mit Milch abgebrüht, einige Augenblicke zugedeckt und mit Zucker und Zimmt bestreut, zu Tisch gegeben. Wer es liebt, kann die Sauce auch mit einem oder mehreren Eiern abziehen.

48. Milchnudeln. Gewöhnliche Nudeln werden in Milch gekocht und ebenfalls, entweder gezuckert oder gesalzen, mit Ei abgezogen oder ohne dieses zu Tisch gegeben.

49. Apfelbrei. Die Aepfel werden geschält, geschnitzelt und mit süßem Most weich gekocht, einige Kochlöffel voll Mehl in Butter hellgelb geröstet, die Aepfel damit verrührt, mit Most oder Wein etwas abgelöscht, bis der Brei die

gehörige Dicke hat, aufgekocht und angerichtet. Sind die
Aepfel sauer, so koche man sie mit Wasser, Zucker und
Zimmt weich, verrühre sie, röste Mehl daran, lösche sie
mit ihrer eigenen, zuvor abgegossenen Sauce ab und gebe
zuletzt noch einige Löffel voll guten Weins daran. Wer
es feiner machen will, koche die Aepfel mit Wein, Wasser,
Zucker, Zimmt, Rosinen, Korinthen und Citronenschale weich,
verrühre sie dann noch mit Butter und einem Kochlöffel
voll Mehl.

50. **Zwetschgen.** Grüne, süße Zwetschgen werden ausgesteint, in ihrem eigenen Safte weich gekocht, in einem
Kochlöffel voll, mit Butter gelb geröstetem Mehl gedämpft
und mit etwas Wein und ganzem Zimmt gewürzt.

51. **Andere Art.** Dürre Zwetschgen werden rein gewaschen und in Wasser weich gekocht. Sind die Zwetschgen
nicht sehr süß, so muß Zucker und ganzer Zimmt beigefügt
werden. Wenn sie weich sind, wird die Brühe abgegossen,
Mehl in Butter braungelb geröstet, mit der Brühe und
etwas Wein abgelöscht, die Zwetschgen darin aufgekocht
und angerichtet. Die Sauce muß dick sein. Auf die gleiche
Weise werden dürre Kirschen, Aepfel und Birnen gekocht.
Statt mit geröstetem Mehl kann die Sauce auch durch eine
Hand voll Sago oder etwas Kartoffelmehl dick gemacht
werden.

52. **Mus von Schwarzbrot.** Einige Hände voll schwarzen Brotes werden in Butter geröstet, mit halb Wasser
halb Wein abgelöscht, mit Zucker und gestoßenem Zimmt
versüßt und ein paar Mal aufgekocht.

53. **Apfel-Pfannkuchen.** Die Aepfel werden geschält, in
dünne Scheibchen geschnitten und dieselben in einem Kochgefäß mit etwas Wasser und Zucker halb weich gedämpft.
Dann wird ein gewöhnlicher guter Pfannkuchenteig mit etwas
Salz angemacht, die Aepfelschnitze darunter gemengt und
Pfannkuchen davon in Schmalz gebacken. Sie müssen schön
gelb sein und werden mit Zucker und Zimmt bestreut. Es

können auch rohe Aepfel dazu genommen werden, nur müssen
sie dann sehr mürbe und gutkochend sein.

54. **Kirschen- und Heidelbeer-Pfannkuchen** werden auf
dieselbe Weise gemacht, nur muß darauf gesehen werden,
daß die Früchte recht trocken sind und nicht zu viel davon
genommen wird.

55. **Apfelkuchen von Schwarzbrot.** Ganz dickes, süßes
Apfelmus wird mit etwas gestoßenem Zwieback, Zimmt
und abgeriebener Citronenschale vermischt, Schwarzbrot
gerieben, die Hälfte in eine Pfanne auf zerlassene Butter
gelegt, mit dem Mus bestrichen, wieder mit Schwarzbrot
bestreut, auf beiden Seiten schön gelb gebacken und mit
Zucker und Zimmt dick besäet. Kann kalt oder warm gegeben werden.

56. **Feiner Apfel-Pfannkuchen.** Aepfel werden geschält
und in feine Scheibchen geschnitten, mit viel Butter weich
gedämpft, Zwieback oder Hefenanisbrot fein gestoßen, mit
etwas Milch angefeuchtet und mit Zucker, Zimmt und
Eigelb angerührt. Zuletzt kommt noch der Schnee des
Eigelbs nebst den Aepfeln dazu; man kann die Masse auch
mit Kirschengeist würzen. Sie wird dann als Kuchen langsam in Butter gebacken. Auf 250 Gramm Zwiebackmehl
kommen 5—6 Eier, 8 Aepfel, 100 Gramm Butter, Zucker
und Zimmt.

57. **Götterspeise.** Geriebenes Schwarzbrot wird gut mit
feingestoßenem Zucker vermischt. Man legt davon eine fingerdicke Schicht in eine Schüssel, darauf eine Schicht von zu
Schnee geschlagener Sahne, dann wieder eine Schicht Schwarzbrot u. s. w., bis die Schüssel gefüllt ist. Den Schluß bildet
Schlagsahne. Die Speise wird mit Frucht-Gelee garnirt.

VIII. Puddings.

Beim Sieden und Zubereiten der Puddings achte man
hauptsächlich darauf, daß der Model oder die Form einen

gut verschließbaren Deckel hat und nirgends rinnt. Das
Bestreichen der Form geschehe stets mit ganz frischer Butter.
Man bediene sich dazu eines Pinsels, und bestreue die
Form nach dem Bestreichen mit Semmelmehl. Ist auch
nur eine kleine, unbestrichene Stelle vorhanden, so bleibt
der Pudding hängen und zerfällt. Beim Anrichten löse
man ihn noch zur Vorsicht mit einem feinen Messer am
ganz oberen Rande etwas ab. Siedet man den Pud=
ding in einer Serviette, so muß dieselbe ausgebrüht,
gut ausgerungen, und an der ganzen Fläche, wo sie den
Pudding berührt, mit Butter bestrichen werden. Ebenso
darf sie an keiner Stelle dünn sein und muß gut zuge=
bunden werden. Wird der Pudding in einem Topf ge=
sotten, so lege man einen schweren Gewichtstein oder einen
Bügelstahl auf den Deckel, damit er gut schließe. In
einem Dampftopf geraten Puddings wohl am besten. Das
Wasser muß immer die halbe Höhe der Form erreichen.
Ist man auf dem Herde etwas im Platze beschränkt, so
kann man sie auch im Backofen sieden. Man füllt alsdann
eine tiefe Platte, ein Kochgefäß oder ein Kuchenblech mit
siedendem Wasser, stellt den Pudding aufgedeckt hinein und
gibt beides in den Backofen. Auf diese Weise wird er
dann oben gebacken, gerät aber so gut, als wenn er
ganz gesotten würde; sollte er zu bald gelb werden, so
lege man ein weißes Papier oben auf. Im Ganzen ge=
nügen 1—2 Stunden zum Sieden eines Puddings. Doch
siede man ihn lieber etwas länger, als zu kurz, da er,
wenn er nicht durchgesotten ist, zerfällt. In Beziehung
auf die Masse und Gewürze, siehe: „Aufläufe."

1. Spinat=Pudding. 6 Semmel werden von der zu
braunen Rinde abgeschält, in Wasser eingeweicht und sauber
ausgedrückt. Einige Hände voll Spinat werden gebrüht
und fein gewiegt. Dann werden 60 Gramm Butter leicht
gerührt, Semmel, Spinat, Salz und etwas Muskat nebst
6 Eiern damit vermengt, in eine gut bestrichene Form
gefüllt und gesotten. Man gibt ihn mit einer Butter=
sauce zu Tisch.

2. Kartoffel=Pudding mit Häring. Es werden gesottene Kartoffeln nach dem völligen Erkalten geschält und gerieben, 60 Gramm Butter leicht gerührt und nach und nach 6 Eigelb hinein geschlagen, zu jedem Eigelb kommen 2—3 Löffel voll geriebener Kartoffeln. Um ihn pikanter zu machen, kann man auch etwas Häringe oder Sardellen, Zwiebeln, Petersilie, alles fein gewiegt, darunter mengen. Zuletzt kommt noch der Schnee von den 8 Eigelb dazu, dann wird die Masse eingefüllt, gesotten und mit einer Butter= oder Eiersauce zu Tisch gegeben.

3. Gewöhnlicher Kartoffel=Pudding. 3 Semmel werden abgerieben, in Wasser eingeweicht und sauber ausgedrückt, 40 Gramm Butter wird leicht gerührt, die Semmel und 60 Gramm kalt geriebener Kartoffeln, 6 Eigelb, der Schnee derselben, Salz und Muskat daran gerührt, gesotten und mit einer Buttersauce angerichtet.

4. Brieslein=Pudding. 6 Semmel werden abgerieben, in Wasser eingeweicht und sauber ausgedrückt, 60 Gramm Butter werden leicht gerührt, 2 Brieslein verwellt und mit Petersilie und etwas Zwiebeln fein gewiegt, dann die eingeweichten Semmeln nebst dem Abgeriebenen, die Brieslein und 6—7 Eigelb an die Butter gerührt. Ist alles gut vermengt, so kommt noch der Schnee der Eigelbe dazu; dann wird die Masse in die Form gefüllt, gesotten und mit einer Butter= oder Krebssauce zu Tisch gegeben.

5. Biskuit=Pudding. 5 Eier, 200 Gr. Zucker, 200 Gr. Mehl und das Abgeriebene einer Citrone. Die Eiweiß werden zu Schnee geschlagen, das Gelbe und der Zucker eine halbe Stunde damit gerührt, dann das Mehl, welches gesiebt sein muß, und die abgeriebene Citronenschale langsam darunter gemengt, eingefüllt, gesotten und mit einer Wein=, Vanille= oder Hagebuttensauce zu Tisch gegeben.

6. Einfacher Grieß=Pudding. 150 Gramm Grießmehl werden in ½ Ltr. Milch, in welchem 100 Gr. Zucker aufgelöst worden, zu einem dicken Brei gekocht. Wenn dieser sich von der Pfanne löst, wird er in eine Schüssel genommen und sogleich 60 Gr. Butter darein gerührt. Ist er etwas abgekühlt, so kommen noch 4—5 Eigelb, der Schnee derselben und etwas Citronenschale dazu. Vanille- oder Weinsaucen passen dazu.

7. Feiner Grieß-Pudding. 120 Gr. Butter, 10 Eier, 1/2 Liter Milch, 125 Gr. Zucker, Citrone. Die Butter wird leicht gerührt, von Milch und Grieß ein dicker Brei gekocht, das Eiweiß zu Schnee geschlagen und mit dem Gelben und dem Zucker eine Viertelstunde gerührt. Die Butter und der abgekühlte Brei werden inzwischen mit einander vermengt und dann die Biskuitmasse löffelvoll- weise daran gerührt. Zuletzt kommt noch die abgeriebene Citronenschale dazu.

8. Sago-Pudding. Auf 150 Gr. Sago kommen 1/2 Liter Milch, 40 Gr. Butter, 100 Gr. Zucker, 6 Gr. Zimmt und 4 Eier. Sago und Milch werden zu einem dicken Brei gekocht und sogleich mit der Butter vermengt. Nach einigem Erkalten gibt man die Eigelb, den Zucker, Zimmt und zuletzt den Schnee der Eiweiße langsam daran. Hierauf wird der Pudding auf beliebige Weise gesotten und mit einer Wein- oder Vanillesauce serviert.

9. Reis-Pudding. 180 Gr. Reis, 1 Liter Milch, 40 Gr. Butter, 4—5 Eier, 90 Gr. Zucker, etwas abgeriebene Citronenschale. Der Reis wird ausgelesen, gewaschen, ge- brüht und mit Wasser angekocht; dann gießt man nach und nach die Milch daran und läßt ihn damit ganz weich und so dick einkochen, bis er keine Brühe mehr hat. Die Butter wird leicht gerührt, die Eigelb und der Zucker darunter gemengt und ebenfalls noch eine Zeit lang gerührt. Hie- rauf gibt man den nunmehr abgekühlten Reis löffelvoll- weise darein, schlägt die Eiweiß zu Schaum, rührt sie mit dem Abgeriebenen einer Citrone langsam hinein und füllt die Masse aus. Hat man wenig Zeit, so kann man auch ganz gut den Zucker am Stück in der Milch auf- lösen, die Butter ungerührt darunter mengen und dann nur noch Eigelb und Schnee daran rühren. Der Pudding wird so etwas fester, man gebe daher bei dieser Behandlung lieber 1 oder 2 Eier mehr dazu. Ist der Pudding gesotten, gibt man ihn mit Chaudeau- oder Vanillesauce zu Tisch.

10. Andere Art. 125 Gr. Reis, ½ Liter Milch, 60 Gr. Ochsenmark, 5 Eier, 40 Gr. Rosinen, 30 Gr. Citronat und Pomeranzenschalen, ein gekochter Apfel, 45 Gr. Zucker, ein Glas Arrak, Muskat. Der Reis wird mit der Milch dick, aber weich eingekocht, zum Erkalten auf eine Platte gestrichen, hernach mit dem Ochsenmark, den Rosinen, welche gebrüht und gewaschen werden, dem gröblich geschnittenen Citronat und den Pomeranzenschalen, den 5 Eigelb und dem Zucker gut verrührt und mit dem Arrak begossen. Zuletzt kommt noch der in Scheiben geschnittene Apfel, eine Messerspitze voll Salz, etwas Muskat und der Schnee der Eier dazu. Dieser Pudding muß 1½ Stunden gesotten werden und wird mit einer beliebigen Weinsauce zu Tisch gegeben.

11. Englischer Pudding. 6 Semmel werden am Reibeisen abgerieben, so daß keine Rinde mehr daran ist, in Milch oder Wasser eingeweicht und sauber ausgedrückt. 60 Gramm Butter werden leicht gerührt, 7 Eigelb und 60 Gr. Zucker einige Zeit mitgerührt, die Wecken, 15 Gr. gestoßene Mandeln, 15 Gr. Rosinen und Korinthen, gut aufgequollen, ebenfalls darunter gemengt, zuletzt kommt noch der Schnee der Eiweiß dazu. Dann wird die Masse in die Form gefüllt, gesotten und mit Hagebutten- oder Weinsauce zu Tisch gegeben.

12. Süßer Semmel-Pudding. 3 Milchbrote, 3 Semmel, 50 Gr. Butter, 6 Eier, 100 Gr. Zucker, gestoßener Zimmt und Nelken, nach Belieben auch Korinthen und Rosinen. Die Brote werden in Wasser eingeweicht, sauber ausgedrückt, mit Eigelb, Zucker, Gewürz und dem Schnee der Eiweiß langsam vermengt; dann wird diese Masse aus

gefüllt, gesotten, und mit einer beliebigen Frucht- oder
Weinsauce zu Tische gegeben.

13. Kaiser-Pudding. 6 Semmel, 120 Gr. Zucker, 30
Gr. Mandeln, 15 Gr. Citronat, 15 Gr. Pomeranzenschalen, 160 Gr. Butter, 15 Gr. gestoßener Zimmt, 5
Gr. gestoßene Nelken, 15 Gr. Korinthen, 15 Gr. Rosinen,
10 Eier und 1 Citrone. Die Semmel werden fein eingeschnitten und mit Milch angebrüht, damit sie aufquellen;
es darf aber nur so viel Milch, als hiezu nötig ist, genommen werden. Die Butter wird leicht gerührt und unter
die Wecken gemengt. Die Mandeln werden gröblich gestoßen, Citronat und Pomeranzenschalen fein geschnitten, die
Korinthen und Rosinen gebrüht und gewaschen, die Citrone
am Reibeisen oder Zucker abgerieben, dies alles, nebst dem
Zimmt und den Nelken an die Semmel gerührt, das Weiße
der Eier zu Schnee geschlagen, der Zucker und das Gelbe
der Eier eine Viertelstunde mitgerührt, dieses dann löffelvollweise und sehr langsam unter die Semmel gemengt,
die Masse eingefüllt und 1 1/2 Stunden gesotten oder als
Kaiserkuchen im Ofen gebacken und mit Glühwein, Hagenbuttensauce oder Chaudeau zu Tisch gegeben.

14. Englischer Plum-Pudding. 9 Eier, 140 Gr. fein
gewiegte Mandeln, 140 Gr. gehacktes Ochsenmark, 140
Gr. Korinthen, 140 Gr. Zucker, 90 Gr. Citronat und Pomeranzenschale gröblich geschnitten, 30 Gr. Zimmt, etwas
Citronenschale und 140 Gr. geriebenes Weißbrot. Dieses
alles wird gut verrührt und über Nacht zugedeckt. Dann
wird die Masse in einer Serviette 3—4 Stunden gesotten.
Beim Anrichten wird dieser Pudding mit Zucker bestreut,
mit Arrak begossen, angezündet und brennend serviert. Wird
mit Arraksauce gegeben.

15. Mark-Pudding. 5 Semmel werden klein gewürfelt,
120 Gr. Ochsenmark verrieben, 60 Gr. Rosinen, 60 Gr.
Korinthen, 60 Gr. Citronat und Pomeranzenschalen in
kleine Würfel geschnitten, 100 Gr. Zucker, 6 Eier und
1/2 Liter süße Milch. Eier und Milch werden mit einander

verrührt, das Brot und nach und nach das Gewürz da
runter gemengt, die Masse zugedeckt, 2 Stunden bei Seite
gestellt und dann eingefüllt. Dieser Pudding muß 2 Stun
den sieden.

16. Himbeer=, Erdbeer=Pudding. 6 Eier, 125 Gr. Zucker
125 Gr. Mehl, etwas Citronenschale, fein gewiegt, 2 kleine
Hände voll gut eingezuckerter Erd= oder Himbeeren und 90
Gr. Butter. Die Butter wird zu Rahm geschlagen, Eigelb
und Zucker löffelvollweise darunter gemengt und noch eine
Viertelstunde mitgerührt, das zu Schnee geschlagene Eiweiß,
die Erdbeeren und zuletzt das gesiebte Mehl unter lang=
samem Rühren vollends an die Masse gethan. Zu diesem
Pudding paßt, wenn mit Himbeeren gemacht, eine Himbeer=
sauce, andernfalls eine Weinsauce.

17. Loth=Pudding. ½ Liter Milch, 125 Gramm
Mehl, 125 Gr. Butter, ebensoviel Zucker und 8 Eier
werden mit einander angerührt und in einer messingnen
Pfanne auf dem Feuer unter beständigem Rühren zu einem
dicken Brei gekocht. Nun wird die Butter leicht gerührt,
und je 1 Löffel voll von dem inzwischen etwas abgekühlten
Brei und 1 Eigelb darunter gemengt. Ist der Brei gar
und sind die 8 Eigelb daran, so schlägt man das Weiße
derselben zu Schnee, rührt den Zucker, die gestoßenen und
geschälten Mandeln, sowie etwas Citronenschale ebenfalls
an die Masse und füllt sie aus. Oder: Koche von dem
Mehl und der Milch einen Brei, rühre, so lange er noch
heiß ist, die Butter, und wenn er etwas abgekühlt ist, die
Mandeln, den Zucker und die Eier hinein; die Mandeln
können auch weggelassen werden.

18. Citronen=Pudding. 120 Gr. Mehl werden mit
einem halben Liter Milch angerührt, in einer messingnen
Pfanne mit einem Stück Butter unter beständigem Rühren
zu einem dicken Brei gekocht; schält sich derselbe von der
Pfanne, so wird er zum Abkühlen auf eine Platte ge=
strichen. Mittlerweile rührt man 100 Gr. Butter leicht,
gibt 10—12mal abwechslungsweise 1 Löffel voll Brei und

1 Eigelb daran. Zuletzt kommt noch der Saft und das Abgeriebene einer Citrone, genügend Zucker und der Schnee der Eigelbe dazu.

19. Vanille-Pudding. 30 Gr. ganze Vanille, ¹/₂ Liter Milch, 60 Gr. Butter, 125 Gr. Mehl, 8 Eier, 125 Gr. Zucker. Die Milch wird siedend gemacht, die Vanillestange in Stückchen geschnitten, darin aufgekocht und, in einem irdenen Topfe zugedeckt, eine ¹/₂ Stunde bei Seite gestellt. Nun rührt man das Mehl mit der Milch an, kocht es zu einem Brei, der sich von der Pfanne schält, und läßt ihn auf einer Platte etwas erkalten. Die Butter wird leicht gerührt, die Eigelb, der Brei, der Zucker und zuletzt der Schnee langsam und gut unter die Butter gerührt, die Masse ausgefüllt und gesotten. Man gibt Vanilleoder Schokoladesauce dazu.

20. Schokolade-Pudding. 6 Eier, 200 Gr. Zucker, 125 Gr. Schokolade, 125 Gr. Mehl. Das Eiweiß wird zu Schnee geschlagen, die Eigelb und der Zucker eine halbe Stunde damit gerührt, die Schokolade gerieben und nebst dem Mehl langsam, händevollweise daran gerührt.

21. Andere Art. 6—8 Eier, 120 Gr. Mehl, nicht ganz ¹/₂ Ltr. Milch, 120 Gr. geriebene, feine Schokolade, 100 Gr. Butter, 60 Gr. Zucker und 30 Gr. geschälte und gestoßene Mandeln. Milch, in welcher der Zucker aufgelöst wurde, Mehl und Schokolade werden zu einem Teig angerührt, in einem irdenen Kochgefäß oder einer messingnen Pfanne unter beständigem Rühren gekocht, bis die Masse sich losschält. Dann wird der Teig in eine Schüssel genommen und die Butter sogleich hinein gerührt; ist der Teig etwas abgekühlt, so kommen die Eigelb, eines nach dem andern, die Mandeln und zuletzt noch der Schnee der Eiweiß hinein. Man gibt ihn mit Vanille-Sauce.

22. Punsch-Pudding. 120 Gr. Butter, 10 Eier, 4 geriebene Milchbrote, 50 Gr. geschälte und gestoßene Mandeln, je 15 Gr. fein geschnittene Citronen und Pomeran

zenschalen, 15 Gr. Zimmt, das Abgeriebene einer Citrone,
eine Messerspitze voll gestoßener Nelken und 120 Gr.
Zucker. Das Gewürz wird gut vermengt und mit Wein
angefeuchtet, wozu 2—3 Eßlöffel voll genügen. Die Butter
wird leicht gerührt, Eigelb und Semmelmehl tüchtig damit
vermengt, dann das angefeuchtete Gewürz und der Zucker
darunter gemengt. Zuletzt gießt man noch 6 Löffel voll
Arrak an die Masse, schlägt von dem Eiweiß einen steifen
Schaum, rührt ihn langsam hinein und füllt die Masse
aus. Dieser Pudding wird mit Glühwein oder Hagebutten=
sauce gegeben.

23. Schwarzbrot = Pudding. 120 Gr. schwarzes Brot
werden gedörrt, gestoßen, gesiebt und mit Wein angefeuch=
tet; dazu kommen noch 125 Gr. gestoßener Zucker, 6 Eier,
15 Gr. Citronat, ebensoviel Pomeranzenschale fein ge=
schnitten, 15 Gr. gestoßener Zimmt, etwas gestoßene Nelken.
Die Eier werden abgeteilt, das Weiße wird zu Schnee ge=
schlagen, das Gelbe, dann der Zucker darunter gemengt
und eine Viertelstunde gerührt. In diese Masse mengt
man das Brot nebst dem übrigen Gewürze nach und nach
hinein, rührt aber ja nur so lange, bis alles gut vermengt
ist. Dazu paßt Glühwein, Chaudeau, Hagenbuttensauce.
Will man zu diesem Pudding gestoßene Mandeln nehmen,
so braucht man 90 Gr., fein gestoßen und geschält, läßt
dagegen 30 Gr. Brot weg, da in diesem Fall nur 90 Gr.
gedörrtes Brot nötig sind.

24. Kabinets=Pudding. Allerlei kleines, süßes Backwerk
wird in Würfel geschnitten, so daß man ungefähr 3 Hände
voll davon hat. Man lege es in eine Schüssel, vermische
es mit einer Handvoll Korinthen und Rosinen, geschnittenen
Mandeln und Citronen= oder Orangenschalen, verrühre 6
Eier mit 1/2 Liter süßem Rahm, versüße sie mit dem
nötigen Zucker, schütte es über die Confektwürfel und fülle
die Masse in eine Form. Um diesen Pudding billiger
herzustellen, nehme man Zuckerbrot und stelle es aufrecht
in die Form, die natürlich vorher gut beschmiert und be=

streut sein muß, beim Ausfüllen muß darauf gesehen wer=
den, daß so wenig als möglich Lücken entstehen. Da die=
selben aber nicht ganz zu vermeiden sind, so fülle man die=
selben mit ein paar Korinthen, einer Hand voll Rosinen
und geschnittenen Mandeln nebst etwas Orangenschale aus,
verrühre dann 4 Eier mit halb Milch, halb Rahm, zuckere
sie ein, bis sie süß genug sind und gieße dies über die Zucker=
brote, schließe die Form und siede den Pudding. Wein=
saucen aller Art werden hiezu gegeben.

25. Süßer Kartoffel=Pudding. Auf 125 Gr. gestoßenen
Zucker kommen 125 Gr. kalt geschälte und geriebene Kar=
toffeln, 30 Gr. leicht gerührte Butter, 30 Gr. geschälte
und gestoßene Mandeln, etwas Citronenschale, 6 ganze Eier
und 3 Eigelb. Eigelb und Butter werden, nachdem letztere
leicht gerührt wurde, mit dem Zucker 5 Minuten lang ver=
mengt und die geriebenen Kartoffeln, die Mandeln, und
zuletzt noch der Schnee der Eiweiß dazu gegeben. Mit
letzterem rühre man nicht mehr zu viel darin, sondern fülle
die Masse sogleich aus.

26. Andere Art. Der Schnee von 6 Eiweiß wird mit
den Eigelb und 120 Gr. Zucker ½ Stunde gerührt, 125
Gr. geriebene Kartoffeln langsam darunter gemengt, 6 Gr.
gestoßener Zimmt dazu gegeben und die Masse eingefüllt.

27. Nudel=Pudding. ½ Ltr. Milch wird siedend ge=
macht, 130 Gr. Nudeln darin gesotten, heraus genommen
und zum Ablaufen auf ein Sieb gelegt; dann werden 100
Gr. Butter, 100 Gr. Zucker, 5 Eigelb und der Schnee
derselben daran gerührt. Noch besser ist es, wenn man
den Schnee, die Eigelb und den Zucker eine Viertelstunde
rührt und dann die mit der Butter angerührten Nudeln
nach und nach darunter mengt.

28. Andere Art. ½ Ltr. Milch, 200 Gr. Nudeln,
130 Gr. Butter, 130 Gr. Zucker, die abgeriebene Schale
einer halben Citrone, 70 Gr. gestoßene Mandeln, etwas
Muskat und 12 Eier. Die Milch wird siedend gemacht, der

Zucker darin aufgelöst, die Nudeln und die Hälfte der
Butter darin gekocht, bis die Milch gänzlich eingekocht ist.
Dann wird die übrige Butter leicht gerührt, die Mandeln,
die Eidotter und das Gewürz darunter gemengt; wenn
alles gut verrührt ist, gebe man die abgekühlten Nudeln
und den steifen Eiweißschaum dazu, lasse ihn 2 Stunden
kochen und gebe eine Wein= oder Fruchtsauce dazu.

29. Mandel=Pudding. 125 Gr. geschälte Mandeln
werden mit 3 Eiweiß sehr fein gestoßen, mit 250 Gr.
Zucker und 8 Eigelb gut verrührt, 125 Gr. geriebenes
Ulmer Mutschelmehl, sowie der Schnee von 4 Eiern lang=
sam darunter gemengt. Wird mit Chaudeau=Sauce ge=
geben.

30. Fleisch=Pudding. 500 Gr. sehr fein gewiegter
Kalbsbraten, 4 Eier, 80 Gr. Butter, 30 Gr. Semmel=
mehl, einige Löffel süßer Rahm, 6 kleine Zwiebel, fein ge=
wiegt, Salz, Muskatnuß. Die Zwiebeln werden in der
Hälfte Butter gedämpft und ein mit etwas Wasser ver=
mengtes Ei noch einige Augenblicke mitgerührt. Inzwischen
schlägt man die übrige Butter zu Sahne, gibt 3 Eidotter,
die Zwiebel sammt Ei, das Semmelmehl, Fleisch und Ge=
würz dazu, vermengt alles gut mit dem zu Schnee ge=
schlagenem Eiweiß und füllt es zusammen in eine gut be=
strichene und bestreute Form. Man gibt Butter= oder
Kraftsauce dazu.

31. Trauben=Pudding. 120 Gr. Butter, 8 Eier, 60
Gr. gestoßene Mandeln, 5 Semmel, 15 Gr. Zimmt, 200
Gr. Zucker, 2 Hände voll Traubenbeeren, etwas Citronen=
schale. Die Semmel werden abgerieben, in Wasser oder
Milch eingeweicht und gut ausgedrückt. Die Butter wird
leicht gerührt, die ausgedrückten Semmel nebst dem abge=
riebenen Semmelmehl darunter gemengt, das zu Schnee
geschlagene Eiweiß mit dem Gelben und dem Zucker eine
Viertelstunde gerührt und mit dieser Masse die Mandeln
löffelvollweise vermengt. Nun gibt man noch die Semmel,

das übrige Gewürz und die Traubenbeeren dazu und siedet diesen Pudding 2 Stunden lang.

32. Pudding von Mutschelmehl. Auf 250 Gr. Zucker kommen 9 Eier, 170 Gr. Ulmer Mutschelmehl, 180 Gr. geschälte, mit 2 Eiweiß sehr fein gestoßene Mandeln, die Schale einer halben Citrone. Die übrigen 7 Eiweiß werden zu Schnee geschlagen, mit den 9 Eidottern und dem Zucker schwach eine halbe Stunde gerührt, und die am Reibeisen abgeriebene Citrone, das Mutschelmehl und die Mandeln langsam darunter gerührt. Chaudeau-Sauce paßt am besten dazu.

IX. Aufläufe.

Die Aufläufe müssen im ganzen wie die Puddings behandelt werden, nur muß die Masse leichter und das dazu verwendete Gewürz bester Qualität sein. Rosinen und Korinthen werden immer vorher in heißes Wasser gelegt, damit sie gut aufquellen. Man nehme nie Stampfmelis, sondern stets gestoßenen Zucker. Zu Aufläufen, die stark gewürzt sind, kann man auch Kalkeier verwenden. Ist einmal Mehl und Gewürz unter die Masse gemengt, so darf nicht mehr darin gerührt werden. Die Form zu Aufläufen wird, wie die Pudding-Form mit Butter bestrichen und mit Semmelmehl bestreut. Beim Anrichten bleibt der Auflauf in seiner Form, er wird auf einen Teller oder eine Platte gestellt, und so zu Tisch gegeben. Statt einer blechernen Form kann man auch eine irdene Schüssel nehmen. Bei Gesellschaften stellt man den Auflauf, ehe er auf den Teller kommt, mit der Form in eine solche von Porzellan, oder man umwindet ihn mit einer Serviette.

1. Reis-Auflauf. 250 Gr. Reis, 125 Gr. Butter, 125 Gr. Zucker, 1 Liter Milch, 8 Eier und etwas Citrone. Der Reis wird vorher in einem Mörser etwas verstoßen, gebrüht, mit ein wenig Wasser zugesetzt, dann mit Milch dick und weich eingekocht, und wenn er gar ist, zum Erkalten auf eine Platte gestrichen. Indessen rührt man die Butter leicht, gibt nach und nach die 8 Eigelb und 125 Gr. gestoßenen Zucker dazu. Dieses wird zusammen eine Viertelstunde gerührt, unter beständigem Rühren der Reis löffelweise unter die Masse geschafft und zuletzt noch der Schnee der Eiweiße und die Citronenschale dazu gegeben.

2. Grieß=Auflauf. Auf 125 Gr. Grießmehl kommt 1 Liter Milch, 60 Gr. Butter, 6 Eier, 100 Gr. Zucker, Citronenschale. Das Grießmehl wird in die siedende Milch gerührt und so lange gekocht, bis es ein dicker Brei ist, der sich von der Pfanne schält; nun wird er zum Erkalten auf eine Platte gestrichen, die Butter leicht gerührt, Eigelb und Zucker eine Zeit lang, (15 Minuten) mitgerührt, der Brei, ehe er ganz kalt ist, unter diese Masse gemengt, das Weiße der Eier zu Schnee geschlagen und langsam nebst dem Abgeriebenen einer $^1/_2$ Citrone unter die Masse gerührt, ausgefüllt und einige Stückchen Butter darauf gelegt, damit die Kruste gut schmeckt und nicht zu spröde wird.

3. Vanille=Auflauf. 125 Gr. Mehl, $1^1/_4$ Liter Milch 10—12 Eier, eine Stange Vanille. Die Hälfte der Milch wird mit der in Stückchen geschnittenen Vanillestange siedend gemacht, zugedeckt, bei Seite gestellt, nach einigen Minuten durchgeseiht und wieder siedend gemacht. Hierauf wird aus der andern Hälfte der Milch mit dem Mehl ein glatter Teig gemacht, in die siedende Milch gerührt und mit einem Stück Butter so lange gekocht, bis sich der Teig von der Pfanne schält, nach dem Erkalten kommen 12 Eigelb, genügend Zucker und zuletzt noch die zu Schnee geschlagenen Eiweiße dazu.

4. Vanille=Auflauf. 1 Liter Milch, 3 Semmel, Vanille, 100 Gr. Zucker, 90 Gr. Butter, 8—9 Eier. Die Milch wird mit ungefähr 100 Gr. Zucker und der Vanillestange gesotten. Die Semmel werden abgeschält, in feine Schnittchen geschnitten, die siedende Milch durch einen Seiher darüber gegossen und das Ganze gut zugedeckt. Hierauf

gebe man Butter in eine messingne Pfanne oder ein irdenes Kochgefäß, dämpfe die angebrühten Semmel darin, bis es ein glatter Teig ist, lasse diesen in einer Schüssel etwas erfalten und rühre 9 Eigelb nebst dem zu steifem Schnee geschlagenen Weißen von 6 Eiern dazu, fülle die Masse aus und backe sie im Ofen.

5. **Sago=Auflauf.** Auf 125 Gr. Sago kommen 1 Liter Milch, 6 Eier, 100 Gr. Butter, 100 Gr. Zucker, Citronen= schale und Mandeln oder Zimmt. Der Sago wird mit der Milch dick eingekocht und auf eine Platte gestrichen. Dann rührt man die Butter leicht, gibt die Eidotter, den Zucker, die Mandeln und Citronenschale, oder nach Be= lieben statt Citrone Zimmt daran, rührt den Sago und zuletzt den Eiweißschnee langsam darunter. Es können auch nur 60 Gr. Sago genommen werden und statt der anderen Hälfte werden dann einige Hände voll Semmelmehl in die Masse gerührt.

6. **Citronen=Auflauf.** 2 Citronen, 10 Eier, 250 Gr. Zucker, 90 Gr. Mehl. Die Eier werden abgeteilt, 6 Ei= weiß davon zu einem steifen Schnee geschlagen, das Gelbe der 10 Eier nebst dem Zucker ½ Stunde mit ge= rührt, das Abgeriebene der Citronen und das Mehl lang= sam darunter gemengt.

7. **Andere Art.** 90 Gr. Butter, ½ Liter Milch, 75 Gr. Zucker, 8 Eier, 90 Gr. Mehl, 2 Citronen. Das Mehl wird mit der Milch zu einem glatten Teig angerührt und in einer Pfanne gekocht, bis er sich von derselben schält. Nun rühre man sogleich die Butter hinein und lasse den Teig etwas erfalten. Mittlerweile reibt man 2 Citronen am Reibeisen oder Zucker ab, drückt den Saft sauber aus, rührt diesen und die Schale nebst dem Zucker und den Eigelb an den nunmehr etwas erfalteten Teig und gibt zuletzt noch den Schnee der 8 Eier dazu. Auf gleiche Weise wird auch ein Orange=Auflauf gemacht; ebenso kann Scho= kolade zu der Masse gerührt werden.

8. Mandel=Auflauf. 125 Gr. Butter, 6 Milchbrote, 12 Eier, 60 Gr. Mandeln, gestoßen und geschält, etwas Citronenschale, Rosinen, Korinthen und der nötige Zucker. Die Milchbrote werden eingeweicht und sauber ausgedrückt, die Butter leicht gerührt, die Eigelb, das Gewürz, der Zucker, die Milchbrote damit vermengt und zuletzt noch die zu Schnee geschlagenen Eiweiße langsam daran gerührt.

9. Auflauf von Schokolade. 125 Gr. Zucker, 45 Gr. Schokolade, 6 Eier, 60 Gr. Butter und 125 Gr. Mehl. Die zu Rahm geschlagene Butter wird mit Eigelb und Zucker gerührt und Mehl, Eiweißschnee und Schokolade darunter gemengt.

10. Kartoffel=Auflauf. 125 Gr. Butter werden leicht gerührt, 250 Gr. geriebene Kartoffeln, 8 Eigelb und das Abgeriebene einer $1/2$ Citrone nebst genügend Zucker daran gerührt, das Weiße der Eier zu Schnee geschlagen und langsam damit vermengt.

11. Apfel=Auflauf. Nachdem die Form gut bestrichen und bestreut ist, wird sie mit Semmelschnitten belegt, welche mit Butter bestrichen wurden. Nun wird ein Apfelbrei gekocht, mit Zimmt, Korinthen und Citronenschale gewürzt und mit Zucker stark versüßt. Diesen Brei füllt man auf die Semmelschnitten, legt oben auf wieder bestrichene Semmel, und backt den Auflauf.

12. Apfel=Auflauf. 125 Gr. Butter, 6 ganze Eier und 2 Eidotter, 8 Löffel voll Mehl, 125 Gr. Zucker, 2 Teller voll fein geschnittener Aepfel und Citronenschale. Die Butter wird leicht gerührt, und mit Zucker, den Eidottern, dem Mehl und den Aepfeln gut vermengt, das Weiße der 6 Eier zu steifem Schnee geschlagen und mit der Citronenschale langsam an die Masse gerührt.

13. Apfel=Auflauf. 6 Eßlöffel voll dick eingekochtes Apfelmuß wird mit Zucker und etwas abgeriebener Citronenschale verrührt, der Schnee von 5 Eiweiß darunter gemengt, eingefüllt und dick mit Streuzucker besäet.

14. Apfel-Auflauf. 6—8 Aepfel, 60 Gr. geschnittene Mandeln, 6 Eier, etwas Citronenschale, 200 Gr. Zucker. Die Aepfel werden geschält und gerieben, die Eier abgeteilt, das Gelbe mit dem Zucker, den Mandeln und der abgeriebenen Citronenschale an die geriebenen Aepfel gerührt, nachdem dieselben zum Ablaufen auf ein Sieb gelegt wurden; zuletzt wird noch das zu Schnee geschlagene Eiweiß darunter gemengt und die Masse eingefüllt.

15. Apfel-Auflauf. 6 Aepfel werden geschält, mit dem nötigen Zucker versehen, damit sie recht süß werden, mit Zimmt, einer Hand voll Korinthen und $^1/_4$ Liter Wein zu einem Mus gekocht, 3 Milchbrote in Milch eingeweicht, wieder ausgedrückt und mit 100 Gr. leicht gerührter Butter so lange verarbeitet, bis die Masse ganz fein ist; hierauf rührt man das Apfelmus, 8 Eigelb und 60 Gr. Zucker an die Semmeln, mischt den Schnee der Eiweiß darunter und füllt die Masse ein.

16. Apfelkunz. Ein Blech wird gut bestrichen und bestreut. Dann werden 3—4 Milchbrote in Scheiben geschnitten und so viel gutkochende, nicht zu saure Aepfel geschält, daß es 2 Suppenteller voll feiner Apfelschnitze gibt. Nun lege man eine Lage Milchbrotschnitten, eine Lage Apfelschnitze und so fort in die Auflaufform, bis alles gar ist; aber so, daß oben Brot zu liegen kommt. Hierauf verrühre man 6 Eier mit süßem Rahm, gebe Zucker und gestoßenen Zimmt darein, gieße dies über die Aepfel und Brote, streue geschnittene Mandeln darauf und backe es im Ofen.

17. Apfel- oder Zwetschgen-Kunz. Aepfel werden geschält, zu feinen Schnitzchen geschnitten und eingezuckert, alt gebackenes Schwarzbrot gerieben, mit Wein angefeuchtet und mit Zucker und Zimmt versüßt. Hievon wird lagenweise in ein Blech gefüllt, Butterstückchen darauf gelegt und die Masse mit geschnittenen Mandeln bestreut. Ebenso können grüne, süße Zwetschgen gebacken werden.

18. **Apfel-Mirenke.** Feine, gut kochende Aepfel werden geschält, ausgekernt und durchgeschnitten, mit Wein, Zucker etwas Citronenschale und Zimmt nicht ganz weich gedämpft und auf eine Platte gelegt, so daß die ausgehöhlte Seite nach innen sieht und die Platte mit einer Lage Aepfel voll ist. Dann schlage 6 Eiweiß zu einem steifen Schnee, gib einige Eßlöffel voll Zucker darunter, ohne länger zu rühren, als nötig, bestreue die Aepfel noch mit geschnittenen Mandeln und Zucker, gib den Schaum darauf und backe die Speise 10 Minuten in kühlem Ofen, bis sie oben gelblich wird. Man gibt sie kalt zu Tisch.

19. **Semmel-Auflauf mit Früchten.** 4 Milchbrote, ½ Ltr. Milch, 100 Gr. Butter, 9 Eier, gestoßener Zucker, 60 Gr. gestoßene Mandeln und 1—2 Hände voll Beeren, gut eingezuckert, oder in Ermanglung dessen Korinthen und Rosinen. Die Semmeln werden eingeschnitten, mit der Milch abgebrüht und in der leicht gerührten Butter fein verrührt. Dann kommt der Zucker, die Eigelb nebst den gestoßenen Mandeln dazu. Ist alles gut vermengt, gibt man noch die Beeren und den Schnee der Eiweiß dazu.

20. **Erdbeer-Auflauf.** 9 Eier, 190 Gr. Zucker, 125 Gr. Mandeln, Citronenschale, 1 Ltr. Erdbeeren. Die Eier werden abgeteilt, das Weiße von 7 Eiern zu Schnee geschlagen, mit dem Zucker und dem Eigelb eine halbe Stunde gerührt; die Mandeln werden geschält, mit 2 der Eiweiße fein gestoßen, dann wird die Masse löffelvollweise an die Mandeln gerührt, damit diese keine Knollen geben. Zuletzt kommt noch das Abgeriebene einer Citrone und die eingezuckerten Beeren darunter; man vermeide jedoch zu vieles Rühren, nachdem die Beeren in der Masse sind.

21. **Auflauf mit Eingemachtem.** ½ Ltr. Milch, 125 Gr. Mehl, 14 Eier, 60 Gr. Butter, 100 Gr. Zucker und Eingemachtes. Milch und Mehl werden mit einander zu einem glatten Teig angerührt, der in einer messingnen Pfanne mit einem Stück Butter gekocht wird, bis er sich von der Pfanne schält; dann wird er in eine Schüssel ge-

nommen und sogleich ein ganzes Ei hinein gerührt. Nachdem er etwas erkaltet ist, wird das Gelbe der übrigen
Eier nebst der inzwischen leicht gerührten Butter und dem
Zucker darunter gemengt. Hierauf schlägt man das Weiße
der Eier zu Schnee, mischt ihn und das Abgeriebene einer
Citrone unter die Masse. Dann füllt man die Hälfte
davon in 2 kleine Formen, streicht sie eben und gibt eine
Lage Eingemachtes, das aber zuvor auf einem Sieb abgelaufen ist, darauf, bedeckt es mit der noch übrigen Hälfte,
streicht es wieder glatt, backt es schön gelb und serviert
es mit Glühwein.

22. Auflauf von Flädlein. Schön gebackene Flädlein
werden aufgerollt, in eine bestrichene und gut bestreute
Form gelegt, 5 Eier werden mit süßem Rahm, Zucker
und Zimmt vermengt, dann Rosinen auf die Flädlein gestreut und die Eier nebst Rahm darüber geschüttet.

23. Rahm-Auflauf. ¼ Ltr. süßer, ebensoviel saurer
Rahm wird mit 2 Löffeln voll Mehl und 6 Eigelb gut
verrührt, dann eine halbe Citrone abgerieben, mit dem
nötigen Zucker, sowie dem Schnee der 6 Eiweiß daran
gerührt und der Auflauf ½ Stunde gebacken.

24. Häring-Auflauf. 60 Gr. Butter, 3 Häringe, 4 Hände
voll geriebener Kartoffeln, 6 Eier, gewiegte Zwiebeln und
Salz. Die Butter wird leicht gerührt, die Häringe werden
geputzt, die Milch davon zerdrückt und das übrige fein gewiegt. Dann werden Butter, Häringsmilch, Eigelb und
Kartoffeln gut mit einander verrührt, das Gewürz, Zwiebeln, Salz und Muskatnuß, sowie die verwiegten Häringe
ebenfalls dazu gethan. Ist dies alles gut vermengt, kommt
noch das zu steifem Schnee geschlagene Eiweiß dazu, dann
wird die Masse ausgefüllt und gebacken.

25. Auflauf von Karotten. Karotten, 100 Gr. Butter,
9 Eier, 90 Gr. gewiegte Mandeln, 90 Gr. Zucker, 1 Citrone, Semmelmehl. Recht rein geputzte Gelbrüben werden in Wasser ziemlich weich gekocht und erkaltet auf dem

Reibeisen gerieben, bis es ca. 300 Gr. sind. Nun rührt
man die Butter leicht und gibt die Eidotter und den Zucker
nach und nach hinein. Nachdem dieses zusammen eine
Viertelstunde gerührt wurde, kommen noch die geriebenen
Gelbrüben, die gewiegten Mandeln, das Abgeriebene der
Citrone, 1—2 Hände voll Semmelmehl und zuletzt der
Eiweißschnee darunter.

26. Auflauf von Kraut. Man kocht Kraut, nachdem
die Rippen herausgebrochen wurden, in Salzwasser weich,
drückt es, nachdem es in kaltem Wasser abgeschwenkt wurde,
sauber aus und wiegt es fein. Dann reibt man kalte
Kartoffeln, dämpft diese, sowie das Kraut mit gewiegter
Petersilie und Zwiebeln in 120 Gr. Butter, nimmt es in
eine Schüssel, rührt etwa 4 eingeweichte und wieder ausge=
drückte Milchbrote ebenfalls an die Masse, schlägt 6 Ei=
dotter hinein und mengt zuletzt noch den Schnee der 6 Ei=
weiße und Salz dazu. Beim Backen nehme man sich in
Acht, daß der Auflauf nicht zu braun wird. Man serviert
ihn mit einer Morcheln= oder Buttersauce.

27. Käse=Auflauf. 2 Ltr. gestandene Milch, 6 Eier,
Citrone, saurer Rahm und Zucker. Die Milch wird abge=
rahmt, einige Augenblicke auf den warmen Ofen gestellt
und über Nacht in ein Tuch geschüttet, daß sie gut abläuft.
Den andern Tag wird der Käse mit einem Stück Butter
in einem Mörser fein gestoßen, 6 Eigelb, 1—2 Kochlöffel
voll Mehl und genügend Zucker, sowie der Tags zuvor
abgenommene Rahm und der Schnee der Eiweiße dazu
gerührt und die Masse schön gelb gebacken.

28. Gesalzener Käse=Auflauf. 90 Gr. Butter, 6 Eier,
125 Gr. geriebene Kartoffeln, $^1/_4$ Liter süßer Rahm, Salz
und 60 Gr. geriebener Parmesankäse. Die Butter wird
leicht gerührt, die Eigelbe, die Kartoffeln und Salz damit
vermengt, der Rahm siedend gemacht, über den geriebenen
Käse gegossen, und ohne darin zu rühren, zum Erkalten
bei Seite gestellt. Inzwischen wird das Weiße der Eier

zu Schnee geschlagen und der erkaltete Käse mit dem Schnee
an die Kartoffelmasse gerührt.

29. Reis-Auflauf mit Aepfeln. Auf 250 Gr. Reis,
1 Ltr. Milch, 100 Gr. Butter, 100 Gr. Zucker, Vanille,
6 Eier. Der Reis wird abgebrüht, mit etwas Wasser
zugesetzt, und mit der Milch und der Vanille weich und
steif eingekocht, ohne jedoch viel darin zu rühren, damit die
Körner ganz bleiben. Alsdann läßt man ihn etwas abkühlen, rührt das Eigelb, den Zucker und das zu Schnee
geschlagene Weiße darunter, gibt eine Lage Reis, dann
eine Lage in Zucker eingekochte Aepfel abwechselnd in die
Form und läßt dies eine Stunde backen. Dieser Auflauf
kann kalt oder warm gegeben werden.

30. Reis-Auflauf mit Schinken. 250 Gr. Reis, 125 Gr.
Butter, fein gehackter Schinken, 80 Gr. Parmesankäse.
Man kocht den Reis nach dem Abbrühen mit Fleischbrühe,
Salz und einem Stückchen Butter dick und gar ein, jedoch
so, daß die Körner ganz bleiben. Alsdann gibt man den
Reis, den Schinken und Käse abwechselnd in eine Form
und backt das Ganze eine Stunde.

31. Auflauf von dürren Kirschen. 500 Gr. dürre
Kirschen, 60 Gr. Weißbrot, 125 Gr. Butter, 9 Eier,
60 Gr. Semmelmehl, Zucker, Zimmt, Citrone. Die Kirschen
werden in Wein und Wasser recht weich gekocht und die
Weißbrote in der Brühe eingeweicht. Hierauf rührt man
die Butter leicht, gibt die Eidotter, 4—5 Löffel voll Zucker,
die durch einen Durchschlag (Suppenseiher) gepreßten Kirschen, Zimmt, fein gewiegte Citronenschale, die wieder ausgedrückten Weißbrote und 60 Gr. Semmelmehl dazu. Nachdem noch das zu Schnee geschlagene Eiweiß darunter gerührt
wurde, wird die Masse ausgefüllt und gebacken. Man gibt
diesen Auflauf mit Zucker bestreut zu Tische.

32. Wiener-Auflauf. 3—4 Semmel, 120 Gr. Butter,
½ Ltr. Milch, 8 Eier, 120 Gr. Zucker. Das Weiche der
einige Tage alten Semmel wird in feine Schnittchen ge-

schnitten, mit der Butter belegt und mit der siedend ge=
machten Milch abgebrüht. Bis es erkaltet, schlägt man
das Eiweiß zu Schnee, rührt es mit dem Gelben und dem
Zucker eine Viertelstunde, mengt dann die vorher ganz
fein verrührten Semmel dazu, füllt die Hälfte der Masse
in eine Form und bäckt sie gelb. Dann wird sie mit Ein=
gemachtem oder feinem Kompott bestrichen, die andere Hälfte
der Masse darauf gegeben und das Ganze mit einem Kohlen=
deckel aufgezogen oder nochmals gebacken.

X. Fische, Krebse u. s. w.

Die Fische müssen ganz frisch sein. Kein Fleisch ver=
ändert so bald den Geschmack, als das der Fische. Sichere
Zeichen der Güte der Fische sind: klare Augen, rote Kie=
men, glänzende Schuppen; sind die Kiemen bleich, so sind
die Fische unbrauchbar. Es ist nicht ratsam, einen Fisch
in Wasser zu legen, er verliert dadurch an Wohlgeschmack.
Die Fische werden geschuppt, der Leib aufgeschnitten und
die Eingeweide herausgenommen; dabei achte man darauf,
daß die Galle nicht zerdrückt wird, weil sie sonst einen
bitteren Geschmack hinterläßt. Nachdem die Fische ausge=
nommen sind, werden sie gut gewaschen, und entweder ganz
gelassen, oder in Stücke geschnitten. Von dem Garsein der
Fische überzeugt man sich am besten durch Herausziehen der
Flossen; sobald dieselben sich leicht vom Körper lösen, hat
der Fisch genug gekocht und ist vom Feuer zu nehmen.
Zu langes Kochen macht jeden Fisch weichlich. Fische, die
zum Blausieden bestimmt sind, werden nicht geschuppt,
dürfen auch so wenig als möglich außen berührt werden,
denn nur der Schleim, der die Fische umgibt, läßt sie beim
Kochen blau werden. Es ist gut, große Fische, welche ge=
sotten werden sollen, mit einem Heber in den Kessel zu
geben. Lebern von Flußfischen sind fein, von Seefischen
dagegen unbrauchbar. Der Lachs ist in allen Monaten
genießbar, der Aal ebenfalls immer brauchbar, doch am

beſten im Herbſt; der Barſch und der Hecht ſind am beſten
von September bis Januar, der Karpfen wird außer April
und Mai das ganze Jahr gegeſſen, iſt aber von Oktober
bis März am beſten; die Forelle (Laichzeit: November und
Dezember) iſt vom Mai bis Auguſt am beſten, die Barbe
wird mit Ausnahme von April und Mai das ganze Jahr
gegeſſen. Krebſe ſind am beſten von Mai bis Auguſt.
Flußfiſche bringt man in kochendem Waſſer auf das Feuer,
Seefiſche in kaltem.

1. **Lachs (Salm).** Der Lachs wird geſchuppt, in zwei
fingerbreite Stücke geſchnitten und gewaſchen. Dann wird
Waſſer mit etwas Eſſig, ganzem Pfeffer, 1 Lorbeerblatt,
ganzen Nelken, Salz und Citronenrädchen zum Kochen gebracht, der Fiſch 5 Minuten langſam darin gekocht, ſauber
abgeſchäumt, zugedeckt und noch 10 Minuten bei Seite geſtellt. Er wird mit gedämpften Kartoffeln, gewiegter Peterſilie und zerlaſſener Butter ſerviert.

2. **Lachs mit Sauce.** Nachdem derſelbe wie oben gekocht worden, gibt man folgende Sauce daran: einige Kochlöffel voll Mehl werden in einem Stück Butter verrührt
und ſogleich halb mit Fleiſchbrühe, halb mit Fiſchbrühe
abgelöſcht; hat dieſe Sauce aufgekocht, ſo wird ſie mit 4
Eigelb abgezogen, nochmals auf's Feuer genommen, und,
nachdem ſie unter beſtändigem Rühren etwas angezogen,
gleich zu Tiſche gegeben.

3. **Lachs zu räuchern.** Den zum Räuchern beſtimmten
Lachs ſpaltet man, ſchneidet den Kopf weg, nimmt die
Eingeweide und den Rückgrat heraus und reibt ihn dann
mit Salz und etwas Salpeter ein. Nach 24 Stunden
wird er abgetrocknet, in eine Rindsblaſe eingenäht oder
mit Papier umwunden und in den Rauch gehängt.

4. **Lachs, (Salm) mariniert.** Man ſchneidet den Lachs,
ohne ihn zu waſchen, in 3 cm. breite Stücke, ſalzt ſie ein,
trocknet ſie nach 1 Stunde mit einem Tuche ab, beſtreicht
ſie zweimal mit feinem Oel, beträufelt ſie mit Citronen-

saft und backt die Stücke schnell dunkelgelb. Diese Stücke
werden, nachdem sie erkaltet sind, in einen steinernen Topf
gelegt; dann wird Essig mit Wasser, Citronenrädchen,
Pfefferkörner, Lorbeer und Esdragon siedend gemacht, nach
dem Erkalten über den Fisch gegossen und dann der Topf
gut zugebunden.

5. **Aal blau zu kochen.** Der Aal wird getödtet, indem man ihn mit umwickelter Hand festhält und mit einem
umgekehrten Beile auf den Kopf schlägt. Dann hängt
man ihn an einen Nagel, schneidet den Bauch auf, nimmt
die Eingeweide heraus, schneidet die Bauch- und Rücken-
flossen weg, zieht eine Schnur durch den Schwanz und
bindet ihn in's Maul, damit der Fisch eine schöne, runde
Lage bekommt. Ist der Fisch sehr groß, so wird er in
Stücke geschnitten, auf eine Platte gelegt, mit siedendem
Essig begossen und sogleich mit einer anderen Platte zugedeckt. Man läßt ihn so eine Stunde liegen, sticht aber
mit einer Gabel einige Mal, doch nicht zu tief, in die
Haut, damit sie beim Sieden nicht aufspringe. Hierauf
wird Wasser mit Weinessig, etwa $^1/_2$ Ltr., vermischt und
mit etwas Salz, ganzem Pfeffer, Zwiebeln, Citronenrädchen, Lorbeerblättern, Petersilie, etwas Salbei und ganzen
Nelken zum Kochen gebracht; dann der Aal oder die Aal-
stücke 15—20 Minuten darin gesotten und mit Petersilie
verziert, auf eine Platte angerichtet. Man vergesse nicht, die
Schnur aus dem Schwanze zu ziehen. Er wird mit Essig,
Oel und Citronenschnitzen, welche auf einem Teller sternförmig
herumgelegt werden, serviert; oder man gibt mit Zucker angemachten Meerrettig oder auch sonst eine kalte Sauce dazu.

6. **Aal, gebraten.** Der Aal wird, wenn er getödtet
ist, an einen Nagel gehängt, dann schneidet man mit einem
scharfen Messer rings unter den Brustflossen die Haut ein,
trennt sie einen Finger breit los und streift sie mit der
Hand, welche aber mit einem groben Tuch umwickelt und
mit Salz bestreut sein muß, ab. Kleine Aale werden
nicht abgezogen, sondern ihnen nur die Flossen abgeschnitten.

Der Leib wird aufgeſchnitten, die Eingeweide heraus genommen und die Galle vorſichtig von der Leber entfernt,
der Aal in Stücke geſchnitten, ſauber gewaſchen und mit
Salz eingerieben. Nach einer Stunde wird er abgetrocknet,
in einer Kaſſerolle mit Butter gebraten und während des
Bratens mit Citronenſaft beträufelt. Iſt er gar, ſo wird
er mit Citronenſchnitzen ſerviert.

7. Forellen, blau. Man ſchneidet die Forellen auf,
nimmt ſie aus, ſchneidet ihnen den Gaumen unter dem
Maule auf, wäſcht ſie ſauber, und legt ſie in eine enge
Schüſſel, damit ſie gekrümmt werden. Man kann ihnen
auch ein Schnürchen durch den Schwanz und die Augen=
höhlen ziehen. Dann werden ſie mit nicht ganz ſiedendem
Eſſig übergoſſen und ſogleich zugedeckt. Nach einer halben
Stunde wirft man ſie, ohne ſie zu berühren, mit dem
Eſſig in kochendes, mit Zwiebeln, Lorbeer, Salz und Pfeffer=
körnern gewürztes Waſſer. Haben ſie 5 Minuten gekocht,
ſo ſtellt man ſie, gut zugedeckt, noch einige Zeit auf die
Herdplatte, richtet ſie mit zerlaſſener Butter an und gar=
niert ſie mit Peterſilie. Kalt gibt man ſie mit Eſſig und
Oel oder einer Mayonnaiſen=Sauce.

8. Geſchmälzte Forellen. Die Forellen werden ausge=
nommen, gewaſchen, mit Eſſig begoſſen, dann in halb
Waſſer, halb Wein, mit Zwiebeln, Lorbeer, Pfeffer und
Salz, wie vorhergehend, geſotten und beim Anrichten mit
fein gehackter, in Butter geröſteter Peterſilie geſchmälzt.

9. Forelle in Butterſauce. Die Forelle wird ausge=
nommen, gewaſchen und in einem der oben angegebenen
Sude gekocht, aber erſt zugeſetzt, wenn das Waſſer ſiedet.
Dann rührt man Mehl mit etwa 50 Gr. Butter, Fleiſch=
brühe und etwas Fiſchbrühe an, läßt es kochen, zieht dann
die Sauce, die etwas dick ſein muß, mit 3—4 Eidottern
ab, gibt etwas Citronenſaft dazu, läßt ſie unter beſtändigem
Rühren nochmals in dem Kochgefäß einen Augenblick an=
ziehen und gibt dann die Sauce mit der Forelle, oder

beibes besonders angerichtet, zu Tisch. Es kann auch eine
Sardellensauce dazu gegeben werden.

10. Gebackene Forellen. Bekommt man die Forellen
nicht frisch aus ihrem Element, sondern aus der Ferne
zugeschickt, so kann man sie nicht mehr schön blau sieden;
man gebe sich daher keine unnötige Mühe, sondern backe
sie. Zu diesem Zweck werden sie wie gewöhnlich ausgenommen, gewaschen und gekrümmt, wie es beim Blausieden
angegeben, dann auch noch etwas eingesalzen, jedoch nicht
stark und in Semmelmehl umgekehrt. Sollte jedoch durch
zu vieles Berühren der Schleim so weggegangen sein, daß
kein Semmelmehl hält, so kann man die Fische mit zu
Schnee geschlagenem Eiweiße bestreichen und dann erst in
Semmelmehl umkehren. Nun wird viel Rindschmalz oder
Butter in einer Pfanne heiß gemacht und die Forellen
auf beiden Seiten darin schön gelb gebacken.

11. Blau gesottener Hecht. Große Hechte werden rein
abgewaschen, ausgenommen, doch nicht geschuppt und nachdem
die Ohren ausgeschnitten, in Stücke zerteilt; mittlere und
kleine Hechte kann man auch bloß ausnehmen, ohne sie zu
zerteilen. Dann gibt man ihnen den Schwanz in's Maul,
indem man durch letzteres und den Kopf ein Schnürchen
zieht. Hierauf bläut man sie mit kochendem Essig, wie die
Forellen, und legt sie mit dem Essig in kochendes, mit
Zwiebeln, Lorbeer, Pfeffer, Nelken, Citronenscheiben und
Salz gewürztes Wasser. Sind sie gar, so richtet man sie
auf einer Platte an und garniert sie mit Petersilie. Man
kann hart gesottene, gehackte Eier, Meerrettich mit Zucker,
zerlassene Butter oder eine beliebige Sauce dazu geben.

12. Geschmälzter Hecht. Der Hecht wird geschuppt, ausgenommen, gewaschen und in große Stücke geschnitten. Dann
wird Wasser mit einem Teil Essig, Salz, Zwiebeln, Pfeffer
und Lorbeer nebst einem Stück Butter siedend gemacht und
die Hechtstücke darin gar gekocht. Nach dem Anrichten
werden sie mit geriebenem Meerrettich bestreut und mit sehr
viel Butter geschmälzt.

13. Gespickter Hecht. Der Hecht wird ausgenommen, geschuppt, gewaschen wie oben und etwas gesalzen; dann wird die Haut auf dem Rücken abgezogen und letzterer in 2 Reihen mit fein geschnittenem Speck gespickt, worauf man ihn noch nach Belieben krümmen oder gerade lassen kann. Er wird mit sehr viel Butter in einer Pfanne zugesetzt, unter häufigem Begießen auf schwachem Feuer schön dunkelgelb gebraten; damit er bälder gar wird, kann auch auf die Bratpfanne ein Aufzugbeckel mit glühenden Kohlen gesetzt werden. Es wird zu einem, auf diese Weise zubereiteten Hecht eine mit Citronensaft gewürzte, mit Eigelb abgezogene Sardellen- oder Kapernsauce gegeben.

14. Andere Art. Ist der Hecht mit Butter zugesetzt und halb gar, so wird er mit Semmelmehl bestreut, mit einem halben Liter saurem Rahm begossen, und wenn er gar ist, wie Braten, mit seiner eigenen Sauce serviert.

15. Gebackener Hecht. Nachdem derselbe gereinigt und geschuppt ist, wird der Rückgrat ausgelöst und der Hecht in Stücke geschnitten. Dann macht man der Breite nach in die obere Haut mit einem feinen Messer Schnittchen an Schnittchen, bestreut die Stücke mit Salz, läßt sie eine Viertelstunde stehen und trocknet sie dann ab, kehrt sie in mit Milch verrührtem Ei und Semmelmehl um und backt sie in viel Schmalz schön gelb. Es ist gut, dieses Backen ganz kurz vor dem Servieren vorzunehmen.

16. Hecht im Ofen gebacken. Der Hecht wird ausgenommen, geschuppt, gewaschen, auf beiden Seiten gespickt und etwas gesalzen. Hierauf kommt er mit viel heiß gemachter Butter in ein Kochgefäß. Ist er etwas gelblich, so kommen fein geschnittene Zwiebel dazu, nach deren Gelbwerden er mit etwas Wasser abgelöscht wird. Nun wird ein Häring geputzt, fein gewiegt oder geschnitten und mit etwas Semmelmehl und Essig, nebst Pfeffer, Salz und Muskatnuß an den Hecht gegeben und mitgedämpft; wenn der Fisch gar ist, wird er angerichtet.

17. Hecht mit gelber Sauce. Derselbe wird gesotten und mit folgender Sauce serviert: 50 Gr. Butter werden zerlassen, mit Mehl angerührt und mit Fischbrühe verdünnt; nachdem man die Sauce nach einigem Kochen mit Eigelb, welche mit süßem Rahm verrührt wurden, abgezogen hat, läßt man sie nochmals anziehen, würzt sie mit ein wenig Citronensaft und gibt sie gleich zu Tische.

18. Hecht in Rahmsauce. Nachdem er, wie angegeben, gereinigt und nach Belieben in Stücke geschnitten wurde, wird er mit siedendem Essig gebläut. Dann werden 60 Gr. Sardellen rein gewaschen, von den Gräten befreit und mit Citronenschale gewiegt, einige Stücke Butter, etwas Salz und die Hälfte der gehackten Sardellen mit den Hechtstücken in ein Kochgefäß gegeben, wieder Butter darauf geschnitten, und die übrigen Sardellen, 2 Fingerspitzen voll Mehl und ¼ Ltr. süßer Rahm dazu gethan. In dieser Sauce wird der Hecht auf Kohlen weich gedämpft. Beim Anrichten wird die Sauce mit Eigelb abgezogen und mit Citronensaft gewürzt. Sollte dieselbe zu sehr eingekocht sein, so hilft man mit warmem Rahm oder mit Fleischbrühe nach.

19. Gesottener Hecht auf gewöhnliche Art. Der Hecht wird geschuppt, ausgenommen und in Salzwasser gekocht, mit gewiegter Petersilie bestreut und mit ganzen gedämpften Kartoffeln und zerlassener Butter serviert.

20. Schüsselhecht. Man schuppt einen nicht zu kleinen Hecht, nimmt ihn aus, schneidet ihn in Stücke, und streut Salz über dieselben, nachdem man sie sauber gewaschen. Dann legt man auf eine halbtiefe Schüssel kleine Häufchen Butter und auf jedes derselben ein Hechtstück, bestreut sie mit gestoßenem Zwieback oder Semmelmehl, Petersilie, Kapern, Schalotten, Pfeffer, Muskatnuß, alles fein gestoßen und gehackt, gibt Sardellenbutter dazu, legt auf jedes Fischstück wieder ein Stückchen Butter und auf jedes derselben wieder ein Fischstück, bestreut dieselben wie vorher, und wiederholt dies Verfahren, so lange noch Hechtstücke vorhanden sein sollten. Butter, Zwieback und Gewürze müssen

dabei recht gleichmäßig verteilt werden, so daß alle Hecht=
stücke gleich viel davon erhalten. Zu 1½ Kilo Hecht ge=
hören 250 Gramm Butter, 3 Eßlöffel voll Zwieback, 1 Eß=
löffel voll Kapern, eben so viel Sardellenbutter, ½ Eßlöffel
voll Schalotten, eben so viel Petersilie, 2 Messerspitzen voll
Pfeffer und 1 Messerspitze voll Muskatnuß. Ist alles so
weit hergerichtet, so gießt man so viel Fleischbrühe oder
Wasser nebst einem Glase Weißwein und dem Saft von
zwei Citronen darunter, daß der Fisch bis zur Hälfte da=
rin liegt, und macht ihn in der dicht verschlossenen Schüssel
unter öfterem Begießen auf Kohlenfeuer oder im Ofen
gar. Der Fisch wird in derselben Schüssel serviert.

21. Barben blau zu sieden. Die Barben werden aus=
genommen, wenn sie zu groß sind, in Stücke geschnitten,
abgewaschen und mit siedendem Essig, wie die Hechte, blau
gemacht. Hierauf setzt man Wasser mit Salz, Zwiebeln,
Lorbeerblättern und etwas Gewürz zu, legt die Barben,
wenn das Wasser kocht, mit dem Essig hinein und läßt sie
bei starkem Feuer schnell sieden. Beim Anrichten bedeckt
man sie eine Zeit lang mit einer Platte und besprengt sie
mit kaltem Wasser, damit sie schön blau bleiben, richtet
sie aber, wie alle Fische, auf erwärmter Platte an, belegt
sie mit Petersilie, und gibt sie mit zerlassener Butter
zu Tisch.

22. Barben zu backen. Zum Backen werden die Barben,
wie alle Fische, geschuppt, gewaschen, ausgenommen, in
Stücke geschnitten, die zu großen Stücke gespalten, einge=
kerbt, d. h. mit einem feinen Messer Schnitte in die Ober=
haut gemacht, dann eingesalzen und 1 Stunde bei Seite
gestellt. Hierauf trocknet man sie ab, bestreut sie mit
Mehl und backt sie in heißer Butter oder gutem Rind=
schmalz schön gelb. Beim Anrichten werden sie mit Peter=
silie garniert.

23. Karpfen, blau gesotten. Der Karpfen wird aus=
genommen und gewaschen; wenn er groß ist, schneidet man
ihn in Stücke, ist er klein, wird er gekrümmt, indem man

ihn in eine Schüffel legt und den Schwanz mit einer
Schnur an den Kopf bindet oder in's Maul fteckt; dann
wird er mit fiedendem Effig begoffen, fchnell zugedeckt und
eine halbe Stunde bei Seite geftellt. Hierauf fchüttet man
ihn mit dem Effig in fiedendes Salzwaffer, gibt Zwiebeln,
Pfeffer, Lorbeer, Citronenfcheiben dazu, und kocht ihn
fchnell bei ftarkem Feuer. Beim Anrichten wird er mit
kaltem Waffer befprengt, und, damit feine Farbe fchöner
bleibt, kann er auch mit weißem Papier oder einer ge-
brochenen Serviette bedeckt werden.

24. **Gefüllter Karpfen.** Ift derfelbe gefchuppt, ausgenommen und gewafchen, fo wird die Leber und der Rogen
mit Zwiebeln, Peterfilie und Speck fein gewiegt, das Gehackte mit etwas in Milch eingeweichter Semmel und einem
großen Stück Butter gedämpft, mit Salz und Pfeffer angerührt, der mit Salz eingeriebene Fifch damit gefüllt und
zugenäht. Dann wird er in Butter langfam gebraten, während
er dabei immer mit zerlaffener Butter und Citronenfaft beträufelt wird. Ift er gar, fo wird er mit Citronenfchnitzen
umlegt und ferviert.

25. **Gefüllter Karpfen.** Man fchuppt denfelben, nimmt
ihn aus, falzt ihn, und löst von der einen Seite das Fleifch
forgfältig ab; jedoch fo, daß Haut, Kopf und Schwanz noch
unbefchädigt hängen bleiben. Von diefem Fleifch entfernt
man die Gräte, wiegt es fehr fein, weicht ein abgeriebenes
Milchbrot in Milch ein, drückt es wieder aus und rührt
30 Gramm Butter leicht. Dann wird das Fleifch, das
Brot, abgeriebene Citronenfchale, Salz und 2 Eier an die
Butter gerührt. Wer es liebt, kann auch fein gehackte
Zwiebeln dazu geben. Mit diefer Fülle wird die ausge-
fchnttttene Seite gefüllt und dann zugenäht, fo daß der
Fifch feine vorherige Geftalt wieder erhält. Er wird nun
mit Semmelmehl beftreut, mit Speckfcheiben belegt und auf
einer Platte mit zerlaffener Butter, die gefüllte Seite nach
oben, im Ofen gebraten. Oefteres Begießen mit Butter
ift nötig.

26. Gebackener Karpfen. Derselbe wird, wenn er ge=
schuppt und seine Ohren ausgeschnitten, sauber gewaschen;
ist er sehr groß, so ist es besser, ihn in Stücke zu schneiden,
andern Falls kann er ganz gelassen werden. Dann salzt
man ihn ein, läßt ihn etwa eine halbe Stunde stehen,
trocknet ihn hernach ab, und kehrt ihn in verrührtem Ei
und Semmelmehl um. Dann wird er in viel Butter schnell
schön gelb gebacken.

27. Karpfen auf polnische Art. Ist der Karpfen ge=
schuppt, gewaschen, ausgenommen und in Stücke geschnitten,
so wird er mit einem Glas kochenden Essigs blau gemacht.
Wenn man denselben lebend bekommt, so muß beim Töb=
ten das Blut in einer Schüssel aufbewahrt und mit Essig
verrührt werden, damit es zur Sauce genommen werden
kann. Dann werden 3 Gelbrüben, Selleriewurzeln, Zwie=
beln und ½ Citrone, in Scheiben geschnitten, dies alles
mit halb Bier, halb Wasser zum Feuer gegeben, und der
Fisch, wenn es kocht, hineingelegt. Nun streut man noch
das nötige Salz darauf, gibt Pfefferkörner und ein großes
Stück Butter nebst einem Glase Essig, oder den Blut=Essig
dazu, ein wenig Zucker nach Probe und läßt alles gut zu=
gedeckt eine Viertelstunde kochen. Damit die Sauce dicker
werde, kann man auch eine Schwarzbrot=Rinde damit kochen.
Beim Anrichten wird die Sauce durch ein Haarsieb ge=
trieben.

28. Barsch auf gewöhnliche Art. Der Barsch wird nur
auf dem Bauch geschuppt und zwar mit dem Reibeisen;
dann wird er ausgenommen, Milch und Leber darin ge=
lassen, sauber gewaschen und 10 Minuten in Salzwasser
gesotten. Er wird mit zerlassener Butter und fein gehackter
Petersilie herumgereicht.

29. Andere Art. Die Barsche werden entweder ganz,
oder auch nur an dem Bauch mit dem Reibeisen geschuppt.
Dann werden sie mit Zwiebeln, Pfeffer und Lorbeer in
kochendes Salzwasser geworfen und gar gekocht. Man gibt
sie mit einer Kapernsauce, oder überstreut sie mit hart ge=

sottenen feingehackten Eiern, gewiegter Peterſilie und Semmelmehl und ſerviert ſie mit heißer Butter.

30. Grundeln, gebacken. Dieſelben werden in einen
Topf mit Milch gelegt, 1 Stunde darin ſtehen gelaſſen,
dann mit Salz und Pfeffer beſtreut, in Mutſchelmehl umgekehrt und dann in heißem Schmalz gebacken. Wenn ſie
aus der Milch genommen werden, muß man ſie etwas abtrocknen.

31. Grundeln mit Sauce. Man legt die Grundeln in
einen Topf mit Eſſig und Wein und deckt ſie gut zu. Inzwiſchen läßt man 1—2 Kochlöffel voll Mehl in Butter
hellgelb werden, dämpft fein gewiegte Zwiebel, Peterſilie,
Citronenſchale und Kapern darin und löſcht alles mit Fleiſchbrühe ab. Wenn die Sauce kocht, werden die Grundeln
aus dem Topf genommen und in derſelben ein paar Mal
aufgekocht. Die Sauce wird noch mit 2 Eiern oder Eigelb
abgezogen und mit Citronenſaft und Muskat gewürzt.

32. Schleien zu braten. Die Schleien werden geſchuppt,
ausgenommen, gewaſchen, verſchnitten und mit Eſſig übergoſſen. Nach einiger Zeit werden ſie herausgenommen,
abgetrocknet, eingeſalzen und in Butter unter beſtändigem
Beträufeln mit Fett und Citronenſaft ſchön gelb und gar
gebraten.

33. Schleien zu ſieden. Nachdem die Schleien getödtet
ſind, werden ſie geſchuppt, gut mit Salz abgerieben, ausgenommen, in Stücke geſchnitten, gewaſchen und wie gewöhnlich mit einem Glaſe ſiedenden Eſſigs übergoſſen, damit ſie blau werden. Hierauf werden 2 Teile Waſſer
und 1 Teil Eſſig, mit Salz, Zwiebeln, Lorbeerblättern,
Pfefferkörnern, Citronenſcheiben und etwas ganzen Nelken
zum Kochen gebracht und die Fiſche darin gar gekocht. Beim
Anrichten werden ſie mit einer Platte oder weißem Papier einige Augenblicke zugedeckt, damit ſie ſchöner blau
bleiben. Dann garniert man die Platte mit Peterſilie und
gibt eine beliebige Sauce dazu.

34. Stockfisch. Zwar erhalten wir denselben meistens schon gewässert und geklopft aus den Spezereiläden, aber die oft sehr mangelhafte Zu= und Vorbereitung macht es ratsam, dies bei größerem Bedarf selbst zu besorgen. Der Stockfisch wird 3—4 Tage vor dem Gebrauch eine halbe Stunde in Wasser gelegt, dann mit einem hölzernen Hammer so lange geklopft, ohne ihn jedoch zu zerfetzen, bis er locker geworden ist. Dann wird er in 10—12 cm. breite Stücke geschnitten und 2—3 Tage an einem kühlen Ort in Soda oder Kalkwasser gelegt, hierauf geschuppt und bis zum Ge= brauch in frisches, weiches Brunnenwasser gelegt, welches aber täglich 3 Mal gewechselt werden muß. Werden die Fische schon zubereitet gekauft, so sehe man darauf, daß das Fleisch schön weiß, ja nicht gelb aussehe. Die mitt= leren Stücke des Fisches sind die besten. Der gehörig vor, bereitete Stockfisch wird nun vom Rückgrat, den Gräten= den Flossen und der Haut befreit, die Stücke werden in ein Tuch gebunden und ohne Salz mit kaltem Wasser zu= gesetzt. Fängt das Wasser an, etwas zu schäumen, so wird der Fisch weggenommen, zum Sieden darf das Wasser nicht kommen, es soll nur Blasen werfen, sonst würde das Fleisch des Stockfisches hart. Ehe er angerichtet wird, muß er einige Augenblicke auf den Durchschlag gelegt werden; dann gibt man ihn mit gedämpften Kartoffeln und zerlassener Butter zu Tisch. Damit die Stücke weniger zerfallen, kann die Haut auch erst, nachdem er gar ist, abgezogen werden. Statt mit Kartoffeln kann man ihn auch mit irgend einer Butter=, Sardellen= oder Petersilienfauce zu Tische geben.

35. Andere Art. Nachdem der Stockfisch auf die an= gegebene Weise gar gekocht ist, werden frisch gesottene Kar= toffeln geschält, in Scheiben geschnitten und lagenweise mit dem gut abgelaufenen Stockfisch in eine tiefe Platte gelegt, mit gehackter Petersilie bestreut, und mit viel zerlassener Butter begoffen.

36. Stockfisch mit Häring. Der schön weiß gewässerte Stockfisch wird wie oben mit kaltem Wasser zugesetzt, das, wenn es heiß zu werden anfängt, abgegossen wird. Haut

und Gräten werden entfernt, frisches kaltes Waffer darauf geschüttet und wieder zugesetzt, bis es schäumt. Inzwischen wird ein Häring mit Zwiebeln und Peterfilie fein
gewiegt und mit einigen Händen voll Semmelmehl in ziemlich viel Butter einige Augenblicke gedämpft. Eine Schüffel
oder eine tiefe Platte wird mit Butter bestrichen und mit
saurem Rahm begoffen, dann legt man eine Lage gut ab-
gelaufener Stockfifche, hierauf eine Lage von dem Geröfte-
ten hinein und fährt so fort, bis alles gar ift. Obenauf
kommt wieder Rahm. Die Schüffel wird noch kurze Zeit
zum Anziehen in einen nicht zu heißen Ofen gestellt und
dann zu Tisch gegeben. Statt Semmelmehl und Häring
können auch in Butter geröftete, fein geschnittene Milchbrotschnitten mit gewiegten Sardellen bestrichen und schichtenweise zwischen die Stockfifche gelegt werden.

37. Steinbutt. Man reinigt den Steinbutt durch recht
gründliches Schuppen, ohne jedoch die Steine herauszulöfen,
und nimmt ihn vorfichtig aus, worauf man ihn ganz oder
in Stücke geschnitten, in kaltem Waffer mit einer Zwiebel und einer Hand voll Salz auf den Liter Waffer
zu Feuer bringt. Er muß schnell zum Sieden gebracht werden
und darauf langsam gar kochen, was bei der sehr verschiedenen Größe des Fisches eine Viertel= bis eine halbe
Stunde erfordert. Gar geworden, muß er noch eine Zeit
lang in der Brühe nachziehen. Man gibt dazu eine Krebs=,
Auftern= oder Butterfauce.

38. Makrelen. Man läßt die gereinigten Makrelen ganz
und krümmt ihnen den Schwanz in das Maul. Sie werden
darauf gesalzen und mit Effig übergoffen, worin man fie
eine Stunde stehen läßt, bevor man fie in Salzwaffer, mit
Zwiebel gewürzt, gar kocht. Sollen fie warm angerichtet
werden, so gibt man eine Senf= oder Butterfauce dazu;
sollen fie hingegen kalt serviert werden, so läßt man fie in
der Brühe erkalten und reicht eine Mayonnaisenfauce dazu.

39. Häringe zu marinieren. Nachdem die Häringe ausgenommen und gewaschen find, lege man fie 1—2 Tage in

süße Milch. Werden sie gleich gebraucht, so zerschneidet man sie in 3 Stücke, legt sie so, daß sie wie ganz aussehen, auf eine Platte, gießt Essig und Oel daran und garniert sie auf dem Leib mit Zwiebelringen, in der Mitte mit den großen, rechts und links mit den kleineren. Sollen die Häringe längere Zeit aufbewahrt werden, so werden sie, nachdem man sie aus der Milch genommen, mit einer kochenden Marinade von Essig mit Zwiebeln, Lorbeerblättern und Nelkenpfeffer übergossen und in einem Porzellan- oder Steingutgefäß an einem kühlen Orte aufbewahrt.

40. Gebackene Häringe. Die gereinigten und vorbereiteten Häringe werden gut eingesalzen, nach etwa einer Stunde wieder abgewaschen, in einer Mischung von Mehl und gestoßenem Zwieback nebst ein wenig Salz umgekehrt und in hellbrauner Butter, der man auch anderes gutes Fett beimischen kann, über raschem Feuer in einer Pfanne gebacken. Will man sie marinieren, so legt man die völlig erkalteten Häringe in einen Steintopf oder Glashafen und übergießt sie mit einer Marinade von Essig, welche mit Lorbeerblättern, Nelken und Nelkenpfeffer aufgekocht und gleichfalls völlig kalt geworden ist

41. Krebse zu sieden. Die Krebse werden mit einer Bürste gereinigt, der Darm entfernt, indem man die Flosse am Schwanz dreht und herauszieht. Ebenso müssen sie gut ausgelesen werden, ob kein todter dabei ist. Nun kommen sie in einen passenden Topf, werden mit kochendem Wasser begossen und mit Salz eine Viertelstunde gekocht. Hierauf wird Butter in einem Kochgefäß zerlassen, die Krebse mit einem Schaumlöffel herausgenommen, in der Butter einige Zeit geschmort und mit Petersilie angerichtet.

42. Andere Art, Krebse zu sieden. Dieselben werden garniert, wie oben angegeben, gereinigt und gewaschen, ein Stück Butter in einem passenden Gefäß zerlassen, mit Essig begossen, die Krebse nebst Salz und Pfeffer hinein gelegt und so lange gerührt, bis sie rot werden.

. **43. Austern.** Die Austern werden von bem schwarzen
Ring befreit und mit einem Messer ausgelöst. Dann kommt
auf jede Auster ein wenig Citronensaft, mit Semmelmehl
vermischte Sardellen nebst einem Stückchen Butter. Sie
werden im Backofen gebacken, bis sie einen gelben Ring
bekommen, und mit Citronenschnitzeln auf einer Platte an=
gerichtet.

XI. Ragout, Fricassée, Fricandeau.

1. Eingemachtes Kalbfleisch oder Fricassée. Dazu eig=
net sich hauptsächlich ein Stück von der Brust oder den
Rippen, (lahme Rippen). Man lasse es aber gleich in Stücke
verschneiden. Es ist gut, wenn man sie nicht zu waschen
braucht; sieht aber das Fleisch unappetitlich aus, so wasche
man es in heißem Wasser. Dann werden die einzelnen
Stücke gut geklopft, einige Kochlöffel voll Mehl in Butter
weißgelb geröstet, mit Fleischbrühe und Wasser abgelöscht
und das Fleisch in dieser Sauce gekocht, bis es weich ist.
Man versäume nicht, ein Stückchen von einem Lorbeerblatt,
Citronenscheiben, etwas Petersilie und Salz in die Sauce
zu geben, welche beim Anrichten ziemlich dick sein muß.

2. Feinere Art. Das Kalbfleisch wird in Stücke ge=
schnitten, gut geklopft, in einem Kochgefäß mit reichlich
Butter zugesetzt und eine Zeit lang gedämpft. Dann bindet
man Zwiebel, Petersilie, ½ Lorbeerblatt, Pfeffer, 1 Cit=
ronenscheibe und Nelken in ein reines Leinwandfleckchen,
legt es zu dem Fleisch, gießt Wasser daran, salzt es und
läßt es weich kochen. Es darf jedoch nie viel Wasser
daran sein, sollte es daher einkochen, so gieße man Fleisch=
brühe nach. Einige Zeit vor dem Anrichten werden 1—2
Kochlöffel voll Mehl auf das Fleisch gestreut, damit die
Sauce etwas dick wird; dann kommen noch einige Eßlöffel
weißen Weines dazu und zuletzt wird die Sauce mit einigen
Eidottern abgezogen. Wer die Eier sparen will, der lasse
einige Kochlöffel voll Mehl in Butter anziehen, lösche es

mit der Kalbfleischbrühe ab, laſſe alles nochmals aufkochen und gebe es zu Tiſch.

3. Kalbskopf, geſotten. Der Kalbskopf wird in Salz=waſſer mit Zwiebeln, Pfeffer, Lorbeer= und Citronenſcheiben weich gekocht, man gebe aber Acht, daß er nicht zu weich wird. Dann kann er mit Semmelbröckchen und Butter ge=ſchmälzt oder mit einer Speckſauce zu Tiſch gegeben werden.

4. Gebackener Kalbskopf. Iſt derſelbe gewaſchen, zer=ſpalten und das Hirn heraus genommen, ſo wird er auf die vorhergehende Art geſotten, auf einem Brett ausge=beint, die Zunge abgehäutelt und der Länge nach geſpalten, das Hirn einige Augenblicke mit Butter, Salz, feingeſtoße=nem Pfeffer und Zwiebeln geſotten, dann bei Seite ge=ſtellt. Hierauf wird der Kopf mit verrührtem Ei oder zerlaſſener Butter gut beſtrichen, mit Semmelmehl dicht be=ſtreut und in Butter oder Schmalz gebraten. Er wird, wenn er gelb iſt, mit dem geſottenen Hirn angerichtet. Man kann dasſelbe mit geröſtetem Semmelmehl beſtreuen und rechts und links neben den Kopf legen. Will man ihn ganz laſſen, ſo beſtreiche man ihn mit verrührtem Ei, beſtreue ihn dick mit Semmelmehl, belege ihn mit Butter und ſtelle ihn in den Backofen, bis er gelb iſt.

5. Kalbskopf à la Tortue. Der Kalbskopf wird ge=waſchen und in Salzwaſſer weich geſotten; dann wird das Fleiſch abgelöst und in zierliche Stücke geſchnitten. Einige Kochlöffel voll Mehl werden in Butter ſchön dunkelgelb geröſtet, eine Hand voll fein gehackter Zwiebeln darin ge=dämpft, mit Fleiſchbrühe abgelöscht, mit Wein, Citronen=ſcheiben, Salz, Pfeffer, Lorbeerblatt, auch mit kleinen, ein=gemachten Gurken und Champignons oder Morcheln ver=ſehen, das Fleiſch darin aufgekocht, angerichtet und mit ge=röſtetem Brot, welches in 3= oder 4eckige Scheiben ge=ſchnitten worden, und mit hart geſottenen Eierſchnitzen zier=lich garniert.

6. Gebackene Kalbsfüße. Die Füße werden, nachdem die noch etwa daran befindlichen Haare am Licht abgeſengt sind, geputzt und in Salzwasser weich gesotten. Dann nimmt man die Knochen heraus, verrührt 2—3 Eier mit ebenso viel Eßlöffel voll Milch, taucht die Füße hinein, kehrt sie in Semmelmehl um und backt sie in viel Schmalz schön hellgelb. Man kann sie so geben oder noch folgende Sauce dazu machen: einige Kochlöffel voll Mehl werden mit zerlassener Butter auf dem Feuer angerührt und fein gehackte Petersilie, auch etwas Sardellen und Citronenschale, ebenfalls gewiegt, kurz darin gedämpft und alles zusammen mit Fleischbrühe abgelöscht. Wenn die Sauce kocht, ziehe man sie mit Eigelb ab, tröpfle Citronensaft hinein und richte sie über die Füße an. Oder: sind die Kalbsfüße gebacken, so mache man eine gewöhnliche Zwiebelsauce, rühre Senf, Pfeffer, sowie auch einige kleine Essiggurken, einen Löffel voll Kapern und Wein daran, lasse alles aufkochen und lege die gebackenen Füße in die Sauce.

7. Kalbsgekröse. Das Gekröse wird, nachdem mit einem scharfen Messer alle Drüsen sorgfältig ausgeschnitten worden, gewaschen, in Salzwasser weich gesotten und in kleine Stücke geschnitten. Es braucht 2 Stunden, bis es gehörig weich ist. Hernach werden einige Kochlöffel voll Mehl in Butter ganz hell, beinahe noch weiß geröstet und mit Wasser oder Fleischbrühe abgelöscht, in der man Petersilie, fein gehackte Zwiebel, Muskatnuß, feingestoßenen Pfeffer mit dämpft, und das Gekröse nochmals darin aufgekocht. Beim Anrichten wird die Sauce mit Eigelb abgezogen.

8. Ragout von Kalbsherzen. Die Herzen werden gewaschen, die Ohren mit einem Messer entfernt und dann die Herzen zu feinen Scheiben geschnitten, mit etwas Salz und Pfeffer bestreut, je nach Belieben auch gespickt. Sodann röstet man in Butter oder Rindschmalz 2—3 Kochlöffel voll Mehl dunkelgelb, löscht es mit Fleischbrühe, etwas Wein und 1 Löffel voll Essig ab, läßt die geschnittenen Herzen mit etwas grob gewiegten Zwiebeln und Petersilie, 1 Citronenscheibe und 1 Lorbeerblatt darin weichkochen.

9. Gefülltes Kalbsherz. Die Kalbsherzen werden ge=
waschen, die Ohren weggeschnitten und durch die Oeffnung
hinein noch so viel von dem Fleisch weggeschnitten, daß
es Raum zum Füllen gibt. Das herausgeschnittene Fleisch
wird mit Zwiebeln und Speck fein gewiegt, mit geriebenem
Schwarzbrot vermengt, in Butter gedämpft, gesalzen und
die Herzen wieder damit gefüllt und oben zugenäht. Nun
röstet man sie in Butter gelb, gibt etwas Fleischbrühe,
Wein, 1 Citronenscheibe, ½ Lorbeerblatt und ein wenig
Semmelmehl daran und dämpft sie damit vollends weich.

10. Kalbsherz auf andere Art. Die Herzen werden
gewaschen, von den Ohren befreit, in 2 Stücke geschnitten
und eine Zeit lang in Essig gelegt. Dann werden sie ge=
spickt, mit Salz, gewöhnlichem oder Semmelmehl bestreut
und in Butter gedämpft; dieser Butter werden aber auch
Wachholderbeeren, Pfefferkörner, Zwiebel, Lorbeer, Citronen=
schale, Peterfilie ꝛc. beigegeben. Vor dem Anrichten gibt
man noch etwas Wein und Fleischbrühe hinzu, um mehr
Sauce zu bekommen. Man versäume jedoch nicht, dieselbe
durchzuseihen.

11. Kalbsleber mit Rahm. Die Kalbsleber wird mit
Speck gespickt, mit Mehl bestreut und mit einem Stück
Butter oder Schmalz, nebst Zwiebeln, Pfeffer, Lorbeer,
gelben Rüben und Citronenscheibchen, gut zugedeckt, gedämpft.
Wenn sie innen nicht mehr rot ist, wird saurer Rahm,
1 Löffel voll Essig und das nötige Salz hinzu gethan, die
Sauce durchgeseiht und über die Leber angerichtet. Man
kann die Leber auch einige Zeit vorher in Milch legen, sie
wird dann weißer und geht sehr auf.

12. Ragout von Kalbsleber. Die Leber wird gehäutelt,
in Scheiben geschnitten, jede Scheibe gespickt, mit Mehl
bestreut, schnell in Butter gebacken und mit folgender
Sauce angerichtet: Citronenscheiben, Salz, Nelken, Pfeffer,
klein geschnittene Zwiebel, eine Hand voll geriebenes Schwarz=
brot werden zusammen in Butter gedämpft, mit Wein und
Fleischbrühe abgelöscht und gut durchgekocht.

13. Ragout von Kalbszungen. Dieselben werden in Salzwasser gebrüht, abgehäutelt und in Scheiben geschnitten. Dann röstet man 1—2 Kochlöffel voll Mehl in Butter schön gelb, dämpft Zwiebel und etwas gehackte Petersilie mit, löscht es mit Fleischbrühe ab, kocht die Zungen mit Lorbeer, Pfeffer und Citronenscheiben darin weich und richtet sie an.

14. Ragout von Brieslein. Dieselben werden in Salzwasser einige Augenblicke gesotten; ehe sie völlig gar sind, wird das Häutchen abgezogen und die Brieslein in Stückchen geschnitten. Dann läßt man einige Kochlöffel voll Mehl in Butter anziehen, löscht es mit guter Fleischbrühe ab, kocht die Brieslein mit ein wenig Citronenschale in der Sauce und zieht sie mit 2—3 Eigelb und saurem Rahm ab.

15. Ragout von Kalbsbraten. Geriebene Milchbrote oder gewöhnliches Mehl wird in Butter geröstet, klein geschnittene Zwiebel und Essiggurken und eine Citronenscheibe ebenfalls mitgedämpft, mit Fleischbrühe abgelöscht und mit dem in Scheiben geschnittenen Braten gut durchgekocht. Wer es liebt, kann beim Anrichten noch etwas Essig oder Citronensaft dazu thun.

16. Fricandeau von Kalbfleisch. Von dem Schlegel werden kleine, dicke Scheiben geschnitten, gut geklopft, mit Speck durchzogen, eingesalzen, mit Mehl bestreut und in Butter gelbbraun gebraten. Dann schüttet man Fleischbrühe oder siedendes Wasser daran, und kocht in diesem die Fleischscheiben nebst Lorbeerblatt, Citronenschale, Pfefferkörnern, mit Nelken besteckten Zwiebeln, Petersilie und und Salz gar. Nun wird das Fleisch herausgenommen und auf einer Platte warm gehalten. Die Sauce aber läßt man auf starkem Feuer noch mehr einkochen, treibt sie dann durch ein Sieb, läßt sie mit dem Fleisch nochmals durchkochen und richtet alles zusammen an. Will man die Sauce feiner haben, so gibt man in Würfel ge=

schnittene Champignons oder einige Trüffel nebst einem
Glase Rotwein dazu.

17. Fricandeau auf russische Art. Vom Kalbsschlegel
werden aus der obern oder untern Schale schöne, schwach
fingersdicke Stückchen geschnitten, gut geklopft, dicht mit
Speck gespickt, ein wenig mit feinem Salz, Mehl und sehr
wenig Pfeffer bestreut und dann mit ziemlich viel Butter
in einer breiten Kasserolle gebraten. Damit die Sauce
schmackhafter werde, gebe man Zwiebel, aber mit der Haut,
1 Citronenscheibe, ½ Lorbeerblatt, etwas gelbe Rüben
und Pfefferkörner hinzu. Sind die Fleischschnitten etwas gelb,
so gibt man Fleischextract oder Bratenbrühe an die Sauce,
damit sie mehr Farbe bekommt, schüttet eine Tasse voll
sauren Rahms daran, läßt beides noch gut mitdämpfen,
seiht die Sauce durch und richtet sie über die Fleischschnitten an.

18. Fricandeau. Kalbfleisch von der Schale wird ausgebeint, geklopft, gesalzen und gespickt. In einer Kasserolle
wird ziemlich viel Butter zerlassen, das Kalbfleisch mit
Pfeffer, Zwiebeln, Lorbeerblatt, Citronenscheiben und gelben
Rüben hinein gegeben und mit Speckscheiben gut zugedeckt.
Nach einiger Zeit wird es mit Fleischbrühe abgelöscht;
wenn es beinahe gar und schön gelb ist, wird noch 1 Kochlöffel voll Mehl mit einem Glase Wein an die Sauce gerührt, mit Jus gebräunt und vor dem Anrichten durchgeseiht. Es kann statt des Weins auch saurer Rahm an die
Sauce gerührt werden.

19. Gewickeltes Kalbfleisch. Handbreite, fleischige Stückchen werden gut geklopft und gesalzen. Dann wird Semmelmehl, gehackte Petersilie, Zwiebel und etwas fein gewiegte
Citronenschale in reichlich Butter einige Augenblicke gedämpft. Nachdem es vom Feuer genommen, kommt noch
Salz, Citronensaft oder ein Löffel voll guten Weins dazu.
Mit dieser Fülle werden die Fleischstückchen bestrichen, aufgerollt, mit einem Faden, den man aber beim Anrichten
entfernen muß, umwickelt und in einem Kochgefäß mit viel

Butter zugeſetzt. Dann gießt man Fleiſchbrühe, welche mit einigen Schalotten und Champignons durchgekocht iſt, daran, und läßt ſie unter öfterem Umwenden in etwa 1½ Stun= den weich ſchmoren. Nun werden die Würſte weich und gelb gedämpft. Beim Anrichten wird das Fetteſte der Sauce abgeſchöpft und ſaurer Rahm daran gerührt.

20. Gedämpftes Kalbfleiſch. Schöne, dünne Kalbfleiſch= ſchnitze werden gut geklopft; dann wird Peterſilie mit Zwiebeln, Citronenſchale, nach Belieben auch mit etwas Sardellen fein gewiegt. Ein irdenes Kochgefäß wird mit Butter belegt, mit Semmelmehl und der Hälfte des Ge= hackten beſtreut und die Fleiſchſchnitten darauf gegeben, aber ſo, daß eine neben die andere kommt. Dieſelben werden nun wieder mit Semmelmehl, Peterſilie und Zwie= beln beſtreut, mit Butter belegt und mit einem Schöpf= löffel voll Fleiſchbrühe begoſſen. Nun wird das Kochge= fäß gut zugedeckt und in einen nicht zu heißen Backofen oder auf Kohlen geſtellt, bis das Fleiſch gar iſt.

21. Gefülltes Fricandeau. Dünne fleiſchige Stückchen, am beſten vom Schlegel, werden geklopft und etwas ge= ſalzen. Dann wiegt man ein Stück rohes oder gebratenes Kalbfleiſch mit Peterſilie, Citronenſchale und Mark, auch etwas Zwiebeln ſehr fein, weicht ein Milchbrot in Milch ein, drückt es feſt aus, verrührt es mit dem gehackten Fleiſch, verbindet alles zuſammen mit 2—3 Eiern und würzt es mit Salz, Pfeffer und Muskat. Dieſe Fülle ſtreicht man auf die Fleiſchſchnitten, rollt ſie auf und um= wickelt ſie mit einem Bindfaden, legt ſie mit Butter, Zwie= beln, gelben Rüben und Sellerie in eine Kaſſerolle, läßt ſie einen Augenblick dämpfen und gießt dann Fleiſchbrühe oder kochendes Waſſer daran, damit ſie, gut zugedeckt, gar werden. Beim Anrichten wird der Faden entfernt, die Sauce durchgeſeiht und mit Eſſig oder Citronenſaft vermiſcht.

22. Farcierte Kalbsrippen. Die Rippen werden wie Coteletres von den faſerigen Teilen, ſowie den oberen zu ſehr in die Höhe ſtehenden Knochen (Naſen) befreit,

weich geklopft, ohne daß sie jedoch auseinanderfallen, ge=
salzen und einige Augenblicke in heißer Butter gedämpft.
Bis sie erkalten, hackt man rohes Kalbfleisch, es kann auch
halb Kalb=, halb Schweinefleisch sein, recht fein, vermischt
es mit gehackten Zwiebeln, Petersilie und Citronenschale
und rührt es mit Semmelmehl oder eingeweichten Semmeln,
Eiern und Rahm an. Ist diese Fülle noch mit Salz und
Muskat versehen, so streicht man sie glatt auf die eine
Seite der Rippen, legt sie dann in ein flaches Kochgefäß,
gibt viel Butter dazu, bedeckt sie auf der oberen gefüllten
Seite mit einem weißen Papier, stellt dann die Kasserolle
mit einem Kohlendeckel, der mit Glut bedeckt ist, auf schwaches
Feuer und läßt die Rippen gar werden. Sie können mit
einer Buttersauce oder mit Citronenschnitzen und Peter=
silie garniert werden. Ebenso kann man die obere, farcierte
Seite schon vor dem Zusetzen mit Morchelstreifen und Krebs=
schwänzen garnieren.

23. **Hammelfleisch mit Sardellen.** Hammelfleisch wird
in Stücke zerhauen, gut geklopft, gesalzen und mit etwas
Fleischbrühe, Zwiebeln, Lorbeerblatt, Muskat, Pfeffer, Nel=
ken, und einer Citronenscheibe auf schwachem Feuer weich
gedämpft; sollte sich die Brühe verkochen, so wird nachge=
gossen. Ist das Fleisch beinahe weich, so werden Sar=
dellen, Kapern, Citronenschale und Mark fein gehackt, mit
Wein und Semmelmehl angerührt und an das Fleisch ge=
geben. Das Hammelfleisch muß ganz junges, an seinem
weißen Fett als solches erkennbares Fleisch sein.

24. **Hammelfleisch mit Citronensauce.** Hammelfleisch,
am besten von dem Schlegel, wird in Stücke geschnitten,
gut geklopft und mit Gewürz, Zwiebeln, Lorbeerblatt und
Salz weich gekocht. Dann läßt man ein Stückchen Butter
zergehen, dämpft 1 oder 2 Kochlöffel voll Mehl einen Au=
genblick darin, löscht es mit der durchgeseihten, abgeschöpften
Fleischbrühe ab, daß es nicht zu dünn wird, gibt abge=
riebene Citronenschale und Citronensaft dazu und zieht
die Sauce mit Eigelb ab, nimmt sie nochmals unter be=

ständigem Rühren einen Augenblick in das Kochgefäß, gießt einige Löffel voll Wein hinzu und richtet sie über dem Fleisch an.

25. Ragout von Rindfleisch. Der Schlachtbraten wird in stark fingersdicke Scheiben geschnitten, tüchtig geklopft, mit etwas Salz, Pfeffer und Mehl bestreut, und langsam in Butter oder Schmalz einige Minuten geschmort. Die Scheiben müssen dabei gut zugedeckt und öfter mit Fett beträufelt werden, damit sie saftig bleiben. Hierauf werden sie, nachdem sie gut abgelaufen, mit Wein und Fleischbrühe begossen, mit Citronenscheiben und 1 Lorbeerblatt gewürzt und in einem Kochgefäß langsam weich gekocht.

26. Danziger Klopps. Man hackt Rindfleisch recht fein und befreit es von allen Sehnen. Ferner hackt man zu 1 Kilo Fleisch 125 Gramm Nierenfett, 6 von Gräten befreite und gereinigte Sardellen, sowie eine ziemlich große Zwiebel, gleichfalls recht fein und rührt dies zusammen mit dem Fleisch, nebst 165 Gramm Semmelmehl, 6 ganzen Eiern und 100 Gramm Butter grünlich durcheinander. Aus dem erhaltenen Teig, den man noch mit Salz, gestoßenem Pfeffer und Muskatnuß gewürzt hat, formt man Klöße von der Größe eines Hühnereies und kocht dieselben 10 Minuten lang in Fleischbrühe. Dann nimmt man sie heraus, bräunt sie ringsum in einem Schmortopf in brauner Butter, gießt nach und nach so viel von der Fleischbrühe zu, wie man Sauce wünscht; schmort sie daran, unter häufigem Umkehren, noch eine halbe Stunde. Während des Schmorens streut man so viel feingestoßenen Zwieback an die Sauce, daß dieselbe schön seimig wird.

27. Saure Kutteln. Die Kutteln werden geschabt, rein gewaschen und gesotten, was immerhin 3 Stunden erfordert. Sind sie weich, so werden sie in schmale Streifen geschnitten, einige Kochlöffel voll Mehl in Butter oder Schmalz gelb geröstet, eine Hand voll fein gehackter Zwiebeln darin gedämpft und mit halb Wasser, halb Fleischbrühe abgelöscht. Die Kutteln werden in dieser Sauce noch eine Zeit lang gekocht, und nachdem Pfeffer, Salz und Essig dazu gethan, angerichtet.

28. Saure Nieren. Die Rinds= oder Schweinsnieren werden in dünne Stückchen geschnitten, einige Kochlöffel voll Mehl in Butter oder Rindsschmalz braun geröstet, fein geschnittene Zwiebel darin gedämpft, mit halb Wasser, halb Fleischbrühe abgelöscht, gesalzen und die Nieren darin auf= gekocht. Vor dem Anrichten kommen noch einige Löffel voll Essig und etwas Pfeffer daran.

29. Saures Ochsenherz. Ein solches wird gewaschen, die Röhren weggeschnitten, innen mit gestoßenen Nelken und Pfeffer eingerieben, außen gespickt und eingesalzen, mit Butter, Zwiebeln, Lorbeer, Citronenscheiben, Pfeffer= körnern und ganzen Nelken in einem Kochgefäß zugesetzt, mit Essig und Fleischbrühe abgelöscht und gut zugedeckt, bis es weich gedämpft ist.

30. Kuheuter mit Sardellen=Sauce. Nachdem das Euter rein gewaschen ist, wird es in Salzwasser weich ge= kocht. Da es sehr lange dauert, bis es weich ist, koche man es lieber Tags zuvor. Es wird darauf in Scheiben geschnitten, Mehl in Butter hellgelb geröstet, gewiegte Sar= dellen, sowie gewiegte Zwiebel, Petersilie und Citronen= schale darin gedämpft, mit Fleischbrühe abgelöscht und die Scheiben darin aufgekocht. Beim Anrichten wird etwas Citronensaft und Wein an die Sauce gegeben, die auch mit Eigelb abgezogen werden kann, nur muß dann das gedünstete Mehl noch weißlich aussehen, wenn es abge= löscht wird.

31. Gedämpfte Rinds= oder Schweinsleber. Die Leber, welche ganz frisch sein muß, wird gehäutet, in fingers= dicke Scheiben geschnitten, jede Scheibe gespickt und mit Mehl etwas eingestäubt, aber nicht gesalzen. Dann zer= läßt man Butter in einem Kochgefäß, man kann auch halb Schmalz, halb Butter nehmen; darin wird die Leber mit viel Zwiebeln, Pfefferkörnern, Citronenscheiben, gelben Rü=

ben und ¹/₂ Lorbeerblatt gedämpft und später mit etwas Fleischbrühe abgelöscht. Man achte wohl darauf, daß sie nicht durch langes Kochen oder Braten zu hart werde. Sind die Schnitten innen nicht mehr rot, so rührt man eine Taffe voll sauren Rahm und nach Belieben 1—2 Löffel voll Effig zur Sauce, seiht sie durch und richtet alles zusammen an.

32. Gulasch. Ein gut abgehäutetes Rinderfilet schneidet man in Würfel von der Größe einer Wallnuß und vermischt dieselben mit 250 Gr. in kleine Würfel geschnittenem Speck, sowie 4 großen, fein geschnittenen Zwiebeln. Das Ganze thut man mit einer Messerspitze voll feingestoßenem Kümmel, hinreichend Salz und ein paar Messerspitzen voll feingestoßenem Pfeffer in einen Kochtopf, gießt ¹/₄ Flasche Wein nebst einem kleinen Glase Rum hinzu, und läßt es auf gelindem Feuer gar dämpfen.

33. Lungen=Mus. Man hackt eine in Salzwasser abgekochte Kalbslunge mit Zwiebeln, Citronenschale und Petersilie fein, läßt alles zusammen mit einem Kochlöffel voll Mehl in Butter dämpfen, löscht es mit Fleischbrühe ab, gibt noch Salz und einige Löffel voll Wein dazu, läßt es durchkochen und richtet es an.

34. Hasenpfeffer. Beim Abziehen und Zerteilen des Hasen wird Blut aufgefangen, mit Effig verrührt und in einer Schüssel aufbewahrt. Die Bauchlappen, der Kopf, der Hals, Herz und Lunge nebst der Leber werden sauber gewaschen, und entweder sogleich verwendet, oder über Nacht in Effig gelegt. Bei der Zubereitung röstet man einen Kochlöffel voll Mehl in Butter oder Rindschmalz braungelb, dämpft geschnittene Zwiebel darin, löscht es mit Waffer ab und kocht das Fleisch darin gar. Um den Geschmack zu erhöhen, wird der Sauce ganzer Pfeffer, ¹/₂ Lorbeerblatt, Effig und Salz beigefügt. Vor dem Anrichten rührt man das mit Effig vermengte Hasenblut an die Sauce, läßt es aber nicht mehr mitkochen, weil es gerinnen würde. In Ermanglung des Hasenbluts nehme

man Schweinsblut oder mehr Mehl zum Rösten, damit die
Sauce durch das Mehl seimig werde.

35. Saure Eier. Man röstet 1 Kochlöffel voll Mehl
in Butter gelb, dämpft fein geschnittene Zwiebel darin,
löscht es mit Fleischbrühe und Essig ab, läßt es aufkochen
und rührt einige Eier hinein.

36. Verlorene Eier. Ein reichliches Stück Butter wird
in einer Kachel zerlassen, einige Kochlöffel voll Mehl hellbraun darin geröstet, fein geschnittene Zwiebel darin gedämpft und alles mit Fleischbrühe und Essig zu einer
dicken Sauce abgelöscht. Hat sie einige Male aufgekocht,
so wird sie auf einer Platte angerichtet, die Eier hinein
geschlagen und die Platte auf die heiße Herdplatte gestellt,
bis das Weiße der Eier fest ist; das Gelbe dagegen muß
noch weich sein.

37. Gänsepfeffer. Hals, Flügel, Herz, Lunge, Leber,
Magen und Beine werden, nachdem die letzteren gebrüht
und abgezogen sind, mit etwas Wasser zugesetzt, abgeschäumt und Zwiebel, Lorbeer, Pfefferkörner, ganze Nelken
und Salz beigefügt. Ist das Fleisch gar gekocht, so röstet
man Mehl in Butter oder Schmalz braun, dämpft einige
fein gehackte Zwiebeln darin und löscht es mit der Brühe,
in welcher das Fleisch gesotten wurde, ab. In dieser
Sauce, welche stark mit Pfeffer und Essig gewürzt werden
muß, läßt man das Fleisch nochmals gut durchkochen und
richtet es an. Hat man noch Gänseblut, welches mit Essig
verrührt, zurückgestellt wird, so gibt man es vor dem Anrichten an die Sauce und läßt sie etwas anziehen; dann
muß aber nur halb so viel Mehl zur Sauce verwendet
werden, weil das Blut die Sauce sehr verdickt. Will man
den Pfeffer erst andern Tags machen, so werden die dazu
verwendeten Stücke über Nacht in halb Essig, halb Wasser
gelegt.

38. Hirsch- oder Reh-Pfeffer. Man verwendet hiezu
Brust, Hals und Rippen, reinigt sie, schneidet die zu sehr
zerschossenen Teile weg und teilt die übrigen in passende
Stücke, welche mit Fett und dem nötigen Salz zugesetzt,

gelb geröſtet und mit heißem Waſſer abgelöſcht, gut zugedeckt und abgeſchäumt werden. Hierauf röſte man geriebenes Schwarzbrot in Butter gelb und gebe es, ſowie
Pfeffer, Zwiebel, Citronenſcheibe und Nelken an die Sauce.
Nach einiger Zeit kommt noch Eſſig, Rotwein und ein
kleines Stückchen Zucker dazu. Iſt alles weich gekocht, ſo
wird das Fleiſch mit der Sauce, welche ziemlich dick ſein
muß, angerichtet.

39. Gedämpfte Hirſchleber. Die Leber wird in Stücke
geſchnitten, mit Pfeffer beſtreut und in einem Kochgefäß
mit viel Zwiebeln, bis die Schnitten innen nicht mehr rot
ſind, gedämpft. Dann ſtäubt man einen Kochlöffel voll
Mehl dazu, gibt Citronenſchale, Citronenſaft, Fleiſchbrühe
und etwas Weineſſig zur Sauce, läßt ſie nochmals aufkochen und richtet die Leber damit an. Die Sauce muß
durchgeſeiht werden.

40. Ragout von Hühnern. 2 Hühner werden geſtochen,
1 Stunde in kaltes Waſſer gelegt, gebrüht und rein geputzt, ausgenommen und rein gewaſchen. Dann ſchneidet
man ſie in 4 Teile, ſalzt ſie ein, beſtreut ſie mit etwas
Mehl, dämpft ſie in Butter gelb und löſcht ſie mit Fleiſchbrühe, Wein und Citronenſaft ab. Sind ſie beinahe weich,
ſo wird etwas Speck mit den Lebern fein gewiegt und
noch an die Sauce gerührt.

41. Fricaſſée von jungen Hühnern oder Tauben. Man
ſchneidet die jungen Hühner oder Tauben, nachdem ſie gehörig gereinigt ſind, in 4 Teile, gießt kochendes Waſſer
darauf und läßt ſie eine Weile darin ſtehen, damit ſie
weiß werden, legt ſie dann mit Butter in eine Kaſſerolle,
ſtreut Salz darauf, bindet Peterſilie, Baſilikum, Esdragon,
Zwiebel, Citronenſcheiben und Thymian in ein reines Läppchen, gibt es zu den Hühnern in die Kachel, gießt Waſſer
hinzu, (es darf jedoch nicht über die Hühner gehen) und
läßt ſie wohl zugedeckt kochen. Sind ſie weich, ſo drückt
man das Läppchen mit den Kräutern rein aus, rührt 3
bis 4 Eidotter mit etwas weißem Wein und einem Koch-

Halm, Kochbuch. 9

löffel voll Mehl an, schüttet die Hühnerbrühe unter beständigem Rühren nach und nach daran, läßt sie noch ein
Mal anziehen und richtet sie über die Hühner an. Man
garniert die Platte mit feinen Klößchen.

42. Junge Hühner mit grünen Erbsen. Die Hühner
werden, wenn sie gerupft und ausgenommen sind, der
Länge nach von einander gespalten und mit Salz eingerieben. Nun läßt man ein großes Stück Butter in einer
Kachel zergehen, thut klein gewiegte Petersilie dazu, legt
die Hühner darauf und läßt sie gut zugedeckt eine Weile
schmoren. Hierauf gibt man grüne Erbsen, welche von
den Schoten befreit sind und noch sehr jung sein müssen,
hinzu, läßt sie 1/2 Stunde mitschmoren, streut dann etwas
Mehl darauf, gießt etwas Fleischbrühe daran und läßt
alles noch ein paar Male aufkochen. Die Platte wird
beim Anrichten mit gebackenen Klößchen garniert.

43. Gänsleber. Die Leber wird gewaschen, mit etwas
Mehl bestreut, mit Butter auf schwaches Feuer gesetzt und
viel gehackte Zwiebel und Speck, 2 Citronenscheiben und
ein klein wenig Pfeffer hinzu gegeben. Wenn die Zwiebel
weich gedämpft sind, gießt man etwas Fleischbrühe daran.
Vor dem Anrichten kommt noch 1 Löffel voll Essig zur
Sauce. Man kann die Leber auch mit klein gerührtem
Eigelb und Semmelmehl panieren und in hellbrauner Butter
auf scharfem Feuer 5 Minuten auf jeder Seite braten.
Wird in der Butter serviert.

44. Ente mit Weinsauce. Die Ente wird mit Butter
gelb gemacht, mit siedendem Wasser abgelöscht und Citronenschale, Pfeffer und Salz dazu gegeben, gut zugedeckt und
weich gedämpft. Etwa 1/2 Stunde vor dem Anrichten
wird ein Glas Rotwein, mit einem Kochlöffel voll Mehl
glatt angerührt und ebenfalls an die Ente gegeben. Es
ist gut, wenn man die Farbe der Sauce noch durch Bratenbrühe verbessert.

45. Gedämpfte Ente, andere Art. Ist die Ente geputzt und ausgenommen, so wird sie dressiert und einge-

salzen, sie kann auch noch mit etwas Pfeffer bestreut und mit feinen Kräutern besteckt werden. Dann wird sie in einem Kochgefäß mit Butter oder gutem Schmalz gelb gedämpft, braun soll sie aber ja nicht werden. Ist noch viel Fett an der Ente, so wird es abgegossen und durch einen Schöpflöffel voll Fleischbrühe und ein Glas Wein ersetzt. In dieser Sauce läßt man die Ente, gut zugedeckt, dämpfen und wiegt inzwischen einige Sardellen, Zwiebel, Speck, Citronenschale, die Leber und den abgehäutelten Magen sein. Dann wird noch ein Stück gewöhnliches Brot gerieben und mit dem Gehackten in dem abgegossenen Fett und einem Stückchen Butter gedämpft, mit Muskat gewürzt und an die Ente gegeben. Ist sie weich, wird sie mit gebackenen Klößchen oder Schnitten garniert und angerichtet. Auf diese Weise kann man auch eine Ente in Sardellensauce machen, nur bleibt dann der Wein weg, statt des Entenmagens und der Leber werden mit dem Speck und den Zwiebeln Sardellen und Kapern gewiegt.

46. Gefüllte, frikassierte Tauben. Die Tauben werden gerupft, ausgenommen, gewaschen und mit etwas Salz eingerieben. Dann wiegt man die Lebern und die Magen mit Citronenschale recht fein, dämpft das Gewiegte mit Semmelmehl oder eingeweichtem Milchbrot in einem reichlichen Stück Butter, rührt es mit 2 Eiern, 1 Löffel voll süßem Rahm, dem nötigen Salz und Muskat an. Mit dieser Farce werden die Tauben gefüllt und mit Butter, etwas Fleischbrühe, gelben Rüben, Sellerie= und Petersilienwurzeln in einer gut zugedeckten Schmorpfanne weich gedämpft. Hernach läßt man ein wenig Mehl in Butter einen Augenblick anziehen, löscht es mit der Taubenbrühe ab, verrührt einige Eidotter mit Citronensaft, zieht die Sauce damit ab, läßt sie unter beständigem Rühren noch einen Augenblick anziehen und gibt sie über die Tauben.

47. Gedämpfte Schnepfen. Die Schnepfen werden gerupft und ausgenommen, außen abgewaschen und innen mit Salz und Pfeffer eingerieben. Die Füße werden nicht abgeschnitten, sondern nur die Sporen abgehauen und die obere Haut daran abgezogen, nachdem sie in heißes Wasser gehalten wurden. Dann werden sie so gedreht, daß sie die Richtung nach dem Kopfe haben, ein dünnes, zugespitztes Hölzchen wird durch die Schenkel gestochen, und der Schnabel in die Brust gesteckt. Sind die Schnepfen auf diese Weise zubereitet, so werden sie mit Mehl bestreut und in einer Kasserolle mit Butter gelb gedämpft, dann mit Wein und Fleischbrühe abgelöscht, Citronenscheiben, Lorbeer und ein paar Pfefferkörner werden auch noch dazu gegeben und die Kasserolle gut zugedeckt. Nun werden die Mägen gereinigt und mit den Eingeweiden, Zwiebeln, Citronenschale und Speck fein gewiegt. Dieses Gewiegte dämpft man mit 1 Eßlöffel voll Semmelmehl in einem Stück Butter, man kann dasselbe aber auch derjenigen Butter beigeben, in welcher die Schnepfen gedämpft werden. Ist schon Wein und Fleischbrühe daran, so wird das in Butter Gedämpfte dazu genommen und alles so lange gut zugedeckt, bis die Schnepfen weich sind. Im andern Falle läßt man das Semmelmehl und die gewiegten Eingeweide noch einige Augenblicke mitdämpfen und löscht erst dann alles mit Wein und Fleischbrühe ab.

48. Feldhühner und Wachteln können ebenso zubereitet werden, nur muß das Eingeweide wegbleiben. Statt dessen hackt man Herz und Leber mit dem Magen zur Sauce.

49. Lerchen mit Sauce. Nachdem die Lerchen gerupft, ausgenommen und Kopf und Füße abgeschnitten sind, werden sie mit etwas Salz, Pfeffer und Nelken bestreut und in Butter gelb gedämpft. Mittlerweile stößt man die Füße und Köpfe in einem Mörser, kocht sie einige Zeit in Fleischbrühe, seiht sie durch und gibt diese Sauce an die Lerchen, hackt noch das Eingeweide mit Citronenschale, etwas Zwiebeln und dem Magen sehr fein, gibt es mit einem Löffel voll Semmelmehl zur Sauce und dämpft alles zusammen so lange, bis die Lerchen weich sind. Beim Anrichten muß das Fett von der Sauce abgeschöpft werden.

50. Ragout von gebratenem wildem Geflügel. Allerhand gebratenes, wildes Geflügel kann auf folgende Art
verwendet werden: man schneidet das Fleisch in dünne
Stückchen, stößt die Beine mit Butter und etwas gerösteter
Semmel klein, und läßt dies mit Bratenbrühe, Wein, Nelken
und etwas Zwiebeln, auch Citronenschale, so lange kochen,
bis die Sauce etwas dick ist, seiht sie durch ein Sieb und
läßt sie mit einigen Citronenscheiben und dem Fleisch wieder
heiß werden. Beim Anrichten wird die Platte mit in
Butter gerösteten Milchbrotschnitten garniert.

51. Ragout von Morcheln. Die Morcheln werden mit
kaltem Wasser zugesetzt; wenn sie anfangen zu sieden, stellt
man sie vom Feuer weg, läßt das Wasser etwas abkühlen
und das aus den Morcheln herausgekochte Unreine sich
setzen, fängt die Morcheln mit einem Schaumlöffel heraus
und schneidet sie in kleine Stücke. Nun wird Mehl in
Butter einige Augenblicke gedämpft, die Morcheln dazu
genommen, mit etwas Fleischbrühe und Citronensaft abgelöscht, aufgekocht und angerichtet. Man kann die Morcheln
auch zur Sauce bei eingemachtem Kalbfleisch geben.

52. Schnecken zu sieden. Nachdem die Schnecken recht
sauber gewaschen sind, setzt man sie mit siedendem, stark
gesalzenem Wasser zu und läßt sie 1—2 Stunden sieden.
Nachdem sie herausgenommen, und ein wenig abgekühlt
sind, zieht man sie mit einer Gabel aus dem Häuschen,
entfernt das obere schwarze Häutchen, schneidet den Ring
und die Spitzchen weg und reibt sie gut mit Salz ab.
Damit der Schleim sich löst, brüht man sie nochmals oder
wäscht sie ein paar Mal in lauem Wasser. Auf diese
Weise müssen die Schnecken zu jeder Art Zubereitung gesotten werden.

53. Farcierte Schnecken. Sind die Schnecken, wie oben
angegeben, geputzt, so werden auch die Häuschen mit Lauge
oder Sodawasser und einer Bürste gereinigt. Dann wird
folgende Fülle gerichtet: Sardellen, Zwiebel, Petersilie und

etwas Citronenschale werden fein gewiegt, mit Semmel= oder
Milchbrotmehl in Butter gedämpft und nach Belieben mit
einem Ei angerührt. Von dieser Fülle wird etwas in das
Häuschen gethan, eine Schnecke hinein gelegt und dieselbe
wieder mit Fülle bedeckt. Sind alle Schnecken gefüllt, so
legt man sie auf ein Blech, läßt die Oeffnung nach oben
sehen und backt sie etwa 20 Minuten im Ofen. Während
des Backens müssen sie mit zerlassener Butter beträufelt
werden; man kann auch auf jede Schnecke oben ein hasel=
nußgroßes Stückchen Butter legen. Beim Anrichten drücke
man Citronensaft in die Häuschen, auch ist es gut, vor
dem Backen dieselben mit Butter zu bestreichen, damit sie
nicht gelb werden.

54. Gefüllte Schnecken mit Sauce. Die Schnecken
werden, wie angegeben, gesotten, die Häuschen entweder
mit heißer Lauge gereinigt oder mit Essig und Wasser
zum Sieden gebracht und dann mit dieser Brühe gebürstet,
mit kaltem Wasser abgeschwenkt und zum Trocknen ausge=
breitet. Zur Fülle rührt man Butter leicht, vermischt sie
mit Semmelmehl, fein gewiegter Citronenschale, Salz und
Muskatnuß und schlägt 2 Eier daran. Sollte der Teig
etwas fest sein, so gibt man ein wenig süßen Rahm dazu;
hiemit werden die Schneckenhäuschen zum dritten Teil ge=
gefüllt, die Schnecken hinein gesteckt und wieder mit Fülle
bedeckt. Zur Sauce werden fein gewiegte Sardellen,
Zwiebel und Petersilie mit etwas Semmel= und Weizen=
mehl in Butter gedämpft, mit Fleischbrühe abgelöscht und
die Schnecken eine Viertelstunde darin gekocht. Vor dem An=
richten kommt noch ein wenig Pfeffer und Muskat hinzu.

55. Andere Art: Schnecken mit Sauce. Die Schnecken
werden gekocht und gereinigt, 50 Gr. Butter in einem
Kochgefäß zerlassen und die Schnecken nebst einer mit Nelken
besteckten Zwiebel darin geröstet, mit Mehl bestreut, wieder
einige Zeit lang geröstet und mit Fleischbrühe abgelöscht.
Ein halbes Lorbeerblatt, etwas Salz und Muskat wird
dazu gethan und die Schnecken 1 Stunde darin gekocht.

Beim Anrichten wird die Sauce durchgeseiht und mit Citronensaft gewürzt.

56. Froschschenkel zu backen. Die Froschschenkel werden mit Salz, etwas Essig und Wasser in ein Gefäß gethan, gepeitscht und rein gewaschen, eingesalzen, nach einer
Viertelstunde abgetrocknet und in einander geschlungen. Sie
werden nun wie Koteletten paniert, d. h. in verrührtes
Ei getaucht, in Semmelmehl umgekehrt und, in Schmalz
schwimmend, gebacken. Die Platte, auf der sie angerichtet
werden, wird mit Peterfilie garniert.

XII. Saucen.

Von äußerster Wichtigkeit in der Kochkunst ist die Bereitung guter Saucen; gutes Fleisch gewinnt dadurch noch
bedeutend an Wohlgeschmack, weniger gutes wird wenigstens
genießbar gemacht.

Bei den hellen Saucen ist frische, süße Butter uner-
läßlich. Bei dunkeln dagegen kann auch etwas ältere
Butter genommen werden, weil durch das Dunkelrösten der
Buttergeschmack zurücktritt. Bei den zur Anwendung kommenden Gewürzen bemühe man sich stets das richtige gegen-
seitige Verhältniß zu treffen, damit nicht ein Geschmack
zu sehr hervortritt. Um einer, vielleicht aus Mangel an
guter Fleischbrühe, etwas zu schalen Sauce nachzuhelfen,
ist eine Messerspitze voll Fleischextract das beste Mittel.
An den Nelken müssen oben die Köpfchen entfernt werden,
weil sie die Saucen dunkel färben. Beim Ablöschen des
gedämpften Mehls und Gewürzes sei man recht vorsichtig,
damit es keine Knollen gibt; es ist daher gut, nur kochende
Fleischbrühe zu verwenden, und dieselbe unter fleißigem
Rühren nur löffelvollweise sehr langsam daran zu gießen.
Werden die Saucen mit Eiern abgezogen, so ist wieder
fleißiges Rühren und sehr langsames Hinzugießen zu empfehlen. Diese Art Saucen läßt man gewöhnlich noch
ein Mal anziehen, d. h. sie werden nochmals in das Koch-

geschirr genommen, auf schwachem Feuer gut gerührt und wenn die Sauce am Rande ein wenig aufwallt, schnell angerichtet; zum Kochen darf es nicht kommen. Eine solche Sauce kann auch nicht warm gestellt werden, sie kommt sogleich auf den Tisch. Die folgenden Saucen eignen sich zu Puddings, Pasteten, Eiern, Fischen und Fleischspeisen.

1. **Gewöhnliche Buttersauce.** Ein schönes Stück Butter, je nachdem man viel oder wenig Sauce wünscht, wird in einem Kochgefäß zerlassen, mit Mehl auf dem Feuer angerührt und mit Fleischbrühe abgelöscht.

2. **Braune Sauce.** Einige Kochlöffel voll Mehl werden in Butter schön braun geröstet, fein geschnittene Zwiebel, 1 gelbe Rübe, Petersilienwurzel, Esdragon, Pfefferkörner und ½ Lorbeerblatt darin gedämpft, nach einer Weile alles mit Fleischbrühe abgelöscht und noch etwas Citronenschale dazu gethan. Hat diese Sauce 1 Stunde gekocht, so wird sie durch ein Sieb getrieben, mit Citronensaft gewürzt und angerichtet.

3. **Speck-Sauce.** Man schneidet ein Stück Speck in kleine Würfel, bratet ihn und röstet Mehl darin braun, löscht es mit Fleischbrühe und Essig ab und würzt es mit Nelken, Pfeffer und englischem Gewürz, nach Belieben auch mit einem Stückchen Zucker.

4. **Andere Art Specksauce.** Eine sehr gute Sauce zu Kartoffeln in der Schale (Pellkartoffeln) ist die Speck- und Zwiebelsauce. Man schneidet dazu Speck in recht kleine Würfel und läßt dieselben unter fleißigem Rühren in der Pfanne gelb braten; dann thut man ein gleiches Quantum gleichfalls in kleine Würfel geschnittene Zwiebeln dazu, mit welchen die Sauce unter fortgesetztem Rühren weiter brät, bis auch die Zwiebeln gelb sind; nicht länger, sonst verlieren sie ihren Wohlgeschmack.

5. **Petersilien-Sauce.** Petersilie wird fein gehackt, mit Fleischbrühe und Muskatnuß einige Zeit gekocht, zerlassene Butter mit einem Kochlöffel voll Mehl und 3—4 Ei-

dottern angerührt und die Fleischbrühe damit abgezogen. Man gibt dann noch einige Kapern hinzu und läßt die Sauce unter fleißigem Rühren nochmals anziehen. Diese Sauce paßt zu Fischen.

6. Gerührte Petersilien=Sauce zu Fischen. Ein ansehn= liches Stück frische Butter wird in einem irdenen Geschirr auf heißem Wasser so lange gerührt, bis sie Blasen wirft, dann gibt man sehr fein gewiegte Petersilie und etwas Fischsud dazu, rührt sie noch 5 Minuten und richtet die Sauce an.

7. Senfsauce zu Fischen. Ein großes Stück Butter wird zerlassen oder leicht gerührt, mit Senf und einem Eßlöffel voll Stärkemehl angerührt, Fischbrühe und Wasser lang= sam dazu gegossen, auf das Feuer gesetzt, beständig darin gerührt, wenn es kocht, mit 1 oder 2 Eigelb abgezogen und noch mit einem Stück Butter verrührt.

8. Petersilien=Sauce mit Kapern. Ziemlich viel Peter= silie wird mit Citronenschale und Mark fein gewiegt, ein Stück Butter zerlassen, 2 Kochlöffel voll Mehl darin gelb geröstet, die Petersilie darin gedämpft und mit Fleischbrühe abge= löscht. Dann wird die Sauce noch mit Kapern, Muskat und Citronensaft gewürzt und wenn sie kocht, mit 1—2 Eiern oder bloß mit den Dottern abgezogen.

9. Sardellen=Sauce. 60 Gramm Sardellen werden mit Citronenschale samt Mark und Zwiebeln fein gewiegt, 2 Kochlöffel voll Mehl in Butter einen Augenblick gedämpft, das Gewiegte darein gegeben, mit Fleischbrühe abgelöscht und mit Citronensaft und einem Eßlöffel voll weißen Weins gewürzt. Wenn sie gut durchgekocht hat, wird sie mit einem ganzen Ei oder mit 2 Eidottern, beides mit Wein verrührt, abgezogen. Diese Sauce gibt man hauptsächlich zu Fischen.

10. Kapern=Sauce wird auf dieselbe Weise bereitet, nur nimmt man statt Sardellen Kapern; man kann auch halb Sardellen, halb Kapern nehmen.

11. Morcheln-Sauce. Die Morcheln werden gewaschen, von den sandigen Stielen befreit, mit kaltem Wasser zugesetzt und wenn sie einige Augenblicke gesotten haben, zurückgestellt, bis sich der herausgekochte Sand gesetzt hat. Dann werden sie noch gut abgeschwenkt und in Salzwasser weich gekocht, hierauf abermals in kaltem Wasser abgeschwenkt, ausgedrückt und fein geschnitten. Dann wird ein Eßlöffel voll Mehl in Butter hellgelb geröstet, fein gewiegte Petersilie, die Morcheln und eine kleine Zwiebel darin gedämpft und mit Fleischbrühe abgelöscht. Nun lasse man es gut durchkochen, nehme die Zwiebel heraus, würze die Sauce mit Citronensaft und gebe sie zu Tisch.

12. Trüffeln-Sauce. 1 oder 2 Kochlöffel voll Mehl werden in Butter braun geröstet und mit Fleischbrühe abgelöscht. Dann gebe man Nelken, Citronenscheiben, 1 Lorbeerblatt, Salz und ein Glas Wein hinzu und koche die Trüffeln, welche vorher 1 Tag in Wasser gelegt und gröblich geschnitten sein müssen, in dieser Sauce weich.

13. Krebs-Sauce. Die Krebse werden geputzt und gesotten, die Schwänze abgeschnitten und die Schalen mit einem Stück Butter fein gestoßen. Hierauf werden sie noch in Butter mit etwas Semmel- oder gewöhnlichem Mehl gedämpft und mit Fleischbrühe abgelöscht. Hat alles gut durchgekocht, so wird es durch ein reines Tuch geseiht und einige geschnittene, weich gekochte Morcheln, sowie die Krebsschwänze dazu gethan. Alles zusammen wird nun nochmals aufgekocht und mit 3—4 Eigelb abgezogen.

14. Härings-Sauce zu Fischen. Ein Häring wird in Milch gelegt, ausgegrätet und fein gehackt, Mehl mit Butter durchgeschwitzt, fein gewiegte Zwiebel und der Häring darin gedämpft, mit Lorbeerblatt, Citronenscheiben, Nelken und Pfeffer gewürzt, gut durchgekocht und mit Eigelb abgezogen. Ehe die Eigelb hinzukommen, wird ein Löffel voll Weinessig oder Citronensaft an die Sauce gethan und dieselbe durchgeseiht, damit das Gewürz zurückbleibt. In

Ermanglung von Fleischbrühe kann auch Wasser und Fleisch=
extrakt zum Ablöschen genommen werden.

15. **Andere Art.** Die Sauce wird wie die vorher=
gehende behandelt, nur lasse man außer den Zwiebeln das
andere Gewürz weg und verrühre die Eigelb, welche zur
Sauce bestimmt sind, mit etwas abgeriebener Citronen=
schale, fein gewiegtem Esdragon und Petersilie.

16. **Sauerampfer=Sauce zu Fischen.** Eine Hand voll
Sauerampfer wird fein gehackt, ein Kochlöffel voll Mehl
in einem Stück Butter weiß geschwitzt und der Sauerampfer
darin weich gedämpft, Fleischbrühe zum Ablöschen hinzu
gegossen, die Sauce mit dem nötigen Salz und mit Mus=
katnuß versehen, aufgekocht und mit 2 Eigelb und süßem
Rahm abgezogen. Zur Ersparniß können auch die Eigelb
weggelassen und nur süßer Rahm an die Sauce gerührt
werden.

17. **Holländische Sauce zu Fischen.** Ein Stück Butter
wird zerlassen und mit einem Kochlöffel voll Mehl, halb
Fleisch=, halb Fischbrühe angerührt; diese Sauce wird mit
Citronenscheiben und Saft gut durchgekocht und mit 2—3
Eigelb, welche mit saurem Rahm verrührt wurden, abge=
zogen.

18. **Andere Art.** Ein Kochlöffel voll Mehl wird mit
halb Wasser, halb weißem Wein und 3 Eigelb angerührt,
mit Essig oder mit Citronensaft und etwas Muskatnuß
gewürzt und auf das Feuer gesetzt. Diese Sauce wird
unter beständigem Rühren bis ans Kochen gebracht, völlig
kochen darf sie aber nicht; dann wird ein schönes, großes
Stück zerlassener Butter schnell dazu gerührt und die Sauce
angerichtet. Es können auch vorher in dem Wein ver=
schiedene Kräuter und Wurzeln, wie man solche zum Fisch=
sieden nimmt, gesotten werden, und die Sauce dann, wenn
sie durchgeseiht ist, mit Eiern, Mehl und Butter angerührt
werden.

19. **Fischsauce.** Mehl wird in Butter weiß geschwitzt
und fein gehackte Zwiebeln darin gedämpft, mit Fischbrühe,

weißem Wein, Citronensaft und einem schwachen Eßlöffel voll Essig abgelöscht. Ist die Sauce durchgekocht, wird ein großes Stück Butter dazu gerührt und sie damit angerichtet.

20. Citronensauce. Mehl wird in Butter ganz hellgelb gedämpft und mit halb Wasser, halb weißem Wein abgelöscht. Dann kommt das Abgeriebene einer Citrone, sowie der Saft derselben und Salz hinzu. Hat die Sauce gut durchgekocht, wird sie mit Eigelb abgezogen.

21. Austernsauce. Man nimmt eine Anzahl Austern, je nachdem man viel oder wenig Sauce braucht, löst sie aus, nimmt die Bärte weg und behält den Saft zurück. Dann läßt man in einem Kochgefäß Butter zergehen, dämpft die Austern ein wenig darin, gibt fein gestoßene Milchbrote oder Mehl und fein gewiegte Citronenschale hinzu, läßt alles noch eine Weile dämpfen und löscht es mit weißem Wein, Fleischbrühe, Citronen- und dem Austernsaft ab. Hat es einige Male aufgekocht, wird noch Salz dazu gegeben und die Sauce nach Belieben auch mit Eigelb abgezogen.

22. Paradies-Apfel-Sauce. Die Liebes- oder Paradies-Aepfel werden auseinander gebrochen, mit Fleischbrühe weich gekocht, durchgeseiht, mit Bratenbrühe gewürzt und angerichtet. Oder: Sind die Früchte mit etwas Fleischbrühe, Butter, Zwiebel, Pfeffer, Lorbeer und einer Citronenscheibe weich gedämpft, so treibt man sie durch ein Sieb, röstet Mehl in Butter gelb, löscht es mit der Sauce ab und würzt sie noch mit Jus und Citronensaft.

23. Rahm-Sauce. Ein Stück Schinken, ohne Fett, wird in Würfelchen geschnitten, ein Eßlöffel voll Mehl in einem großen Stück Butter gedämpft. Ehe das Mehl Farbe bekommt, wird der Schinken, eine mit Nelken besteckte Zwiebel und ein Stückchen von einem Lorbeerblatt damit gedämpft und alles zusammen mit 1 Liter süßem Rahm abgelöscht. Dann läßt man die Sauce unter öfterem Umrühren bis zur Hälfte einkochen, treibt sie durch ein Sieb, gibt noch weißen Pfeffer, Salz und Muskat daran, läßt sie nochmals aufkochen und richtet sie an.

24. Sauce à la Reine. Petersilienwurzeln, Zwiebel, einige geröstete Semmelschnitten und fein gewiegtes Fleisch von gebratenem Geflügel werden in etwas fetter Fleischbrühe weich gedämpft. Mittlerweile werden 20 Gr. Sardellen geputzt und mit einem großen Stück Butter recht fein gestoßen; dann wird alles durch ein Sieb getrieben, nochmals durchgekocht und mit 1—2 Eigelb abgezogen.

25. Sauce zu Spargeln und Blumenkohl. Ein gehäufter Eßlöffel voll Mehl wird mit zerlassener Butter und Fleischbrühe angerührt, zum Kochen gebracht, mit 4 Eidottern abgezogen, mit Citronensaft gewürzt und unter beständigem Rühren nochmals einige Augenblicke aufs Feuer genommen.

26. Krebs-Sauce zu Karviol (Blumenkohl). Eine Tasse voll Krebsbutter wird mit Fleischbrühe, einem Löffel voll Mehl, Salz und Muskat angerührt und wenn es kocht, mit süßem Rahm und Eigelb abgezogen. Ist die Sauce nicht dick genug, so läßt man sie nochmals etwas anziehen. Die Eigelb kann man auch gleich mit der Butter, bei Fleischbrühe und dem Mehl vermengen, nur muß dann die Sauce gerührt werden, bis sie beinahe kocht, worauf sie schnell vom Feuer genommen wird.

27. Mayonnaise. 2 Eier werden hart gekocht, die Dotter mit einem rohen Eigelb, 60 Gr. Butter, einem Theelöffel voll Senf und ebensoviel Zucker so lange gerührt, bis alles so fein ist wie Butter, und dann einige Eßlöffel voll Provenceröl und ebensoviel guter Weinessig abwechselnd hinzu gegeben, alles noch recht schaumig gerührt und mit Salz und weißem Pfeffer gewürzt.

28. Andere Art. In einem Topf oder einer engen Schüssel werden 3 Eidotter an einem kühlen Ort schaumig gerührt und unter fortwährendem Rühren $1/16$ Liter feinstes Provenceröl hinzu gegeben. Ist dieses zusammen zu einem dicken Teig gerührt, so kommt noch feiner Essig und Citronensaft, zusammen ungefähr auch ¹/₁₆ Ltr., Salz und Pfeffer dazu. Wird die Sauce nicht gleich verwendet, so muß sie an einem kühlen Ort aufbewahrt werden.

29. Sauce Remoulade. 4 harte Eidotter, 3 Eßlöffel voll Senf, 4 Eßlöffel voll feines Oel, schwach ¹/₄ Liter Essig, nach Belieben auch fein gehackte Sardellen mit 4 Zwiebeln, fein geriebene Kräuter, wie Petersilie, Esdragon, werden zusammen gut verrührt und durch ein Sieb getrieben.

30. Rohe Meerrettich=Sauce zu Fischen. Eine Tasse sauren Rahms wird mit geriebenem Meerrettich, Essig, Salz und Zucker schnell angerührt und mit zerlassener Butter serviert.

31. Meerrettich=Sauce mit Aepfeln. 3—4 Aepfel werden geschält und gerieben, desgleichen eine Stange Meerrettich, ferner eine Orange an Zucker abgerieben, der Saft ausgedrückt und alles zusammen mit 120 Gr. Zucker gut verrührt. Paßt hauptsächlich zu Geflügel.

32. Senf=Sauce. 2—3 Eßlöffel voll angemachten Senfs werden mit zerdrückten Eidottern, Essig, etwas Citronensaft und Oel oder fetter Fleischbrühe gut verrührt.

33. Häring=Sauce. 1—2 Häringe werden geputzt, ausgegrätet und fein gewiegt, mit 2—3 harten Eidottern und einem Stückchen Butter vollends fein gerieben und mit Essig, Oel, Pfeffer und etwas Citronensaft angemacht.

34. Sardellen=Butter. Die Sardellen werden geputzt, gewaschen, mit einem Tuch abgetrocknet, sehr fein mit Butter gestoßen und durch ein Haarsieb getrieben. Auf 100 Gr. Sardellen kommen 200 Gr. Butter, also immer das doppelte.

35. Krebsbutter. Das Krebsfleisch wird mit Butter gestoßen und gesalzen. Auf 60 Gr. Fleisch kommen 30 Gr. Butter.

36. Krebs-Butter zu Saucen. Sind die Krebse gewaschen und geputzt, so werden sie 5 Minuten in Salzwasser gesotten. Dann wird das Fleisch heraus genommen und die Schalen mit Butter gestoßen, mit 1/2 Liter Wasser angerührt und zum Kochen gebracht. Darauf wird die Brühe durch ein Sieb gegossen, und wenn sie gänzlich erkaltet ist, die Butter abgenommen.

37. Gewöhnliche Wein-Sauce. Roter Wein wird mit Zucker, Zimmt, ganzen Nelken, denen die Köpfchen abgebrochen sind, und mit Citronenschale gekocht. Oder: 1/4 Liter Wasser und 1/4 Liter Wein wird mit obigen Zugaben siedend gemacht, dann nochmals 1/4 Liter Wein zugegossen, aber nicht mehr gekocht, sondern die Sauce gleich angerichtet.

38. Sauce von Hagebuttenmark. Ein Eßlöffel voll Mehl wird mit 3 Eßlöffel voll Hagebuttenmark und einer Obertasse voll Wasser glatt angerührt, dann mit genügend Wein verdünnt und mit Zucker, Zimmt und Nelken aufgekocht.

39. Sauce von Hagebutten. 1/2 Liter dürre oder grüne geputzte Hagebutten werden mit Wasser weich gekocht und durch ein Sieb getrieben. Einige Kochlöffel voll Mehl werden in einem Stückchen Butter schön gelb geröstet, mit dem Durchgetriebenen abgelöscht, und mit dem nötigen Zucker, einem Glase Wein, Zimmt und Nelken noch einige Zeit gekocht. Es kann auch das Mehl ungedünstet an die durchgetriebenen Hagebutten gerührt werden.

40. Sauce von Johannisbeeren. Die Johannisbeeren werden mit einem Löffel zerdrückt, auf schwachem Feuer bis zum Kochen gebracht, und der Saft durch ein Tuch gepreßt, mit halb Wasser, halb Wein, dem nötigen Zucker, Zimmt und Citronenschale aufgekocht. Wer die Sauce etwas dick wünscht, kann feines Kartoffelmehl mit einigen Löffeln voll Sauce anrühren und dazu geben.

41. Himbeer-Sauce wird auf dieselbe Weise gemacht.

42. **Sauce von Himbeersaft oder Gelée.** Ein Teil Him=
beersaft, ein Teil Wasser, ein Teil weißer Wein, Zimmt
und Zucker, auch nach Belieben ein Löffel voll feines Mehl
wird zusammen gerührt und aufgekocht.

43. **Schaum=Sauce von Himbeersaft.** Himbeeren werden
ausgedrückt, daß es ½ Liter Saft gibt, der etwas gezuckert
wird; der eingekochte Saft wird mit halb Wasser, halb
Wein vermischt und genügt dann ¼ Liter davon. Mit
diesem Saft werden 4 ganze Eier auf dem Feuer, am besten
in einem messingnen oder irdenen Geschirr mit einem Besen
geschlagen, bis der Schaum steigt.

44. **Kirsch=Sauce.** Getrocknete oder frische Kirschen
werden in einem Mörser gestoßen, bis kein Stein mehr
ganz ist. Dann werden sie mit Wasser weich gekocht und
durch ein Sieb getrieben. Hierauf wird ein Eßlöffel voll
Mehl in Butter braungelb geröstet, mit den durchgetriebe=
nen Kirschen und mit einem Glase Wein abgelöscht, mit
Zucker und Zimmt, sowie Citronenschale durchgekocht und
beim Anrichten noch mit einem Löffel voll Kirschengeist
gewürzt.

45. **Citronen=Sauce.** Ein Eßlöffel voll Stärkmehl wird
mit ½ Liter Wein und ¼ Liter Wasser glatt angerührt,
mit dem Abgeriebenen einer Citrone, sowie dem nötigen
Zucker aufgekocht, mit Eigelb abgezogen, mit Citronensaft
gewürzt und nochmals zum Anziehen in das Kochgefäß
genommen.

46. **Chaudeau.** 3—4 Eier werden mit 120 Gr. Zucker
und ½ Liter weißem Wein auf dem Feuer geschlagen, bis
der Schaum steigt; kochen darf es jedoch nicht. Ist die
Sauce vom Feuer genommen, so wird sie noch einige Zeit
geschlagen, dann angerichtet. Oder: 2 ganze Eier, 2 Dotter,
Saft und abgeriebene Schale einer Citrone, 150 Gr. Zucker,
½ Liter Wein und ¼ Liter Wasser werden wie oben mit
dem Schaumbesen geschlagen.

47. **Sago=Sauce.** Der Sago wird in Wasser mit
ganzem Zimmt und etwas Citronenschale klar gekocht.

Dann gebe man weißen Wein, Zucker und Citronensaft dazu, lasse es nochmals aufkochen und richte die Sauce an. Zu braunem Sago muß roter Wein gegeben werden.

48. Tapioca-Sauce. 2 Eßlöffel voll Tapioca, 1/3 Wasser, 2/3 Wein, Zimmt, Zucker, Citronenschale und ganze Nelken werden eine Viertelstunde gekocht. Es kann auch 1 oder 2 Löffel voll Frucht-Gelée oder -Saft vor dem Anrichten durchgerührt und dazu genommen werden.

49. Englische Sauce. 45 Gr. Butter werden mit einem Eßlöffel voll Mehl, 1/4 Liter warmem Wasser angerührt, mit einem Glas dickroten Wein, Zucker und Muskatnuß gewürzt und in einem Kochgefäß bis zum Kochen gebracht.

50. Korinthen-Sauce. 2 Löffel voll Mehl werden mit 1/4 Liter Wasser und 1/2 Liter rotem Wein glatt gerührt, mit gut gewaschenen Korinthen, etwa einer Hand voll, Zimmt, Nelken und Citronenschale nebst Zucker gekocht.

51. Punsch-Sauce. 150 Gr. Zucker werden mit einem Glas Wasser bräunlich geläutert. Dann wird 1/4 Liter weißer Wein mit einem Löffel voll Mehl glatt angerührt und nebst 2 Löffeln voll Citronensaft und 1/8 Liter Rum mit dem Zucker vermischt und aufgekocht.

52. Schokolade-Sauce. 60 Gr. Schokolade werden mit 1 Liter Milch, in der ein Stück Vanille abgekocht wurde, aufgelöst, durchgekocht und mit 2 Eiern abgezogen; wenn nötig, wird auch Zucker dazu gerührt.

53. Vanille-Sauce. 1/2 Liter Milch wird mit einem Stückchen Vanille und Zucker gekocht und mit 2 ganzen Eiern oder mit 3 Eidottern abgezogen.

54. Citronen-Sauce wird ebenso gemacht, nur wird statt Vanille Citronenschale oder das Abgeriebene einer Citrone in der Milch gekocht. Wer die Sauce dick wünscht und Eier sparen will, kann die Milch mit einem Eßlöffel voll Stärkemehl anrühren.

55. Mandel=Sauce. 50—60 Gr. Mandeln, worunter auch einige bittere sein dürfen, werden abgezogen und mit Eiweiß recht fein gestoßen, mit einem Eßlöffel voll Stärke= mehl und ³/₄ Liter Milch angerührt, mit Citronenschale und dem nötigen Zucker gekocht, mit 2—3 Eigelb abge= zogen und noch einige Augenblicke auf dem Feuer gerührt.

XIII. Beilagen zu Gemüse.

1. Gebratene Spatzen. Man macht von Milch oder Wasser, Mehl, 1 Ei und Salz einen festen Teig, klopft ihn glatt und legt feine Spatzen davon in siedendes Salz= wasser; sie werden hierauf nicht in kaltes Wasser gelegt, sondern nur mit demselben schnell abgeschwenkt und auf einem Brett ausgebreitet. Sind sie auf diese Weise gut abgetrocknet, so werden sie mit Butter schön gelb geröstet, mit 2—3 gut verrührten Eiern kurz vor dem Anrichten übergossen, und wenn sie beinahe fest sind, angerichtet. Man kann auch die Eier mit süßem oder saurem Rahm verrühren. Ebenso kann man zu Gemüse auf diese Art breite Nudeln braten.

2. Pfannkuchen, gewöhnliche Art. Auf 200 Gr. Mehl kommen 2—3 Eier, etwas Salz, fein gewiegte Zwiebel und ein Kaffeelöffel voll geschnittenen Schnittlauchs. Ein etwas dicker Teig wird glatt angerührt und Pfannkuchen davon gebacken. Man kann dazu nur gutes Rindschmalz verwenden. Will man sie nicht so fett, so mache man den Teig dünn, man braucht dann viel weniger Schmalz, sollen die Eier gespart werden, so mische man 1 oder 2 Hände voll kalt geriebener Kartoffeln unter den Teig, wodurch er etwas leichter wird.

3. Hefen=Pfannkuchen. Man macht von 200—300 Gr. Mehl, 2—3 Eiern, Milch und einem Löffel verdünnter, guter Bierhefe einen dicken Pfannkuchenteig, läßt ihn gut aufgehen, rührt noch das nötige Salz darunter und backt dann kleine Pfannkuchen in viel Schmalz davon. Zu diesen Pfannkuchen kann auch halb Schweine=, halb Rind= schmalz genommen werden; damit der Geschmack des ersteren nicht zu sehr hervortritt, mische man ein wenig klein ge= schnittene Zwiebel oder Schnittlauch unter den Teig.

4. Feine Pfannkuchen. Ein Stück Butter wird leicht gerührt, dann abwechselnd ein Eigelb und ein Eßlöffel voll Mehl hinein gerührt, bis es genügend Teig ist, hierauf noch etwas süße Milch nebst dem zu Schnee geschlagenen Eiweiß und Salz. Statt leicht gerührter Butter können auch einige Löffel voll sauren Rahms genommen werden. Noch feiner werden die Pfannkuchen, wenn ein schwacher Löffel voll Mehl auf ein Ei kommt, man läßt dann aber die Hälfte der Eiweiß weg. Von diesem Teig backt man kleine Pfannkuchen in gutem Rindschmalz, unmittelbar ehe sie zu Tisch kommen. Man serviere nicht alle auf einmal, sondern immer wieder frisch gebackene aus der Küche.

5. Eingeschlagene Eier. Die Eier werden mit süßem Rahm und Salz recht gut verrührt, nach Belieben kann auch fein geschnittener Schnittlauch dazu genommen wer= den; zu allen Eierspeisen müssen stets ganz frische Eier verwendet werden. Dann läßt man ein Stückchen Butter in einer Bratpfanne heiß werden, gießt die Eier hinein und backt sie darin, indem die sich unten bildende Haut immer wieder mit der Backschaufel in die Mitte hinein ge= schlagen wird. Ist auf diese Weise die ganze Masse fest, so wird der Eierkuchen etwas aufgerollt oder zusammen geschlagen und sogleich serviert. Es ist immer gut, wenn der Kuchen sehr weich ist und die Eier noch nicht recht fest geworden sind.

6. Eierhaber. Man macht von Eiern, saurem Rahm, Mehl, Milch und Salz einen guten Pfannkuchenteig, läßt aber Zwiebel und Schnittlauch weg, backt hievon gewöhn= liche Pfannkuchen auf einer Seite, kehrt sie um und zer= teilt sie mit der Backschaufel zu kleinen Fetzchen. Ist aller Teig gar, so wird der Eierhaber nochmals in der Pfanne durchgebacken und zu Tisch gegeben.

7. Ohrfeigen. Fleischreste werden gewiegt, mit fein geschnittenen Zwiebeln und Petersilie in Butter gedämpft, mit Citronensaft gewürzt, und vom Feuer weggenommen, mit einigen Eßlöffeln voll saurem Rahm, Salz und Muskat, auch etwas abgeriebener Citronenschale angerührt. Dann macht man einen guten Pfannenkuchenteig, bei welchem auf einen Kuchen 1 Ei kommt und das Weiße zu Schnee geschlagen wird. Von diesem werden gewöhnliche Pfannkuchen gebacken, das Fleisch hinein gefüllt, 3 fingerbreit aufgerollt und in schräge Vierecke geschnitten. Die Kuchen können so serviert, oder, in Ei und Weckmehl vorher gewälzt, nochmals gebacken werden.

8. Wiener Pfannkuchen. Es wird ein Teig gemacht, wie zu feinen Pfannkuchen, jedoch ohne Schnittlauch und Zwiebel. Davon werden kleine Küchlein in Schmalz schwimmend gebacken. Sie müssen recht aufgehen, auf beiden Seiten hellgelb sein und werden sogleich serviert.

9. Rühreier. Die Eier werden mit einem Stückchen zerlassener Butter, süßem Rahm und Salz, nach Belieben auch Schnittlauch, gut verrührt, in eine Pfanne gebracht und auf dem Feuer gerührt, bis die Eier dick, aber noch weich sind.

10. Ochsenaugen. Ein Stückchen Butter wird in einer Bratpfanne heiß gemacht und die Eier vorsichtig hineingeschlagen, auf das Weiße etwas Salz gestreut und wenn dasselbe fest ist, die Eier angerichtet. Das Gelbe derselben muß noch ganz weich sein. Man gibt sie hauptsächlich zum Spinat und legt sie oben auf das Gemüse.

11. Bratwürste mit Eiern. Die Bratwürste werden gebraten und in Scheiben geschnitten, dann legt man diese Scheiben wieder auf ein Stückchen heiß gemachte Butter, schlägt Eier dazu hinein, salzt das Weiße und richtet alles zusammen an, wenn das Gelbe der Eier noch weich und das Weiße fest ist. Statt der Bratwürste können auch kleine Schinkenscheiben genommen werden.

12. Bratwürste und Leberwürste werden entweder gut zugedeckt in Butter langsam gelb gebraten, oder man siedet erstere vorher 3—4 Minuten und macht sie dann in Butter schnell gelb; statt Butter kann auch beliebiges Bratenfett genommen werden. Bei den Leberwürsten muß man durch öfteres Hineinstechen mit einer feinen Gabel das Auf=springen verhindern. Geräucherte Bratwürste müssen bei=nahe ¼ Stunde sieden und passen dieselben hauptsächlich zu Spinat und Winterkohl.

13. Blutwürste dürfen nur in warmem Wasser durch=wärmt, ja nicht gesotten werden.

14. Würstchen von Fleischresten. Fleischreste werden von Fasern und Knochen befreit und mit Speck, Zwiebeln und etwas Petersilie fein gewiegt. Inzwischen werden Semmel, von denen die zu braune Rinde abgeschält wurde, in Wasser geweicht und wieder gut ausgedrückt, alles zusammen in einem Stück Butter gedämpft, bis es sich ballt, in eine Schüssel genommen und so viel Eier dazu gerührt, als Semmel dabei sind. Je feiner das Fleisch gewiegt ist und je besser die eingeweichten Semmel verrührt sind, desto leichter werden die Würstchen. Aus dieser Masse macht man nun mit den Händen die Würstchen, wälzt sie in Semmelmehl und backt sie in Schmalz gelb.

15. Flädlein=Würste oder gefüllte Flädlein. Man macht einen gewöhnlichen, dünnen Flädleinsteig und backt Fläd=lein auf einer Seite, wiegt gebratenes Fleisch mit Citronen=schale, etwas Zwiebeln und Petersilie fein, dämpft es in einem Stück Butter und würzt es mit dem nötigen Salz, sowie einigen Löffeln voll gutem Wein. Damit füllt man die Flädlein auf der gebackenen Seite, rollt sie auf und schneidet sie in fingerslange Würstchen, welche in verrühr=tem Ei und Semmelmehl gewälzt und, auf diese Weise paniert, in Schmalz gebacken werden. Sie können auch

mit gewiegtem Schinken, Eiern und saurem Rahm, alles
gut verrührt, gefüllt werden.

16. Netzwürste. 400 Gr. Kalbfleisch werden mit 35 Gr.
Ochsenmark, Speck oder auch Nierenfett sehr fein gehackt,
mit fein gewiegten Zwiebeln und Petersilie, 1 oder 2 eingeweichten und wieder gut ausgedrückten Semmeln, Salz,
Eiern und etwas Muskat angerührt, die Fülle in Form
von kleinen Würsten in Kalbsnetze gefüllt und in Butter
langsam gar gebraten.

17. Netzwurst. Von einer gewaschenen Kalbs- oder
Hammelsmilz macht man ganz kleine Würfelchen oder ver-
wiegt sie, weicht eine Semmel in Wasser ein, drückt sie
gut aus, rührt sie mit fein gewiegten Zwiebeln, auch etwas
Petersilie, Salz, Pfeffer und Muskat, sowie 1—2 Eiern
an die geschnittene oder gewiegte Milz, (wer es fett liebt,
kann auch sein geschnittenen Speck darunter mengen), wäscht
das Netz sauber, füllt es mit der Fülle und umwindet es
mit einem Faden, der vor dem Anrichten entfernt werden
muß. Diese Wurst kann gesotten oder langsam gar gebraten werden. In Gerste gesotten, gibt sie derselben einen
kräftigen Geschmack. Sie kann auch, halb gar gesotten,
noch gelb gebraten werden.

18. Croquettes. Gebratenes Fleisch wird mit Speck
recht fein gewiegt, ebenso Zwiebel und Petersilie und Milchbrote eingeweicht, wieder gut ausgedrückt und mit dem
Fleisch in einem Stückchen Butter gedämpft, bis es sich
ballt. Nach einigem Abkühlen werden Eier hinein gerührt,
bis die Masse leicht, aber nicht dünn ist, etwa auf 2 Milchbrote 3 Eier. Ist die Masse noch mit Salz und Muskat
versehen, so werden mit Semmelmehl stark nußgroße Kugeln
oder kleine runde Kuchen daraus geformt, in welche man
abgeschnittene Federkiele steckt, damit sie das Aussehen von
Cotelettes haben. Sie werden mit Ei und Semmelmehl
paniert und in Schmalz gelb gebacken. Statt des Kiels
kann auch ein Stück von einer gelben Rübe hineingesteckt
werden.

19. Croquettes von rohem Kalbfleisch. 500 Gr. Kalbfleisch, von aller Haut, Fasern und Knochen befreit, wird in dünne Scheiben geschnitten, eingesalzen und in Butter weich gedämpft; man gebe auch eine fein geschnittene Zwiebel und ein wenig gestoßenen Pfeffer dazu. Wenn alles beinahe gar ist, wird das Fleisch mit Ochsenmark recht fein gewiegt, mit 4 eingeweichten und wieder ausgedrückten Milchbroten recht fein verrieben oder noch einige Zeit gestoßen und Salz, etwas Muskat und 2—3 Eier hinzu gegeben. Von dieser Masse werden wie vorhergehend Croquettes gemacht und in Schmalz gebacken.

20. Croquettes von Kalbsbrieslein. Die Brieslein werden blanchiert, d. h. mit kaltem Wasser zugesetzt, vor dem Sieden weggenommen, mit kaltem Wasser abgeschwenkt, in kleine Würfelchen geschnitten und mit fein gewiegten Sardellen und Zwiebeln in Butter gedämpft. Inzwischen werden alt gebackene Milchbrote gerieben und dieselben an die gedämpften Brieslein gerührt und Salz, Muskatnuß, etwas weißer Wein, Bratenbrühe und je nach der Quantität der Masse bis zu 4 oder 5 Eiern dazu gegeben. Dies wird auf dem Feuer dick gerührt, zum Erkalten auf eine Platte gestrichen und dann mit Mehl Croquettes geformt, welche in Ei und Semmelmehl umgekehrt und in Schmalz gebacken werden. Statt Sardellen kann man auch Krebsbutter oder Krebsschwänze und Morcheln nehmen, und statt Mutschelmehl ebenso auch gewöhnliches weißes Mehl verwenden.

21. Roulade von Ochsenfleisch. 500 Gr. rohes Ochsenfleisch wird fein gehackt, mit fein geschnittenen Zwiebeln und Speck etwas verdämpft, und mit 2 eingeweichten, gut ausgedrückten Semmeln, Salz und 3 Eiern, sowie Pfeffer und Muskatnuß gut verrührt. Dann wird mit Mehl eine dicke Wurst daraus gemacht und dieselbe in viel Butter, gut zugedeckt, langsam gar gebraten.

22. Fleischkuchen. Gebratenes Fleisch wird recht fein gewiegt, ebenso eine kleine Zwiebel, Petersilie und Citronen-

schale, dann werden 5 Semmel fein eingeschnitten und mit
Milch gebrüht, es darf aber nicht mehr Milch sein, als
die Semmelschnittchen anschlucken. Dieses alles wird mit
einem Stück leicht gerührter Butter so lange verrührt, bis
es eine feine Masse ist, sind derselben noch 6 Eier, Salz und
Muskatnuß beigefügt, so wird sie in ein gut bestrichenes,
mit Semmelmehl bestreutes Blech gefüllt, mit Butterscheiben
belegt und im Ofen gebacken. Dieser Kuchen kann aber
auch in einer Schmorpfanne auf dem Herde gebacken werden, nur muß er dann mit einem Aufzugdeckel mit Glut
zugedeckt werden.

23. Semmelkuchen. 4—6 Semmel werden fein eingeschnitten, mit ½ Liter Milch gebrüht, daß sie recht aufquellen. Hierauf wird 100 Gr. Butter leicht gerührt und
die völlig erkalteten Schnitten, sowie fein gewiegte Petersilie, Salz, Muskatnuß und 6 Eigelb gut darunter gemengt.
Zuletzt kommt noch der Schnee von den 6 Eiweiß darunter,
dann wird der Teig in einem Blech im Ofen oder in einer
Pfanne mit einem Aufzugdeckel gebacken, wie der Fleischkuchen. Hat man zur Anfertigung dieses Kuchens wenig
Zeit, so können die Semmel auch in der Butter gedämpft
und die Eier ganz an die Masse geschlagen werden.

24. Hachée. Alle Sorten Fleischreste werden mit Zwiebeln und Petersilie recht fein gewiegt. Dann wird ein
Eßlöffel voll Mehl in Butter braun geröstet, das gewiegte
Fleisch darin gedämpft und mit Fleischbrühe, Wein und
2—4 Eßlöffel voll Essig abgelöscht. Ist das nötige Salz,
Pfeffer, auch ein wenig Citronenschale beigefügt und hat
alles gut durchgekocht, so kommen noch einige Löffel voll
sauren Rahms hinzu, bevor es angerichtet wird. Man gibt
es zu Kartoffelgemüse, aber auch als Ragout.

25. Andere Art. Fleischreste werden mit Zwiebeln,
Citronenschale und Petersilie fein gewiegt und in einem
großen Stück Butter gedämpft. Nach einigen Augenblicken
gebe man Pfeffer, Salz, Muskat, Citronensaft, einige Eß-

löffel voll guten Weins und sauren Rahm dazu und richte
es sogleich an.

26. Hirnschnitten. Ein Kalbshirn wird gewaschen, gehäutelt und in Salzwasser verwellt, Petersilie und ein
Stückchen Zwiebel fein gewiegt und in einer Schüssel mit
dem Hirn, sowie mit einem geriebenen Milchbrot und 2
Eiern angerührt. Ist noch Salz und Muskatnuß beigefügt, so wird die Masse auf dünne Semmelschnitten gestrichen und in Schmalz gebacken. Die Schnitten müssen
aber schön gleich geschnitten und bloß auf einer Seite bestrichen werden. Will man die Schnitten recht gut machen,
so paniere man sie vor dem Ueberstreichen mit in süßem
Rahm verrührten Eiern und Semmelmehl.

27. Nierenschnitten werden auf dieselbe Weise gemacht,
nur nimmt man statt Hirn gebratene Kalbsnieren sammt
dem Fett.

28. Gewöhnliche Schnitten. Man taucht dünne Semmelschnitten in einen guten Pfannkuchenteig, läßt sie ein wenig
darin aufquellen und backt sie in Schmalz schön gelb. Sie
können auch einige Augenblicke in Milch eingeweicht und
dann erst in den Teig getaucht werden.

29. Kartoffelküchlein oder Schnitten. Eine beliebige Anzahl kalte Kartoffeln werden geschält und gerieben, dann
rührt man ein Stück zerlassene Butter, 2—3 Eier, je nach
der Anzahl Kartoffel, Salz, Muskatnuß, einige Löffel voll
süßen Rahm und ein wenig Semmelmehl dazu. Aus diesem Teig formt man auf einem Brett, mit Mehl bestreut,
große Kugeln, drückt sie breit, taucht sie in ein mit Milch
verrührtes Ei, hernach in Semmelmehl und backt sie in
halb Schweine-, halb Rindschmalz schön gelb; wer es liebt,
kann auch einige Sardellen mit Citronenschale fein wiegen,
in die Mitte der Kugeln eine Vertiefung machen, die Sardellen hinein füllen, die Oeffnung wieder schließen und dann
vollends verfahren wie oben angegeben.

30. Andere Art. Kartoffeln werden in Salzwasser gesotten, geschält, zerdrückt und mit einem Stück Butter und

süßem Rahm oder Milch zu einem dicken Teig tüchtig ge=
rührt. Aus diesem macht man kleine Würste auf einem
mit Mehl bestreuten Brett und backt sie in Schmalz gelb.
Es kann auch eine große Wurst daraus gemacht und diese
in Scheiben geschnitten werden.

31. Gebackenes Gekröse. Gekochtes Gekröse wird von
der Sauce abgewaschen und zum Abtrocknen auf ein Brett
gelegt. Will man frisches dazu verwenden, so wasche man
es sauber, schneide mit einem scharfen Messerchen sorgfältig
alle Drüsen heraus, siede es in Salzwasser weich und
schneide es in Stückchen. Hierauf macht man von 3 bis
4 Eiern, Milch und etwa 150 Gramm Mehl einen guten
Pfannkuchenteig, fügt nach Belieben auch fein geschnittenen
Schnittlauch bei, taucht das Gekröse hinein und backt es
in Schmalz schön gelb. Es kann auch, fein geschnitten, in
den Teig geworfen und als kleine Pfannkuchen gebacken
werden.

32. Kalbsfüße werden mit halb Wasser, halb Essig
weich gekocht, dann in Butter noch etwas gebraten, oder
in Ei und Semmelmehl umgekehrt und in Schmalz schwim=
mend gebacken.

33. Gebackenes Kuheuter. Das Euter wird in Salz=
wasser weich gesotten, was immerhin ein paar Stunden
dauert. Dann schneidet man es in Scheiben, bestreut es
dick mit Mehl und backt es in Butter auf beiden Seiten
schön gelbbraun.

34. Gebackene Kalbsohren. Die Ohren werden gebrüht,
geputzt und in Salzwasser, dem Citronenscheiben und Lor=
beerblatt beigefügt sind, weich gesotten und zum Abtrocknen
und Erkalten auf ein Tranchirbrett gelegt. Mittlerweile
wird von 3—4 Eiern, Milch und 100—150 Gr. Mehl,
Salz und nach Geschmack auch Schnittlauch ein etwas dicker
Pfannkuchenteig gemacht, in welchen die Ohren getaucht und
dann in Schmalz gebacken werden.

35. Andere Art. Sind die Kalbsohren weich gesotten
und erkaltet, so taucht man sie in zerlassene Butter und

Semmelmehl, nach diesem in mit etwas Milch verrührtes Ei und abermals in Semmelmehl und backt sie in Schmalz gelb.

36. **Kalbsschwänze** werden in 3—4 cm. lange Stückchen geschnitten und ebenso gebacken.

37. **Gebackene Kalbsfüße.** Dieselben werden in Salzwasser, dem Salz, Essig, Citronenscheiben, Pfefferkörner und Lorbeer, sowie ganze Nelken und Zwiebeln beigefügt sind, weich gekocht, von den Knochen losgelöst und in einen Teig, wie bei gebackenem Kalbsgekröse, getaucht und in Schmalz gebacken. Oder: man taucht sie in verrührtes Ei und kehrt sie in Semmelmehl um.

38. **Fleischküchlein von Kalbskopf.** Das Fleisch und die Zunge des Kalbskopfs werden recht fein gewiegt und mit etwas Mehl und Salz vermengt. Dann wird alles zum Erkalten auf eine Platte gestrichen, mit Mehl kleine Kuchen daraus gemacht, mit Ei und Semmelmehl paniert und in Schmalz gebacken.

39. **Schweinsfüße und Ohren** werden wie Kalbsfüße und Kalbsohren zubereitet, nur daß sie bloß in Salzwasser gesotten werden. Die Ohren müssen dann noch zwischen 2 Brettchen einige Zeit beschwert werden, damit man sie besser backen kann.

40. **Gebackene Kalbsbrieslein.** Dieselben werden gehäutelt und in Salzwasser, jedoch nicht zu weich, verwellt, in verrührtes Ei und Semmelmehl getaucht und in Schmalz gebacken.

41. **Lunge und Leber zu backen.** Die Lunge wird gesotten, die Leber gehäutelt und beides in Stücke geschnitten, mit Mehl bestreut, in Butter gelb gebacken und erst kurz vor dem Anrichten gesalzen.

42. **Gefüllte Kalbsmilz.** Die Milzen werden behutsam durchbohrt, indem man am dicken Teil anfängt einzuschneiden, und mit folgender Fülle gefüllt: Speck und Semmel werden klein gewürfelt, mit gewiegter Petersilie, Salz, Muskatnuß und Eiern angerührt. Auf eine Milz

rechnet man 1 Ei, 10 Gr. Speck und 10 Gr. Brot; man hüte sich jedoch vor zu starkem Füllen, damit sie nicht aufspringen. Nach dem Füllen werden sie auf der äußeren Seite ein wenig eingesalzen, halb gar gesotten und gelb gebraten, oder gleich gebraten und mit etwas Fleischbrühe abgelöscht.

43. Hammelsmilzen werden ebenso gemacht.

44. Hachée von Kalbsmilz. Aus der Milz wird das Fleisch heraus geschnitten und mit Citronenschale fein gewiegt, 2—3 Sardellen ausgegrätet, ebenfalls fein gewiegt und mit 2 Eßlöffeln voll Semmelmehl in einem Stück Butter gedämpft. Nach einigen Augenblicken gibt man die gewiegte Milz auch hinzu und dämpft sie so lange mit, bis sie die Farbe verliert. Nun kommt saurer Rahm, Citronensaft, etwas Fleischbrühe, ganzer Pfeffer und Salz dazu. Hat alles noch ein wenig gekocht, so wird es mit geröstetem Brot angerichtet.

45. Gebackene Leber. Die Leber wird in Scheiben geschnitten, mit Mehl bestreut und in Butter gebacken. Ist sie innen nicht mehr roth, so wird sie mit Salz und etwas Pfeffer bestreut und sogleich angerichtet.

46. Fleischvögel. Von einer Kalbsschale werden dünne, etwa 2 fingersbreite Stückchen abgeschnitten, welche gut geklopft oder mit einem Messer gehackt werden, sie dürfen jedoch nicht zersetzt werden; dann reibt man sie mit Salz und ein wenig Pfeffer ein, rollt sie auf und umwindet sie mit einem Bindfaden. Sie werden in einer Pfanne mit Zwiebeln und Gelbrüben schnell gelb gebraten; beim Anrichten muß der Faden entfernt werden.

47. Andere Art. Man schneidet von einer obern oder unteren Kalbsschale fingerslange und 2 fingersbreite Stückchen, klopft sie und legt sie mit Pfeffer und Salz bestreut in Essig. Nach 1 Stunde werden sie heraus genommen, etwas abgerieben, wie die vorigen gewickelt, außen noch gespickt und mit Mehl bestreut. Sie werden mit ganzem Gewürz, Citronenscheiben und viel Zwiebel gelb gebraten.

48. Kalbfleischschnitzel. Solche werden etwa so groß wie eine Kinderhand von einer Schale abgeschnitten, gut geklopft, aber nicht zerfetzt, mit Pfeffer und Salz ein wenig eingerieben und in Mehl umgekehrt. Sie werden in viel Butter schnell schön gelb gebraten.

49. Wiener Schnitzel. Man schneidet von einem Kalbs-schlegel oder einer Schale Stücke von der Größe einer Kotelette, hackt sie mit dem Messer so fein, daß sie zu schönen fingersdicken, runden Küchlein gestrichen werden können, be-streut sie mit Salz, kehrt sie, nachdem sie in verrührtes Ei getaucht, in Semmelmehl um, und wiederholt dies noch-mals, damit es eine recht dicke Kruste gibt. Dann werden die Wienerschnitzel in Schmalz schwimmend auf starkem Feuer schön gelb gebacken und auf Brotschnitten gelegt, da-mit das Fett abläuft. Man kann sie auch noch mit Cit-ronensaft beträufeln oder mit Citronenschnitzen servieren. Wer sie fett liebt, der backe sie nur auf einer Seite schön gelb; wenn sie auf der andern noch blaßgelb sind, gieße man das Schmalz beinahe ganz ab, decke die Schnitzel fest zu und lasse sie auf langsamem Feuer vollends gar schmoren.

50. Kalbskotelette. Die Koteletten oder Rippen wer-den gestreift, d. h. die Haut auf der Rippe wird aufge-geschnitten, mit einem Tuch angefaßt und abwärts gestreift, die oberen Beine (Nasen) weggehauen und das Fleisch recht fein gehackt. Während des Hackens muß alles Sehnige und Hautige entfernt werden; dann wird das Fleisch in eine gefällige runde Form gestrichen und an die Rippe gedrückt. Das Fleisch muß aber fingersdick gestrichen wer-den, und beim Hacken sorge man, daß es namentlich am Bein oder der Rippe gut gehackt werde. Die Koteletten werden nun eingesalzen, in Ei und Semmelmehl ein oder zweimal wie die Wienerschnitzel umgekehrt und dann auch auf die gleiche Weise in Schmalz schwimmend gebacken.

51. Gespickte Kalbsrippen. Man nimmt zwei Kalbs-koteletten, entfernt davon eine Rippe, so daß es recht dicke Koteletten gibt, spickt dieselben stark mit Speck, bestreut sie mit Pfeffer und Salz und gibt sie mit viel Butter in einem irdenen Kochgefäß auf's Feuer. Sie werden oben mit Butterscheiben belegt und mit einem Kohlendeckel mit Glut zugedeckt. Sie müssen rasch gar gedämpft und sogleich zu Tisch gegeben werden.

52. Hammelskoteletten werden wie die Kalbskoteletten zugerichtet, mit Pfeffer und Salz bestreut, in zerlassene Butter getaucht, mit Semmelmehl bestreut und bei starker Glut in einer Pfanne gebraten; sie müssen einmal mit Bratenbrühe oder Fleischbrühe begossen werden, damit sie saftig bleiben. Beim Hacken muß alles Fett sorgfältig entfernt werden.

53. Andere Art. Die Rippen werden wie oben zugerichtet, gut gehackt, mit Salz und Pfeffer bestreut und in zerlassene Butter getaucht. Dann werden sie wie die Kalbskoteletten mit Ei und Semmelmehl paniert, nur daß dem Ei gewiegte Petersilie und Zwiebel beigefügt werden. Man backt sie langsam schön gelb.

54. Schweinskoteletten werden wie die Kalbskoteletten zubereitet.

55. Gebeiztes Kalbfleisch. Eine Kalbsschale wird gut eingesalzen, und mit viel Zwiebeln, Citronenscheiben, 1 Lorbeerblatt und ganzem Gewürz 2 Tage in nicht zu scharfen Essig gelegt. Dann wird das Fleisch mit einem Viertel der Beize und 3 Vierteilen Wasser weich gedämpft. Nach ³/₄ Stunden wird es vom Feuer genommen, und wenn es in seiner Sauce erkaltet ist, in Scheiben geschnitten, zu Tisch gegeben.

XIV. Braten und gedämpftes Fleisch.

1. Gewöhnlicher Kalbsbraten. Das Kalbfleisch wird gereinigt, wobei man womöglich das Waschen vermeidet; ist es dennoch nötig, so geschehe es nur mit recht heißem Wasser und trockne man dann das Fleisch wieder sorgfältig

ab. Vorher muß es noch gut geklopft und mit Pfeffer und Salz bestreut oder eingerieben werden. Dann gibt man ein großes Stück Butter, oder Butter und Schmalz in einen eisernen oder irdenen Topf, legt das Fleisch mit einigen Zwiebelschnitzen, an denen die äußere Haut bleibt und Gelbrüben hinein und bratet das Fleisch gelb und gar. Es ist dabei das Hineinstechen und zu oftmaliges Umwenden zu vermeiden, durch beides verliert der Braten. Damit er nicht anbrenne, gieße man später etwas kochendes Wasser nach, aber nur recht wenig, besser ist saurer Rahm. Es ist gut, wenn ein Kalbsbraten mit so viel Fett zugesetzt wird, daß man fast nichts nachzugießen braucht. Um einen Kalbsbraten recht saftig zu machen, drücke man an einigen Stellen in dazu gemachte Einschnitte Butterstückchen hinein, oder spicke ihn dicht mit Speck, versäume auch nicht, ihn häufig mit der Sauce zu begießen. Beim Anrichten wird die Sauce durchgeseiht, und mit ein wenig Klarmehl seimig gemacht.

2. **Kalbsbraten im Ofen.** Der Braten wird zugerichtet wie oben, und in eine flache Bratpfanne oder auf eine Platte gelegt, in welcher viel Butter und auch einige Speckscheiben sein müssen. Der Braten muß auch oben mit Butter belegt werden. Er wird sobann in heißem Ofen schön gelb gebraten, wobei er häufig mit seiner Brühe begossen werden muß. Umkehren soll man ihn nicht. Statt im Ofen kann ein Kalbsbraten auch im Dampftopf zubereitet werden. Er ist dann in der halben Zeit gar. Sollte der Topf nicht sehr gut schließen, so gebe man zu dem Fett, welches nicht gespart werden darf, noch eine kleine Tasse kochendes Wasser. Ist er beinahe gar, so kann er auch offen vollends gelb gebraten werden.

Bemerkung. Kalbfleisch kann im Sommer in Rührmilch oder in gestandener Milch einige Tage aufbewahrt werden. Ebenso kann Kalbsbraten mit saurer oder süßer Milch, auch mit Molken abgelöscht werden. Es gibt sehr viel Sauce und einen sehr milden Braten.

3. Gefüllte Kalbsbrust. Die Brust wird ausgebeint, geklopft, gelöst, wenn nötig, mit heißem Wasser gewaschen und gut abgetrocknet. Sodann werden zwei Semmel eingeschnitten und mit Milch gebrüht, damit sie aufquellen; sie können aber auch nur in Wasser eingeweicht und wieder gut ausgedrückt werden. Etwas Petersilie wird fein gewiegt und zu den Semmeln genommen, welche mit einem Stück leicht gerührter Butter, Salz, Muskatnuß und 3—4 Eiern gut verrührt werden. Mit dieser Fülle wird die Brust gefüllt, zugenäht und auf oben angegebene Weise gebraten. Beim Anrichten wird der Faden entfernt. **Schweinsbrust** wird ebenso gemacht.

4. Rahmkalbsbraten. Eine Schale wird geklopft, eingesalzen und mit ½ Liter siedendem Essig, in welchem ganzes Gewürz, Zwiebel, Lorbeer und Citronenscheiben abgekocht wurden, übergossen. Nach zwei Stunden wird das Fleisch herausgenommen, dicht gespickt und in Butter oder halb Butter, halb Schmalz schön gelb gebraten. Zum Ablöschen vermische man Fleischbrühe mit der Beize. Eine halbe Stunde vor dem Anrichten wird ein kleiner Kochlöffel voll Mehl mit einigen Eßlöffeln voll Wein glatt angerührt und zur Sauce an den Braten geschüttet. Beim Anrichten wird die Sauce geseiht, mit saurem Rahm durchgerührt und noch einige Augenblicke aufs Feuer gesetzt.

5. Gedämpfte Kalbsschale. Die Schale wird gut geklopft, abgerieben, oder, wenn nötig, gewaschen und gut abgetrocknet, mit Pfeffer und Salz eingerieben· und in Butter auf beiden Seiten schön gelb gemacht. Hierauf wird das Fleisch mit einem kleinen Kochlöffel voll Mehl bestreut und mit einem Glase Wein abgelöscht. Man gibt Zwiebel, ein halbes Lorbeerblatt, Citronenscheiben bei, deckt das Fleisch gut zu und läßt es weich dämpfen.

6. Kalbsroulade. Eine obere oder untere Schale wird ausgebeint, abgerieben und eine halbe Stunde geklopft. Inzwischen wird ein Häring gewaschen, geputzt und in ganz feine Streifen geschnitten, eine Citrone abgeschält und die

Schale ebenfalls in feine Streifen geschnitten. Dann wird das Kalbfleisch eingesalzen, und überall auf der oberen fleischigen Seite lange Einschnitte gemacht, in welche abwechselnd Häring- und Citronenstreifen gedrückt werden. Das Fleisch wird nun noch mit zerlassener Butter bestrichen oder mit Butterscheiben belegt, stark mit Citronensaft beträufelt, fest aufgerollt, mit Bindfaden gut umwickelt und in viel Butter recht saftig, entweder im Topf oder Ofen gebraten. Wenn es gar ist, wird der Faden entfernt. Diese Roulade wird kalt gegeben.

7. Carée von Kalbfleisch. Das Rippstück wird vom Rückgrat befreit, die Rippen etwas abgehauen, gereinigt und gespickt. Es ist am besten, man nimmt eine Seite, läßt aber die untersten 2 Rippen, welche zu hautig sind, noch weg; ist das Fleisch eingesalzen, so wird es mit Essig übergossen, in welchem ganzes Gewürz, Citronenscheiben, feine Kräuter und 1 Lorbeerblatt einige Zeit gekocht wurden, und darauf einige Stunden, oder über Nacht, an einen kühlen Ort gestellt. Vor dem braten, welches womöglich im Ofen geschehen sollte, wird das Fleisch gut abgetrocknet. Beim Braten selbst muß sehr viel Butter, ganze Zwiebel und ein wenig von der Beize verwendet werden.

8. Roulade von dreierlei Fleisch. Ochsenfleisch, Kalbfleisch und Schweinefleisch wird ausgebeint und das Fett weggeschnitten. Es müssen aber etwas dünne, recht schöne, fleischige Stücke sein; Schweins- und Ochsenfleisch in gleicher Quantität, Kalbfleisch etwas weniger. Nachdem jedes Stück gut durchgeklopft ist, wird es eingesalzen, mit fein gewiegten Zwiebeln, Petersilie und Citronenschale bestreut, stark mit Saft beträufelt und so auf einander gelegt, daß unten Schweins- und oben Kalbfleisch ist. Dann rollt man es fest zusammen, umwindet es mit Bindfaden, bratet es saftig und löscht es mit etwas Wein ab.

9. Gewöhnlicher Hammelsbraten. Zum Braten ist auch hier die Schale oder ein Schlegel das beste Stück. Es wird gut geklopft, eingesalzen und nach Belieben mit ein

Halm, Kochbuch. 11

paar kleinen Knoblauchschnitzchen gespickt, d. h. sie werden
in kleine Einschnitte gesteckt, damit sie womöglich beim Anrichten wieder heraus genommen werden können. Ist das
Fleisch recht fett, so wird es nur mit schwach ¼ Liter
Wasser zugesetzt und wenn es eingekocht ist, vollends in
seinem eigenen Fett gebraten. Es werden dem Fleisch
ganze Zwiebel und Gelbrüben beigefügt; sollte aber das
Fleisch jung und nicht fett sein, so setzt man es mit Rindschmalz zu und löscht es mit Wasser ab. Es ist auch hier
das Hineinstechen zu vermeiden.

10. Hammelfleisch wie Wildbret. Der Schlegel oder
nur eine Schale wird abgefettet, gespickt und eingesalzen.
Dann wird Essig, sollte er zu scharf sein, mit Wasser vermischt, auf's Feuer gesetzt, ganzes Gewürz, Citronenscheiben,
Lorbeer und feine Kräuter darin gesotten und alles kochend
über das Fleisch gegossen. Der Essig muß das Fleisch ganz
bedecken. Stellt man den Braten an einen kühlen Ort,
so kann er in dieser Beize 8—10 Tage aufbewahrt werden.
Er wird mit Speck belegt und in viel Butter oder Rindschmalz recht saftig gebraten. Nach 1 Stunde wird der
Speck entfernt, damit der Braten Farbe bekommt. Sollte
das Fett zu sehr einschmoren, so wird das Fleisch mit etwas kochendem Wasser von Zeit zu Zeit abgelöscht. ½
Stunde vor dem Anrichten wird 1 Kochlöffel voll Mehl
mit einigen Eßlöffeln voll Wein und Wasser angerührt und
an den Braten gegossen. Beim Anrichten selbst wird die
Sauce mit saurem Rahm durchgerührt, geseiht und in eine
erwärmte Sauciere gegossen.

11. Hammelfleisch in Essig. Ein Stück Hammelfleisch
wird gut geklopft, eingesalzen und in nicht zu scharfen
Essig gelegt; derselbe muß aber das Fleisch bedecken. Es
kann ebenfalls 8—14 Tage aufbewahrt werden. Ist das
Fleisch ziemlich fett, so wird es nur mit Wasser und etwas
Essig, zusammen ⅛ Liter, mit ½ Lorbeerblatt, Zwiebel
und Pfefferkörnern zugesetzt. Hat es wenig Fett, so gebe
man etwas Butter oder Schmalz hinzu. Ist die Brühe

eingesotten, so wird das Fleisch in seinem eigenen Fett
gelb gebraten, hin und wieder mit etwas Wasser, am besten
kochendem, und nach einiger Zeit mit einem Teig von einem
Kochlöffel voll Mehl und Wasser abgelöscht. Beim An=
richten wird noch saurer Rahm zur Sauce gerührt, dieselbe
durchgeseiht und nochmals aufgekocht.

12. Hammelfleisch mit Gurken. Ein Schlegel oder eine
Schale wird gut geklopft, gewaschen und abgetrocknet, dann
mit Salz und Pfeffer eingerieben und mit etwas Fett zu=
gesetzt. Nach einiger Zeit wird es mit Wasser und ein
wenig Essig abgelöscht. Zur Würze werden der Sauce
noch Pfefferkörner, ganze Nelken, Zwiebel und 1/2 Teller
voll in Würfel geschnittene Gurken beigefügt. Ist das
Fleisch gelb und gar gebraten, so gibt man einige Löffel
voll sauren Rahms zur Sauce, seiht sie durch und richtet
sie mit dem Braten oder in einer Sauciere an. In Er=
manglung des Rahms kann auch einige Zeit vor dem An=
richten Milch unter die Sauce gerührt werden.

13. Lammrücken wie Rehziemer. Von dem Rücken eines
jungen Lamms wird die Haut abgezogen, Esdragon, Zwiebel
und Rosmarin werden fein gewiegt, mit gestoßenen Wach=
holderbeeren, Pfeffer, nebst etwas Nelken vermischt und der
Rücken damit eingerieben. Hierauf legt man ihn 2 bis
3 Tage in mit Wasser oder Wein verdünnten Essig; vor
dem Braten wird er gespickt, eingesalzen und dann wie
Wildbret behandelt.

14. Gewöhnlicher Schweinsbraten. Zur Ersparniß kann
er mit Wasser zugesetzt werden. Das Fleisch wird gut mit
Salz und etwas Pfeffer eingerieben, mit Zwiebeln und
1/8 Liter kochendem Wasser zugesetzt. Ist letzteres einge=
kocht, läßt man das Fleisch in seinem eigenen Fett gelb
werden und löscht den Braten, bis er gar ist, noch einige
Male mit etwas siedendem Wasser oder Fleischbrühe ab.

15. Schweinsbraten im Netz. Dazu paßt am besten
ein ausgebeintes Rippstück. Eine Stunde vor dem Zusetzen
wird das Fleisch mit Salz und Pfeffer eingerieben. In=

zwischen wird ein Häring geputzt, ausgegrätet, in schmale,
5 cm. lange Streifen geschnitten und diese in Einschnitte
gedrückt, die zu diesem Zweck in das Fleisch gemacht wurden.
Nun werden noch Citronenscheiben auf das Fleisch gelegt,
dasselbe in ein Netz gewickelt, mit Faden umwunden und
im Ofen gebraten. Vor oder beim Anrichten muß der
Faden entfernt werden.

16. Spanferkel. Dem Spanferkel werden, wenn es
geschlachtet und gereinigt ist, die Pfoten abgeschnitten, die
Augen ausgestochen, das Inwendige mit Pfeffer und Salz
abgerieben und das Aeußere gut abgetrocknet. Dann wer=
den in eine Bratpfanne 2 Stücke Holz gelegt, auf welche
das Ferkel gelegt wird. Es kann aber auch mit einem
hölzernen Spieß durchstochen und an demselben über die
Pfanne gehängt werden. Nun stellt man dasselbe in einen
heißen Ofen, begießt es aber nie mit Wasser, sondern be=
streicht es immer sorgfältig mit Speck oder feinem Oel
und sticht es öfter mit einer Nadel, daß die Haut keine
Blasen bekommt. Wenn das Ferkel gelb ist, wird es mit
Salz bestreut. Nach einer Stunde wird es mit einer Ci=
trone im Maul recht heiß und ohne Sauce serviert. Um
dem Ferkel ein schöneres Ansehen zu geben, kann man 2
Semmel in den Leib stecken, es wird dann in knieender
Stellung in die Kachel gelegt und auch in dieser Stellung
serviert. Die Schenkel können, damit sie besser halten,
mit einem Hölzchen zusammengesteckt und auch die Vor=
derfüße befestigt werden, indem man sie durch zwei am
Halse gemachte Einschnitte in die zu diesem Zwecke etwas
losgelöste Haut schiebt. In Ermanglung einer Citrone
wird ein Sträußchen Petersilie in das Maul gesteckt; die
Semmel werden selbstverständlich beim Anrichten heraus
genommen. Es ist ratsam, wenn das Ferkel gar ist, hinten
am Kopf einen Einschnitt zu machen, damit die Haut
knusperig bleibt. Folgende Fülle kann dazu serviert werden:
das Herz, die Leber und die vorher gesottene Lunge werden
mit Zwiebeln fein gehackt und mit Bratwurstfülle verrührt.
Hierauf bräunt man Mehl in einem Stück Butter, löscht

es mit Fleischbrühe ab, rührt das Gehackte dazu, läßt es gut durchkochen und würzt es mit abgeriebener Citronenschale, Pfeffer, Salz und Muskatnuß. Statt des gerösteten Mehls kann auch 1—2 Löffel voll Semmelmehl unter das Gehackte gerührt werden, worauf alles zusammen nur mit dem Gewürz und mit Fleischbrühe durchgekocht wird.

17. Wildschweinsbraten. Der Schlegel eines jungen, 1—2jährigen Tiers wird abgehäutet, eingesalzen und mit reichlich Butter, Zwiebeln, 1 Lorbeerblatt, Nelken, Citronenscheiben und Wachholderbeeren zugesetzt und dann mit Essig und Wasser abgelöscht. Später streut man etwas Semmelmehl in die Sauce, damit sie dicker wird, oder gibt beim Zusetzen gleich eine Brotrinde hinzu; man kann auch sauren Rahm zu dem Braten geben, versäume aber nicht, das Fleisch gut zuzudecken, die Sauce durchzutreiben und nochmals mit Rahm durchzurühren, ehe sie angerichtet wird. Ist das Schwein älter als 1½ Jahr, so muß das Fleisch eingebeizt werden.

Ein Frischling oder wildes Ferkel wird wie ein gewöhnliches Ferkel gebraten, nur daß es vorher eingebeizt werden kann. Statt der Bratwurstfülle hackt man zu Leber und Herz Reste von Wildbraten, Speck und ein Paar Kapern.

18. Rehbraten. Ein Rehziemer oder Schlegel wird gehäutelt, gespickt, mit Pfeffer und Salz bestreut und mit einem großen Stück Butter, Zwiebel, Lorbeer und Citrone zugesetzt. Es kann sowohl im Ofen als in einer Bratpfanne gar gemacht werden. In beiden Fällen darf der Braten höchstens mit ein wenig Fleischbrühe oder was weit besser ist, mit saurem Rahm abgelöscht werden. Ist die Sauce schön gelb, so wird ein Kochlöffel voll Mehl mit Wein und 1 Löffel voll Essig statt des sauren Rahms glatt gerührt und an die Sauce geschüttet. Vor dem Anrichten wird die Sauce durchgeseiht, mit Rahm durchrührt und noch ein Mal aufgekocht. Der Braten wird, auch wenn er vorher in der Beize gelegen, ganz auf dieselbe Weise zubereitet und mit Citronenschnitzen oder einer ganzen Citrone serviert.

19. Hirschbraten wird auf dieselbe Weise zubereitet, wie der Rehbraten, doch ist es immer besser, ihn vorher zu beizen.

20. Gedämpftes Hirschfleisch. Ein Schlegel oder Ziemer oder auch ½ Schlegel wird geklopft, gespickt und auf Speckscheiben in eine irdene Pfanne gelegt. Dann werden Zwiebel, Citronenscheiben, Lorbeerblatt, Pfefferkörner, Brotrinde, eine Tasse Fleischbrühe und ebensoviel Essig dazu gethan und das Fleisch, gut zugedeckt, darin gar gedämpft. Vor dem Anrichten wird die Sauce durchgetrieben, mit Rahm verrührt und nochmals aufgekocht.

21. Hasenbraten. Zum Braten nimmt man den Ziemer (Rücken) und die Hinterläufe, das übrige wird als Hasenpfeffer verwendet. Das Fleisch muß wegen der Schrote sorgfältig durchsucht, gereinigt und gewaschen werden. Der Rücken wird abgehäutet, in 2 schönen Reihen rechts und links gespickt, gesalzen und mit reichlich Butter zugesetzt. Man gebe ganze Zwiebel, Citronenscheiben, ½ Lorbeerblatt, ganzen Pfeffer und Nelken dazu und lösche ihn nur mit etwas Fleischbrühe oder Rahm ab. Etwa ½ Stunde vor dem Anrichten wird ein Kochlöffel voll Mehl mit Essig und Wein, zusammen etwa eine Tasse voll, angerührt und an die Sauce gegossen. Die Sauce muß durchgeseiht und mit einer Tasse oder einigen Löffeln voll saurem Rahm vermischt werden, ehe man sie zu Tisch gibt. Der Hase kann auch vorher einige Tage eingebeizt werden, in welchem Falle man das Mehl zur Sauce nur mit Wein und Wasser anrührt. Bei einem sehr jungen Hasen ist Beizen nicht ratsam, er verliert sehr an seinem Geschmack. In Ermanglung von saurem Rahm zum Durchrühren der Sauce lösche man für gewöhnlich den Braten mit Milch, Molken oder Rührmilch ab.

22. Enten zu braten. Die Ente wird gerupft, gehörig gereinigt und ausgenommen, wie dies vorn angegeben, inwendig und außen mit Salz eingerieben und mit reichlich Butter in einer Bratpfanne zugesetzt. Sie wird nun schön

gelb und gar gebraten, dabei muß fie aber gut zugedeckt
und nur immer mit wenig kochendem Waffer abgelöscht
werden, damit fie nicht fiede.

23. Gefüllte Ente. Ift die Ente ausgenommen, gewafchen und eingefalzen, fo füllt man fie mit folgendem:
die mit etwas Speck fein gewiegte Leber, das Herz und
der Magen, fein gewiegte Zwiebel und Peterfilie, eine in
Milch eingeweichte Semmel oder 1½ Milchbrote werden,
alles zufammen, mit 2—3 Eiern, Salz und Muskatnuß
angerührt. Nachdem die Ente gefüllt ift, wird fie zugenäht, (der Faden muß aber beim Anrichten wieder herausgezogen werden), und mit Zwiebeln, Peterfilie und Gelbrüben in viel Butter fchön gelb gebraten. Man kann
aber diefe Würze beffer weglaffen und die Ente nur in
Fett braten. Während des bratens begießt man fie häufig
und deckt fie jedesmal wieder gut zu. Oder: man fchält
kalte Kartoffeln, fchneidet fie in kleine Würfel, wiegt Peterfilie und Zwiebel fein, fchneidet oder wiegt Herz, Leber
und Magen klein, dämpft alles einige Zeit in Butter, gibt
die Kartoffeln nebft Peterfilie dazu und füllt die Ente damit.

24. Ente mit Wein. Die Ente wird mit Butter fchön
gelb gebraten, fpäter löfcht man fie mit ein wenig fiedendem
Waffer ab und gibt Citronenfchale, ganze Nelken, fowie
etwas Pfeffer hinzu. Hat die Ente ungefähr 1 Stunde
gebraten, fo rührt man einen Kochlöffel voll Mehl mit ⅛
Liter gutem Rotwein an und gießt es an die Ente.

25. Wilde Enten, gedämpft. Die wilden Enten rupft
man wie die zahmen, fchneidet ihnen auch den Kopf, Füße
und Flügel im Gelenk ab. Dann reibt man fie mit Pfeffer,
Salz und etwas Nelken ein, legt Citronenfcheiben, fowie
ein Lorbeerblatt in den Leib und begießt fie mit Effig,
in welchem fie einige Tage liegen bleiben. Vor dem Zufetzen fpickt man fie mit Speck und gibt fie dann mit viel
Butter in eine Bratpfanne. Man löfcht fie mit ein wenig
kochendem Waffer ab; nach Belieben kann man auch von
der Beize oder frifchen Effig dazu nehmen. Die Ente muß

immer gut zugedeckt sein. Die Leber, das Herz und das Fleischige vom Magen wird mit Speck fein gewiegt, mit etwas Semmelmehl in Butter gedämpft, mit Salz und Citronensaft gewürzt, mit Fleischbrühe abgelöscht und an die Ente gethan. Statt Semmelmehl kann auch gewöhnliches Mehl genommen werden.

26. **Gebratene wilde Ente.** Man reibt die Enten mit Salz ein und legt sie ein paar Stunden in eine Beize von Essig, Zwiebeln, Lorbeerblättern und feinen Kräutern. Dann spickt man sie reichlich mit Speck, bratet sie mit Butter und löscht sie hin und wieder mit der Beize ab.

27. **Gans.** Wenn die Gans, wie vorn angegeben, gerupft und zubereitet ist, wird sie mit Salz eingerieben, mit Kartoffelwürfelchen, klein gewiegten Zwiebeln und Petersilie gefüllt, zugenäht, mit Wasser zugesetzt und wenn dieses eingekocht ist, in ihrem eigenen Fett schön gelb gebraten. Sie braucht 3 Stunden zum Garwerden. Beim Anrichten muß der Faden, womit die Gans zugenäht, entfernt werden. Zur Fülle kann man auch verwenden: eingeweichte Semmel, welche mit Eiern, der gehackten Leber, Herz und Magen, sowie mit gehackter Petersilie und Salz angerührt werden. Noch eine Art Fülle ist: Kartoffelwürfelchen von gesottenen, geschälten Kartoffeln mit der fein gehackten Leber und ebenfalls fein gehackten Zwiebeln und Petersilie in ein wenig Butter gedämpft. Noch eine andere Art Fülle (norddeutsch) ist folgende: gut gereinigte Backpflaumen werden halb gar gekocht (man kann auch statt deren Rosinen nehmen, was noch wohlschmeckender ist), ein gleiches Quantum Aepfelschnitte bereitet, beides reichlich mit gestoßenem Zwieback, oder in Ermanglung dessen mit Semmelmehl vermengt und feingestoßener Kaneel und Zucker und ein kleines Glas Rum daran gegeben. Auch Enten werden sehr wohlschmeckend durch diese Fülle.

28. **Wilde Gans.** Von wilden Gänsen sind nur die jungen genießbar. Sie werden einige Tage in Essig gelegt, in welchem allerhand feine Kräuter, Petersilie, Gelb-

rüben, ganzes Gewürz, Citronenscheiben, Lorbeerblätter,
Zwiebel und Wachholderbeeren abgesotten wurden. Der
Essig wird aber kalt an die Gänse geschüttet. Sie werden
dann vor dem Zusetzen gespickt und nach Belieben auch
mit Kartoffeln oder Semmelfülle, wie die zahme Gans ge=
füllt. Zum Fertigmachen ist hier ein Dampftopf mit Glasur
sehr gut. Die Gans wird mit etwas Fleischbrühe, Wein
und viel Butter, mit Zwiebeln, Wachholderbeer, Lorbeer=
blatt, Citronenscheiben, ganzem Pfeffer und Nelken, gut
zugedeckt, weich gedämpft und dann erst gelb gebraten.
Ohne Dampftopf dauert das Weichdämpfen 3—4 Stunden,
im Dampftopfe dagegen ist eine wilde Gans schon in der
halben Zeit fertig. Beim Anrichten muß die Sauce mit
etwas Fleischbrühe und viel saurem Rahm verrührt und
durchgeseiht werden.

29. Gebratene junge Hühner oder Kücken. Nachdem die
Hühnchen gehörig gereinigt, ausgewaschen, dressiert und nach
Belieben gespickt sind, werden sie mit feinem Salz einge=
rieben, etwas Petersilie und Butter in den Leib gelegt,
mit reichlich Butter und nach Belieben auch mit Speck=
scheiben belegt und schön gelb gebraten. Sie brauchen eine
starke Viertelstunde zum Garwerden. Sie können auch mit
nachstehendem gefüllt werden: die Leber, das fleischige
des Magens und das Herz werden fein gewiegt, in einem
Stückchen Butter mit gehackter Petersilie und Zwiebel ge=
dämpft und in Milch oder Wasser eingeweichtes Weißbrot,
Salz, Eier und Muskatnuß dazu gerührt. Die Hühnchen
dürfen aber nur sehr wenig gefüllt werden, weil sie sonst
aufspringen.

30. Junge Hühner mit Krebsfülle. Von den Hühnern
werden die Lebern und der Magen gesotten, mit Krebs=
schwänzen und Scheren klein gehackt und in zerlassener
Krebs= oder gewöhnlicher Butter gedämpft. Ist die Masse
etwas abgekühlt, so rührt man 2—3 Eier, je nach der
Zahl der Hühner, in Milch eingeweichtes Milchbrot, Salz
und nach Belieben auch fein geschnittene Morcheln dazu.

Sind die Hühner gefüllt und zugenäht, so werden sie, wie in Nr. 29 erwähnt, gebraten.

31. Gebeizte Henne mit Rahm. Die Henne wird wie die jungen Hühner ausgenommen und gereinigt, dann löst man die Haut auf der Brust los, schiebt eine Speckscheibe hinein und legt die Henne in eine Beize von Essig, Zwiebeln, Citronenscheiben ꝛc. Nach 3—4 Tagen wird sie abge= trocknet, gespickt, dressiert, mit Butter zugesetzt und mit der Beize nebst etwas Wasser abgelöscht. Nach 2—3 Stunden, wenn die Henne gar ist, kommt noch saurer Rahm an die Sauce.

32. Reb= und Feldhühner. Diese werden ausgenommen, gerupft und gereinigt wie gewöhnlich, nur läßt man die Köpfe ungerupft und umbindet sie mit Papier, welches beim Servieren entfernt wird. Man kann aber auch die Köpfchen abschneiden und wenn die Hühner gebraten sind, dieselben mit spitzen Hölzchen auf den Leib stecken und mit zierlichen Halskrausen von Papier umwinden. Sie können einige Stunden vor dem Zusetzen in eine Beize gelegt werden, doch ist es nicht unbedingt nötig. Zum Braten legt man sie in eine irdene Pfanne, oder man bratet sie noch besser in einem Ofen, bestreut sie vorher mit Pfeffer und Salz, legt Petersilie und ein Stückchen Butter in ‧den Leib und gibt Zwiebel und Gelbrüben in die Pfanne. Sie werden nur wenig mit Fleischbrühe und Wein oder saurem Rahm ab= gelöscht. Um sie noch saftiger zu machen, belege man sie in der ersten ½ Stunde mit Speckscheiben und entferne diese zum Gelbbraten; siehe: Schnepfen.

33. Gebratene Schnepfen. Die Schnepfen werden ge= rupft, aber nicht ausgenommen, sondern nur der Kot ent= fernt und zurückgelegt. Die Haut am Kopfe wird abge= zogen, und die Augen ausgestochen. Sind die Schnepfen gewaschen, so bestreut man sie mit Pfeffer und Salz; die Füße werden gekreuzt und mit den Schnäbeln durchstochen. Hierauf überbindet man sie mit Speck und bratet sie unter fleißigem Begießen in Butter recht saftig. Nach einiger

Zeit wird der Speck abgenommen, damit sie gelb werden. Sie können auch auf Milchbrotschnitten gelegt werden, damit diese den Saft anschlucken. Die Schnitten werden mit Citronensaft beträufelt und die Schnepfen darauf gegeben. Sie müssen womöglich im Ofen gebraten werden, und brauchen 1 bis 2 Stunden dazu. Statt der gewöhnlichen Schnitten können auch folgende dazu gegeben werden: Die Eingeweide werden mit Citronenschale fein geschnitten und mit feingewiegtem oder geriebenem Milchbrot in Butter gedämpft. Dann rührt man noch Rahm, Citronensaft, Pfeffer und Salz dazu, streicht diese Fülle auf Milchbrotschnitten, welche in Butter geröstet sind, dämpft sie in Butter und Rahm und garniert die Schüssel damit, worauf die Schnepfen serviert werden.

34. Andere Art Schnepfenschnitten. Die Schnepfen werden ausgenommen und wie oben gebraten. Dann wiegt man die Eingeweide mit Speck, die Mägen müssen weggelassen werden, rührt das gewiegte mit fein gehackten Zwiebeln, Citronenschale, etwas Semmelmehl, Pfeffer, Salz und einem Ei an, streicht diese Fülle auf Milchbrotschnitten und bäckt sie in Schmalz. Sie müssen mit Bratenbrühe gegeben werden.

35. Krammetsvögel. Wenn die Krammetsvögel gerupft sind, werden sie bis auf die Leber und Magen ausgenommen und mit Salz und Pfeffer bestreut. Sie werden im Herbste in Norddeutschland nicht ausgenommen. Die Haut wird vom Kopfe abgezogen, die Augen ausgestochen und die Schnäbel in die Brust gestoßen oder die Köpfe um die Flügel geschränkt. Die Füße werden gekreuzt, daß sie sich gegenseitig einkrallen. Man bratet die Krammetsvögel, ebenfalls mit Speck umbunden, im Ofen mit reichlich Butter. Zum Gelbbraten wird dann der Speck entfernt. Sie brauchen eine halbe Stunde zum Garwerden. Man kann die Krammetsvögel auch wie die Schnepfen auf Milchbrotschnitten legen; nach Belieben auch Wachholderbeeren beim braten an die Butter geben.

36. **Lerchen und Wachteln** werden wie die Krammets=
vögel zugerichtet. Dann bratet man sie womöglich im
Ofen in reichlich Butter, beträufelt sie, nachdem sie bei=
nahe gar sind, abermals mit Butter, bestreut sie mit Milch=
brotmehl und läßt sie vollends gar braten.

37. **Wilde Tauben** werden über Nacht gebeizt und wie
Feldhühner gebraten.

38. **Zahme Tauben.** Sind die Tauben gerupft, aus=
genommen und dressiert, wie es vorn bei der Einleitung
angegeben ist, so salzt man sie nur sehr wenig ein und
bratet sie mit viel Butter und ein wenig Fleischbrühe in
einer Schmorpfanne recht hellgelb. Beim Anrichten kann
die Sauce auch mit saurem Rahm durchgerührt werden.
Beim braten muß man sehr darauf achten, daß die Butter
nicht braun wird und die Tauben nur gelb bleiben.

39. **Gefüllte Tauben.** Von den Tauben löst man
womöglich, so lang sie noch warm sind, die Haut auf Brust
und Rücken. Dann schiebt man in die gelösten Teile und
in den Leib die unten angegebene Fülle. Man muß sich
aber hüten, daß nicht zu viel eingefüllt wird, weil die
Tauben sonst platzen. Sie werden nach dem Einfüllen zu=
genäht und wie die vorhergehenden gebraten. Beim An=
richten muß der Faden herausgezogen werden. Fülle: Die
Lebern und Mägen werden mit ein wenig Petersilie und
Zwiebel fein gewiegt; wer diesen Geschmack nicht liebt,
kann auch nur Citronenschale mit den Lebern und Mägen
hacken. Zu 2—3 Tauben braucht man 2 Milchbrote, in
Milch oder Wasser eingeweicht und gut ausgedrückt. Die=
selben werden mit dem Gehackten in Butter gedämpft, und
wenn es etwas abgekühlt ist, mit 2 Eiern, etwas Rahm,
Salz und Muskatnuß angerührt.

40. **Gebeizte Tauben.** Die Tauben werden geputzt,
ausgenommen, dressiert, etwas gesalzen, und über Nacht in
eine Beize von schwachem Essig, Zwiebel, Lorbeerblatt,
Citronenscheiben, feinen Kräutern und ganzem Gewürz ge=

legt. Nachher spickt man sie mit feinen Speckstreifen, be=
streut sie mit Mehl und bratet sie in Butter schön hell=
gelb. Sie werden mit Fleischbrühe und ein wenig Essig
abgelöscht. Man gibt ein Stückchen von einem Lorbeer=
blatt und eine Citronenscheibe zu den Tauben in die Pfanne.
Kurz vor dem Anrichten kommen noch einige Löffel voll
sauren Rahms an die Sauce.

41. Kapaun, gebraten. Der Kapaun wird, wenn er
gestochen ist, gerupft, gewaschen und dressiert. Beim Rupfen
können auch am Kopfe einige Federn stehen bleiben. Dann
werden ihm ein Stück Butter, Petersilie, Zwiebel, auch
sonst feine Kräuter in den Leib gelegt. Brust und Schlegel
spickt man fein; hernach umbindet man den Kapaun noch
mit Speckscheiben, bestreut ihn mit Pfeffer und Salz und
bratet ihn im Ofen mit Butter. Er muß fleißig mit Fett
begossen werden und braucht je nach Alter und Größe 1½
bis 2 Stunden zum Garwerden. Eine halbe Stunde vor
dem Garwerden muß der Speck entfernt werden

42. Gefüllter Kapaun. Einem Kapaun wird auf der
Brust die Haut gelöst, dann wird er unter dieser losge=
lösten Haut und im Leib mit der unten angegebenen Fülle
gefüllt, zugenäht, dressiert, und, wie im vorhergehenden Rezept
angegeben wurde, gebraten. Fülle: 250 Gramm Kalb=
fleisch ohne Knochen, Fett und Haut, etwas Ochsenmark,
ein paar Sardellen und Citronenschale, sehr fein gewiegt,
mit etwas geriebenem Milchbrot, Salz, ein wenig Muskat
und süßem oder saurem Rahm angerührt.

43. Gebeizter Kapaun. Wenn der Kapaun geputzt,
dressiert und eingesalzen ist, wird er über Nacht in eine
Beize von Essig, Zwiebeln, feinen Kräutern und Citronen=
scheiben gelegt. Vor dem Zusetzen spickt man ihn zierlich,
bindet ihm eine Speckscheibe auf die Brust und bratet ihn
mit Butter im Ofen. Er muß fleißig mit Butter und
Citronensaft begossen werden.

44. Truthahn. Nachdem der Truthahn nach den Vor=
bereitungsregeln gerupft und ausgenommen wurde, wird

am Hals und Kopf die blaue Haut sorgfältig abgezogen und derselbe dressiert. Es ist nötig, ihn 2—3 Tage geschlachtet und vorgerichtet liegen zu lassen. Vor dem Braten wird er geklopft, nach Belieben auch gespickt, mit Pfeffer und Salz eingerieben, Kropf und Leib mit der Fülle gefüllt und zugenäht. Ein Truthahn kann auch gut ungefüllt gebraten werden. Der Kropf und Hals wird mit einem weißen, dick mit Butter bestrichenen Papier sorgfältig umbunden und die Brust mit Speck belegt. Nun kommt in die zum Braten bestimmte Pfanne ein Rost von Holz oder 4 Stäbchen kreuzweise, damit der Truthahn den Boden derselben nicht berühre; man legt ihn darauf, gießt schwach 1 Ltr. Wasser darunter, und gibt reichlich Butter, Zwiebel und eine Gelbrübe dazu. Man kann auch eine Rahmsauce dazu geben. Dann läßt man ihn in heißem Ofen 3 Stunden dämpfen und bratet ihn, wenn die Brühe eingekocht ist, vollends schön gelb, indem er fleißig mit Jus und Butter begossen wird. Fülle: 4 Semmel werden geschält, in Milch eingeweicht und wieder sauber ausgedrückt. Dann wiegt man die Leber mit Citronenschale, Zwiebel und Petersilie sehr fein, dämpft sie in Butter, rührt die ausgedrückten Semmel noch dazu, nimmt es vom Feuer, schlägt 5 Eier hinein und würzt es noch mit Salz und Muskatnuß. Mit der Leber kann auch noch der vorher weich gesottene Magen gewiegt werden.

45. Auerhahn. Der Auerhahn wird nur bis zum Hals gerupft und der Kopf abgehauen oder sorgfältig mit Papier umbunden und so aufbewahrt, daß keine Fliegen daran kommen. Der Auerhahn wird rein ausgewaschen, gut geklopft und mit Salz, Pfeffer, Nelken, zerdrückten Wacholderbeeren und gewiegten feinen Kräutern eingerieben. Dann belegt man ihn mit Citronenscheiben und übergießt ihn mit kochendem Essig. Er bleibt 3—4 Tage in dieser Beize, währenddem sollte der Essig jeden Tag wieder siedend gemacht und an den Auerhahn gegossen werden. Zum Braten wird er dicht gespickt, mit Speckscheiben belegt und mit einem weißen, mit Butter bestrichenen Papier umbunden.

Er wird mit ¼ Liter Beize, Fleischbrühe, viel Butter, Citronenscheiben, Zwiebeln, Pfefferkörnern, Wachholderbeeren und einem Lorbeerblatt in die Bratpfanne gegeben, gut zugedeckt und fleißig begossen. Im Ofen gebraten bleibt er natürlich unbedeckt. Eine halbe Stunde vor dem Anrichten wird das Papier entfernt, daß er Farbe bekommt. Zum Servieren wird der Kopf mittelst eines spitzigen Hölzchens auf den Leib gesteckt, oder ist er nicht abgeschnitten, nur aufgebunden, und in beiden Fällen mit einer zierlichen Halskrause von Papier geziert. Es ist nicht ratsam, einen zu alten Auerhahn zu braten, da er nie recht weich würde.

46. Rebhühner mit Weinlaub. Dieselben werden wie gewöhnlich ausgenommen, gerupft, dressiert, gespickt, mit etwas Salz bestreut, mit Speckscheiben belegt und jedes Huhn mit 2 Traubenblättern umwunden. Sie werden mit reichlich Butter zugesetzt, anfangs mit ein wenig Wasser und nachher mit saurem Rahm abgelöscht. Speck und Weinblätter werden besonders serviert. Die Hühner müssen schön gelb sein.

XV. Sulzen, Gelées, Crêmes.

Die zu Sulz und Gelée verwendeten Bindemittel sind: Kalbsfüße, Hausenblase, Gelatine und Agar. Kalbsfüße sind das billigste, reinste, aber umständlichste Bindemittel; sie werden zu Wein-, Fleisch- und Fischsulz oder Gelée verwendet. Zu 2 Liter Sulz braucht man 6—8 Kalbsfüße. Diese werden geputzt, die Haare am Licht abgesengt, vorher über Nacht in warmes Wasser gelegt und hierauf in einem irdenen oder glasierten Topfe mit kaltem Wasser zugesetzt; sobald letzteres siedet, wird es abgeschäumt, abgegossen und die Füße mit frischem, kaltem Wasser auf ein starkes Feuer gesetzt, häufig gerührt und so lange gesotten, bis sie zerfallen. Dann wird etwas kaltes Wasser zugegossen, das Fett abgeschöpft, die Brühe durch ein Haarsieb

in ein Porzellangeschirr gegossen und zurück gestellt. Beim
Gebrauch muß Haut und Bodensatz sorgfältig entfernt
werden. Hat man sehr viel Kalbsknochen, so können diese
auf die gleiche Weise verwendet werden. Hausenblase.
Es gibt zweierlei Arten, blätterartige und zusammenge-
rollte. Die Hausenblase in Blättern muß, soll sie gut
sein, am Licht einen bläulichen Schein haben; die aufge-
rollte muß blätterig sein. Zum Gebrauch wird sie gut
geklopft und in kleine Stückchen geschnitten, welche dann
je nach dem Gebrauch in Wasser, Milch oder Wein gelegt und auf die warme Herdplatte oder in den Ofen,
auch in heiße Asche gestellt werden, bis sie sich völlig klar
aufgelöst haben. Zu nicht ganz 1 Ltr. Gelée braucht man
30 Gr. Hausenblase. Gelatine wird mit der Schere
zu kleinen Stückchen zerschnitten. Zu 1 Ltr. Gelée rechnet
man 40—50 Gr. Gelatine. Die Stückchen werden in
Wasser oder Wein in einem Porzellan-Geschirr auf Kohlen
oder der heißen Herdplatte unter öfterem Umrühren gut
aufgelöst und ein wenig abgeschäumt. Es ist ratsam,
immer vorher mit der Gelée eine Probe zu machen.
Agar-Agar wird ½ Stunde in frisches Wasser eingeweicht, gut ausgedrückt, zerpflückt und in Wasser oder Wein
in einem irdenen Geschirr so lange verkocht, bis es sich
auflöst. Das Feuer darf nur sehr schwach sein. Ist das
Agar gänzlich aufgelöst, so wird es durch ein feines Mull-
oder Jaconnetfleckchen geseiht. Zu einer Stange braucht man
³/₈ Ltr. Wasser oder ¼ Ltr. Wein. Hirschhorn kann,
obgleich wegen häufiger Verfälschung nicht sehr empfehlenswert, auch zu Gelée verwendet werden; man nimmt hauptsächlich geraspeltes, das längliche taugt nichts. 500 Gr.
werden so lange gewaschen, bis das Wasser nicht mehr
trübe wird; dann schüttet man es in einen irdenen Topf
und kocht es mit 2½ Ltr. Wasser, ohne darin zu rühren,
3—4 Stunden langsam und ununterbrochen. Zur Probe
läßt man einen Tropfen auf einen Teller fallen; sowie er
steif und recht fest wird, nimmt man es vom Feuer. Hat
es kurze Zeit gestanden, so legt man oben ein Löschpapier

darauf, bis alles Fettige angezogen ist, dann **gießt** man es durch ein Haarsieb und läßt es erkalten. Das Färben der verschiedenen Gelées geschieht mit Rotrübensaft oder einigen Körnchen gestoßener, in Wasser aufgelöster Cochenille. Rot wird hergestellt mit Himbeer= oder Johannisbeersaft, gelb mit ein wenig aufgelöstem Safran, grün mit verlesenen, gewaschenen Spinatblättern, welche im Mörser fein gestoßen werden; hierauf wird der Saft durch ein Tuch gedrückt und in einer Kachel auf Kohlen gestellt, damit er zusammenläuft, kochen darf er aber nicht, da er davon schwarz würde. Zum Braunfärben nimmt man Schokolade. Es ist sehr hübsch, wenn man zweierlei Farben Gelée macht, z. B. hellrot und dunkelrot oder rot und gelb; dann sticht man von der roten Gelée Sternchen oder beliebige Figuren aus, verziert die gelbe Gelée damit und umgekehrt. Diese zum Verzieren bestimmte Gelée muß besonders auf eine Platte oder einen Teller gegossen werden. Die Formen und das Füllen: Am besten sind Porzellan=Formen. Sie werden mit feinem Oel, Provence= oder Mandelöl bepinselt. Wird eine klare Fleisch= oder Fischsulz gemacht, so kann man sie auf folgende Art verzieren, nachdem die Form sorgfältig bepinselt worden, füllt man schwach 1 cm. hoch ein, läßt das Eingefüllte steif werden, und legt irgend eine Verzierung von Petersilie, einen Stern von gesottenen Gelbrübenschnitzchen, von Citronen, hart gekochten Eiern und Rotrüben darauf. Bei letzteren gebe man Acht, daß sie recht gut abgetrocknet sind, damit die Sulz nicht gefärbt werde. Es können von allen diesen angegebenen Dingen nicht nur von jeder Sorte allein, sondern in der Zusammenstellung die zierlichsten, geschmackvollsten Verzierungen angebracht werden, und bleibt da jeder Hausfrau ein hübscher Spielraum für ihren Geschmack. Nachdem die Figuren aufgelegt sind, werden sie wieder mit Gelée bedeckt, und ist auch diese fest, so gibt man Fleisch oder Fisch darauf, bedeckt es vollends ganz mit Sulz und stellt es an einen kühlen Ort. Süße Gelées können mit Beeren und Blumen auf dieselbe Weise verziert werden.

Man verwendet zu ihrer Herstellung fast ausschließlich Gelatine. Zum Anrichten hält man die Platte genau auf die Form und stürzt sie schnell um. Sollte sich die Sulz nicht gut lösen, so halte man die Schüssel vorsichtig in kochendes Wasser, aber sorge dafür, daß kein Wasser hineinläuft. Oft genügt es, ein in heißes Wasser getauchtes Tuch um die Schüssel zu schlagen. Ist die Sulz oder Gelée etwas zu locker, so stelle man sie etwa 10—20 Minuten in eine Schüssel mit kochendem Wasser auf den Herd.

1. **Saure Sulz.** Zu einer sauren Sulz setze man die Kalbsfüße und 1—1½ Kilo mageres Rindfleisch, sowie ein Stück Kalbfleisch mit kaltem Wasser in einem irdenen Kochgefäß zu. Es kann auch noch allerlei Abfall von Fleisch, nur ja kein Kopf und nichts blutiges, sowie ein Stück Schinken mitgekocht werden. Ist das Fleisch in's Kochen gebracht, abgeschäumt und abgefettet worden, so kommen noch ein Löffel voll weißer Pfefferkörner, einige Zwiebel, Lorbeerblatt, Gelbrüben, Sellerie, Petersilie, Citronenschale und Saft, Salz und so viel Essig dazu, daß es einen angenehm säuerlichen Geschmack hat. Um das Fleisch wieder besser verwenden zu können, kann Essig und Citronensaft auch erst am anderen Tage beigefügt werden. Ist das Fleisch gar, so wird es heraus genommen und die Füße noch so lange gekocht, bis sie zerfallen. (Sollen die Kalbsfüße jedoch anderweitig wieder verwendet werden, so setze man mit Fleisch und Füßen 1 Kilo Knochen zu, und nehme die Füße heraus, ehe sie zerfallen.) Hierauf gießt man die Brühe durch ein Haarsieb in eine Porzellanschüssel und läßt sie über Nacht stehen. Den andern Tag nimmt man das obere Fett und den Bodensatz sorgfältig ab und gibt die Sulz mit ½ Liter gutem, weißem Wein, einigen Löffeln voll starkem, feinem Essig und Citronensaft wieder auf das Feuer. Dann schlägt man 4—6 Eiweiß zu Schnee, versucht die nunmehr zergangene Sulz, ob sie genug Salz und einen angenehm säuerlichen Geschmack hat, rührt dann den Schnee an die Sulz und schlägt sie auf dem Feuer, bis alles zusammen kocht. Nun wird das

Kochgefäß gut zugedeckt, ½ Stunde auf Kohlen gesetzt, in welcher Zeit man oft probieren muß, ob die Sulz fest genug ist, d. h. ob ein Theelöffel voll auf einem Porzellanteller rasch zu Gelée erkaltet. Hernach läßt man die Brühe durch eine Filzkappe oder einen Beutel von gebrühtem, weißem Flanell laufen und gießt sie zum Gestehen in beliebige Formen. In Ermanglung eines Filzes oder eines Flanellsackes kann man sich auch einer gebrühten, an den Füßen eines umgekehrten Stuhls aufgespannten Serviette bedienen. Steht die Sulz schon beim Seihen, so muß das Durchzuseihende wieder warm gemacht werden. Eine solche Sulz kann auch, in kleine Stückchen geschnitten, als Verzierung oder Beilage zu einer Platte mit kaltem Fleisch gegeben werden. Sehr hübsch nimmt sich dabei Sulz von zweierlei Farben aus. Unter der Bezeichnung „Stand" sind die Bindemittel zu verstehen, welche je aus Hausenblase, Kalbsfüßen, Hirschhorn, Gelatine oder Agar-Agar gewonnen werden.

2. **Saure Sulz auf andere Art.** Man siedet 1½—2 Ltr. gute Fleischbrühe von magerem Fleisch, dem nötigen Salz, verschiedenen Wurzeln, Küchenkräutern und Kalbsknochen. Die Fleischbrühe muß natürlich auf's sorgfältigste abgeschäumt werden. Ist das Fleisch gar, so seiht man die Fleischbrühe in eine Schüssel; hat sich das unreine darin gesetzt, so gieße man die Fleischbrühe nochmals sorgfältig ab, daß aller Satz zurückbleibt, schöpfe das Fett ab und entfette die Brühe mit Fließpapier. Hierauf mischt man einige Löffel voll guten Weinessig und Citronensaft darunter, damit die Bouillon einen angenehm säuerlichen Geschmack erhalte, und läßt sie ungefähr auf 1 Liter einkochen, vermischt sie mit Stand von Kalbsfüßen oder Agar-Agar 2c., läßt sie gut durchkochen, gibt noch etwas Wein dazu und füllt sie aus.

3. **Fleisch und Geflügel zum Sulzen.** Alles Fleisch, von welchem Stück es auch sei, wird gewaschen und das Fett abgeschnitten. Das Geflügel kann sowohl gespickt als un-

gefpickt gefulzt werden. Das zum Sulzen beſtimmte wird mit dem in ſaurer Sulz angegebenen Gewürz, Weineſſig, Wein, etwas Waſſer und Salz in einem irdenen Geſchirr zugeſetzt und, gut zugedeckt, weich gekocht. Die auf dieſe Weiſe gewonnene Brühe kann nun gleich als Fleiſchbrühe abgefettet, gereinigt und mit dem nötigen Stand vermiſcht werden, oder man gießt ſie zu der Bouillon, welche zur Sulz gekocht wurde.

4. **Sulz von einer Ochſenzunge.** Eine geräucherte Zunge wird weich geſotten und geſchält. Bis ſie erkaltet, bereitet man von Rindfleiſch und Kalbsfüßen eine ſaure Sulz, und füllt einen Finger breit davon in eine Form. Iſt ſie feſt geworden, ſo ſchneidet man die Zunge in möglichſt glatte Rädchen, legt ſie im Kranz rings auf der geſtandenen Sulz herum, verziert ſie mit Schnitzen von hartgeſottenen Eiern und grünen Lorbeerblättern oder mit einer Reihe kleiner weißer Perlzwiebel, bedeckt alles mit der übrigen Sulz und läßt es erkalten.

5. **Schwarzwildbret in Sulz.** Hierzu nimmt man ein Stück von der Bruſt oder dem Rücken, beint es aus und ſchneidet es in paſſende Stücke, welche in halb Eſſig, halb Waſſer mit Citronenſcheiben, Salz und Lorbeerblättern weich gekocht werden. Dann nimmt man das Fleiſch her- aus und kocht in dieſer Brühe einige zerhauene Kalbsfüße, ganze Zwiebel, ganzes Gewürz und allerlei Kräuter. Iſt die Brühe gehörig eingekocht, ſo ſeiht man ſie durch ein feines Tuch, fettet ſie ſorgfältig ab, läßt ſie nochmals durchkochen und klärt ſie mit dem Schnee von 4 Eiweiß, wie es bei ſaurer Sulz angegeben wurde. Mittlerweile verziert man das Fleiſch mit Citronenſchnitzen, übergießt es mit der Sulz und garniert es nach dem Umſtürzen mit einem Kranz von grünen Lorbeerblättern.

6. **Forellen in Sulz.** Hierzu bereitet man zuvor von Kalbsfüßen oder Gelatine mit Wein, Eſſig, kräftiger Fleiſch- brühe, Citronenſcheiben und dem nötigen Salz eine ange- nehm ſäuerliche Sulz, wie es bei den beiden erſten Sulzen

angegeben ist, und füllt die blau gesottene Forelle in der in den Vorbereitungsregeln angegebenen Weise in eine passende Form.

7. Gelée mit jungen Hühnchen. Die Hühnchen werden, nach den beim Geflügel angegebenen Regeln zubereitet und mit Butter gelb und weich gedämpft. Bis sie erkalten, gießt man eine Lage Geléebrühe in eine Form, legt, wenn sie fest geworden, die Hühnchen mit beliebiger Verzierung darauf und übergießt sie vollends mit der übrigen Geléebrühe.

8. Gesulzter Kapaun. Derselbe wird ausgenommen und dressiert, wie es beim Braten angegeben wurde. Nachdem er gewaschen und abgetrocknet ist, wird er mit Citronensaft abgerieben, um ihn schön weiß zu erhalten, und mit etwas Wasser, dem nötigen Salz, Citronenscheiben, allerlei ganzem Gewürz, Lorbeerblatt nebst feinen Kräutern zugesetzt und weich gedämpft. Hierauf füllt man von der dazu nach Nr. 1 und 2 bereiteten Sulz einige fingerbreite Stücke in die Form, läßt sie fest werden, legt den erkalteten Kapaun mit der Brust darauf und gießt die übrige Sulz darüber.

9. Gänsefleisch in Geléе (Norddeutsch: Weißsauer). Die in passende Stücke zerhauene Gans wird mit ²/₃ Essig und ¹/₃ Wasser, Lorbeerblättern, Nelkenpfeffer, schwarzem Pfeffer, Zwiebeln und Salz gar gekocht. Soll das Gänsesauer etwas feiner werden, so gibt man auf ca. 4 Kilo Fleisch ¹/₄ Ltr. Weißwein an die Brühe. Ist das Fleisch gar, so wird es auf einander in einen großen Steintopf oder Glashafen gelegt und durch ein Sieb die Brühe darüber gegossen, auf der so viel Fett zu lassen ist, daß sie ganz davon bedeckt wird. Nach völligem Erkalten wird das Gefäß mit Papier fest umbunden, und hält sich das Fleisch auf diese Weise Monate lang.

10. Gesulzter Kalbskopf. Ein Kalbskopf wird gebrüht und einige Zeit zum Weißwerden in kaltes Wasser gelegt. Dann steckt man ihm ein Stück Holz in's Maul, daß es offen bleibe, und setzt ihn in einem glasierten Topfe zu.

Man gibt noch einige zerhauene Kalbsfüße, Wein, einige
Löffel voll guten Essigs, Citronenscheiben, Lorbeerblatt,
ganze Zwiebel, ganzes Gewürz, alle Sorten Kräuter und
Wurzeln hinzu. Wenn der Kopf weich ist, legt man ihn
zum Erkalten auf eine Platte, läßt die Brühe noch so
lange einkochen, bis nur noch die nötige Quantität Sulz
vorhanden ist. Will man die Sulz rot, so gebe man
1 oder 2 Löffel voll roter Rübenbrühe dazu. Dem Kalbs=
kopf wird das Hölzchen aus dem Maul genommen, und
eine Citrone hinein gesteckt. Nun schlägt man 4 Eiweiß
zu Schnee, rührt diesen Schnee auf Kohlen langsam an
die nunmehr eingekochte Sulzbrühe, läßt sie noch einige
Zeit auf den Kohlen und seiht die Brühe durch eine Ser=
viette oder einen weißen Flanellbeutel, worauf sie an den
in eine tiefe Platte gelegten Kalbskopf gegossen und zum
Erkalten an einen kühlen Ort gestellt wird. Beim Ser=
vieren wird die Sulz mit Petersilie garniert.

11. **Preßkopf.** Von einem Schweinskopf wird das Hirn
entfernt und derselbe mit beliebigem Fleisch, auch mit 2
bis 3 Kalbsfüßen in einem glasierten irdenen Topf zuge=
setzt. Ist die in's Kochen gekommene Brühe abgeschäumt,
so gibt man Salz, jedoch nicht viel, Citronenscheiben, Lor=
beerblatt, weiße Pfefferkörner, Essig, Wurzeln und Kräuter
dazu. Ist der Kopf weich, so schneidet man die Schwarte
ab, taucht ein Tuch in die Brühe, in welcher der Kopf
gekocht ist, bedeckt damit eine tiefe Schüssel und legt die
Schwarte mit der Außenseite darauf. Dann schneidet man
den Schweinskopf in kleine Würfel, legt diese schichtenweise
mit der gleichfalls würflig geschnittenen Zunge, der man
noch einige Kalbszungen hinzufügen kann, auf die Schwarte
und besprengt jede Schichte ganz fein mit Salz, Nelken=
pfeffer und schwarzem Pfeffer, alles pulverisiert. Hat man
Kopf und Zunge auf diese Weise verbraucht, so deckt
man die Schwarte darüber und über diese das Tuch, hält
es so fest wie möglich zusammen und bindet es mit einem
Bindfaden zu. Sodann setzt man das Ganze noch etwa
10 Minuten in die kochende Brühe, legt es darauf zwischen

zwei Bretter und beschwert das obere derselben 24 Stunden
lang stark mit einem Stein oder Eisengewicht.

12. Eingesulztes Schweinefleisch. Von einem Stück
Schweinefleisch wird das Fett abgeschnitten, und es darauf
mit Kalbfleisch, vielen Kalbsknochen oder einigen Kalbsfüßen sammt Citronenscheiben, ganzem Gewürz und Kräutern weich gekocht und zum Erkalten auf eine Platte gelegt, ausgebeint und in Würfel geschnitten. Die Brühe
läßt man noch gehörig einkochen, seiht sie durch und schüttet
sie in einer länglichen tiefen Form über das Fleisch. Es
soll aber nicht mehr Sulz dazu kommen, als man braucht,
um das Fleisch zusammen zu halten. Dasselbe wird, in dicke
Scheiben geschnitten, zum Frühstück oder Thee gegeben.

13. Sulz von Kalbskopf. Der Kalbskopf wird gewässert, gebrüht und in Salzwasser weich gekocht; man versäume jedoch nicht, das Hirn aus dem Kopf zu nehmen,
damit die Brühe nicht trüb wird. Das Fleisch und die
Zunge wird klein geschnitten. Die Brühe muß durch ein
Tuch geseiht und mit Zwiebeln, Citronenschnitzen, Wein,
etwas Essig, starkem Gewürz und Citronensaft noch gut
eingekocht werden, worauf sie über das in Formen gelegte
Fleisch geschüttet wird.

14. Sulz von Rindfleisch. Einen Rindskopf, ohne Hirn,
mit Fleisch vom Halse, 2 Kilo Schweinefleisch und zerhauene
Rindsfüße kocht man jedes allein mit Salz. Sind die Füße
weich, so putzt man sie gut ab, löst die Knochen aus und
gibt das Uebrige in kaltes Wasser. Das Fleisch von Kopf
und Hals schneidet man, nachdem es abgeputzt worden, ganz
klein. Von dem Schweinefleisch schält man die Schwarte
ab, und schneidet sie, sowie das Fleisch der Füße, in Würfelchen. Hierauf schüttet man alles in ein Kochgefäß, gibt
fein gewiegte Zwiebel, gestoßene Nelken, Pfeffer, Muskat,
Ingwer, feines Salz, Citronensaft, abgeriebene Citronenschale und so viel von der Brühe dazu, daß das Fleisch
darin kochen kann. Man muß alles auf dem Feuer oft
umrühren, damit es nicht anbrenne; zerrührt darf es aber

nicht werden. Nachdem alles gut durchgekocht hat, legt man eine gebrühte, gut ausgerungene Serviette in eine Schüssel, gibt das Fleisch hinein und bindet die Serviette zu. Wenn das Fleisch ein wenig erkaltet ist, wird die Serviette zwischen zwei Brettchen gepreßt und über Nacht mit einem Stein beschwert. Zum Gebrauch wird das Fleisch in Scheiben geschnitten.

15. **Wein=Gelée von Gelatine.** Auf 1 Liter feinen weißen Wein kommen 340 Gr. Zucker und die Schale einer Citrone nebst 50 Gr. Gelatine. Der Zucker wird in dem Wein aufgelöst und die Citronenschale zum Ausziehen hinein gelegt; inzwischen wird die Gelatine zerschnitten und in einer Tasse voll Wasser auf der Herdplatte oder dem warmen Ofen aufgelöst. Ist nirgends mehr ein ungelöstes Teilchen zu finden, so seiht man die gelöste Gelatine durch ein Battist= oder Mulltuch, vermengt sie mit dem Wein, kocht alles zusammen auf, seiht es nochmals durch und gießt es in Formen. Alle süßen Gelées müssen recht kalt, am besten auf Eis gestellt werden.

16. **Rote Wein=Gelée.** Zu einem Liter weißen Wein gibt man ½ Liter Wasser, vermengt es noch mit einem halben Liter starken Thee, reichlich Citronensaft und Schale. Hierauf wird rote Gelatine, 60—90 Gr., je nach der Jahreszeit, im Sommer etwas mehr als im Winter, in warmem Wasser aufgelöst, der mit Thee vermischte Wein mit reichlich Zucker in einem irdenen Geschirr aufgekocht, nachdem er vom Feuer genommen ist, mit der durchgeseihten Gelée und einer Tasse Rum durchrührt, ausgefüllt, und über Nacht in den Keller gestellt.

17. **Wein=Gelée von Kalbsfüßen.** Man siede 6 Kalbsfüße nach der Vorschrift „Stand von Kalbsfüßen". Sind sie zum Zerfallen weich und ist die Brühe so eingekocht, daß sie leicht steht, so gieße man sie durch ein feines Tuch, lasse sie stehen, nehme Fett und Bodensatz sorgfältig weg und setze diesen Stand mit ¾ Liter Wein, 300 Gr. Zucker, einigen Stückchen ganzem Zimmt nebst Saft und Schale

von 3—4 Citronen wieder auf's Feuer, rühre, wenn es
kocht, den Schaum von 3 Eiweiß darunter, stelle es noch
auf Kohlen, seihe die Gelée durch und fülle sie mit oder
ohne Verzierungen ganz nach den Vorbemerkungen ein.

18. **Wein=Gelée in verschiedenen Farben.** Man kocht
nach einer der vorhergehenden Angaben von weißem Wein
eine Geléebrühe, teilt sie in 4 Teile, und färbt jeden be=
sonders, rot mit etwas Cochenille oder Himbeersaft, gelb
mit gelöstem Safran, braun mit fein geriebener Schoko=
lade und grün mit Spinatsaft. Diese verschiedenen Ge=
lées werden durchgeseiht, in kleine Täßchen oder runde
kleine Formen gefüllt und dieselben am anderen Tage in
zierlicher Ordnung auf eine Platte gestürzt; diese Gelée
von verschiedener Farbe kann auch in ausgeblasene Eier=
schalen gefüllt werden, an denen die untern kleinen Oeff=
nungen gut verklebt worden sind. Zum Erkalten stellt
man sie dann in Eierbecher und schält sie sorgfältig ab,
wozu die Gelée ziemlich fest sein muß. Sonst aber sehe
man darauf, daß die Gelées nicht zu steif, sondern recht
zart und dennoch haltbar werden.

19. **Gelée von verschiedenen Fruchtsäften.** 70 Gr. Ge=
latine oder 1 Stange Agar=Agar wird mit einem Viertel=
liter Wasser gelöst, und durch ein feines Tuch geseiht.
Dann mischt man ein Glas weißen Wein und so viel be=
liebigen Fruchtsaft darunter, daß es eine schöne Färbung
bekommt, und gibt einige Löffel voll Zucker dazu, damit
es auch einen angenehmen Geschmack erhalte. Diese Brühe,
welche zusammen nicht ganz 1 Liter betragen soll, wird
recht heiß gemacht, durchgeseiht und in Formen gefüllt.
Sollte bei einer vor dem Einfüllen angestellten Probe die
Gelée nicht fest genug sein, so löst man noch etwas Gela=
tine auf und mischt sie vor dem Durchseihen darunter.

20. **Gelée von allerlei Früchten.** Es wird eine recht süße
Wein=Gelée oder eine Citronen=Gelée gemacht. Inzwischen
legt man süße, reife Himbeeren, Erdbeeren, auch Kirschen ꝛc.,
entweder gemischt oder einzeln in Formen, übergießt sie

mit der Gelée und läßt sie erkalten. Man gibt sie um=
gestürzt.

21. Citronen=Gelée. 1 Liter weißer Wein wird mit
Saft und Schale von 4 Citronen, 390—400 Gr. Zucker
und ein wenig Safran heiß gemacht, mit Stand von Ge=
latine, Hausenblase oder Kalbsfüßen verrührt, durchgeseiht
und eingefüllt.

22. Punsch=Gelée wird ebenso gemacht, nur werden
mit dem Stand noch 1 oder 2 Glas Arrak vermischt und
dann natürlich auch mehr Stand oder weniger Wein und
Citronen genommen.

23. Orangen=Gelée. Man kocht 250 Gr. Hirschhorn
in 2 Ltr. Wasser, seiht es durch und kocht es noch mehr
ein. Nachdem es erkaltet ist, gibt man nicht ganz 1 Ltr.
weißen Wein, Saft von 2 Citronen und 4 Orangen, von
letzteren auch die Schale, sowie 200 Gr. Zucker dazu, läßt
alles aufkochen, filtriert es einige Mal und füllt dann die
Gelée ein.

24. Apfel=Gelée. Recht gute, abgelagerte Aepfel, am
besten Borsdorfer, werden geschält, in Stückchen geschnitten
und ungefähr 700 Gr. davon mit ¹/₂ Liter Wasser weich
gekocht und durch ein Haarsieb gepreßt. 40—50 Gr. rote
Gelatine wird in einer Tasse Wein aufgelöst, durchgeseiht
und mit 500 Gr. Zucker, Arrak, dem Saft und der abge=
riebenen Schale einer Citrone angerührt und in Formen
gefüllt, welche mit feinem Mandelöl bestrichen wurden.
Statt roter Gelatine kann auch weiße genommen und die
Gelée auf andere Weise gefärbt werden.

25. Gelée von grünem Thee. Man schüttet in einen
Topf ¹/₂ Liter starken, grünen Thee, gibt Orangen= und
Citronenschale hinzu und läßt es, gut zugedeckt, anziehen.
Dann läutert man in einem Kochgefäß 370 Gr. Zucker,
gibt den Thee nebst dem Saft von 4 Citronen dazu, läßt
es aufkochen und vermischt es mit 15—20 Gr. aufgelöster
Hausenblase. Diese Geléebrühe wird so oft durch einen

Filz oder Flanellbeutel geseiht, bis sie sich geklärt hat, dann füllt man sie in Formen und deckt sie, bis sie fest steht, gut zu.

26. Crêmes. Da dieselben sehr leicht gerinnen, so sei hier auf folgendes aufmerksam gemacht. Gleich von Anfang an müssen sie etwas geschlagen werden, sind sie aber warm, so beschleunige man das Schlagen bis vor's Kochen. Eigentlich kochen dürfen sie nicht, außer es wären fast keine Eier dabei. Es soll sich bei den Crêmes oben auch keine Haut bilden, deshalb rühre man sie während des Erkaltens öfter durch. Beim Stürzen sehe man darauf, daß die Crême vollständig erkaltet ist. Die Crêmes werden mit Blumen, Blättchen, Schlagrahm ꝛc. hübsch verziert.

27. Blanc-manger. ½ Ltr. Milch wird mit einem Stück Vanille und 3 gestoßenen und geschälten, bittern Mandeln siedend gemacht, vom Feuer genommen, 120 Gr. Zucker hinein geworfen und gut zugedeckt. Dann werden 45—50 Gr. Gelatine in nicht ganz ½ Ltr. süßem Rahm aufgelöst und mit der durchgeseihten Milch ungefähr 5 Minuten langsam gekocht, in Formen gefüllt und an einen kühlen Ort gestellt.

28. Blanc-manger. Man macht von 500 Gr. schönen Mandeln etwa 1 Ltr. recht gute Mandelmilch, versüßt sie mit 300 Gr. Zucker und mischt noch 32 Gr. aufgelöste Hausenblase dazu. Dies wird kalt ausgefüllt und in den Keller gestellt.

29. Blanc-manger mit Sauce. ½ Ltr. Milch wird mit 120 Gr. feiner Stärke recht glatt angerührt, 20 Gr. bittere und 100 Gr. süße Mandeln werden gebrüht, abgezogen, recht fein gestoßen und mit 120 Gr. Zucker an den Stärkebrei gerührt. Inzwischen macht man ½ bis beinahe ¾ Ltr. Milch siedend und rührt sie an den Brei. Zuletzt kommt noch die am Zucker abgeriebene Schale einer Citrone dazu. Nun wird alles zusammen unter beständigem Rühren dick gekocht, mit dem Schnee von 6 Eiweiß vermischt, eingefüllt und folgende Sauce dazu gemacht: 1 Ltr. Milch wird

mit Zucker, Citronenschale, Vanille und 100 Gr. Zucker
siedend gemacht, mit 6 Eigelb abgezogen und kalt über die
völlig gestandene, umgestürzte Crême gegossen.

30. Gefärbtes Blanc=manger. Man macht nach einer
der ersten Angaben ein Blanc=manger, teilt es in 3 Teile,
färbt einen Teil mit geriebener Schokolade, einen andern
mit etwas Cochenille oder Fruchtsaft, den dritten läßt man
weiß und würzt ihn mit Vanille. Diese dreierlei Crêmes
werden lagenweise eingefüllt, nachdem jedesmal das untere
vorher fest geworden ist. Oder: $1/2$ Ltr. ungefärbtes Blanc=
manger wird mit $1/2$ Ltr. Johannisbeer= oder Himbeer=Gelée
lagenweise ausgefüllt und nach völligem Erkalten in Scheiben
geschnitten. Auch hier muß die untere Lage fest sein, ehe
weiter gefüllt wird.

31. Kaffee=Crême. 120 Gr. Kaffee von einer guten
Sorte werden geröstet, gestoßen, in 1 Ltr. süßem Rahm
gekocht und gut zugedeckt bei Seite gestellt. Nach 10 Mi=
nuten wird der Kaffee durch ein Tuch geseiht, mit 100 Gr.
Zucker, 6 Eigelb und einem Löffel voll Stärkemehl glatt
angerührt und auf dem Feuer unter beständigem Rühren
bis an's Kochen gebracht und ausgefüllt.

32. Schokolade=Crême. 90 Gr. Schokolade werden mit
1 Ltr. Milch und dem nötigen Zucker aufgelöst, durch=
gekocht und nach einigem Abkühlen mit 5 Eigelb und 2
ganzen Eiern, welche gut verrührt wurden, nach und nach
vermengt. Diese Schokolade wird in Täßchen gefüllt und
dann in einem warmen Backofen in ein nicht zu tiefes Blech
mit siedendem Wasser gestellt. Man muß dabei recht vor=
sichtig sein, daß oben kein Wasser hineinläuft. Ist der
Inhalt so fest, daß beim Betupfen nichts mehr am Finger
hängen bleibt, so nimmt man die Formen schnell heraus
und stellt sie noch auf kaltes Wasser.

33. Schokolade=Crême. 45 Gr. Hausenblase werden
in heißem Wasser gelöst und geseiht, mit 90 Gr. Schoko=
lade und dem nötigen Zucker gekocht, vom Feuer genom=

men, abgekühlt und mit Schlagrahm von nicht ganz 1 Ltr.
süßem Rahm vermengt. Die Crême wird, nachdem sie in
Formen gefüllt ist, in den Keller oder auf Eis gestellt.

34. Andere Art. 1 Liter Milch, 120 Gr. Schokolade,
1 Eßlöffel voll Mehl, der nötige Zucker und 6 Eigelb
werden zusammen glatt angerührt und unter beständigem
Rühren bis zum Kochen gebracht. Mittlerweile löst man
40 Gr. Gelatine mit Wasser auf, seiht sie durch und vermischt sie mit der Schokolade und dem Schnee der 6 Eiweiß,
schlägt alles zusammen so lange, bis es halb erkaltet ist,
füllt es in Formen und stellt die Crême kalt. Ist sie völlig
erkaltet, so wird sie auf eine Platte gestürzt.

35. Arrak-Crême. 600 Gr. Zucker werden mit 8 Eigelb, dem Saft und dem Abgeriebenen von 3 Citronen einige
Minuten geschlagen, auf das Feuer gestellt und fort geschlagen,
bis die Masse heiß ist. Nun wird sie weggenommen, mit
dem Schnee der 8 Eiweiß und einigen Eßlöffeln voll Arrak
schnell vermengt, in Schalen gefüllt und in kaltes Wasser
oder auf Eis gestellt.

36. Vanille-Crême. Ein Liter Milch wird mit 170 Gr.
Zucker und einer Stange Vanille gekocht und gut zugedeckt vom Feuer gestellt. Nun verrührt man 8 Eidotter
und zwei ganze Eier recht gut mit einem oder zwei Löffeln voll kalter Milch, gibt die abgekühlte, durchgeseihte
Milch dazu, schlägt alles noch einige Zeit mit dem Schaumbesen, und füllt diese Crême in Becher. Die gefüllten
Becher kommen in einen warmen Ofen, wo sie in einer
Platte mit kochendem Wasser so lange bleiben, bis sich
die Crême fest anfühlt. Dann stellt man die Formen
schnell in kaltes Wasser und läßt sie dort erkalten. Ehe
die Crême ausgefüllt wird, lasse man sie einige Mal durch
ein Haarsieb laufen.

37. Vanille-Crême. 1 Liter Milch wird mit 160 Gr.
Zucker und einer Stange Vanille gekocht, einige Zeit zugedeckt vom Feuer gestellt, durch ein Haarsieb gegossen,

wieder siedend gemacht, und mit 6—8 Eigelb abgezogen. Man verfahre dabei ja recht vorsichtig, verrühre die Eier vorher gut mit kalter Milch und gieße dann erst die kochende Milch recht langsam dazu. Während man die Eiermilch macht, löst man 30 Gr. Hausenblase oder Gelatine in ein wenig Milch auf und seiht sie durch ein feines Tuch. Diese Hausenblase wird nun mit der Eiermilch so lange geschlagen, bis sie nur noch warm ist. Dann füllt man letztere in eine in Wasser getauchte Porzellanform und stellt sie zum Erkalten in Wasser oder in den Keller.

38. Citronen=Crême wird ebenso gemacht, nur daß statt Vanille Citronenschale genommen wird. Zu Orange= Crême nimmt man dann Orangenschale.

39. Citronen=Crême mit Wein. 12 frische Eigelb werden mit 400 Gr. Zucker eine halbe Stunde geschlagen, mit ⅛ Liter weißem Wein, dem Saft und der Schale einer Citrone und 1½ in Wein aufgelösten Agar=Agar= Stangen vermischt, noch einige Zeit damit gepeitscht und kurz vor dem Einfüllen mit dem Schnee der 12 Eiweiß vermischt. Die Form hierzu muß mit feinem Oel bestrichen werden.

40. Wein=Crême. 1 Flasche guter Weiß=Wein wird mit dem Saft von 2 Citronen vermischt und 250 Gr. Zucker, an welchem vorher die beiden Citronen abgerieben wurden, in dem Wein aufgelöst. Mittlerweile verrührt man einen Löffel voll Stärkemehl mit 10 Eiern, gibt alles zusammen in ein Kochgefäß, schlägt es stark bis vor's Kochen, leert es dann rasch um, damit es nicht gerinne, und füllt es in Gelée=Gläschen oder Täßchen. Statt Stärkemehl kann auch feines Weizenmehl oder feine Weizenstärke ge= nommen werden.

41. Crême à la Sultan. 100 Gr. Zucker werden mit einem Glase frischen Weins geläutert und bräunlich gekocht, dann wird stark ½ Liter siedende Milch darunter geschüttet, mit einem Stück Zimmt noch einige Zeit ge=

kocht und durch ein Sieb gegossen. Hierauf reibt man
eine Citrone auf Zucker ab, verrührt den abgeschabten Citronenzucker mit 8 Eidottern und gießt die Milch langsam dazu. Ist alles zusammen nochmals durchgeseiht, so
füllt man die Crême in eine Schüssel, stellt sie in siedendes Wasser und bedeckt die Schüssel mit einem Kohlendeckel mit Glut. Ist die Crême fest, so macht man schnell
einen Schnee von dem übrigen Eiweiß, vermischt ihn mit
fein gestoßenem Zucker und der abgeriebenen Schale einer
Citrone. Von diesem Schnee macht man einen Ring um
die gestürzte Crême, und gibt sie schnell noch warm zu
Tisch. Will man diese Crême kalt geben, so läßt man
den Schaum weg oder macht ihn erst dazu, wenn sie erkaltet ist.

42. Reis-Crême. 200 Gr. guter Reis werden mit
einem Tuch abgerieben und so fein gestoßen, daß man ihn
durch ein Sieb sieben kann. Nun werden 120 Gr. Mandeln abgezogen und mit etwas süßem Rahm recht fein gestoßen. Eine Citronenschale wird gerieben, dann die Mandeln, das Reismehl nebst der Citronenschale mit ½ Liter
Milch glatt angerührt, mit 1½ Ltr. siedender Milch verdünnt, dieses alles auf dem Feuer gut verrührt und mit
dem nötigen Zucker versüßt. Wenn es eine Viertelstunde
gekocht hat, füllt man die Masse in Tassen oder Formen,
welche mit Wasser gut ausgespült wurden. Ist die Crême
fest und kalt, stürzt man sie auf eine Platte, bestreut sie
stark mit Zucker und brennt sie mit glühenden Eisen.

43. Andere Art. 120 Gr. Reis werden gebrüht und
mit 1 Liter Milch recht weich gekocht. Dann wird der
Reis durch ein Haarsieb getrieben, mit ½ Liter süßem
Rahm, 6 Eidottern, der abgeriebenen Schale einer Citrone
und einigen Löffeln voll Zucker angerührt, nochmals durch
das Sieb getrieben und in Formen gefüllt. Die Schalen
oder Tassen mit der Crême werden entweder mit heißem
Wasser in einen lauen Ofen gestellt oder man gibt sie in
ein Kochgefäß mit heißem Wasser, bedeckt sie mit einem

Kohlendeckel mit sehr schwacher Glut und setzt sie auf Kohlen. Diese Crème wird nur gut, wenn das Wasser nie siedet. Ist sie fest, stellt man sie noch in kaltes Wasser. Zum Servieren muß sie stark mit Zucker bestreut und mit einem glühenden Eisen gebrannt werden.

44. Erdbeer-Crème. ½ Ltr. ausgepreßter Erdbeer-saft wird mit ½ Ltr. Wein und 120 Gr. Zucker ver-mischt, 9 Eier werden mit einem Eßlöffel voll Stärke-mehl glatt verrührt, indem man die Eier nur löffelvoll-weise zu dem Mehl gibt. Eier und Saft werden nun zu-sammen in einem Topf so lange geschlagen, bis die Masse dick wird. Der Topf darf aber nicht direkt auf's Feuer, sondern nur in eine Kasserolle mit kochendem Wasser ge-stellt werden. Beim Schlagen muß man darauf sehen, daß man immer recht auf den Boden kommt. Die Crème wird nun in eine Platte oder Schale gefüllt und wenn sie er-kaltet ist, mit schönen reifen Erdbeeren und Bisquit ver-ziert.

45. Himbeer-Crème kann ebenso gemacht werden.

46. Mandel-Crème. 1 Liter Milch, 100 Gr. sehr fein gestoßene Mandel, 80 Gr. Zucker werden mit 7—8 Ei-dottern, 2 Löffel voll Stärkemehl und einem Löffel voll Vanillezucker glatt verrührt. Man sehe besonders darauf, daß die Mandeln keine Knollen bilden. Nun wird alles zusammen auf schwachem Feuer so lange gerührt, bis es beinahe kocht; dann schüttet man es schnell in eine andere Schüssel, rührt noch bis zum Abkühlen und füllt die Crème ein.

47. Andere Art. 120 Gr. Mandel werden geschält, in Rosenwasser recht fein gestoßen, und mit einem Eß-löffel voll Stärkemehl angerührt. Dann schlägt man den Schnee von 6 Eiweiß mit einem halben Liter süßen Rahm, vermengt es mit den Mandeln, läßt es auf dem Feuer unter beständigem Rühren aufkochen und füllt es in eine Schale.

48. Andere Art. 200 Gr. Mandel werden in Rosen-wasser fein gestoßen, mit ½ Liter süßem Rahm oder halt

Rahm, halb Milch durch ein Haarsieb getrieben, und mit 60—70 Gr. Zucker versüßt. Nun setzt man es mit 30 Gr. aufgelöster und durchgeseihter Hausenblase auf schwaches Feuer, rührt stark, bis es sich regt, leert dann die Masse schnell und füllt sie in Schalen oder Formen.

49. Reis=Crême mit Früchten. 250 Gr. Reis werden mit 2½ Liter Wasser, gut zudeckt, 3 Stunden lang gekocht, 200 Gramm Zucker gleich mitgekocht, nachdem darauf 3 Citronen abgerieben wurden. Der abgeriebene Citronen= zucker wird zurückgestellt und nachdem der Reis nach Vor= schrift gekocht ist, dieser Zucker, sowie der Saft der 3 Cit= ronen und 2 Eßlöffel voll Rum daran gerührt, die Masse zurückgestellt und halb erkaltet lagenweise mit Fruchtgelée oder Eingemachtem in eine mit Wasser ausgespülte Form gefüllt. Man gibt diese Crême mit Schlagrahm.

50. Apfel=Crême. Man kocht gute Aepfel mit viel Zucker und Citronenschale zu einem Mus, welches durch ein Haarsieb getrieben wird. Inzwischen löst man rote Gelatine, etwa 40 Gr., auf. Das durchgetriebene Mus wird mit zwei Eiweiß, 4 gestoßenen bittern Mandeln und dem Saft von 1—2 Citronen recht schaumig geschlagen, mit der Gelatine vermischt und in Formen gefüllt. Zu dieser Crême kann Schlagrahm mit Vanille gegeben werden.

51. Tutti=Frutti. Man kocht ½ Ltr. Milch mit 60 Gr. Zucker, einigen gestoßenen und geschälten Mandeln, sowie etwas Citronenschale und einem Stück Butter. Dann rührt man 6 Eidotter mit 60 Gr. Stärkemehl an, zieht die Milch damit ab, läßt sie nochmals damit anziehen und schüttet dieses Blanc=manger in eine Schüssel, belegt eine Crêmeschale mit feinem Kompott aller Art, streicht das Blanc=manger darüber und läßt es vollends abkühlen. Ehe diese Crême zu Tisch gegeben wird, schlägt man die 6 Ei= weiß zu Schnee, vermengt diesen mit Zucker und streicht ihn auf die Schüssel. Er wird mit einem glühenden Messer oder Eisen gebrannt und sogleich serviert, weil der Schaum bald Wasser zieht.

52. Erdbeer-Crême mit Schlagrahm. ¹/₂ Liter reife, ausgelesene Erdbeeren werden durch ein Haarsieb gepreßt, mit 120 Gr. Zucker und dem am Zucker Abgeriebenen einer Citrone vermengt. Nun schlägt man ¹/₂ Liter recht dicken, süßen Rahm mit einem Besen von geschälten Weidenruten schaumig, der feste Schaum wird abgeschöpft und auf ein Sieb gelegt, das Abgelaufene wieder geschlagen, dann abgeschöpft und so fort gefahren, bis aller Rahm gar ist. Schlagrahm und Erdbeeren werden mit einander verrührt, auf eine Platte gehäuft und mit großen, reifen Erdbeeren verziert.

53. Himbeer-Crême wird ebenso gemacht.

54. Schlagrahm mit Biskuit. Eine glatte, runde Form wird mit frischem Mandelöl bestrichen und mit dünnen Biskuitscheiben so ausgelegt, daß die Form ganz bedeckt ist und die Scheiben etwas übereinander liegen. Hierauf macht man einen Schlagrahm, wie oben angegeben, vermischt ihn reichlich mit Vanillezucker, füllt die Form damit auf und stellt sie auf Eis oder in einen kalten Keller. Zum Anrichten wird die Form gestürzt. In Beziehung auf den Schlagrahm ist noch zu bemerken, daß er im Keller am schnellsten geschlagen ist, man bediene sich aber ja keines Metallbesens, da er hievon einen sehr unangenehmen Geschmack bekommt.

55. Andere Art. Eine Citrone wird auf Zucker abgerieben, 10 Eigelb mit 180 Gr. gestoßenem Zucker und dem Citronen-Zucker schaumig gerührt, mit ¹/₂ Ltr. Milch auf dem Feuer bis vors Kochen tüchtig gepeitscht, schnell in eine Porzellanschüssel geleert und mit 45 Gr. aufgelöster Gelatine noch weiter geschlagen, bis die Masse abgekühlt ist. Nun mengt man noch so schnell als möglich den Schlagrahm von ¹/₂ Ltr. Rahm darunter und füllt das Ganze in eine mit Biskuit ausgelegte Form. Zum Festwerden wird diese Crême auf Eis oder in recht kaltes Wasser gestellt.

56. Schlagrahm mit Himbeeren. ¹/₄ Ltr. Rahm wird zu Schaum geschlagen, 1 Ltr. Himbeeren ausgelesen, durch ein Haarsieb gepreßt, mit Zucker stark versüßt und mit 45 Gr. gelöster Gelatine auf Eis gerührt. Fängt die Himbeermasse an, dick zu werden, so mischt man schnell den Schlagrahm darunter, füllt die Crême aus und stellt sie in den Keller oder besser noch auf Eis. Zum Servieren stürzt man die Crême auf eine Platte, verziert sie mit reifen Beeren und feinem Konfekt.

57. Erdbeer=Crême kann auf dieselbe Weise gemacht werden, man braucht aber etwas weniger Beeren.

58. Schaum von Kirschen. 3 Eßlöffel voll Kirschen= kompott werden durch ein Haarsieb getrieben, 4 Eiweiß zu Schnee geschlagen, mit einigen Eßlöffeln voll Zucker, so= wie den durchgepreßten Kirschen vermischt, bergartig auf eine Platte getürmt und mit Mirenken oder gerösteten Mandeln verziert.

59. Himbeer=Schaum. ½ Ltr. Himbeeren werden durch ein Haarsieb getrieben, mit dem Schaum von 6 Eiweiß und reichlich Zucker angerührt, auf eine Platte gehäuft und mit ganzen Himbeeren oder überzuckerten Mandeln verziert.

60. Erdbeer=Schaum wird ebenso gemacht.

61. Himbeer=Schaum. Hierzu zerdrückt man einige Löffel voll eingemachter Erd= oder Himbeeren, preßt sie durch ein Haarsieb, schlägt 4—6 Eiweiß zu recht steifem Schnee, mischt Zucker und Beeren schnell darunter, türmt ihn auf eine Platte und garniert den Schaum mit ganzen Beeren, gerösteten Mandeln oder Mirenken. Statt eingemachter Him= beeren können auch einige Löffel voll Saft genommen wer= den. Soll der Schaum recht lange halten, so nehme man mehr Zucker und rühre Zucker, Saft und Eiweiß 15 Mi= nuten lang. Es ist aber immerhin besser, wenn diese Crême leicht und schaumig ist. Daher rühre man, wenn sie so= gleich serviert werden kann, nur so lange darin, bis der Zucker und die Beeren mit dem Schaum gut vermischt sind. Zu viel Zucker macht schwer.

62. Schaum von Aprikosen. Aprikosen=Marmelade, etwa 100 Gr., werden durch ein Haarsieb gepreßt. Dann wird der steife Schnee von 5 Eiweiß und die auf dem Zucker abgeriebene Schale einer Citrone mit der Marme= lade und einigen Löffeln voll Zucker verrührt und der Schaum in Schalen oder auf einer Platte angerichtet.

63. Hagebuttenschaum wird ebenso gemacht, nur darf das Mark nicht durchgetrieben werden, sondern wird nur mit etwas Wein und 100 Gr. Zucker angerührt, damit der Schnee von 4 Eiweiß leichter damit vermengt werden kann.

64. Rahm=Schaum. 6 Eiweiß werden zu Schnee ge= schlagen, 6 Eßlöffel voll sauren Rahms mit Zucker und gestoßener Vanille ebenfalls schaumig gepeitscht, dann mit den Eiweiß vermengt und auf eine Platte gehäuft.

XVI. Kompotts.

1. Apfel=Kompott (weiß). Gut abgelagerte Aepfel, welche nicht zu sauer sind und bald weich kochen, werden geschält, durchschnitten und vom Kerngehäuse befreit, dann reibt man jeden Schnitz mit einer angeschnittenen Citrone ab, oder wirft sie sogleich in kaltes Wasser, damit sie schön weiß bleiben. Die Apfelschnitze werden nun mit Wasser, reich= lich Zucker und nicht ganz 1/4 Ltr. weißem Wein, sowie etwas Citronenschale weich gekocht; zerfallen sollen sie nicht. Sie werden in einer Schale zierlich angerichtet und mit dem noch etwas eingekochten Saft übergossen.

2. Feines Apfel=Kompott. In Wasser und Zucker nicht zu weich gekochte Aepfel werden in zierlicher Ordnung auf eine Platte gelegt, 2—3 Eiweiß zu Schnee geschlagen, mit 3 Eßlöffel voll Zucker und Citronenschale schnell vermengt, auf die Aepfel gestrichen und das Ganze einen Augenblick unter einen Aufzugdeckel mit Kohlen gestellt.

3. Rotes Apfel=Kompott macht man auf dieselbe Art, läßt aber den Citronensaft weg, kocht auch ein Stück Zimmt

mit den Aepfeln, nimmt zu dem Wasser roten Wein, roten
Fruchtsaft oder ein wenig Cochenille und besteckt die Aepfel
beim Anrichten nach Belieben mit ganzen Nelken oder ge=
schnittenen Mandeln.

4. **Apfel=Kompott von Luiken.** Schöne mürbe Luiken
werden geschält, durchschnitten und ausgekernt. Damit sie
weiß bleiben, reibe man sie mit Citronensaft. Die Häute wer=
den in 1 Ltr. strudelndem Wasser in einer irdenen Kachel
weich gekocht. Mit dieser von den Häuten abgegossenen Brühe,
reichlich gestoßenem Zucker und einem Stück Vanille kocht
man die Luiken langsam weich. Ist die Brühe noch zu
dünn, so läßt man sie, nachdem die Aepfel herausgenommen
sind, noch mehr einkochen.

5. **Birnen=Kompott.** Die Birnen werden geschält, die
Stiele halb abgeschnitten und die Blüten heraus genommen.
Es müssen aber alle gleich, nachdem sie geschält sind, in
kaltes Wasser geworfen werden, damit sie weiß bleiben.
Noch besser ist's, wenn man sie mit einer angeschnittenen
Citrone abreibt und dann erst in's Wasser wirft. Sie
werden nun mit Wasser, Zucker, etwas Citronenschale und
Saft weich gedämpft. Dann wird jede einzeln herausge=
nommen, statt der Blüte wird eine Nelke, der man den
Kopf herausgenommen hat, hinein gesteckt und die Birnen
so in eine Schale gestellt, daß die Stiele in die Höhe sehen.
Der Saft wird, im Falle er zu dünn seit sollte, noch ein
wenig eingekocht und über die Birnen gegossen. Will man
die Birnen rot, so werden sie mit etwas Himbeersaft oder
Rotrübensaft zugesetzt, noch besser sind frische oder einge=
machte Johannisbeeren.

6. **Geschmorte Birnen.** In einem Stück zerlassener
Butter läßt man einen Löffel voll gestoßenen Zuckers gelb
werden, und bratet schöne, geschälte Birnen braun darin.
Dann schüttet man Wasser und Wein dazu, doch nur so
viel, daß die Birnen gut darin dämpfen können; nachdem
auch noch ein Stückchen Zimmt, ganze Nelken, Citronen=
schale und ein paar Korinthen beigefügt worden, deckt man

die Birnen zu und läßt sie langsam weich dämpfen. Sie werden in Pyramidenform angerichtet und mit der Sauce übergossen.

7. Kompott von Zwetschgen oder Pflaumen. Die Zwetsch= gen werden geschält, ausgesteint und in einem irdenen Koch= gefäß mit Citronensaft, Arrak und ein wenig Zucker einige Zeit gedämpft.

8. Kompott von ganzen Zwetschgen. Ein Stück Zucker läßt man in einem Glase Rotwein, mit Wasser vermischt, mit einem Stück Zimmt und Citronenschale kochen, dann wirft man schöne, reife Zwetschgen hinein und dämpft sie unter öfterem Rütteln, bis sie aufspringen. Sollte die Sauce noch zu dünn sein, so läßt man sie ohne Zwetschgen noch mehr einkochen und gießt sie dann erst über dieselben.

9. Kompott von Pfirsichen oder Aprikosen. Schöne reife Früchte werden geschält, durchschnitten und ausgesteint. Inzwischen läutert man Zucker mit Wasser, doch darf er nicht zu zähe, sondern nur etwas verkocht sein; dann wirft man die Aprikosen hinein, kocht sie durch und richtet sie, ehe sie zu weich werden, an. Die Sauce wird noch dicker eingekocht und dann erst darüber geschüttet. Nachdem dieses Kompott erkaltet ist, kann man es noch mit länglich ge= schnittenen Mandeln oder mit den aus den Steinen geklopf= ten, länglich geschnittenen Pfirsichkernen bestecken. Auf diese Weise können auch feine Aepfel und Birnen als Kompott zubereitet werden.

10. Quitten=Kompott. Die Quitten werden in siedendes Wasser geworfen, einige Augenblicke gekocht, geschält, und in kleine Schnitze geschnitten. Nun kocht man zu 6 großen Quitten 300 Gr. Zucker mit einem Glase voll Quitten= brühe, läßt die Schnitze darin durchkochen, und richtet sie mit dem Safte an. Es kann auch folgendes Gewürz mit den Quittenschnitzen in Zucker gekocht werden: ganzer Zimmt, ganze Nelken und Citronenschale. Dieses Gewürz muß aber natürlich beim Anrichten entfernt werden. Mit Him=

beer=, Johannisbeersaft oder Quittenkernen rot gefärbte Kompotts machen sich, zusammen mit weißem angerichtet, sehr hübsch.

11. Kompott von Kirschen. 100 Gr. Zucker werden mit einem Glase Wasser, nach Belieben auch etwas Wein, gekocht, schöne reife Kirschen mit halb abgeschnittenen Stielen, Zimmt und ganzen Nelken darin weich gekocht, und wenn sie aufspringen wollen, mit einem Schaumlöffel schnell herausgenommen, der Saft etwas dick eingekocht und über die Kirschen gegossen.

12. Andere Art. Schöne reife Kirschen, rote oder schwarze, auch beide Sorten gemischt, werden ausgesteint und mit ein wenig Wasser, einem Stückchen Zucker, ganzem Zimmt, auch einigen zerklopften Kirschensteinen weich gedämpft. Im Falle sie nach dem Erkalten nicht süß genug wären, streue man noch gestoßenen Zucker darauf.

13. Kompott von Stachelbeeren. Die halbreifen Beeren werden von den Stielen und Blüten befreit; dann setzt man Wasser mit einem großen Stück Zucker, ganzem Zimmt und Citronenschale auf's Feuer. Wenn es siedet, wirft man einen Teil der Beeren hinein, fängt sie, wenn sie weich sind, schnell heraus, und fährt so fort, bis alle Beeren gar sind. Die Brühe läßt man noch so lange als nötig einkochen, und gießt sie dann über die Beeren. Dieses Kompott paßt hauptsächlich zu Braten.

14. Kompott von Himbeeren. Reife, große Himbeeren werden sorgfältig ausgelesen und einige Stunden vorher mit Zucker bestreut. Sie werden dann in ihrem eigenen Safte nur ganz langsam auf schwachem Feuer durchgedämpft. Oder: man wirft schöne Beeren in mit Wasser gekochten Zucker, läßt sie einige Male übersieden, fängt sie schnell heraus und fährt so fort, bis alle Beeren gar sind. Die Brühe kocht man noch länger ein und schüttet sie siedend an die Beeren.

15. Erdbeerkompott wird ebenso gemacht.

16. Träublein oder Johannisbeeren, sowohl rote als weiße, können auf beide Arten, wie Himbeerkompott, zubereitet werden, nur braucht man mehr Zucker dazu.

17 Heidelbeerkompott. Die Beeren werden mit Zucker und gestoßenem Zimmt gut durchstreut, in einen Steingutkrug oder Topf gelegt, fest zugebunden und in siedendes Wasser gestellt. Dieses Wasser muß fortwährend stark kochen. Sind die Beeren weich gedämpft, so richtet man sie an und gibt sie kalt. Die Heidelbeeren können aber auch wie die Himbeeren zu Kompott gekocht werden.

18. Kompott von Brombeeren. Die kleinen Beeren werden ausgepreßt, der Saft gut versüßt und die großen Beeren schnell darin durchgekocht.

19. Kompott von Weintrauben. Schöne große Traubenbeeren werden in Wein, etwas Wasser und Zucker gekocht, mit dem Schaumlöffel heraus genommen, und die eingekochte Brühe darüber gegossen. Die Beeren dürfen nicht versieden.

20. Kompott von Backobst. Backobst wird in warmem Wasser gut gereinigt, und mit so viel kaltem Wasser, daß es gut davon bedeckt ist, nebst einem Stück Zimmt und der Schale einer halben Citrone auf 500 Gr. Obst zum Feuer gebracht und zugedeckt ganz langsam weich gekocht. Ist es in der Brühe erkaltet, so gießt man diese ab, und kocht sie mit Zucker — je nach der Säure des Obstes 125—250 Gr. auf 500 Gr. Obst — zu Sirupsdicke ein, und gießt sie über das Obst, es gut damit durchschwenkend.

21. Kalte Schale von Hefenanisbrot. $\frac{1}{2}$ Ltr. guter Wein wird mit $\frac{1}{4}$ Ltr. Wasser vermischt, mit Zucker und gestoßenem Zimmt versüßt und über geröstetes Hefenanisbrot gegossen. Man lasse die Schnitten, ehe sie serviert werden, einige Augenblicke darin aufweichen.

22. Kalte Schale von Schwarzbrot. Gutes, mit Hefe gebackenes, schwarzes Brot wird gerieben, mit Zucker, Zimmt,

abgeriebener Citronenschale, Saft, einem Glase guten roten
Weins und etwas Wasser vermischt; auf 4 große Hände voll
Brot nimmt man 100—120 Gr. Zucker und ½ Ltr. Wein.

23. Erdbeer= oder Himbeer=Kalteschale. Ausgelesene
reife Beeren werden 1 Stunde vor dem Gebrauch einge=
zuckert und ½ oder 1 ganzer Liter Wein, je nach der
Masse der Beeren, mit gestoßenem Zucker und Zimmt ver=
süßt und an die Beeren gegossen.

24. Andere Art. Die Beeren werden mit Wein durch
ein Haarsieb getrieben und mit dem nötigen Zucker und
gestoßenem Zimmt vermischt.

25. Erdbeer=Kalteschale mit Rahm. 1 Ltr. schöne, reife
Erdbeeren, aus denen die halbreifen entfernt wurden, ver=
mengt man mit 90—100 Gr. Zucker und gießt ½ Ltr.
süßen Rahm hinzu.

26. Kalte Schale von Sago. 120 Gr. Sago werden
gebrüht, mit Zucker, Zimmt und Wasser weich und dick
eingekocht, doch so, daß die Körner ganz bleiben. Ist der
Sago kalt, so vermischt man roten Wein mit Wasser und
Zucker und schüttet es darüber.

27. Bier=Kalteschale. Auf 1¾ Ltr. nicht bitteres Bier
nimmt man 200 Gr. Zucker, worauf die Schale einer Ci=
trone abgerieben ist, eine in Scheiben geschnittene Citrone, 2
Tassen voll geriebenes Schwarzbrot und 200 Gr. Korinthen.
Hat man dies alles in das Bier gethan, so stellt man die
Kalteschale vor dem Servieren an einen recht kühlen Ort,
wenn möglich auf Eis.

XVII. Salate.

Um einen recht guten Salat zu bekommen, verwende
man starken, durchgeseihten Wein= oder Gewürz=Essig, feines
Provencer=, Sesam= oder Mohnöl. Gutes Oel ist die Haupt=
sache, deshalb muß es auch vor dem Verwenden versucht

werden. ob es nicht ranzig ist. Eine Oelflasche darf des=
halb auch nie in der Sonne stehen; wird das schlechte Oel
durch frisches ersetzt, so muß die Flasche vorher mit Lauge
oder warmem Sodawasser gereinigt werden. Sehr feiner
Pfeffer ist schlecht zu Salaten, er soll nur gröblich gestoßen
werden, dagegen ist fein geriebenes Salz empfehlenswert.
Obgleich einige Feinschmecker behaupten, guter Salat müsse
wenigstens 2 Stunden vor dem Essen angemacht werden,
so ist dies doch nicht ratsam bei grünem Salat, weil er
zu unansehnlich würde; an feinen Tafeln wird sogar der
Salat erst auf der Tafel angemacht. Wenn man den gol=
denen Mittelweg gehen will, so macht man den Salat kurz
vor dem Servieren an und zwar in einer Schüssel, in der
er nicht zu Tisch gegeben wird, damit man die angemachten
Blätter ohne Brühe in die Salatiére legen kann. Ein
Salat soll nie schwimmen. Beim Putzen lasse man die
fest geschlossenen, inneren Köpfchen bei einander, entblättere
sie nicht, sondern schneide sie höchstens ein Mal durch;
blos von den äußeren Blättern werden die Rippen ausge=
brochen. Zu Kartoffelsalat ist es besser, keine zu mehligen
Kartoffel zu verwenden, weil derselbe dadurch musisch und
unansehnlich wird. Frisch gesottene, warme und fein ge=
rädelte Kartoffeln, welchen fein geschnittene, in einem großen
Löffel voll gutem Schweineschmalz gedämpfte Zwiebel und
entsprechend Salz beigegeben wurden, geben einen sehr
guten und billigen Salat.

1. **Gewöhnlicher Kopfsalat.** Die Köpfe werden geputzt
und gewaschen und nachdem die Blätter abgelaufen sind,
mit 1 Teil Oel, 2 Teilen Essig und Salz gut vermengt;
nach Belieben kann auch fein geschnittener Schnittlauch oder
Zwiebelkraut darauf gestreut werden.

2. **Feiner Kopfsalat.** Nachdem der Salat geputzt und
gewaschen ist, vermengt man ihn mit 2—3 Eßlöffel voll
Oel, zerdrückt 2—3 Eidotter in Oel, vermischt sie mit
Essig, Salz, Pfeffer und allen Arten fein geschnittener
Kräuter, als: Boragen, Esdragon, Schnittlauch, Peter=

silie, Körbel, Kresse; nach Belieben kann auch ein Eßlöffel voll Senf und fein gewiegte Zwiebel dazu genommen werden. Mit dieser Sauce nun wird der Salat vermischt und zu Tisch gegeben.

3. Lattichsalat. Junger Lattich wird sorgfältig gereinigt, von Wurzeln und gelben Blättchen befreit, gewaschen und mit 1 Teil Oel, 1 Teil Essig und Salz angemacht. Es kann auch nach Geschmack fein geschnittener Schnittlauch darauf gestreut und die Salatschüssel mit Schnitzen von hart gesottenen Eiern verziert werden.

4. Endivien=Salat. Die gelben Endivienblätter werden der Länge nach in feine Streifchen, etwa wie Nudeln, geschnitten, je feiner, desto besser. Damit der Salat seinen bittern Geschmack verliere, legt man ihn in kaltes Wasser und gießt so viel heißes nach, als nötig ist, das Wasser stark warm zu machen. Man muß dabei sehr aufmerksam sein, denn zu heißes Wasser macht den Salat braun und unansehnlich, zu kühles läßt ihn bitter. Nachdem er 1 Stunde im Wasser gelegen, läßt man ihn sauber ablaufen und macht ihn mit Essig, Oel und Salz an. Es muß aber sehr viel Oel und zwar vor dem Essig an den Salat kommen. Er kann nun so zu Tisch gegeben werden, meistens aber legt man ihn auf eine Lage Kartoffelsalat oder macht einen Kranz davon in der Salatschüssel, so daß innen noch ein paar Kartoffel hervorsehen.

5. Kartoffelsalat. Kleine oder längliche, nicht zu mehlige Kartoffeln werden gesotten, geschält, in dünne Scheiben geschnitten, noch warm mit Oel, Essig und Salz angemacht und mit Pfeffer bestreut. Oder: gesottene Kartoffeln werden geschält, gerädelt, mit fein geschnittenen Zwiebeln in einem Stück frischen Schweineschmalzes gedämpft und mit Essig und Salz vermischt. Dieser Salat muß warm zu Tisch kommen und soll ebenfalls keine Brühe haben. Zur Ersparniß des Fetts kann man auch zuerst einige Löffel voll recht fetter Fleischbrühe an die Kartoffeln geben, weil sie sehr viel anschlucken. Einige Löffel voll sauren Rahms machen den Salat sehr gut. Man garniert diesen Salat mit einem Kranz von Ackersalat, Lattich oder Endivien und nur für den gewöhnlichen Tisch wird er ohne solchen gegeben.

6. **Ackersalat.** Kleinblättriger, zarter Ackersalat wird geputzt, gewaschen, mit Oel, Essig und Salz vermengt. Er kann auch mit Endivien vermischt oder auf Kartoffelsalat angerichtet werden.

7. **Boragen=Salat.** Die Boragenblätter werden allein verwendet oder mit Kapuzinerblättern vermischt, in $1/2$ Centimeter breite Streifen geschnitten, und mit reichlich Oel, Essig und Salz angemacht. Es ist dies ein sehr wohl= schmeckender, erfrischender, als Beilage zu Rindfleisch passen= der Salat. Die Boragen bedürfen überdies keiner Pflege, sie wachsen als Unkraut. Boragen unter Kopfsalat ge= mischt, ist sehr gut.

8. **Kräuter=Salat.** Kresse, Körbel, Boragen, Kapuziner= blätter, oder Kresse, Esdragon, Pimpernell, Sauerampfer, Cichorien, Wegwarte, Rapunzel und Pfefferkraut werden fein geschnitten, und mit Schnittlauch vermengt. Dann zerdrückt man ein Eidotter fein, gibt Oel, Essig, einen Löffel voll Senf und Salz hinzu und macht mit dieser Sauce die Kräuter an. Sie können auch wie gewöhnlicher Salat angemacht werden.

9. **Gartenkresse.** Die jungen Blätter werden abgeschnitten, gewaschen, mit Oel, Essig und Salz angemacht, und zu Rindfleisch gegeben. Oder man siedet ein paar Eier hart, schneidet oder wiegt das Weiße fein und vermengt es mit Oel, Essig und Salz. Die Dotter zerdrückt man fein und macht sie mit Oel, Essig, Salz, nach Belieben auch etwas Senf an, aber so, daß sie einen dicken Brei bilden. Nun legt man die Dotter auf eine flache Schale oder Sauciére in die Mitte, bildet von dem Weißen einen Kranz darum und legt dann um diesen am Rande nochmals einen Kranz von Kressesalat.

10. Kraut-Salat. Weißes oder Rotkraut wird eingeschnitten, mit Speck, Schweineschmalz oder Gänsefett gedämpft, und mit noch etwas heißem Fett, Essig und Salz angemacht. Oder gewürfelter Speck wird gelb gedämpft, mit Essig vermischt, das Kraut mit etwas Salz dazu genommen und einige Augenblicke damit gedämpft. Kann auch mit Pfeffer bestreut werden.

11. Gurken-Salat. Die Gurken werden geschält, in feine Scheiben geschnitten und sogleich mit etwas Oel vermischt. Vor dem Auftragen gibt man Essig und Salz dazu und bestreut sie dick mit grob gestoßenem Pfeffer. Für gewöhnlich können auch frisch gesottene Kartoffeln unter die Gurken gemischt werden.

12. Rettich-Salat. Die Rettiche werden gewaschen, fein geschnitten, eine halbe Stunde eingesalzen, ausgedrückt, mit Oel und Essig angemacht und stark mit Pfeffer bestreut.

13. Sellerie-Salat. Die Selleriewurzeln werden mit einer Bürste gereinigt und gut zugedeckt in etwas Wasser oder Fleischbrühe nicht zu weich gedämpft. Beim Reinigen ist es nicht ratsam, die dünnen Wurzeln abzuschneiden, sie enthalten den feinsten Geschmack. Sie werden in feine Scheiben geschnitten und mit Essig, Oel und Salz vermengt; auch können sie mit Kartoffeln vermischt oder roh auf die gleiche Weise angemacht werden.

14. Cichorien-Salat. Die gelben Cichorienblätter werden klein geschnitten und wie anderer Salat angemacht.

15. Hopfen-Salat wird von den jungen Schößlingen gemacht, ehe sich Blätter entwickeln; sie werden einige Sekunden in Salzwasser gekocht, abgeschwenkt und mit Essig und Oel angemacht.

16. Spargel-Salat wird wie Hopfen vorher geputzt, gekocht, abgekühlt und mit Essig und Oel vermischt.

17. Roterüben-Salat. Dieselben werden gewaschen und weich gesotten. Dabei muß man aber darauf achten, daß weder die Wurzeln noch alles Kraut abgeschnitten werden, weil sonst der rote Saft ausfließt und die Rüben von ihrer Farbe verlieren. Sind sie etwas abgekühlt, so schneidet man sie in Scheiben und gibt leichten Essig, Salz, Pfeffer und Koriander daran.

18. Bohnen-Salat. Junge, zarte Bohnen werden geputzt, in Salzwasser weich gekocht, in kaltem Wasser abgespült und mit Essig, Oel und Salz angemacht.

19. Salat von Carviol. Der Blumenkohl oder Carviol wird geschält, in kleinere Teile geschnitten und in Salzwasser weich gesotten. Nachdem er erkaltet ist, legt man ihn in eine Salatière, vermengt Oel, Essig, Salz, nach Belieben auch Pfeffer und Kapern und gießt es über den Kohl. Oder: einige Eidotter werden mit einem Löffel voll Senf und einem Löffel voll Oel fein verrieben, mit Essig und Salz vermischt und über den Kohl gegossen. Auf diese Weise kann auch der Spargelsalat angemacht werden.

20. Ochsenmaulsalat. Ein Ochsenmaul wird geputzt, in Salzwasser weich gesotten und, so lange es noch warm ist, ausgebeint. Hernach schneidet man es in feine Streifen, und macht es mit Oel, Essig, Pfeffer, Salz und feingeschnittenen Zwiebeln an. Ein solcher Salat kann in einem steinernen Topfe 8 Tage aufbewahrt werden, wenn das Oel weggelassen und erst vor dem Gebrauch darunter gemengt wird.

21. Schnecken-Salat. Die Schnecken werden, wie in der Abteilung der Ragouts angegeben, gesotten, geputzt und in Salzwasser gewaschen. Sie werden dann mit Pfeffer, Salz und feingeschnittenen Zwiebeln bestreut und mit reichlich Oel und Essig angemacht.

22. Häringssalat mit Kartoffeln. 1—2 Häringe werden geputzt, ausgegrätet und in kleine Würfelchen geschnitten. Gesottene Kartoffeln werden geschält und ebenfalls klein gewürfelt. Nun verreibt man die Milch der Häringe mit Essig und Oel und macht damit die Kartoffel- und Häringswürfel an.

23. Verzierter Häringsfalat. Obiger Salat wird in eine Salatschüssel gefüllt, dann hackt man das Weiße und die Dotter von einigen hartgesottenen Eiern, sowie eine weichgekochte rote Rübe klein, macht jedes besonders an und verziert damit den Häringssalat. In die Mitte kommt Eigelb, dann ein Kranz Eiweiß, dann rote Rüben, wieder Eigelb, Eiweiß 2c.

24. Häringssalat mit Aepfeln wird statt mit Kartoffel= mit Aepfelwürfelchen und ohne Häringsmilch angemacht.

25. Häringssalat mit Bratenresten. Einen abgehäuteten Häring schneidet man in kleine Stückchen. Kalter Kalbs= braten wird ebenfalls zu kleinen dünnen Schnittchen ge= schnitten und die Häringe und das Fleisch mit Kapern, klein gehackten Sardellen, Zwiebeln und Petersilie vermengt. Dann zerreibt man die Häringsmilch mit Essig, Oel, Salz und Pfeffer, macht damit den Salat an, und belegt nach Belieben den Rand der Salatschüssel mit eingemachten Gurken, eingemachten Zwiebeln, Citronenscheiben oder Schni= tzen. Statt Kalbsbraten kann auch anderes Fleisch ver= wendet werden.

26. Italienischer Salat. Provenceröl und feiner Essig werden mit dem nötigen Salz dick gerührt und mit so viel Kapern vermischt, daß der Boden einer flachen Platte oder Saucière bedeckt wird. Dann werden Sardellen geputzt, gespalten und abwechslungsweise mit Cervelatwursträdchen auf die Schüssel gelegt. Zuletzt kommen auf die Sardellen noch Citronenscheiben und zwischen dieselben werden Muscheln oder kleine Stückchen marinierter Häringe gelegt.

27. Bunter Salat. Rote Rüben, Gelbrüben, Sellerie= wurzeln werden geputzt und jedes besonders weich gekocht, geschält, in Scheiben geschnitten, mit Weinessig, Kapern, gewiegten Sardellen und Salz in einen Topf gethan und zugebunden. Er kann einige Wochen aufbewahrt werden, wenn genügend Essig dabei ist. Vor dem Gebrauch wird feines Oel darunter gemengt.

28. Andere Art. Man kocht Gelbrüben, Rotrüben und Selleriewurzeln, jedes besonders, macht es auch nach dem Erkalten besonders an, legt dann in die Mitte einen starken Löffel voll Krautsalat, einen Kranz Rotrüben, hernach Gelbrüben, zuletzt Sellerie und je nach der Saison einen Kranz Monatrettiche.

29. Russischer Salat. Gutes Sauerkraut wird, wenn es aus der Stande kommt, ausgedrückt, und mit Oel und Pfeffer angemacht.

30. Russischer Häringssalat. Gute holländische Häringe werden gewässert, nach 24 Stunden zieht man ihnen die Haut ab, schneidet die Bauchlappen weg, macht überall kleine Einschnitte und legt die Häringe ganz in einen Steintopf. Nun werden Sardellen fein gewiegt, kleine Essiggurken in Stückchen geschnitten und mit Kapern, Lorbeerblättern und Citronenscheiben zu den Häringen in den Topf geworfen. Die Milch derselben wird mit gutem Essig noch zu einer nicht zu dicken Sauce verrührt und über die Häringe gegossen. Der Topf wird gut zugebunden und der Salat erst nach einigen Tagen verwendet.

31. Italienischer Häringssalat. 8—10 Sardellen werden ausgegrätet, gespalten und aufgerollt. Ein Häring wird geputzt, ausgegrätet und in Würfelchen geschnitten. Ochsenmaul, gebratenes Geflügel und Kalbsbraten werden ebenfalls in kleine, fleischige Würfel geteilt. Sind zuletzt Essiggurken, hart gesottene Eier, Kartoffeln und rote Rüben auf dieselbe Weise geschnitten, so macht man alles zusammen mit Kapern, 2 Teilen Oel, 1 Teil Essig und einem Eßlöffel voll Senf an. Die Schüssel wird, nachdem der Salat angerichtet ist, mit Sardellen garniert. In der Anwendung von roten Rüben muß man recht vorsichtig sein, dieselben vorher mit etwas Essig abspülen und nicht zu viel nehmen, weil sie dem Salat eine rote Farbe geben.

32. Salat von Fisch und Gemüse. Gemüse aller Art, wie es die Jahreszeit bietet, Spargeln, Hopfen, Blumenkohl, Rosenkohl, in Stücke geschnittener Wirsing, junge

Bohnen, gelbe Rüben, Selleriewurzeln 2c. werden geputzt,
in Salzwasser weich gekocht und nachdem alles erkaltet und
mit frischem Wasser abgeschwenkt worden, auf einer Platte
zierlich geordnet. Nun legt man alle Arten gekochter Fische
oder Bratenfleisch in die Mitte, verziert es mit Krebs=
schwänzen, länglich geschnittenen Essiggurken, in beliebige
Figuren geschnittenen roten Rüben und übergießt es mit
folgender Sauce: 2 hart gesottene und 1 rohes Eidotter
werden mit einem Löffel voll Senf, feinem Oel, Essig,
Salz, weißem Pfeffer, Bratenbrühe und saurem Rahm,
nach Belieben auch einer Messerspitze voll Zucker, gut ver=
rieben.

XVIII. Glasuren zu Backwerk.

In Beziehung auf das Glasieren ist zu bemerken, daß
die aufgetragene Glasur nur getrocknet, nicht gebacken werden
soll, daß das zum Glasieren bestimmte Backwerk erkaltet
und der dazu verwendete Zucker staubfein und ganz rein
sein muß. Bei gekochten Glasuren ist es natürlich nicht
nötig, den Zucker ganz fein zu stoßen. Durch das Glasieren
kann man den Torten und dem andern Backwerk ein viel
schöneres Ansehen geben. Es bleibt dabei der Geschicklichkeit
einer jeden Hausfrau ein sehr weiter Spielraum; hier nur
einige kurze Andeutungen darüber: Eine weißglasierte Torte
verziere man mit farbigen Bonbons, etwa am Rande mit
einer Perlenschnur roter Erdbeeren, Cachous 2c., in die
Mitte lege man von feinen Fondants ein Bouquet oder ein=
gemachte Früchte, fülle in eine aus weißem Papier gedrehte,
kleine Düte weiße oder rosa Glasur, schneide unten an der
Spitze der Düte ein Löchlein von der Dicke einer Strick=
nadel ein, nehme sie in die rechte Hand, drücke mit dem
Daumen darauf und mache von der hervorquellenden Glasur
alle Arten Schnörkel, Punkte, Namen 2c. Die Bonbons
müssen in die frisch aufgestrichene Glasur gedrückt werden,
während das Spritzen erst, nachdem die Glasur trocken ist,
vorgenommen wird.

1. Gewöhnliche, weiße Glasur. 2 Eiweiß werden zu steifem Schnee geschlagen, mit 180 Gr. Zucker und 4 Tropfen Holzessig ½ Stunde gerührt.

2. Citrone- und Orange-Glasur wird wie eine gewöhnliche Glasur gemacht, nur nimmt man statt Holzessig den Saft und die am Zucker abgeriebene Schale von 2 Citronen oder Orangen.

3. Andere Art. 2 Citronen werden am Zucker abgerieben, der Saft ausgedrückt und mit dem Citronenzucker und dem noch nötigen, staubfeinen Zucker zu einem dicken Brei angerührt.

4. Vanille-Guß. 120 Gr. Zucker werden mit dem Schnee von 2 Eiweiß und einigen Löffeln voll Vanillezucker ½ Stunde gerührt.

5. Glasur von Rosenwasser. Staubfeiner Zucker wird mit Rosenwasser in einer Porzellan-Schale zu einem zähen Brei verrieben.

6. Farbige Glasuren. Eine gewöhnliche Glasur von 2 Eiweiß und 180 Gr. Zucker wird mit Cochenille, die in etwas Rosenwasser aufgelöst worden, rot gefärbt. Mit Safran färbt man auf die gleiche Weise gelb, mit Kornblumen blau. Statt Eiweiß-Glasur kann auch eine Citronen- oder Rosenwasser-Glasur gefärbt werden.

7. Schokolade-Glasur. 120 Gr. Schokolade werden auf Kohlen mit einigen Tropfen Wasser flüssig gemacht, mit 120 Gr. Zucker und dem Schnee von einem Eiweiß ½ Stunde gerührt.

8. Gekochte Schokolade-Glasur. 100 Gr. Zucker werden mit 100 Gr. Schokolade und ein wenig Wasser auf dem Feuer so lang verrührt, bis sie sich zu einem Faden ziehen läßt, dann wird das Backwerk schnell damit übergossen. Man kann es nach dem Glasieren auch einen Augenblick in den Ofen stellen, es bekommt dadurch einen schöneren Glanz.

9. Gekochte Zucker-Glasur. 370 Gr. grob gestoßener Zucker wird mit dem Saft von 2 Citronen und einem Glas weißen Weins aufgelöst und ein paar Minuten gekocht.

10. **Andere Art.** 300 Gr. grob gestoßener Zucker werden mit ⅛ Ltr. Wasser und 6 Tropfen Holzessig gekocht, mit einigen Löffeln voll Arrak vermengt und aufgestrichen.

11. **Punsch-Glasur.** Staubfeiner Zucker wird mit Arrak, Rum, auch Orangen- und Citronensaft und ein wenig Wasser zu einem dicken Brei gerührt.

12. **Punsch-Glasur, andere Art.** 2 Eiweiß werden zu steifem Schnee geschlagen und mit 180 Gr. Zucker und 2 Eßlöffeln voll Arrak ½ Stunde gerührt.

XIX. Backwerk.

Auf die Bereitung der Torten und andern Backwerks muß sehr viel Sorgfalt und Pünktlichkeit verwendet werden. Das Mehl von Nr. 0 und der fein gestoßene Zucker müssen unmittelbar vor dem Gebrauch durch ein Haarsieb gesiebt, die Mandeln ausgelesen und wenn nötig, wie zu Mandeltorten, gebrüht oder einmal aufgekocht, abgezogen und sehr fein gestoßen werden. Zimmt nehme man immer von der feinsten Sorte, weil der billige meist von abgesottener Zimmtrinde gemahlen oder doch damit vermischt ist, weshalb man viel mehr davon braucht. Nur frische, süße Butter darf zu gerührtem Gebäcke verwendet werden. Eier ebenfalls frisch, doch können zu Backwerk mit vielem Gewürz auch gut eingekalkte Eier genommen werden. Beim Aufschlagen der Eier bediene man sich immer eines besonderen, kleineren Schüsselchens oder einer Tasse, um jedes Ei vorher zu prüfen. Auch beim Abteilen der Eier ist dieses Verfahren nötig, damit kein Gelbes in das Eiweiß kommt, wodurch der Schaum nicht steif würde. Korinthen und Rosinen werden vorher gebrüht, damit sie gut aufquellen. Ist der Zucker mit den Eiern lange genug gerührt, so wird das Mehl nebst Gewürz sehr langsam nach

und nach dazu gethan. Das gleichzeitige Rühren der Masse
mit Mehl und Gewürz schadet derselben. Das Rühren
muß stets nach derselben Seite geschehen. Hirschhornsalz
unter feines Backwerk zu mischen, ist sehr thöricht, denn
feine Eiergebäcke bekommen einen schlechten Geschmack davon;
sie gehen, wenn sie in die rechte Ofenhitze kommen, ohnehin
so auf, daß ein stärkeres Aufgehen nur auf Kosten des Ge-
schmacks geschehen kann. Die Bleche müssen mit guter Butter
bestrichen und mit gewöhnlichem Mehl oder Semmelmehl,
je nach Angabe, bestreut werden. Es ist dies unumgänglich
nötig, namentlich bei leichten Massen; das Backwerk läuft
dadurch viel weniger in die Breite, geht somit besser auf.
Zum Einfüllen der Torten ist ein Sprungblech am besten,
weil alles darauf ankommt, eine Torte makellos aus der
Form oder dem Blech zu bringen. Hat man aber kein
Sprungblech, so belege man ein gut beschmiertes gewöhnliches Blech mit einem weißen Papier, das so groß als
der Boden des Bleches beschnitten ist, lasse aber an 4
Seiten 4fingerbreite Lappen über den Rand des Blechs
hervorsehen, mit deren Hilfe dann die Torte sehr leicht
von 2 Personen aus dem Blech genommen werden kann.
Dieses Papier muß ebenfalls gut mit Butter bestrichen und
stark mit Semmelmehl besäet werden. Dasselbe wird, ist
die Torte aus dem Blech genommen, weggezogen. Alles
Backwerk soll sogleich, wie es aus dem Ofen kommt, vom
Blech entfernt werden, die untere Rinde nimmt sonst einen
sehr unangenehmen Geschmack an und wird feucht. Torten
sollten, so lange sie noch warm sind, nicht auf die bloße,
sondern auf eine mit Papier belegte Platte kommen, da
die Rinde gern hängen bleibt, weswegen es gut ist, wenn
man sie auf einem Backbret abkühlen läßt. Zum Aufbewahren des Backwerks, wenn es bald verwendet werden
soll, ist ein kühler, etwas feuchter Ort sehr gut. Alles
Backwerk, Schmalz- und Butterbackwerk natürlich ausgenommen, ist am zweiten Tag besser als am ersten. Soll
ein Backwerk lange aufbewahrt werden, so lege man es
in eine Porzellan-Schüssel, decke sie zu und stelle sie an

einen kühlen, trockenen Ort, denn die Sonne schadet dem Backwerk sehr. Eine Torte, die nicht glasiert wird, belege man mit einem, von weißem Papier ausgeschnittenen Stern, bestreue dann die Torte dick mit Zucker und entferne den Stern vorsichtig; derselbe muß aber vorher ins Wasser getaucht werden, doch soll er nicht zu naß sein.

1. Gewöhnliche Biskuit-Torte. 9 Eier, 250 Gr. Zucker, 200 Gr. feines Mehl, die am Zucker abgeriebene Schale einer Citrone. Die Eier werden abgeteilt, das Weiße zu einem steifen Schnee geschlagen, mit den Eigelb, dann mit dem Zucker vermischt, 1 Stunde gerührt oder $^1/_2$ Stunde geschlagen und zuletzt langsam und vorsichtig mit dem gesiebten Mehl und der abgeriebenen Citronenschale vermischt. Die Masse wird in ein mit Butter bestrichenes, mit Semmelmehl bestreutes Blech gefüllt und $^3/_4$ Stunden in Mittelhitze gebacken.

2. Französische Biskuit-Torte. Auf 250 Gr. Zucker kommen 187 Gr. Mehl, 6 ganze Eier, 6 Eigelb und das Abgeriebene einer Citrone. Die 6 Eiweiß werden zu Schnee geschlagen, mit den 12 Eidottern und darauf mit dem Zucker vermengt, 1 Stunde gerührt, dann noch langsam Mehl und Citronenschale oder einige fein gestoßene, geschälte, bittere Mandeln dazu gethan. Das Blech muß gut bestrichen und mit Semmelmehl bestreut sein und die Torte sogleich in den Ofen kommen. Sie braucht schwach $^3/_4$ Stunden in nicht zu starker Hitze. Von dieser Masse macht man auch kleine Kapselbiskuits, indem von weißem Papier, kleinen Schachteln ähnliche Formen gemacht, mit Eingemachtem belegt und mit Biskuitmasse gefüllt werden. Anmerkung. Die meisten Hausfrauen und Köchinnen schlagen nach früherer Methode den Schaum besonders, rühren Eigelb und Zucker ebenfalls allein und vermengen es erst zuletzt. Doch glaube ich, daß wer einmal die von mir schon oft erprobte Methode, Schaum, Eigelb und Zucker zusammen zu rühren, oder noch besser zu schlagen, angewendet, wird sie wegen ihrer Bequemlichkeit und Zuverlässigkeit nie mehr verlassen.

3. Gewöhnliche Schokolade-Torte. 9 ganze Eier, 250 Gr. Zucker, 125 Gr. Mehl, 62 Gr. geriebene Schokolade. Die Eiweiß werden zu Schnee geschlagen, mit dem Gelben vermengt, dann der Zucker hinzugethan und alles 1 Stunde gerührt. Hernach wird das gesiebte Mehl und die Schokolade noch langsam darunter gemengt, die Masse eingefüllt und gebacken. Es können auch statt 9 ganzen Eiern 12 Eidotter und 6 Eiweiß genommen werden, die Torte wird zwar dadurch teurer, aber auch feiner.

4. Feinere Schokolade-Torte. 375 Gr. Zucker, 6 Eidotter und 6 ganze Eier, 375 Gr. Mandeln und 90 Gr. geriebene Schokolade. Der Zucker wird gröblich gestoßen und mit einem Gläschen Wasser so lange geläutert, bis er lange Fäden spinnt, dann gießt man ihn in eine Schüssel und rührt ihn, bis er abgekühlt ist. Inzwischen schält man die Mandeln und stößt sie mit ein wenig Citronensaft recht fein. Dann rührt man den Schnee der 6 Eiweiß und die 12 Eigelb nebst Mandeln und Zucker stark ½ Stunde, mengt die fein geriebene Schokolade, das am Zucker Abgeriebene einer Citrone langsam darunter und füllt die Masse in eine Form, welche gut mit Butter bestrichen und mit Semmelmehl bestreut wurde.

5. Kartoffel-Torte (sehr gut). 9 Eier, 210 Gr. Zucker, 420 Gr. geriebene Kartoffeln, 8 Gr. Zimmt, 2 Gr. Nelken, 60 Gr. Citronat und Pomeranzenschale, die Schale einer Citrone. Die Kartoffeln, womöglich recht mehlige, werden gesotten, nach dem Erkalten geschält und gewogen. Die Eier werden abgeteilt, das Weiße zu steifem Schnee geschlagen, und mit den Eigelb und dem fein gesiebten Zucker ½ Stunde gerührt. Hernach mischt man die Kartoffeln, den gestoßenen Zimmt, den fein gewiegten Citronat und die Citronenschale langsam darunter und füllt die Masse ein.

6. Andere Art. 250 Gr. Zucker, 6 ganze Eier und 6 Eidotter, 250 Gr. geriebene Kartoffeln, 120 Gr. fein gestoßene Mandeln und die am Zucker abgeriebene Schale einer Citrone. Die 6 Eiweiß werden zu Schnee geschlagen,

mit den 12 Dottern und dem Zucker ³/₄ Stunden gerührt,
dann mengt man die mit einem Eiweiß fein gestoßenen
Mandeln, die Kartoffeln nebst der Citronenschale langsam
darunter, füllt die Masse ein und bringt sie sogleich in
den Ofen.

7. **Brot=Torte.** 250 Gr. Zucker, 12 Eidotter, 6 Ei=
weiß, 125 Gr. geröstetes und fein gestoßenes Schwarzbrot,
6 Gr. gestoßenen Zimmt, 2 Gr. gestoße Nelken, etwa 30
Gr. Citronat und Pomeranzenschale, beides fein gewiegt,
das am Zucker Abgeriebene einer Citrone. Das geriebene
und darauf gewogene Brot wird mit einigen Löffeln vol
gutem Wein oder mit Kirschengeist genügend angefeuchtet,
doch hüte man sich, daß das Brot nicht zu feucht werde,
sonst wird die Torte schwer. Das Eiweiß wird zu einen
recht steifen Schnee geschlagen, mit den Dottern und den
Zucker ½ Stunde gerührt, mit dem Brot und dem ange=
gebenen Gewürz vermengt, ausgefüllt und sogleich gebacken

8. **Andere Art.** 250 Gr. geschälte und mit 2 Eiweiß
recht fein gestoßene Mandeln, 500 Gr. Zucker, 10 ganze
und von 14 Eiern das Gelbe, 180 Gr. geriebenes und an=
gefeuchtetes Schwarzbrot, 30 Gr. Citronat, 30 Gr. Pome=
ranzenschale, klein gewiegt, 10 Gr. gestoßener Zimmt, 2
Gr. gestoße Nelken, das Abgeriebene einer Citrone. Ei=
weißschnee und Dotter werden mit dem Zucker eine starke
½ Stunde gerührt, mit den Mandeln, dem Brot und dem
Gewürz langsam vermengt und sogleich gebacken.

9. **Semmelmehl=Torte.** 120 Gr. feines Semmelmehl,
250 Gr. Zucker, 9 Eier, 8 Gr. Zimmt, 2 Gr. Nelken,
beides gestoßen, nach Belieben auch 30 Gr. klein gewieg=
tes Citronat und Pomeranzenschale, auch einige bittere
Mandel. Die Eier werden abgeteilt, das Weiße zu Schnee
geschlagen; wenn er recht steif ist, mischt man die Eigelb,
sowie den Zucker darunter, schlägt oder rührt alles zu=
sammen ½ Stunde, gibt das Gewürz nebst Semmelmehl
dazu, rührt es langsam und gut durch und füllt die Masse
in eine Form. Das Semmelmehl kann auch einige Zeit

vorher mit Arrak, Kirschgeist oder Wein angefeuchtet werden, oder man bespritzt die Torte heiß, sowie sie aus dem
Ofen kommt, mit gutem Wein.

10. Semmel-Torte mit Mandeln. 15 Eier, 250 Gr.
Zucker, 150 Gr. geschälte und mit 2 Eiweiß recht fein gestoßene Mandeln, 75 Gr. Semmelmehl, (von Ulmer-Mut-
scheln oder von Milchbroten, an denen die Rinde abgerieben wurde). Der Schnee von 12 Eiweiß wird mit den
15 Dottern und dem Zucker 40 Minuten gerührt, die Mandeln und das Semmelmehl, nach Belieben auch die fein gewiegte Schale einer Citrone langsam darunter gemengt,
die Masse in ein gut bestrichenes und bestreutes Blech gefüllt und in ziemlich heißem Ofen gebacken. Unter den
Mandeln sollten einige bittere sein; wenn sie mit den Eiern,
dem Zucker und Mutschelmehl vermengt werden, muß man
sehr Acht geben, daß sie keine Knollen bilden, man rühre
sie deshalb zuvor mit einigen Löffeln voll Masse recht
glatt an.

11. Gewöhnliche Mandel-Torte wird auf dieselbe Weise
gemacht, wie die Semmeltorte mit Mandeln, nur nimmt
man statt Semmelmehl 150 Gr. feines, weißes Mehl.

12. Mandel-Torte. 250 Gr. Mandel, 12 Eier, 250
Gr. Zucker, 1 Citrone. Die Mandeln werden wie gewöhnlich gebrüht, abgezogen, getrocknet und mit 2 Eiweiß oder
1 ganzen Ei sehr fein gestoßen, dann schlägt man die noch
übrigen 10 oder 11 Eiweiß zu einem recht steifen Schnee,
mischt Eigelb und Zucker darunter, rührt dieses zusammen
1 Stunde, gibt die Mandeln dazu und füllt die Masse in
eine Form. Um die Mandeln recht glatt an die Masse
zu bringen, rührt man sie zuvor mit einigen Löffeln voll
Masse in einer Schüssel an.

13. Ganz feine Mandel-Torte. 24 Eidotter, 500 Gr.
Zucker, 500 Gr. Mandeln. Die Mandeln müssen sehr fein
gestoßen werden; sollten sie vom Stoßen zu ölig werden,
so nehme man 1 oder 2 Eiweiß dazu, rühre Zucker und

Eigelb 50 Minuten, menge die Mandeln darunter und fülle die Masse aus. Eine solche Torte bleibt 5—6 Tage sehr feucht.

14. Himbeer-Torte. 12 Eier, 250 Gr. Zucker, 200 Gr. Mehl, einige Löffel voll eingemachter Himbeeren. Der Schnee der Eiweiß wird mit Eigelb und Zucker 30 Minuten gerührt. Die Himbeeren werden zerdrückt und wenn die Masse genug gerührt ist, mit dem gesiebten Mehl langsam unter dieselbe gemengt.

15. Torte mit Himbeersaft. Eine französische Biskuit-Torte wird mit Himbeersaft begossen, so lange die Torte noch heiß ist. Es ist gut, nicht mehr als kaum $1/8$ Liter Saft zu nehmen. Statt einer französischen Biskuit-Torte kann auch eine gewöhnliche mit Himbeersaft begossen werden; es gibt einen sehr feinen Geschmack und macht die Torte feucht.

16. Grieß-Torte. 375 Gr. Zucker, 30 Gr. geschälte und fein gestoßene, bittere und süße Mandeln, 1 Citrone, 185 Gr. Grießmehl, 15 Eier. 12 zu steifem Schnee geschlagene Eiweiß werden mit den 15 Eigelb und dem Zucker $1/2$ Stunde gerührt. Hernach wird das am Zucker Abgeriebene einer Citrone nebst dem Saft derselben, das Grießmehl und die Mandeln noch 10 Minuten mitgerührt, die Masse ausgefüllt und sogleich gebacken.

17. Anis-Torte. 375 Gr. Zucker, der Saft und die abgeriebene Schale einer Citrone, 1 Kaffeelöffel voll ausgelesener Anis, einige bittere, fein gestoßene Mandeln, 5 ganze Eier, 5 Eidotter, 250 Gr. feines Mehl. Die 5 Eiweiß werden zu steifem Schnee geschlagen, mit den 10 Dottern und dem Zucker $1/2$ Stunde gerührt, dann mit dem gesiebten Mehl, den Mandeln und der Citrone ganz langsam vermengt und eingefüllt.

18. Anis-Torte, andere Art. 12 ganze Eier, 400 Gr. Zucker, 360 Gr. Mehl, Anis, Citronensaft und Schale werden wie oben verwendet.

19. Sand-Torte. 250 Gr. Butter, 10 Eier, 250 Gr. Zucker, 200 Gr. Mehl. Die Butter wird leicht gerührt, mit den 10 Eigelb und dem Zucker vermengt und noch ½ Stunde geschlagen. Inzwischen schlägt man von 6 der übrigen Eiweiß einen steifen Schnee, rührt ihn etwa noch 10 Minuten mit der andern Masse, gibt das Mehl langsam dazu und füllt die Form damit.

20. Andere Art. 375 Gr. Zucker, 18 Eier, 250 Gr. Mehl, 1 Citrone, 120 Gr. Butter. 12 Eiweiß werden zu Schnee geschlagen und mit den 18 Dottern nebst dem Zucker 20 Minuten gerührt. Ist die Masse schön dick, so rührt man das gesiebte Mehl, die abgeriebene Citronenschale und zuletzt die zerlassene Butter langsam daran. Diese Torte muß sogleich in den Ofen kommen.

21. Blitzkuchen. 500 Gr. Zucker, 375 Gr. Mehl, 10—12 Eier, 125 Gr. Butter. Die Butter wird leicht gerührt, das zu Schnee geschlagene Eiweiß mit Eigelb und Zucker vermengt und nochmals ¼ Stunde geschlagen, dann mischt man zuerst die Butter und zuletzt das Mehl langsam darunter. Oder: 250 Gr. zerlassene Butter, 280 Gr. Zucker, 5 Eier und 375 Gr. Mehl werden schnell unter einander gerührt und gebacken.

22. Reis-Torte. 120 Gr. Reis, 1 Ltr. Milch, 180 Gr. Butter, 100 Gr. Mandeln, 9 Eier und 1 Citrone. Der Reis wird abgebrüht, mit der Milch weich und dick eingekocht und zum Erkalten auf eine Platte gestrichen. Dann rührt man die Butter leicht, gibt Eigelb, Zucker und Mandeln hinzu, rührt es 20 Minuten, vermengt es mit dem völlig erkalteten Reis, schlägt die 9 Eiweiß zu Schnee, reibt die Citrone ab, rührt beides noch an die Masse und füllt sie ein.

23. Kapuziner-Torte. Von 12 ganzen Eiern, 12 Dottern, 500 Gr. Zucker und 500 Gr. Mehl wird eine Biskuitmasse gemacht und in einem Tortenblech gebacken. Nachdem die Torte völlig erkaltet ist, schneidet man sie quer durch, daß 2 gleiche, dicke Stücke entstehen. Nun versieht man den oberen Teil mit einem Schokoladeguß und be= streicht den untern stark fingersdick mit Schlagrahm, setzt dann die Stücke wieder aufeinander und serviert die Torte so bald als möglich. Der Schokoladeguß kann auch erst darauf gestrichen werden, wenn die Torte mit Rahm ge= füllt ist.

24. Punsch=Torte. Von 500 Gr. Zucker, 375 Gr. Mehl, 12 Eidottern und 12 ganzen Eiern macht man eine Biskuitmasse, füllt sie in drei Bleche, damit man 3 schöne, gelb gebackene, fingersdicke Kuchen erhält. Wenn sie aus dem Ofen kommen, begießt man jeden mit einigen Eßlöffeln voll Arrak, bestreicht 2 davon mit beliebiger Mar= melade, setzt nun die Kuchen so aufeinander, daß der un= bestrichene oben auf kommt und bestreicht die Torte noch mit einer Punschglasur. Zum Füllen zweierlei Marmelade zu nehmen, ist sehr gut, etwa unten Quitten und oben Hagebutten.

25. Andere Art. Von 24 Eidottern und 12 Eiweiß oder 18 ganzen Eiern, 500 Gr. Zucker, 200 Gr. Butter leicht gerührt und 400 Gr. Mehl macht man 2 Torten. Nachdem sie aus dem Ofen kommen, läßt man sie erkalten, schneidet sie in der Mitte durch, bestreicht 3 Teile derselben mit folgender Marmelade: Gebratene Aepfel werden durch ein Haarsieb getrieben, mit Zucker, Citronensaft, Arrak und am Zucker abgeriebener Citronenschale verrührt, dann legt man die Stücke wieder so auf einander, daß der unbe= strichene, mit einer obern Rinde versehene Teil obenauf kommt, und bestreicht die Torte mit einer Punschglasur. Die Glasur beider Punschtorten sollte womöglich noch mit eingemachten Früchten belegt werden.

26. Schaum=Torte. Von 6 ganzen Eiern und 6 Ei= gelb, 250 Gr. Zucker, 185 Gr. Mehl und einigen geschäl= ten, fein gestoßenen bittern Mandeln oder einer am Zucker abgeriebenen Citronenschale macht man eine Biskuittorte, be= gießt sie noch warm mit Arrak oder Kirschgeist und bestreicht sie oben mit Eingemachtem, schlägt dann die übrigen 6 Eiweiß zu einem steifen Schnee, mengt 100 Gr. feingesiebten Zucker und etwas gestoßene Vanille gut darunter und bedeckt mit diesem Guß das Eingemachte auf der Torte, streut noch länglich geschnittene Mandeln, sowie gestoßenen Zucker dick darauf, und stellt die Torte noch 10—15 Minuten in einen ganz kühlen Ofen.

27. Erdbeer-Torte. Zu einer solchen backt man von gewöhnlicher oder französischer Biskuitmasse 3 Kuchen, treibt Erdbeeren durch ein Haarsieb, zuckert sie stark ein und gibt einige Messerspitzen voll gestoßenen Zimmt dazu. Diese Erdbeeren werden noch mit Schlagrahm genügend vermengt und auf zwei Kuchen dick gestrichen. Auch diese Torte wird oben mit einer gewöhnlichen weißen oder Punschglasur versehen.

28. Jäger-Torte. 250 Gr. ungeschälte, gestoßene Mandeln, 250 Gr. Zucker, 5 Eiweiß, 10 Eigelb. Die Eiweiß werden zu Schnee geschlagen, mit Eigelb, Zucker und Mandeln 30 Minuten gerührt. Dann rührt man diese Masse langsam an die Mandeln, gibt noch das Abgeriebene einer Citrone, und wenn der Teig zu dünn sein sollte, etwas weißes Mehl hinzu und backt die Torte schön hellbraun. Ist sie aus dem Ofen, so bestreicht man die obere Seite zuerst mit Eingemachtem, dann mit einem Eis von 60 Gr. Zucker und dem Schnee von 6 Eiweiß und läßt den Guß in kühlem Ofen abtrocknen.

29. Haselnuß-Torte. 250 Gr. geschälte, mit 2 Eiern fein gestoßene Haselnüsse, 250 Gr. fein gesiebter Zucker, 10 bis 15 Gr. gestoßene Vanille, Saft und Schale einer halben Citrone, 12 Eigelb und 6 Eiweiß. Die gestoßenen Haselnüsse werden mit den Eidottern, dem Zucker, der Vanille und den Citronen 20 Minuten gerührt, dann mit dem steifen Schnee der 6 Eiweiß vermengt, in eine bestrichene bestreute Form gefüllt und gebacken. Damit sich die Haselnüsse leichter abziehen lassen, werden sie zuvor in einen heißen Ofen gelegt.

30. Andere Art. 90 Gr. Haselnüsse, 90 Gr. Mandeln, beides abgezogen und mit 2 Eiern recht fein gestoßen, 190 Gr. Zucker, 1 Citrone, 18 Eigelb, 9 Eiweiß und 60 Gr. Mehl. Eigelb und Zucker werden zusammen 20 Minuten gerührt, mit Mandeln, Haselnüssen, Vanille nach Belieben, Saft und Citronenbißeln vermengt und noch eine Zeit lang gerührt. Zuletzt kommt der Schnee der 9 Eiweiß und das Mehl langsam darunter; dann wird die Masse in ein Blech gefüllt und schön gebacken. Diese Torte kann mit einer Schokolade- oder Vanilleglasur verziert und wie die Kapuzinertorte mit Schlagrahm gefüllt werden.

31. Mirenken-Torte. 10 Eiweiß, 500 Gr. staubfeiner Zucker, 1⅓ Liter dicker, süßer Rahm, gestoßene Vanille. Die Eiweiße werden zu steifem Schnee geschlagen, mit dem Zucker und der Vanille schnell vermischt und folgenderweise aufgesetzt: 3 Bogen weißes Papier werden dick mit Zucker bestreut. Auf zwei derselben streicht man die Masse glatt fingersdick; der dritte Bogen wird mit der übrigen Masse, in Form von kleinen Häufchen dicht an einander gesetzt, bedeckt, damit es einen durchbrochenen Deckel gibt. Die Häufchen dürfen nicht viel größer sein, als eine Kirsche. Man kann sie in zwei Reihen dem Rande der Torte entlang aufsetzen und dann den mittleren Raum mit einem Stern oder einer beliebigen Figur von solchen kleinen Mirenken ausfüllen. Nur muß natürlich immer wieder eins am andern halten, so daß der Deckel vom Papier genommen werden kann. Diese zwei Böden und der Deckel werden in einem kühlen Ofen hellgelb, aber ganz durchgebacken. Es kommt oft vor, daß derartige Torten in einen zu heißen Ofen gebracht werden; dann schmilzt innen der Zucker, die Torte wird schlecht und man bekommt beim Essen eine zähe Masse zwischen die Zähne; deshalb sorge man ja für einen passenden kühlen Ofen. Bis die Böden gebacken sind, schlägt man den Rahm zu einem steifen Schaum, vermengt ihn mit 100 Gr. Zucker und 15 Gr. gestoßener Vanille, füllt die Torte und gibt sie sogleich zu Tisch.

Die Böden und der Deckel müssen selbstredend genau von einer Größe sein. Der Zucker kann auch beim Schlag= rahm wegbleiben.

32. Berliner Torte. 500 Gr. sehr feines Mehl, 500 Gr. geschälte, mit Citronensaft oder Rosenwasser feinge= stoßene Mandeln, 500 Gr. Zucker, 12 Eier, 500 Gr. Butter. Die leichtgerührte Butter wird mit den Eidottern, dem Zucker und den Mandeln 15—20 Minuten gerührt, mit dem Schnee der Eiweiße und zuletzt mit dem Mehl und der abgeriebenen Schale einer Citrone vermischt. Da= von backt man vier gleich große Kuchen, bestreicht 3 davon den andern Tag mit der unten angegebenen Fülle, legt sie auf einander und bestreicht den oberen Deckel und den Rand ringsum mit einer beliebigen weißen oder Citronen= glasur. Fülle zur Torte: 120 Gr. Butter wird in einem irdenen Kochgefäß zerlassen; dann gibt man 120 Gr. ge= stoßenen Zucker, den Saft, sowie die abgeriebene Schale von 4 Citronen und 4 Eidotter dazu, rührt, bis die Masse etwas dick wird, nimmt sie vom Feuer, rührt noch so lange darin, bis sie etwas abgekühlt ist und bestreicht dann **3** Kuchen damit. Die Citronen sollten womöglich am Zucker abgerieben sein. Diese Torte ist nach 2—3 Tagen am besten.

33. Crême=Torte. 4 Eiweiß, 250 Gr. Zucker; zur Fülle 12 Eier, 180 Gr. Zucker, 2 Citronen, eine kleine Orange, $^1/_{10}$ Liter guter weißer Wein. Für den Boden schlägt man die 4 Eiweiß zu einem recht steifen Schnee, mengt den Zucker gut darunter und streicht diese Masse auf ein gut mit Zucker bestreutes weißes Papier, welches rund geschnitten in ein Blech gelegt wurde. Diesen Boden backt man blaßgelb, aber ganz durch, wie den in der Mi= renkentorte. Hernach gießt man zur Crême den Wein, den Saft der Citronen und Orange, die am Zucker abge= riebene Schale derselben, den Zucker und die Eigelb in ein irdenes Kochgefäß, läßt es unter beständigem Rühren dick werden, mischt den Schnee der 12 Eiweiß darunter und streicht diese Crême auf die Torte. Letztere kann mit Orangeschnitzen verziert werden, sollte aber gleich, nachdem die Crême kalt ist, serviert werden.

34. Vanille-Crême-Torte. Zum Kuchen: 9 Eier, 250 Gr. Zucker, 250 Gr. Mehl. Zum Guß: 300 Gr. Zucker, 5 Eiweiß und 15 Gr. gestoßene Vanille. Die 9 Eier werden abgeteilt, das Weiße zu steifem Schnee geschlagen, zuerst mit den Dottern, dann dem Zucker vermengt, 30 Minuten gerührt, das Mehl langsam darunter gethan und die Masse in einem gut bestrichenen und bestreuten Blech gebacken. Ist die Torte wieder völlig erkaltet, so schlägt man zum Guß die 5 Eiweiß zu Schnee, rührt die angegebene Quantität Zucker nebst Vanille dazu und macht davon einen Rand auf der Oberfläche der Torte. Das Uebrige wird zu einem Deckel auf ein dick mit Zucker bestreutes, weißes Papier gestrichen. Dieser Deckel muß so groß sein, daß er in den inneren Raum an den Rand paßt. Nun backt man Rand und Deckel in kühlem Ofen schön blaßgelb, belegt die Torte innerhalb des Randes mit eingemachten Aprikosen, deckt den Deckel darauf und überstreicht ihn mit folgender Crême: 10—12 Eigelb werden mit nicht ganz ½ Ltr. süßer, kalter Milch verrührt, dann schüttet man sie zu ½ Ltr. siedender Milch in ein irdenes Kochgefäß, gibt 60 Gr. Zucker und 30 Gr. gestoßene Vanille dazu, rührt es auf dem Feuer, bis es beinahe kocht, leert es schnell in eine Schüssel, rührt, bis es abgekühlt ist, darin fort, schlägt dann die 12 Eiweiß zu Schnee und mengt ihn unter die Crême.

35. Spanische Torte. 300 Gr. geschälte, mit Citronensaft fein gestoßene Mandeln, 250 Gr. Butter, 10 Eigelb, 6 Eiweiß, 185 Gr. Zucker, 8 Gr. Zimmt, 4 Gr. Nelken, 90 Gr. Semmelmehl, Muskatnuß, die am Zucker abgeriebene Schale einer Citrone. Die Butter wird leicht gerührt, Eigelb, Mandeln und Zucker dazu genommen und noch etwa 20 Minuten mit der Butter gerührt und das Gewürz, der Schnee der Eiweiß und zuletzt das Semmelmehl langsam darunter gemengt. Man kann auch zuerst die Eiweiß zu Schnee schlagen, mit den Dottern und dem Zucker 30 Minuten rühren, mit den Mandeln und der leicht gerührten Butter und zuletzt mit Semmelmehl und Gewürz vermischen.

36. Guß=Torte. 185 Gr. geschälte, zart gestoßene Mandeln, 5 ganze Eier, 5 Dotter, 180 Gr. Zucker, am Zucker abgeriebene Citronenschale, eingemachte Himbeeren und ein feiner Blätterteig. Ein rundes Kuchenblech wird mit dem Butterteig so belegt, daß es einen ziemlich hohen Rand am Kuchen gibt. Dann schlägt man zum Guß die Eiweiß steif und rührt sie mit den Eidottern, dem Zucker und den Mandeln 20 Minuten, bestreicht den Butterteig mit eingemachten Himbeeren oder Johannisbeeren, auch Erdbeeren, gibt den Guß darauf und backt die Torte in frischer Hitze.

37. Andere Art. 250 Gr. Zucker, 5 ganze Eier oder 3 Eidotter und 3 ganze Eier, 90 Gr. feines Mehl, Citronenschale, Butterteig und gut kochende Aepfel. Die Aepfel werden geschält, mit Zucker, Citronenschale und Zimmt, sowie etwas Wein weich gedämpft. Sie können nach Belieben als Schnitze oder als Marmelade auf den Butterteig gelegt werden, letzterer muß aber auch hier einen ziemlich hohen Rand haben. Dann macht man von den oben angegebenen Eiern und dem Zucker, sowie dem Schnee der Eiweiß eine Biskuitmasse, mengt Mehl und Citronenschale vorsichtig darunter und bestreicht den Kuchen damit.

38. Linzer=Torte. 180 Gr. Butter, 310 Gr. Zucker, 60 Gr. geschälte, fein gestoßene Mandeln, 15 Gr. Zimmt oder Vanille, abgeriebene Citronenschale, 6 ganze Eier, 180 Gr. Mehl. Die leicht gerührte Butter wird mit Eigelb, Zucker und Mandeln nochmals 15—20 Minuten gerührt, mit dem Schnee der Eiweiß, dem Mehl und Gewürz vermengt, ausgefüllt und sogleich gebacken.

39. Linzer=Torte, andere Art. Zucker, Butter und Mehl, je 375 Gr., 9 Eier, 250 Gr. ungeschälte, gestoßene Man

deln, nach Belieben auch Zimmt, Nelken, Citronenschale,
Muskatnuß und 2 Löffel voll Kirschgeist oder Arrak. Dieses
alles wird zusammen zu einem Teig geknetet, 2 Böden
davon ausgewellt und schön gelb gebacken. Den andern
Tag belegt man einen der Böden mit Eingemachtem und
deckt den andern darauf oder man belegt jeden besonders,
um 2 Kuchen zu bekommen.

40. Französische Torte. Ein feiner Blätterteig, Eingemachtes, ein Zuckerteig von 125 Gr. Zucker, 30 Gr.
Butter, 250 Gr. Mehl, 2 Eiweiß, ein wenig Citronenschale.
Von Butter und Zuckerteig werden je 3 Böden gewellt und
gebacken, mit Eingemachtem gefüllt und in folgender Ordnung auf einander gelegt: zuerst Butterteig, dann Eingemachtes, dann Zuckerteig, dann wieder Eingemachtes. Es
ist ratsam, zu jedem Boden wieder anderes Eingemachtes
zu verwenden. Der obere Zuckerteigdeckel muß mit Eis
bestrichen und mit eingemachten Früchten belegt werden.
Ehe aber die Torte geeist wird, schneide man den Rand
ringsum eben. Zur Glasur: 180 Gr. Zucker, 1 Eiweiß
und 2 Löffel voll Citronensaft oder 2 Eiweiß und einige
Tropfen Holzessig.

41. Pariser Torte. 500 Gr. Zucker und 500 Gr. mit
Rosen= oder Pomeranzenwasser fein gestoßene, zuvor ge=
schälte Mandeln werden ebenfalls mit Rosenwasser verrührt,
mit dem Schnee von 16 Eiweiß vermengt und auf ein
mit Butterteig belegtes Blech gestrichen. Ist der Butterteig noch gelb, also die Torte noch nicht ganz gebacken,
so überstreicht man sie noch mit etwas Eis und bäckt sie
vollends gar.

42. Marseiller Torte. 6 Eidotter, 6 Eßlöffel voll
Zucker und ebenso viel saurer Rahm werden mit dem
nötigen Mehl zu einem Teig geschafft. Derselbe wird aus=
gewellt, zu kleinen viereckigen Stückchen geschnitten und diese
Stückchen in gutem Schmalz schön gelb gebacken. Hernach
läutert man 375 Gr. Zucker mit Wasser ziemlich dick,
rührt 120 Gr. länglich geschnittene Mandeln, 120 Gr.

länglich geschnittenes Citronat, die abgeriebene Schale von
2 Citronen, sowie die Vierecke hinein, füllt diese Masse in
eine Form und läßt sie über Nacht stehen. Zum Heraus=
nehmen wird die Form einige Augenblicke an einen heißen
Ort oder in heißes Wasser gestellt und dann umgestürzt.

43. Apfeltorte (Olgakuchen). 4 Eier, 120 Gr. zer=
lassene Butter, 180 Gr. gestoßener Zucker, ebensoviel Mehl
und die abgeriebene Schale einer Citrone werden schnell
mit einander vermengt; doch kann das Eiweiß auch vorher
zu Schnee geschlagen werden. Diese Masse füllt man in
ein bestrichenes, bestreutes Blech, drückt zierliche, geschälte
Apfelschnitze von weinsäuerlichen, gutkochenden Aepfeln
hinein und gibt den Kuchen sogleich in den Ofen. Es
kann auch nach Belieben noch folgender Guß darauf ge=
macht werden: Schnee von 7—8 Eiweiß, 250 Gr. Zucker,
125 Gr. geschälte und gestoßene Mandeln.

44. Citronentorte. 6 Citronen, 250 Gr. gestoßener
Zucker, 250 Gr. geschälte, fein geschnittene Mandeln, 8 Gr.
gestoßener Zimmt, 30 Gr. fein geschnittenes Citronat, But=
terteig, und zum Guß: 4 Eiweiß, 125 Gr. gestoßener Zucker.
Die Citronen, welche frisch und saftig sein müssen, werden
am Reibeisen abgerieben, das Mark herausgeschält, von den
Kernen befreit, und mit der Schale in eine Schüssel gethan,
mit dem Zucker, den Mandeln und dem Gewürz vermischt
und über Nacht zurückgestellt. Den andern Tag belegt
man ein Blech mit Butterteig, füllt die Masse darauf,
bäckt den Kuchen halb fertig und bestreicht ihn mit dem
Guß von 4 Eiweiß, als steifem Schnee, und 125 Gr. Zucker.

45. Macronentorte. 500 Gr. geschälte, mit Citronen=
saft oder Rosenwasser gestoßene oder geriebene Mandeln,
500 Gr. Zucker, 6—7 Eiweiß, Citronenschale. Der Schnee
der Eiweiß wird mit dem Zucker, den Mandeln und der
abgeriebenen Citronenschale in einem irdenen Kochgefäß
auf dem Feuer gerührt, bis er heiß ist. Dann streicht man
diesen Teig auf feine Oblaten in Kuchenform oder auf ein
mit Wachs bestrichenes Blech, und backt sie im kühlen Ofen

schön blaßgelb. Hernach bestreicht man diesen Boden mit Eingemachtem, welches aber nicht zu viel Saft haben darf, macht einen Schaumguß von 6 zu Schnee geschlagenen Eiweiß und von 125 Gr. Zucker und Vanille, füllt diesen Guß auf den Kuchen, bestreut ihn mit Zucker und backt alles zusammen nochmals in ganz kühlem Ofen.

46. Marcipantorte. Man stößt 500 Gr. süße Mandeln unter wiederholtem Besprengen mit ein paar Tropfen Orangen= blütenwasser recht fein, und rührt davon mit 500 Gr. fein= gestoßenem Zucker über schwachem Kohlenfeuer einen glatten Teig. Die Masse muß so lange gerührt werden, bis sie beim Betupfen mit dem Finger nicht mehr daran klebt. Sodann legt man sie auf ein mit Puderzucker bestreutes Backbrett, wellt sie aus, wobei man den dazu nötigen Zucker noch darüber und darunter streut, und formt eine Torte daraus, welche man im schwach erwärmten Ofen blos trock= nen, aber nicht hart werden läßt. Ist sie abgekühlt, so garniert man sie mit, in feine Blätter geschnittener Pome= ranzenschale und eingemachten Früchten.

47. Tortenreste zu verwenden. Reste von Biskuit=, Brot= oder Mandeltorte schneidet man in Schnitten, legt sie zier= lich in eine Porzellanform oder tiefe Platte und streicht eine beliebige Crême darauf. Dann legt man wieder Torte darüber, bestreicht sie abermals mit Crême und stellt dann die Form zugedeckt in kochendes Wasser und serviert diese Torte kalt. Himbeer=Crême ist hauptsächlich zu Brot= torten sehr fein.

---

b. Kuchen.

Zu den meisten Kuchen braucht man einen Obstkuchen= oder Blätterteig, wie solcher bei den Pasteten angegeben ist. Um einen Blätterteig recht ansehnlich und schön zu bekommen, bestreiche man ihn nicht oben, wo der Rand abgeschnitten wurde, sondern blos innen, er geht dadurch schöner auf. Ueberhaupt ist es ratsam, auf folgende Weise

i *

zu verfahren: der Teig wird ausgewellt, das zum Kuchen
bestimmte Blech umgekehrt darauf gelegt, dann mit einem
Messer stark fingerbreit vom Rand des Bleches der übrige
Teig abgeschnitten, und dieser Kuchenboden in das gut
beschmierte Blech gelegt. Dabei drücke man den Rand,
der ungefähr 2 cm. breit sein muß, fest an das Blech,
bestreiche ihn an seiner inneren Seite entlang mit Wasser
und klebe, damit der Rand dicker wird, noch einen gleich
breiten Streifen, oben schön abgeschnitten, innen herum.
Bei geriebenen oder gehackten Teigen ist dieses Verfahren
nicht nötig.

1. **Reiskuchen.** 120 Gr. guter Reis, ²/₃ Ltr. Wein,
am besten weißer, 160 Gr. gestoßener Zucker, Saft und
die abgeriebene Schale einer Citrone, etwa 1 Eßlöffel voll
fein geschnittenen Citronats und Pomeranzenschale, eben=
soviel Mandeln und 1 Stück ganzer Zimmt. Der Reis
wird abgebrüht, mit 30 Gr. von dem Zucker, einem Stück=
chen Zimmt und dem Wein auf Kohlen weich und dick
eingekocht. Ist er gut abgekühlt, so rührt man das Ge=
würz, den übrigen Zucker, sowie den Citronensaft daran,
nimmt den ganzen Zimmt heraus und streicht diese Masse
auf einen Kuchenboden von Butterteig. Hernach schneidet
man von Butterteig 2 cm. breite Streifen, macht von
diesen ein Gitter über den Kuchen, bestreicht das Gitter
mit einem verrührten Ei und backt den Kuchen in ziemlich
heißem Ofen. Etwa 3 Minuten, ehe er herausgenommen
wird, bestreut man ihn noch dick mit Zucker. Dieser Kuchen
ist am zweiten und dritten Tage noch sehr gut. Wenn er
sogleich verwendet wird, bespritze man ihn vorsichtig zwischen
dem Gitter mit süßem gezuckertem Wein. Der Reis kann
auch mit Milch gekocht, mit Eiern, Zucker und Vanille
verrührt und auf Butterteig gelegt werden. Man richte
sich dann nach dem bei „Reistorte" angegebenen Verfahren.

2. **Himbeer=Kuchen.** Von feinem, süßem Obstkuchenteig
legt man einen Boden in ein gut bestrichenes Blech, be=
deckt ihn mit 1 Liter ausgelesener, stark eingezuckerter Him=

beeren und backt ihn schön gelb. Hierauf werden 6 Eiweiß zu steifem Schnee geschlagen, mit 100 Gr. Zucker
und geriebener Citronenschale vermischt, auf den Kuchen
gestrichen und in kühlem Ofen leicht gelb gebacken.

3. Andere Art. Die Himbeeren werden verlesen, stark
eingezuckert, mit gestoßenem Zimmt bestreut, auf einen
Blätterteigkuchen gelegt und mit einem Gitter von 2 cm.
breiten Butterteigstreifen verziert; dasselbe muß aber mit
verrührtem Ei bestrichen werden.

4. Quitten=Kuchen. Hiezu belegt man ein Blech mit
Blätterteig oder noch besser mit feinem, süßem Obstkuchen-
teig und backt ihn schön gelb. Dann wird er mit ein-
gemachten Quittenschnitzen oder Marmelade belegt, von
dem Schnee von 6 Eiweiß, 100 Gramm Zucker und einem
Löffel voll Quittenmark ein Guß darauf gemacht und nochmals in ganz kühlem Ofen gebacken. Statt eingemachter
Quitten kann man auch schöne gelbe Quitten folgender
Weise kochen: 4—5 Quitten werden geschält, fein geschnitzelt,
und in Wasser halb weich gekocht; dann gießt man das
Wasser ab und läßt nur noch so viel daran, um die
Schnitze mit 130 Gr. Zucker vollends weich zu kochen.
Zur Marmelade siedet man die Quitten nicht zu weich,
schält sie, reibt das Mark am Reibeisen ab und kocht sie
mit Zucker. Beim Füllen des Kuchens können auch noch
geschnittene Mandeln auf das Eingemachte und auf den
Guß gestreut werden.

5. Andere Art Quittenkuchen. Ungefähr 4—8 Quitten, je nachdem sie groß oder klein sind, werden weich gesotten, geschält und gerieben, mit 100 Gr. Zucker nochmals durchgekocht und zum Kaltwerden in eine Schüssel
gethan. Dann rührt man diese Marmelade mit 5 Eidottern,
dem Schnee derselben, sowie Citronenbitzeln an und streicht
diese Fülle auf einen Butterteigboden. Wer es liebt, kann
auch vorher Quittenschnitzchen und dann erst die Fülle auf
den Boden legen.

6. Hagebuttenkuchen. Getrocknete oder frische Hagebutten werden in Wasser weich gekocht, durch ein Sieb getrieben und mit fein gesiebtem Zucker, so viel als nötig,
versüßt. Dann rührt man 100 Gr. Butter leicht, gibt
nach und nach 5 Eidotter, 120 Gr. Zucker, etwas Citronenschale und gestoßenen Zimmt dazu, rührt dieses zusammen
15 Minuten, vermengt es mit den Hagebutten, mit etwas
gestoßenem Zwieback und 200 Gr. feinem Mehl. Diese
Fülle streicht man auf einen Butterteigboden, macht ein
Gitter von Butterteigstreifen darauf und bestreicht dasselbe
mit einem verrührten Ei.

7. Andere Art. Ein feiner Obstkuchen- oder Blätterteig wird in einem Kuchenblech gebacken. Falls man einen
Blätterteig nimmt, muß er innen gestopft oder mit dürren
Erbsen belegt werden, damit er nicht aufgehe. Nachdem
er gebacken, bestreicht man ihn mit Hagebuttenmark und
macht folgenden Guß darauf: 5 Eiweiß werden zu Schnee
geschlagen, mit 90 Gr. Zucker und 2 Löffeln voll Hagebuttenmark vermischt. Mit dem Guß versehen, stellt man
den Kuchen nochmals einige Zeit in einen ganz kühlen Ofen.

8. Erdbeerkuchen, überhaupt Kuchen von allerlei Eingemachtem, können auf dieselbe Weise gemacht werden, nur
wird dann unter den Guß statt Hagebuttenmark Vanille
oder Citronenschale gerührt.

9. Heidelbeerkuchen. Ein Obstkuchenteig wird mit gut
eingezuckertem geriebenem Brot, Heidelbeeren und einem
Gitter desselben Teiges belegt. Oder: man backe den
Teig ohne Beeren und lege sie erst nachher gut eingezuckert darauf. Sie können dann noch nach Belieben mit
dem Guß, der beim Johannisbeerkuchen angegeben ist, bedeckt werden.

10. Johannisbeerkuchen. Ein Kuchenblech wird mit
Butterteig belegt. Johannisbeeren werden abgezopft und
recht stark eingezuckert. Es ist gut, wenn dieses einige
Stunden vorher geschieht. Dann belegt man den Boden
mit den Träublein, läßt aber den Saft, der sich gebildet

hat, zurück, macht folgenden Guß darauf und backt den
Kuchen in mäßiger Hitze: 8 Eiweiß werden zu steifem Schnee
geschlagen, mit 250 Gr. gestoßenem Zucker und 200 Gr.
gestoßenen, zuvor geschälten Mandeln verrührt. Um den
Kuchen noch besser zu machen, streicht man zuerst Guß,
dann Träublein und dann wieder Guß auf den Butter=
teig. Statt frischer können auch eingemachte Johannis=
beeren genommen werden.

11. Kirschenkuchen (ganz fein). 6—7 Eier, 250 Gr.
gestoßener Zucker, 120 Gr. Semmelmehl oder geriebenes
Schwarzbrot, 60 Gr. geschälte und gestoßene Mandeln,
Zimmt, klein gewiegtes Citronat und Pomeranzenschale, 1
Kilo Kirschen. Das Eiweiß wird zu steifem Schnee ge=
schlagen, mit Eigelb und Zucker 30 Minuten gerührt, mit
dem mit Wein angefeuchteten Brot, den Mandeln, dem Ge=
würz und zuletzt mit den abgezupften Kirschen vermengt.
Zur Ersparniß können auch die Mandeln wegbleiben, dann
müssen aber 200 Gr. Semmelmehl genommen werden.

12. Andere Art. 1 Kilo schwarze Kirschen werden
abgezupft, 6 Semmel am Reibeisen abgerieben, in Milch
eingeweicht und gut ausgedrückt, 125 Gr. Butter leicht ge=
rührt und mit dem Semmelmehl und den Semmeln ver=
mengt. Dann rührt man 9 Eigelb mit 200 Gr. Zucker
und dem Schnee der Eiweiß eine halbe Stunde, gibt die
Semmel, die Kirschen, 15 Gr. gestoßenen Zimmt, gestoßene
Nelken, 2 Löffel voll grob gestoßener Mandeln und etwas
abgeriebene Citronenschale dazu und füllt die Masse in
ein Blech.

13. Traubenkuchen. Man belegt ein Blech mit süßem,
feinem Obstkuchenteig, schlägt 6 Eiweiß zu steifem Schnee,
vermengt ihn mit 400 Gr. gestoßenem Zucker und ebenso=
viel abgezupften Traubenbeeren, streicht dieses auf den Teig
und backt den Kuchen in mäßiger Hitze. Zum Kuchenteig:
280 Gr. Mehl, 6 Eigelb, etwas Zucker, 100 Gr. Butter.

14. Traubenkuchen anderer Art. 7 Eier, 250 Gr. ge=
stoßener Zucker, 130 Gr. geriebenes Brot, 50 Gr. ge=

schälte und gestoßene Mandeln, gestoßener Zimmt, klein
geschnittenes Citronat und 1 Kilo Traubenbeeren. Die
Eier werden abgeteilt, das Weiße zu Schnee geschlagen,
mit den Dottern und dem Zucker stark eine halbe Stunde
gerührt, mit dem Gewürz und dem mit Wein angefeuch=
teten Brot langsam vermengt, zuletzt noch die Trauben=
beeren dazu gegeben, die Masse in ein Blech gefüllt und
sogleich in mäßiger Hitze gebacken.

15. Kirschenkuchen mit Grieß. 1 Ltr. Milch, 250 Gr.
Grießmehl, 80 Gr. Butter, 8 Eier, 1¹/₂—2 Kilo Kirschen,
200 Gr. Zucker. Das Grießmehl wird in die siebend ge=
machte Milch gerührt und zu einem recht dicken Brei ge=
kocht. Vorher versäume man jedoch nicht, den Zucker in
der Milch aufzulösen. Ist der Brei in eine Schüssel ge=
than, so rührt man, so lange er noch heiß ist, die Butter
hinein, nach einiger Zeit die Eier und zuletzt die abge=
zupften Kirschen. Die Masse kann auch noch mit einigen
grob gestoßenen Mandeln, und 15 Gr. gestoßenem Zimmt
gewürzt werden. Dann füllt man sie in ein gut bestrichenes,
mit Semmelmehl bestreutes Blech, schneidet kleine Butter=
stückchen oben auf und backt den Kuchen in guter Hitze.

16. Kirschenkuchen mit Butterteig. Ein Kuchenblech wird
wie zu einem andern Kuchen mit Butterteig belegt. Alt=
gebackenes Schwarzbrot wird gerieben, mit gestoßenem Zucker
und Zimmt, einigen geschnittenen Mandeln vermengt und
mit gutem Wein angefeuchtet. Nun werden schwarze Kir=
schen ausgesteint, von dem Schwarzbrot auf den Kuchen
gestreut, Kirschen und zuletzt wieder viel vom Schwarz=
brot darauf gelegt, Butterstückchen dazu geschnitten und
der Kuchen in guter Hitze gebacken.

17. Apfel=Kuchen mit Mandelguß. Ein feiner Blätter=
teig, gut abgelagerte, weinsäuerliche Aepfel, 8 Eiweiß, 250
Gr. geschälte, fein gestoßene Mandeln, 250 Gr. gestoßener
Zucker. Die Aepfel werden geschält, zu ziemlich gleich
großen Schnitzen geschnitten und 2 Stunden eingezuckert.
Inzwischen belegt man ein Blech mit Butterteig, schlägt

die 8 Eiweiß zu Schnee, rührt sie eine halbe Stunde mit
dem Zucker und noch 10 Minuten mit den Mandeln, legt
die Apfelschnitze in zierlicher Ordnung auf den Butterteig,
streicht den Guß darauf und backt den Kuchen in mäßiger
Hitze.

18. **Geriebener Apfelkuchen.** 16 Aepfel, 100 Gr. ungeschälte, gestoßene Mandeln, 125 Gr. gestoßener Zucker,
Citronenschale, 15 Gr. gestoßener Zimmt, 10 bis 12 Eier.
Die Aepfel werden geschält, gerieben und auf einem Haarsieb zurückgestellt, damit der Saft etwas abläuft. Dann
werden die 10 Eier abgeteilt, das Weiße zu Schnee geschlagen, mit dem Eigelb und dem Zucker 20 Minuten gerührt, und zuletzt mit den Mandeln, den Aepfeln, sowie
dem Gewürz gut vermengt und auf einen Boden von
Butterteig gestrichen.

19. **Apfelkuchen von gekochten Aepfeln.** 8—10 Aepfel,
30 Gr. Korinthen, 30 Gr. Rosinen, klein gewiegte Citronenschale, 1 Gr. gestoßene Nelken, 8 Gr. gestoßener Zimmt,
60 Gr. geschälte, grob gestoßene Mandeln, einige Löffel voll
Semmelmehl, etwas fein geschnittenes Citronat, 60—80 Gr.
gestoßener Zucker und Butterteig. Die Aepfel werden geschält, geschnitzt, mit den Korinthen, den Rosinen und der
Citronenschale, sowie dem Zucker, dem Citronat und etwas
gestoßenem Zimmt mit Wein weich eingekocht und zum
Erkalten in eine Schüssel geleert. Mittlerweile belegt man
ein Blech mit Butterteig und behält fingerbreite Streifen
davon zurück; dann legt man die gekochten Aepfel finger-
dick auf den Kuchenboden, vermischt das Semmelmehl mit
Mandeln, Zucker und Zimmt, feuchtet es mit Wein an,
streut es auf den Kuchen und macht zuletzt noch ein Gitter
von den Teigstreifen, welche mit verrührtem Ei bestrichen
wurden, darüber. Semmelmehl und Mandeln können auch
wegbleiben.

20. **Apfelkuchen mit Quittenguß.** Ein Blätter- oder
Obstkuchenteig wird mit Apfelschnitzen, welche in Wein und
Citronensaft getaucht und in Zucker umgekehrt wurden,

belegt. Dann legt man noch einige Butterstückchen auf die Apfelschnitze und backt den Kuchen in frischer Hitze. Sobald er aus dem Ofen kommt, schlägt man 6 Eiweiß zu Schnee, vermengt letzteren schnell mit 100 Gr. Zucker und einigen Löffeln voll Quittenmark, streicht diesen Guß auf den Kuchen und gibt ihn noch einmal in einen ganz kühlen Ofen.

21. Gewöhnlicher Apfelkuchen. Ein mürber oder ein Butterteig wird ausgewellt, in ein Blech gethan und zierlich mit Apfelschnitzen belegt. Hernach verrührt man einen halben Liter süßen Rahm mit 4 Eiern, Zucker und Zimmt und gießt dies an den Kuchen. Oder: Man bestreue die Apfelschnitze dick mit geriebenem Schwarzbrot, welches mit gestoßenem Zucker, Zimmt und Mandeln vermischt und mit Wein angefeuchtet wurde. Nach Belieben können auch gestoßene Mandeln und Korinthen dazu genommen werden.

22. Zwetschgen= oder Pflaumenkuchen. Hiezu belegt man ein Blech mit Obstkuchen= oder Blätterteig, steint schöne reife Zwetschgen aus, indem man sie der Länge nach durchschneidet, und kehrt sie in Zucker und Semmelmehl um. Nun wird geriebenes Schwarzbrot mit gestoßenem Zucker und Zimmt, sowie etwas Nelken vermengt, und ein bis zwei Hände voll davon auf den Teigboden gestreut; danach legt man die Zwetschgen in zierlicher Ordnung auf den Kuchen, bestreut ihn noch dick mit dem geriebenen Brot, geschnittenen oder grob gestoßenen Mandeln, auch etwas Citronat, belegt ihn mit Butterscheiben und backt ihn in frischer Hitze. Um dem Kuchen eine angenehme Feuchtigkeit zu verleihen, kann das Brot auch mit Wein, Arrak oder Kirschgeist angefeuchtet werden.

23. Kuchen von geschälten Zwetschgen. Hiezu lege man Zwetschgen so lange in beinahe kochendes Wasser, bis sich die Haut abziehen läßt; oder man brühe sie an und decke sie einige Minuten zu, dann schäle und steine man sie mit einem spitzen Messerchen aus, bestreue sie mit Zucker und lege sie in eine Schüssel. Inzwischen belege man ein

Blech mit feinem Obstkuchenteig, lege die Zwetschgen, welche vorher etwas abgelaufen sein müssen, darauf, bestreue sie noch mit gestoßenen Mandeln und gestoßenem Zimmt, lege Butterscheibchen darauf und gebe den Kuchen in ziemlich heißen Ofen. Nachdem er gebacken, gieße man noch die abgelaufene Brühe darüber. Es kann auch ein Gitter vor dem Kuchenteig auf den Kuchen gemacht werden.

24. Kuchen von eingedämpften Zwetschgen. Ein Blech wird mit Butter= oder Obstkuchenteig belegt. Die Zwetschgen läßt man auf einem Seiher ablaufen, steint sie aus und legt sie auf den Kuchenboden. Der Kuchen wird nun mit gestoßenen Mandeln, Zucker und Zimmt bestreut, und mit einem Gitter von Butterteig versehen. Nachdem er ge= backen ist, gießt man die abgelaufene Brühe vorsichtig an den Kuchen. Hat man nicht hinreichend Teig zu einem Gitter, so vermenge man den abgelaufenen Saft mit ge= riebenem Brot und dem nötigen Gewürz und streue dieses auf den Kuchen.

25. Gewöhnlicher Zwetschgenkuchen. Ein Blech wird mit Semmelmehl bestreut, mit dünn ausgewelltem mürbem oder Weißbrotteig belegt, ausgesteinte Zwetschgen zierlich darauf gegeben, mit geriebenem Brot und Zucker bestreut und Butterstückchen darauf gelegt.

26. Kuchen von dürren Zwetschgen. Dürre Zwetschgen werden in heißem Wasser gewaschen, mit Wasser zugesetzt und so lange gekocht, bis die Steine herausgehen. Nun läßt man sie erkalten, steint sie aus und setzt sie wieder mit Zucker, Citronenschale, Zimmt, auch etwas Citronat, Wein und Wasser auf das Feuer. Dann läßt man die Zwetschgen noch etwa eine halbe Stunde kochen, gibt eine Hand voll gewaschener Korinthen dazu, kocht das Mus da= mit vollends ein und streicht es auf einen beliebigen Teig. Ehe die Korinthen unter das Mus kommen, kann es auch durch einen Suppenseiher getrieben werden, damit die Häute zurückbleiben.

27. Rahmkuchen. Ein Blätterteig wird ausgewellt, ein Kuchenblech damit belegt, aber so, daß es einen hohen dicken Rand gibt. Dann verrührt man einen halben Liter süßen und einen Viertelliter sauren Rahm mit 6 bis 8 Eiern, 50 Gr. gestoßenem Zucker, etwas Citronenbißeln und 2 Händen voll abgebrühter, wohlgewaschener Korinthen und Rosinen. Diese Masse schüttet man auf den Kuchen und gibt ihn dann sogleich in den Ofen.

28. Andere Art. Ein Kuchenblech wird mit Butterteig belegt. 5 Eiweiß werden zu steifem Schnee geschlagen, mit den Dottern und 80 Gr. Zucker eine Viertelstunde gerührt, dann mit Citronenschale, ein wenig Zimmt und schwach einem halben Liter süßen Rahms vermengt. Inzwischen brüht man Korinthen und Rosinen an, läßt sie aufquellen, trocknet sie ab, streut sie auf den Kuchenboden und gießt die Fülle darüber. Zu diesem Kuchen kann auch statt Rahm nur süße Milch und zerlassene Butter verwendet werden.

29. Käsekuchen. Saure, dicke Milch wird abgerahmt, zusammen geschüttet und einige Zeit zur Wärme gestellt. Dann gibt man sie in ein leinenes Säckchen und läßt die Molken über Nacht ablaufen. Zum Gebrauch rührt man diese Käse mit saurem Rahm ganz glatt, gibt gestoßenen Zucker, einige Eier und eine Hand voll Rosinen darunter. Diese Masse streicht man auf Butter oder mürben Teig und legt Butterscheibchen darauf.

30. Andere Art. 1 Liter Milch wird siedend gemacht, 4 Eier und etwas Citronensaft daran gerührt; wenn die Masse anfängt zu gerinnen, schüttet man sie auf ein leinenes Tuch oder ein Säckchen und läßt sie einen Tag ablaufen. Dann belegt man ein Blech mit Blätterteig, brüht Rosinen und Korinthen an und trocknet sie mit einem Tuche rein ab. Nun schüttet man den abgelaufenen Käse in eine Schüssel, rührt 60 Gr. gestoßenen Zucker, 90 Gr. zerlassene Butter, 4—5 Eier, etwas abgeriebene Citronenschale, sowie die Korinthen und Rosinen gut darunter. Diese

Fülle streicht man möglichst gleich auf den Kuchenboden und gibt ihn dann sogleich in den Ofen.

31. Kuchen von geriebenem Brot. 4 Hände voll geriebenes Brot werden in einem Stück Butter einige Zeit gedämpft, mit etwas Wein abgelöscht, dick gekocht und zum Erkalten auf eine Platte gestrichen. Hernach rührt man dieses Mus, mit gestoßenem Zucker, Zimmt, einigen gestoßenen Mandeln, 4—6 Eidottern, sowie dem Schnee derselben an, und streicht es auf einen beliebigen Kuchenteig oder füllt es ohne Teig in ein gut bestrichenes Blech.

32. Baumkuchen. Die Form dazu (das Baumholz) wird mit Papier umwickelt, welches man mit zerlassener Butter bestreicht und rund um mit Bindfaden befestigt. Sodann steckt man die Form auf den dazu gehörigen Spieß und füllt unter langsamem Drehen vor hellem Feuer den Teig allmählig darauf. Das Herabtropfende wird in einer Pfanne aufgefangen und wieder mit benützt. So trägt man, unter allmählig etwas rascher werdendem Drehen, den Teig schichtenweise auf, bis alles verbraucht ist; die letzten Male dreht man recht rasch, damit der Kuchen zackig werde. Nachdem der Kuchen etwas verkühlt ist, erhält er eine Citronenglasur. Ist er ganz erkaltet, zieht man das Baumholz heraus, am besten erst am nächsten Tage. Den Teig zum Baumkuchen bereitet man in folgender Weise: es werden 500 Gr. Butter zu Sahne gerieben, daran gibt man nach und nach 24 Eidotter, rührt dies recht eben, und darauf 500 Gr. feingestoßenen Zucker, die abgeriebene Schale einer Citrone und 500 Gr. Mehl darunter. Den glatt gerührten Teig vermischt man mit dem zu Schnee geschlagenen Eiweiß.

33. Zwiebelkuchen. Einige Zwiebel werden lang und fein geschnitten, geräucherter Speck, klein gewürfelt, mit den Zwiebeln in einem großen Stück Butter einige Augenblicke gedämpft und dann zum Erkalten in eine Schüssel gethan. Inzwischen belegt man ein Blech mit mürbem oder Butterteig, rührt die Zwiebel mit $^1/_2$ Ltr. saurem

Rahm, 2—4 Eiern, Salz und etwas Kümmel an, schüttet diese Fülle auf den Kuchen, legt noch etwas Butter darauf und gibt ihn sogleich in den Ofen.

---

c. Hefenbackwerk.

Hiezu ist vor allem eine gute Hefe erforderlich. Am besten ist frische Bierhefe, welche man aber nur im Winter haben kann. Im Sommer muß man sich mit sogenannter Sackhefe begnügen. Dieselbe wird beim Verwenden nur mit Milch oder Wasser, je nach der Art des Backwerks, aufgelöst. Gut ist es, derselben einen Löffel voll Branntwein hinzuzufügen. Die Bierhefe, welche man von den Brauereien flüssig bekommt, muß wenigstens einen Tag vorher reichlich mit frischem Wasser verrührt werden. Hat sie sich gesetzt, so schütte man das Wasser sorgfältig ab, entferne die sich oben bildende dunkle Schichte, seihe die Hefe durch ein Sieb oder einen Seiher, damit die dunkeln, bittern Bestandteile zurückbleiben, worauf die Hefe verwendet, oder, mit frischem Wasser begossen, noch länger aufgehoben werden kann. Durch den Geruch kann man sich am besten überzeugen, ob eine Hefe noch gut ist oder nicht. — Das zum Backen verwendete Mehl muß immer vorher in ein Zimmer oder sonst an einen warmen Ort gestellt werden. Das Wasser oder die dazu nötige Milch muß lauwarm, darf aber ja nicht zu heiß sein. Bei Brot und sonstigem Gebäcke, das zwei Mal aufgehen muß, hat man sich eben so sehr vor dem zu starken, als zu wenigen Aufgehen zu hüten. Bei ersterem würde das Backwerk sauer, bei letzterem schwer. Ebensowenig darf ein Teig zu nahe an den Ofen gestellt werden. Sollte ein Teig je nicht genug aufgegangen sein, so unterlasse man womöglich das Kneten. Bei feinerem Gebäck ist es ratsam, das Mehl zu sieben.

1. **Mürber Kuchen.** 1 Kilo Mehl, 250 Gr. Butter, 2 Eier, Hefe, Milch und Salz. In der Mitte des Mehls

wird von einer Tasse voll warmer Milch, 1¹/₂ Eßlöffel voll guter Bierhefe ein kleiner Vorteig gemacht, den man über Nacht aufgehen läßt. Den andern Tag zerläßt man die Butter, macht die Milch warm, und verarbeitet beides mit etwas Salz und 2 Eiern so lange mit dem Mehl, bis sich der Teig von der Schüssel schält. Der Teig muß ungefähr sein wie ein Spatzenteig. Nun läßt man ihn nochmals gehen, wellt ihn hernach dick aus, legt ihn in ein gut bestrichenes Kuchenblech und schlägt den Rand zwei Finger breit ein, daß er doppelt so dick wird als der Kuchen. Dann läßt man ihn nochmals etwas aufgehen, schneidet mit dem Messer kreuzweis Streifen darauf, bestreicht ihn noch mit einem verrührten Ei, gibt Kümmel, Salz und Butterstückchen darauf, und backt den Kuchen in guter Hitze.

• **2. Wiener Kuchen.** 500 Gr. Mehl, nicht ganz ¹/₂ Ltr. Milch, 200 Gr. Butter, 2 Löffel voll Bierhefe, 6 Eier, 60—70 Gr. Zucker, Korinthen und Rosinen. Zuerst wird wie bei dem mürben Kuchen ein Vorteig gemacht. Ist derselbe gut aufgegangen und wieder gefallen, so rührt man die warm, aber ja nicht heiß gemachte Milch, die zerlassene Butter, den Zucker, Eier, Korinthen und Rosinen so lange unter das Mehl, bis sich der Teig von der Schüssel schält. Ist er nochmals gut aufgegangen, so wellt man ihn dick aus, legt ihn in ein Blech, bestreicht ihn mit Ei und bestreut ihn mit geschnittenen Mandeln.

3. Hefenkranz. 1 Kilo feines Mehl, ¹/₂ Ltr. Milch, 100 Gr. Butter, 100 Gr. Zucker, 1 Ei, 2 Löffel voll Bierhefe. In die Mitte des Mehls macht man von einer kleinen Tasse voll lauer Milch und 2 Löffeln voll Bierhefe über Nacht einen Vorteig. Den andern Tag verarbeitet man Milch, Butter, Zucker, Eier und ein klein wenig Salz mit dem Vorteig und dem noch übrigen Mehl. Dann läßt man den Teig nochmals gut aufgehen, wozu er ungefähr 2—3 Stunden braucht. Hernach nimmt man ihn auf ein Backbrett, teilt ihn in 3 Teile. zieht jeden Teil recht lang, macht einen Zopf daraus, legt ihn in ein Kuchenblech, und zwar so, daß er einen Kranz bildet, der genau an dem Außenrande des Blechs anliegt. Dabei achte man darauf, daß der Anfang und das Ende schön mit einander verbunden werden. Ist der Kranz noch eine Viertelstunde in die Nähe des Ofens gestellt, damit er ein klein wenig aufgehe, so bestreicht man ihn mit einem verrührten Ei und besäet ihn mit grob gestoßenem Zucker und länglich geschnittenen Mandeln.

4. Andere Art. 1 Kilo Mehl, 2 Eßlöffel voll Hefe, 60 Gr. Butter, 60 Gr. Zucker, 1 Ei und die nötige Milch wird wie oben verwendet.

5. Ganz feiner Hefenkranz. 1 Kilo feines trockenes Mehl, 250 Gr. Butter, 6 Eier, 80 Gr. Zucker, Bierhefe und Milch. Dieser Kranz wird ebenso wie die zwei vorhergehenden gemacht. Es ist dabei gut, das Eiweiß von 3 Eiern wegzulassen. Nach Belieben kann auch ein Eßlöffel voll fein gelesener Anis in den Teig gerührt werden.

6. Gugelhopf. 370 Gr. Butter, 10 Eier, zu jedem Ei 2—3 Eßlöffel voll Mehl, Bierhefe, 1 Messerspitze voll Salz, 30 Gr. gestoßener Zucker. Die Butter wird leicht gerührt, dann abwechslungsweise 1 Ei und 2—3 Eßlöffel voll Mehl dazu gethan, bis die Eier gar sind. Hierauf löst man die Hefe in ein wenig lauer Milch auf, mengt sie nebst Zucker und Salz, auch einigen geschälten und gestoßenen bittern Mandeln unter die Masse, füllt sie in eine bestrichene und besäete Form und läßt ihn gut aufgehen. Er muß in guter Hitze gebacken werden.

7. Andere Art. 500 Gr. Mehl, ¹/₂ Ltr. Milch, 2 Eßlöffel voll Bierhefe, 10 Eier, 60 Gr. gestoßener Zucker, eine Messerspitze voll Salz, 250 Gr. Butter. Das Mehl wird mit der Milch, Hefe und 5 Eiern zu einem Teig geklopft, der so dick sein muß, wie ein Spatzenteig. Diesen Teig läßt man 2 Stunden gehen, rührt die Butter leicht, thut die andern 5 Eier, den Zucker, das Salz und den

Teig dazu, füllt dann die Masse in eine Form und läßt sie nochmals 2 Stunden aufgehen.

8. Gugelhopf mit Mandeln. 250 Gr. Butter, 60 Gr. geschälte, fein gestoßene Mandeln, worunter einige bittere sein sollten, 9 Eier, 60 Gr. gestoßener Zucker, 3 Eßlöffel voll Bierhefe, 375 Gr. feines Mehl und eine Tasse laue Milch. Die Butter wird leicht und dann mit den Eiern, Mandeln und Zucker noch eine Viertelstunde gerührt, mit dem Mehl, der Hefe und der Milch vermengt, zu einem recht glatten Teig geschlagen, in eine Form gefüllt und, wenn er um das Doppelte aufgegangen ist, in heißem Ofen gebacken.

9. Gugelhopf, geringere Art. 680 Gr. Mehl, ½ Ltr. laue Milch, 120 Gr. Butter, 4 Eier, 2—3 Eßlöffel voll Zucker, etwas Salz, 2 Eßlöffel voll Bierhefe und nach Belieben Korinthen und Rosinen. Die Butter wird wie bei dem vorangehenden Rezept leicht gerührt, mit den Eiern, dem Mehl, Zucker, Milch, Hefe und Korinthen vermengt, glatt geklopft, und in einer Form, wenn er um das Doppelte aufgegangen, in frischer Hitze gebacken.

10. Schneckennudeln. 500 Gr. Mehl, 130 Gr. Butter, Milch, Hefe, 3 Eier, 60 Gr. gestoßener Zucker, Rosinen, gestoßener Zimmt, etwas Salz und Rosenwasser. In das Mehl wird von Milch und 2 Löffel voll guter Bierhefe ein Vorteig gemacht. Den andern Tag schafft man Zucker, Eier, Butter und Milch, sowie eine Messerspitze voll Salz und das Rosenwasser mit dem Mehl zu einem nicht zu festen Teig und läßt ihn gut aufgehen. Dann nimmt man ihn auf ein Backbrett, wellt ihn zu fingerbreiten Streifen, bestreut diese mit Rosinen, Zucker und Zimmt, rollt sie schneckenförmig, aber nicht zu fest auf, läßt sie nochmals aufgehen, bestreicht sie mit einem verrührtem Ei und bestreut sie mit grob gestoßenem Zucker.

11. Hefenanisbrot. 2 Kilo Mehl, ½ Ltr. laue Milch, 200 Gr. Zucker, 180 Gr. Butter, Anis und 3—4 Löffel voll Bierhefe. Oder: 1½ Kilo Mehl, ½ Ltr. Milch,

3—4 Löffel voll Hefe, Anis, 250 Gr. gestoßener Zucker,
3 Eigelb und 2 ganze Eier. In das Mehl wird von der
in Milch gelösten Hefe über Nacht ein kleiner Vorteig
gemacht. Andern Tags schafft man die Eier mit der
übrigen Milch, dem Zucker ꝛc. unter das Mehl, bis sich
der Teig von der Schüssel löst, und läßt ihn dann gut
aufgehen. Nun werden auf dem Backbrett kleine, lange
Laibchen daraus geformt, etwa in der Dicke eines Kinder=
arms. Zuvor aber muß der Teig so lange bearbeitet
werden, bis der Anis herausfällt. Die Laibchen läßt man
auf dem Blech noch ein klein wenig aufgehen, bestreicht
sie dann mit einem verrührten Ei und backt sie schön gelb.
Nachdem das Brot aus dem Ofen und völlig erkaltet ist,
schneidet man es in Schnitten, legt diese nochmals auf ein
langes Blech und röstet sie schön gelb.

12. Zwieback wird von dem gleichen Teig gemacht,
nur macht man statt der Laibchen kleine Stücke Zwieback,
welche, nachdem sie kalt sind, durchschnitten und ebenfalls
gelb geröstet werden.

13. Christstollen. 500 Gr. Butter, 250 Gr. Rosinen,
ebensoviel Korinthen, 120 Gr. fein gesiebter Zucker, 80 Gr.
Hefe, 2 Gr. Muskatblüte, $\frac{5}{8}$ Liter lauwarme Milch,
und soviel Mehl, als nötig ist, einen dicklichen Teig daraus
zu machen. Die Hefe wird mit Branntwein verrührt, die
Rosinen und Korinthen angebrüht, gewaschen und rein
abgetrocknet. Nun vermengt man Butter, Milch, Zucker,
Gewürz und Hefe mit weißem Mehl zu einem Teige, der
so fest sein muß, daß er nicht an den Fingern klebt.
Diesen Teig stellt man zum Aufgehen an einen warmen
Ort, formt ihn dann zu einem langen Laibchen, macht
Einschnitte hinein, bestreicht dasselbe reichlich mit geschmol=
zener Butter und streut 100 Gr. grobgestoßene Mandel,
Zucker und Zimmt darauf.

14. Butterbretzeln. 500 Gr. Mehl, 180 Gr. Butter,
Milch, Salz und Hefe. Man macht zuerst einen kleinen
Vorteig; den andern Tag mengt man die zerlassene Butter,

Milch und Salz unter das übrige Mehl und schafft den Teig, bis er sich von der Schüssel löst. Nachdem er gut aufgegangen, formt man Bretzeln daraus, bestreicht sie mit Butter und backt sie schön gelb und knusperig.

15. **Seelen.** 500 Gr. Mehl, 120 Gr. Butter, 2 Eier, 60 Gr. Zucker und Milch. Von etwa 100 Gr. Mehl wird mit 2 Eßlöffeln voll Bierhefe und lauer Milch über Nacht ein Vorteig gemacht. Den andern Tag verarbeitet man 60 Gr. von der Butter, die Eier und den Zucker mit der nötigen Milch zu einem nicht zu festen Teig. Ist er gut aufgegangen, so wird er auf ein Backbrett genommen, dick ausgewellt, und die andern 60 Gr. Butter, gut verknetet, darauf verteilt. Nun schlägt man den Teig zusammen, wellt ihn wie einen Butterteig aus, nur nicht so fein, macht Seelen daraus, setzt sie auf ein Blech, läßt sie nochmals gut gehen, bestreicht sie mit Ei und bestreut sie mit grobem Zucker.

16. **Andere Art.** 500 Gr. Mehl, 100 Gr. Butter, 2 Eier, 60 Gr. Zucker, Milch und Hefe. Man macht wie vorhergehend über Nacht einen kleinen Vorteig in die Mitte des Mehls und dann den andern Tag von Zucker, Butter, der nötigen Milch und dem noch übrigen Mehl einen Teig, nicht ganz so dick, wie ein Spatzenteig. Ist er nochmals 2—3 Stunden an warmem Orte gut aufgegangen, so macht man kleine, längliche Brote daraus, und setzt sie auf ein Blech, das mit Butter bestrichen und mit Mehl bestreut ist. Nun läßt man sie nochmals gehen, bestreicht sie mit einem verrührten Ei, bestreut sie mit grobem Zucker und backt sie in frischer Hitze.

17. **Zuckerbretzeln** werden von demselben Teige gemacht.

18. **Kleine Kaffee-Kuchen.** Nicht ganz $^1/_2$ Ltr. Milch, 120 Gr. Butter, 250 Gr. Mehl, 90 Gr. Zucker, 8—9 Eier, nach Belieben auch 1—2 Eßlöffel voll Rosenwasser. Die Milch wird mit Butter und Zucker siedend gemacht, dann das Mehl hinein gerührt und unter beständigem Rühren zu einem glatten Teig gekocht. Um keine Knollen zu be-

kommen, kann man auch blos die Hälfte der Milch siedend
machen und mit der andern kalten das Mehl anrühren
und dann diesen Teig zu der siedenden Milch gießen und
auch so lange kochen, bis er sich von der Pfanne schält.
Nun gibt man den Teig in eine Schüssel, rührt sogleich
2 Eidotter hinein, dann nach und nach noch die **7** ganzen
Eier. Hierauf bestreicht man ein Blech mit Butter, besät
es mit etwas Mehl, setzt mit einem Löffel kleine Häufchen
von der Masse auf das Blech und backt sie in heißem Ofen.
Die Kuchen können auch noch mit Eiweißschnee überstrichen
und mit gestoßenem Zucker bestreut werden.

19. Waffeln. 200 Gr. Butter, 300 Gr. Mehl, 8 Eier
und ¹/₄ Ltr. süße Milch. Die Butter wird leicht gerührt,
dann abwechselnd Eigelb und Mehl und zuletzt der Schnee
von 8 Eiweiß daran gerührt. Nun macht man das Waffel=
eisen auf Kohlen heiß, bestreicht es mit Speck und schöpft
mit einem Löffel so viel von dem Teig hinein, als nötig
ist, das Eisen zu füllen. Man gebe jedoch Acht, daß das
Eisen nicht zu voll wird, weil sonst beim Schließen des=
selben Teig in's Feuer läuft. Nun backt man die Waffeln
auf beiden Seiten schön gelb und bestreut sie sogleich mit
Zucker und Zimmt.

20. Waffeln (holländische). 500 Gr. feines Mehl,
250 Gr. Butter, 8 Eier, ¹/₄ Liter Milch, einige Eßlöffel
voll Hefe, auch etwas Branntwein, 30 Gr. gestoßenei Zucker.
Man macht von der lauwarmen Milch, dem Mehl und der
Hefe einen Teig, den man an warmem Ort gut aufgehen
läßt. Dann rührt man die Butter leicht, gibt die Eidotter
abwechselnd mit dem Hefenteig und dem Zucker dazu, schüttet
auch noch einige Eßlöffel voll Kirschgeist oder Franzbrannt=
wein daran, und mengt, wenn alles recht gut verrührt ist,
noch die zu Schnee geschlagenen Eiweiß darunter. Die
Waffeln werden nun wie die vorhergehenden gebacken und
noch warm mit Zucker und Zimmt bestreut.

21. Rahm=Waffeln. 6—7 Eier, etwas abgeriebene Ci=
tronenschale, 250 Gr. Mehl, nicht ganz ¹/₂ Ltr. saurer

Rahm, etwas Rum, auch Muskat. Die Sahne sollte womöglich noch recht jung, von noch nicht fest gestandener Milch sein. Das Mehl wird mit den Eidottern, dem Rahm und Rum glatt angerührt und zuletzt mit dem Gewürz und Eiweißschnee vermengt.

22. Reis=Waffeln. 250 Gr. Reis, 500 Gr. Mehl, gestoßener Zimmt, etwas Citronenschale, 250 Gr. Butter, 5 Eier, Milch und Hefe. Der Reis wird zuerst mit etwas Wasser zugesetzt, dann mit Milch zu einem dicken Brei weich gekocht und gut verrührt. Dann mengt man das Mehl, die Eier, das Gewürz, ein klein wenig Salz, die zerlassene Butter und einige Löffel voll Bierhefe gut darunter, läßt den Teig an einem warmen Orte aufgehen, bäckt wie gewöhnlich Waffeln davon und bestreut sie noch warm mit Zucker und Zimmt.

23. Hippen= oder Eisen=Kuchen. 250 Gr. feines Mehl, 120 Gr. gestoßener Zucker, 40 Gr. zerlassene Butter, abgeriebene Citronenschale, gestoßener Zimmt, 1 Ei, etwas Wein und 1 Eßlöffel voll Rosenwasser. Dieses alles rührt man zu einem glatten, dünnen Teig; dann macht man das Eisen auf Kohlen warm, bestreicht es mit Speck, bedeckt es dünn mit Teig, backt die Kuchen auf beiden Seiten hellgelb, biegt sie noch heiß über ein rundes Holz zu kleinen Rollen und zieht sie, wenn sie erkaltet sind, herunter.

24. Andere Art. Je 8 Löffel voll Mehl, Milch, zerlassene Butter und gestoßener Zucker, 6 Eier, nach Belieben auch etwas Muskatnuß. Dieses rührt man zu einem glatten Teig und verfährt damit wie oben.

25. Zimmt=Hippen. 125 Gr. Mehl, 60 Gr. Zucker, 45 Gr. zerlassene Butter, 8 Gr. gestoßener Zimmt und 2 Eier. Die Butter wird leicht gerührt, mit dem Mehl, den Eiern, Zucker und Zimmt vermengt; sollte der Teig zu dick sein, so kann man auch einen Löffel voll Wein dazu thun. Diesen Teig formt man zu kleinen Kugeln, bestreicht das Eisen mit Speck, zerdrückt jedesmal eine solche Kugel mit dem Eisen, backt hellgelbe dünne Hippen und rollt sie ebenfalls über ein Holz. Die oben angegebene Quantität Mehl, Butter 2c. kann auch mit Wein oder Milch zu einem dünnen Teig angerührt und so zu Kofern gebacken werden.

26. Mandel=Hippen. 6 Eiweiß, 180 Gr. Zucker, ebensoviel länglich fein geschnittene Mandeln, 60 Gr. feines Mehl, Saft und Schale einer Citrone. Die Eiweiß werden zu Schnee geschlagen, mit dem Zucker, den Mandeln und dem Mehl, sowie der Citronenschale und dem Saft vermengt, zu kleinen, dünnen Kuchen gestrichen, auf einem Blech gebacken und noch heiß aufgerollt.

27. Kofern. 250 Gr. Mehl, 120 Gr. gestoßener Zucker, 100 Gr. geschälte, fein gestoßene Mandeln, 8 Gr. gestoßener Zimmt, etwas gestoßene Nelken, Citronenschale, 30 Gr. zerlassene Butter und Wein. Dieses wird zusammen zu einem glatten Teig in der Dicke eines Flädleinteigs angerührt. Das Koferneisen wird mit Speck bestrichen, die Kofern gelb darin gebacken und über ein Wellholz gekrümmt.

28. Pfitzauf. 250 Gr. Mehl, 120 Gr. zerlassene Butter, 5 Eier werden mit ½ Liter Milch zu einem Teig so dick wie ein Pfannkuchenteig glatt angerührt. Es ist gut, wenn Mehl, Milch und Eier etwas erwärmt werden, damit die Butter nicht gerinnt. Nun bestreicht man die Förmchen reichlich mit zerlassener Butter, füllt in jedes 3—4 Eßlöffel voll von dem Teig, und backt sie in guter Hitze.

29. Andere, billige Art. 400 Gr. Mehl, 90 Gr. zerlassene Butter, 4—5 Eier, laue Milch; zu beiden Arten nehme man ja kein Salz, es macht schwer. Sonst wie oben.

30. Hutzelbrot. 3 Kilo Birnenschnitze und Hutzeln, 1½ Kilo Zwetschgen werden mit Wasser, und wenn nötig, auch mit Zucker weich gekocht. Dann werden die Zwetschgen ausgesteint, die Schnitze und Hutzeln von den Blüten und dem Steinigen befreit. Zuvor aber muß die Brühe abgeschüttet und aufbewahrt werden. Nun nimmt man gewöhnliches Brotmehl in eine Backmulde, macht mit ziemlich viel gut abgewässerter Bierhefe einen Vorteig mit der lauen Schnitzbrühe und läßt ihn über Nacht gehen. Des andern

Tags erwärmt man die Schnitze und Hutzeln noch einmal und verzupft sie recht klein. Damit muß nun das Mehl zu einem Teig verarbeitet werden, Brühe oder gar Wasser darf nicht mehr dazu kommen. Dieser Teig muß gut geklopft und lange geknetet werden. Im Falle er zu dünn sein sollte, helfe man mit erwärmtem Mehl nach. Zuletzt kommen noch gestoßener Zimmt, grob geschnittene Nußkerne, gestoßene Nelken, englisches Gewürz, Fenchel, Koriander und Anis dazu. Nun läßt man den Teig an einem warmen Ort gut aufgehen, wozu er ziemlich lange braucht; dann macht man kleine Laibchen daraus, setzt sie auf ein bestrichenes, mit Mehl besäetes Blech und backt sie in heißem Ofen. Zu diesem Brot können auch noch Korinthen, Rosinen, Mandeln, Citronat, Feigen, Pomeranzenschale und Kirschgeist genommen werden.

d. Schmalzbackwerk.

Dazu ist hauptsächlich gutes, von frischer Butter ausgelassenes Rindsschmalz nötig. Das übrig gebliebene Schmalz gieße man durch einen Schaumlöffel wieder in ein irdenes Geschirr, damit man es noch zu einem untergeordneten Zweck verwenden kann. Nachdem das Backwerk aus dem Schmalz genommen ist, lege man es zum Ablaufen auf Brotschnitten.

1. **Strauben.** 300—350 Gr. feines Mehl werden mit 4—5 Eigelb, Milch, etwas zerlassener Butter und dem Schnee der Eier zu einem nicht zu dicken Teig angerührt. Nun läßt man viel Schmalz in einer Pfanne heiß werden, gießt den Teig durch einen Trichter in das Schmalz, backt die Strauben auf beiden Seiten schön gelb und bestreut sie sogleich mit Zucker und Zimmt.

2. **Andere Art.** Von ¼ Liter Milch und 400 Gr. Mehl macht man einen Teig, rührt ihn in ¼ Ltr. siedende Milch und läßt ihn so lange kochen, bis er sich von der Pfanne schält. Dann leert man ihn in eine Schüssel

rührt sogleich 1 Stück Butter, 2 Eier und später weitere
6 Eier hinein. Von diesem Teig backt man die Strauben
im Schmalze schwimmend.

3. Pfeil, als Beilage zu Gemüse, wird von demselben
Teig gemacht, nur legt man davon Klößchen in vieles
Schmalz; auf diese Weise können auch kleine Grießkuchen
gemacht werden.

4. **Kleine Grießkuchen.** ½ Liter Milch, 30 Gr. Zucker,
20 Gr. Butter, 1 Messerspitze voll Salz, 3—4 Eier und
30—40 Gr. Grießmehl. Die Milch wird siedend gemacht,
Butter, Zucker und Grieß darin gekocht, bis sich der Teig
von der Pfanne schält; dann nimmt man ihn in eine
Schüssel, rührt die Eier hinein und streicht den Teig zum
Erkalten auf eine Platte. Von demselben werden runde
Kugeln gemacht, in verrührtem Ei und Semmelmehl umgekehrt und im Schmalze schwimmend gebacken.

5. **Kleine Apfelkuchen.** Schöne weinsäuerliche Aepfel
werden geschält und zu runden, nicht zu dicken Scheiben
geschnitten. Diese taucht man in einen gebrühten Teig,
oder in einen solchen, wie er bei den „Strauben", Rezept
1, angegeben ist. Die Aepfel müssen auf beiden Seiten
dick mit Teig überzogen sein, folglich mache man den
letzteren nicht zu dünn. Die Kuchen werden auch im
Schmalz schwimmend gebacken und noch heiß mit Zucker
und Zimmt bestreut.

6. **Berliner Pfannkuchen.** Man schlägt unter unaus-
gesetztem Rühren zu 135 Gr. zu Sahne geriebener Butter
nach und nach 4 ganze Eier und 2 Eidotter und rührt
ferner mit 100 Gr. Zucker, woran die Schale einer halben
Citrone abgerieben worden, ¼ Liter Rahm, 35 Gr. in
Milch aufgelöster Hefe, ½ Kilogr. Mehl und etwas gestoßenem Zimmt und Kardamom einen Teig daraus, der
sich rollen läßt. Diesen läßt man eine Stunde lang an
einer warmen Stelle aufgehen, knetet ihn auf einem mit
Mehl bestreuten Backbrett ein wenig durch, rollt ihn bis

zur halben Dicke eines Fingers aus und sticht noch ein=
mal so viel runde Platten daraus, wie man Pfannkuchen
haben will. Die Hälfte derselben bestreicht man mit klein=
gerührtem Ei, legt Marmelade oder Obstmus und sodann
die anderen Platten darauf und drückt diese vorsichtig mit
den unteren zusammen. Nachdem man die so hergerichteten
Kuchen noch eine halbe Stunde, von einer Serviette be=
deckt, hat aufgehen lassen, legt man sie in ein passendes
Kochgefäß mit kochender Butter und backt sie unter wieder=
holtem Umkehren ringsum braun. Vor dem Servieren
überstreut man sie mit Puderzucker.

7. **Fastnacht=Kuchen.** 500 Gr. Mehl, 60 Gr. Butter,
3 Eier, Milch, Hefe und Salz. Es wird von Milch, Hefe
und etwas Mehl wie gewöhnlich ein kleiner Vorteig ge=
macht. Am andern Tage schafft man das Mehl, die Butter,
Eier, Salz und die nötige Milch mit dem Vorteig recht
glatt und läßt diesen Teig nochmals gut aufgehen. Her=
nach wellt man ihn 1 cm dick aus, schneidet viereckige
Stückchen davon, läßt sie noch ein wenig aufgehen, backt
sie auf beiden Seiten in viel Schmalz schön hellgelb und
bestreut sie mit Zucker.

8. **Andere Art.** 250 Gr. Mehl, 120 Gramm Butter,
Milch, 2 Eier, 2 Löffel voll Zucker und etwas Kirschgeist
oder nach Geschmack Rosenwasser. Das Mehl wird mit
der Milch, den Eiern, dem Zucker und Rosenwasser zu
einem glatten Teig angerührt und tüchtig geknetet. Darauf
wird er ausgewellt, die Butter darauf gepflückt und dann
wie ein Butterteig behandelt. Zuletzt wellt man ihn halb=
fingersdick aus, schneidet kleine Vierecke davon, backt sie
in viel Schmalz schön gelb und bestreut sie mit Zucker.

9. **Gebackene Kirschen.** Es werden immer 6 schwarze
Kirschen zusammengebunden, in Kirschgeist getaucht und
in Zucker gelegt. Dann rührt man einen dicken Strauben=
teig mit etwas zerlassener Butter und Wein durch, taucht
die Kirschen hinein und backt sie in sehr viel Schmalz gelb.
Sie werden mit Zucker und Zimmt bestreut.

10. Mocken. Milchbrote oder Semmeln werden zu Scheiben und dann in Streifen geschnitten, welche die Dicke eines Fingers haben sollen. Diese taucht man in Wein, bestreut sie mit Zucker und Zimmt, kehrt sie in verrührten Eiern um und backt sie in Schmalz gelb.

11. Holder=Kuchen. Schöne Blütendolden des Hol= lunderstrauches werden von den gelb gewordenen Blütchen befreit, gewaschen und zum Trocknen in die Sonne gelegt. Inzwischen macht man einen gebrühten oder Straubenteig mit Salz. In diesen taucht man die Dolden, indem man sie am Stiele anfaßt, dann schnell damit in eine Pfanne voll heißem Schmalz fährt und die Stiele niederdrückt. Sie müssen auf beiden Seiten gebacken und recht heiß ser= viert werden.

12. Andere Art. In einen Straubenteig zupft man Blütchen von Hollunderdolden und backt davon kleine Kuchen in viel Schmalz.

13. Gebackene Finger. ½ Liter saurer Rahm, 100 Gr. Butter, 2 Löffel voll Rosenwasser, 3 Löffel voll gestoßenen Zuckers, 2 Eier. Dieses wird zusammen mit dem nötigen Mehl zu einem lockeren Teig vermengt, ausgewellt, zu= sammengeschlagen, und wieder 1cm.-dick ausgewellt. Nun schneidet man fingersbreite Streifen davon, backt sie in Schmalz auf beiden Seiten schön gelb und bestreut sie mit Zucker. Sollte man nicht genug Rahm haben, so nehme man zur Hälfte süße Milch, aber dann etwas mehr Butter und 3 Eigelb.

14. Aufgelaufene Schnitten. Von 3 Kochlöffeln voll feinem Mehl, 1 Löffel voll gestoßenem Zucker, 4 Eiern und Milch wird ein Teig gemacht, so dick wie ein Fläd= leinsteig. Nun zerläßt man Butter auf einer Zinnplatte, schüttet den Teig darauf, setzt die Platte mit einem Auf= zugdeckel, mit heißer Asche zugedeckt, auf einen Topf mit kochendem Wasser. Ist die Masse fest, so nimmt man sie auf ein Brett, schneidet dünne Schnitten davon und backt diese unter beständigem Rütteln der Pfanne in sehr viel

Schmalz gelb. Sie werden mit Zucker und Zimmt bestreut.

15. Hobelspäne. 3 Eier, ein Ei groß zerlassene Butter, etwas Salz werden mit weißem Mehl zu einem Teig verarbeitet, der aber nicht zu fest sein darf. Davon wellt man dünne Kuchen und schneidet mit dem Backrädchen oder einem Messer 2 cm. breite Streifen. Diese werden in Schmalz gelb gebacken und dick mit Zucker bestreut.

16. Stritzeln. 9 Eßlöffel voll weißes Mehl, ebensoviel Zucker, 4 Eßlöffel voll Wein, das Abgeriebene und der Saft einer Citrone, der Schnee von 8 Eiweiß und ein Ei groß Butter. Dieses wird zusammen zu einem Teig angemacht, der durch einen Trichter in heißes Schmalz gegossen wird. Daraus bildet man runde Stritzeln, backt sie auf beiden Seiten schön gelb, krümmt sie über ein Wellholz und bestreut sie mit Zucker. Sollte der Teig zu dick sein, so hilft man mit Wein nach.

17. Schneeballen. 3 Eßlöffel saurer Rahm, 2 ganze Eier und 2 Eigelb werden mit 3 Eßlöffeln voll Zucker und dem nötigen Mehl zu einem festen Teig geknetet. Von diesem wellt man messerrückendicke Küchlein und schneidet sie in der Mitte in Streifen, aber so, daß sie außen noch aneinander halten. Nun faßt man mit dem Kochlöffelstiel die Hälfte des Kuchens so, daß immer zwischen den aufgefaßten Streifen einer hinunterhängt. So werden die hinunterhängenden Teile zuerst und dann die oberen im Schmalz gelb gebacken und zuletzt mit Zucker bestreut.

---

8. Kleines Backwerk.

1. Wiener Törtchen. 500 Gr. Butter, 10 Eigelb, 375 Gr. gestoßener Zucker und 500 Gr. Mehl. In die leichtgerührte Butter gibt man nach und nach Eigelb und Zucker. Ist alles zusammen recht schaumig gerührt, so mengt man das Mehl langsam darunter, und füllt die

Masse in kleine, gut bestrichene, mit Semmelmehl bestreute Formen.

2. Bischofstörtchen. 250 Gr. Butter, 12 Eier, das Ab= geriebene einer Citrone, 40 Gr. Zucker, 60 Gr. Mehl. Die leicht geriebene Butter wird mit dem Zucker und den Eigelb 30 Minuten gerührt, dann langsam mit dem Schnee der Eiweiß, sowie dem durchgesiebten Mehl vermengt, und in kleine, bestrichene und bestreute Formen gefüllt.

3. Rahmtörtchen. Guter Butterteig, süßer und saurer Rahm, 6 Eier, Zucker, Citronenbitzeln. Kleine, gut be= strichene Formen werden mit dem dünn ausgewellten Butter= teig belegt. Zu 12 Törtchen verrührt man 6—7 Eier, mit ¼ Liter süßem und ebensoviel saurem Rahm, sowie 1 Kochlöffel voll Mehl, versüßt es mit dem nötigen Zucker, würzt es mit Citronen und füllt die Törtchen damit. Statt des Mehls können auch 60 Gr. gestoßene Mandeln zum Anrühren des Rahms genommen werden.

4. Englische Königstörtchen. 250 Gr. Butter, 250 Gr. gestoßener, gesiebter Zucker, 250 Gr. feines Mehl, 6 Eier, die abgeriebene Schale einer Citrone, 50 Gr. Rosinen, 30 Gr. geschälte, länglich geschnittene Mandeln. Die zer= lassene, abgeklärte Butter rührt man mit Zucker und Ei= gelb recht schaumig, mengt dann Mehl, Mandeln, Rosinen, Citrone und den Schnee der Eiweiß langsam darunter, füllt die Masse in kleine, gut bestrichene, mit Semmelmehl bestreute Formen und backt sie in mäßiger Hitze.

5. Kapselbiskuit. 250 Gr. gestoßener Zucker, 125 Gr. feinstes Mehl, 10 Eigelb, der Schnee von 5 Eiweiß, Saft und Schale einer Citrone, Eingemachtes. Eiweiß, Eigelb und Zucker werden 30—40 Minuten gerührt, dann mit dem Mehl und Citronensaft vermengt und in papierene Käpselchen gefüllt, auf deren Boden vorher einige Löffel voll Marmelade oder eingemachter Früchte gelegt werden können. Zu den Kapseln nehme man starkes, weißes Papier und teile es so ein, daß ein Bogen 6—8 Kapselchen gibt.

Dieselben müssen länglich viereckig sein, wie der untere Teil einer kleinen Schachtel.

6. Savoyer Törtchen. 10 Eigelb, 8 Eiweiß, zu steifem Schnee geschlagen, 120 Gr. feiner Zucker, 60 Gr. geschälte, fein geschnittene Pistazien, ebensoviel fein geschnittene, zuvor geschälte Mandeln, 120 Gr. feines Mehl, Eigelb und Schnee werden mit einander vermengt, mit dem Zucker 30 Minuten lang gerührt, Mehl und Mandeln dazu gethan und in kleine, mit Butter bestrichene und mit Semmelmehl bestreute Formen gefüllt.

7. Wiener Gipfel. 375 Gr. feines Mehl, 250 Gr. gesiebter Zucker, 180 Gr. verknetete Butter, 2 ganze Eier, 3 Dotter, das Abgeriebene einer halben Citrone, gestoßener Zimmt und 1 Messerspitze voll gestoßener Nelken werden auf dem Backbrette zu einem Teig verarbeitet. Dieser wird stark messerrückendick ausgewellt und in dreieckige Stückchen geschnitten, welche mit Eingemachtem belegt und zusammen geschlagen werden.

8. Mandelmaultaschen. 120 Gr. geschälte, sehr fein gestoßene Mandeln, die abgeriebene Schale einer Citrone, 120 Gr. gestoßener Zucker, 2 ganze Eier, 2 Dotter und feiner Butterteig. Der Butterteig wird messerrückendick ausgewellt und in viereckige Stücke geschnitten. Dann rührt man die mit den 2 Eiweiß fein gestoßenen Mandeln mit den Dottern und dem Zucker eine Viertelstunde und gibt von dieser Masse je einen Löffel voll auf ein Teigstückchen. Hernach werden die Ecken mit Ei bestrichen und so zusammengeschlagen, daß die Fülle gut bedeckt ist. Zuletzt setzt man die Maultaschen auf ein Blech, bestreicht sie mit verrührtem Ei und backt sie in guter Hitze.

9. Krapfen von Butterteig. Ein guter Blätterteig wird messerrückendick ausgewellt, und davon mit einem Trinkglas runde Blättchen ausgeschnitten, welche dann auf der einen Hälfte des Kreises mit 3 Schnittchen versehen werden. Nun legt man auf die ungeschnittene Seite einen Löffel

voll Eingemachtes oder mit Zucker und Wein verkochte
Aepfel, bestreicht den Rand mit Wasser und schlägt den
aufgeschnittenen Teil über die Fülle. Die Kräpfchen
werden zuletzt noch mit Ei bestrichen und in heißem Ofen
gebacken.

10. **Weingebackenes.** 4 Eigelb, 4 Eßlöffel voll gestoßenen Zuckers und stark ¼ Liter Wein werden mit dem
nötigen Mehl und einem Löffel voll Kirschgeist zu einem
festen Teig verrührt und lange geknetet. Dann wellt man,
wie in einen Butterteig, 300 Gr. Butter hinein, wellt
ihn nun noch zweimal und zuletzt stark messerrückendick
aus. Nun sticht man mit Blechformen kleine Figuren davon aus, bestreicht sie mit Ei und backt sie in frischer Hitze.

11. **Anisbrot.** 10 Eier, 500 Gr. Zucker, 500 Gr.
Mehl und Anis. Die Eier werden abgeteilt und das
Weiße zu steifem Schnee geschlagen; dann rührt man die
Dotter und den Zucker etwa eine halbe Stunde mit dem
Schnee, mengt den Anis und das Mehl langsam darunter,
setzt zwei lange, handbreite Streifen auf ein gut bestrichenes,
mit Mehl bestreutes Blech und backt sie in mäßiger Hitze
gelb. Noch ehe sie kalt werden, schneidet man 1 cm.
breite Schnittchen davon, legt sie wieder auf das Blech
und röstet sie noch einige Minuten lang gelb. Beim Aufsetzen der Masse auf das Blech versäume man ja das Bestreuen desselben mit Mehl nicht, weil sonst die zwei Teigstreifen zu sehr in die Breite laufen und nicht aufgehen.

12. **Kapsel-Anisbrot** wird ebenso gemacht, nur nimmt
man statt 10, 12 Eier und füllt die Masse in gut bestrichene Kapseln. Man kann auch zu dieser Art Anisbrot 60 Gr. geschälte und länglich geschnittene Mandeln
nehmen, aber solche erst mit dem Mehl unter die Masse
mengen.

13. **Wiener Brot.** 120 Gr. Butter, 120 Gr. geschälte, fein gestoßene Mandeln, 125 Gr. gesiebter Zucker,
125 Gr. feines Mehl, Citronenbitzeln und 5 Eier. Die

Butter wird leicht gerührt, das Eiweiß wird zu Schnee geschlagen, dann mit den Dottern und dem Zucker eine halbe Stunde gerührt. Hernach vermengt man die Mandeln und Butter mit einander, gibt es zur übrigen Masse, rührt alles zusammen noch einige Minuten, gibt Mehl und Citronen langsam dazu, füllt die Masse in Kapseln, welche mit Semmelmehl bestreut wurden und schneidet sie nach dem Backen in Schnitten, die noch einmal in den Ofen kommen, um gelb geröstet zu werden.

14. **Anis-Plätze.** 8 Eier, je 500 Gr. fein gesiebter Zucker und feines Mehl, Anis oder 20 Gr. gestoßene Vanille. Die Eier werden abgeteilt, das Weiße zu steifem Schnee geschlagen, mit den Dottern und dem Zucker eine halbe Stunde gerührt, mit Mehl und Anis, oder nach Geschmack mit Vanille vermengt. Dann setzt man mit einem Löffel kleine Häufchen davon auf ein mit Butter bestrichenes und mit Mehl bestreutes Blech und läßt sie über Nacht stehen. Den andern Tag backt man sie in gelinder Hitze. Will man diese Plätze sogleich backen, so bestreue man sie dick mit Zucker.

15. **Butterplätzchen.** 500 Gr. Mehl, je 250 Gr. Zucker und Butter, 100 Gr. Rosinen, 8 ganze Eier, oder 6 gelbe und 5 ganze. Die Butter wird zuerst leicht gerührt, dann wird das Eiweiß zu Schnee geschlagen, mit den Dottern und dem Zucker vermengt und 20 Minuten gerührt. Hierauf gibt man diese Masse löffelvollweise an die Butter, mengt Mehl und Rosinen noch langsam darunter und setzt thalergroße Häufchen davon auf ein gut bestrichenes, mit Mehl bestreutes Blech. Diese Plätzchen müssen aber sogleich in den Ofen kommen.

16. **Schokoladeplätzchen.** 70 Gr. weißes Mehl, 4 Eiweiß, 220 Gr. Zucker und 100 Gr. feine Schokolade. Das Eiweiß wird zu steifem Schnee geschlagen, mit Zucker, Schokolade und zuletzt mit dem Mehl vermengt, dann Plätze davon aufgesetzt und in gelinder Hitze gebacken.

17. Mandelplätzchen. Je 250 Gr. Zucker und Mehl, 60 Gr. Butter, 80 Gr. gröblich gestoßene Mandeln, 4 Eier und die abgeriebene Schale einer halben Citrone. Die Butter wird leicht gerührt, mit den Dottern und dem Zucker vermengt, der Schnee der Eiweiß ebenfalls dazu genommen und alles zusammen etwa 15 Minuten abermals gerührt. Nun mengt man das Mehl noch langsam darunter und setzt Plätzchen auf ein gut bestrichenes, mit Mehl be= streutes Blech.

18. Vanille=Brot. 6 Eier, 500 Gr. Zucker, ebenso viel Mehl, 15—20 Gr. gestoßene Vanille. Das Eiweiß wird zu Schnee geschlagen, mit den Dottern vermengt und mit dem Zucker eine halbe Stunde gerührt. Dann wird das zuvor gesiebte Mehl und die Vanille langsam dazu gethan und Häufchen davon auf ein gut bestrichenes Blech gesetzt.

19. Zimmt=Brot kann wie das vorige gemacht werden, indem man statt Vanille 30 Gr. feinsten Zimmt dazu nimmt.

20. Schokolade=Brot. 500 Gr. Zucker, 375 Gr. Mehl, 125 Gr. feine, geriebene Schokolade, 6 Eier. Das Ei= weiß wird zu Schnee geschlagen, mit den Dottern und dem Zucker 30 Minuten gerührt, dann mit Mehl und Schokolade vermengt und Häufchen davon auf ein Blech gesetzt. Es ist gut, wenn man diese Brötchen über Nacht stehen läßt. Statt 6 Eiern können auch 8 genommen werden, wenn die Brötchen nicht so fest werden sollen.

21. Pomeranzen=Brot. 250 Gr. Zucker, 280 Gr. Mehl, 2 ganze Eier, 4 Dotter, 30 Gr. Citronat, ebenso viel Pomeranzenschalen, beides klein geschnitten, die fein ge= schnittene Schale einer Citrone. Der Schnee der Eiweiß wird mit den Dottern und dem Zucker eine halbe Stunde gerührt, mit Mehl und Gewürz ganz langsam vermengt, dann auf das Backbrett genommen, stark fingersdicke und fingerslange Brötchen daraus gerollt und auf ein Blech gesetzt. Zuletzt versieht man jedes Brötchen mit drei kleinen schrägen Einschnitten und backt sie in mäßiger Hitze. Statt solcher langer Brote können auch einfach runde Häufchen von dieser Masse aufgesetzt werden.

22. Pfaffen=Brot. 250 Gr. fein gesiebter Zucker, 250 Gr. feines Mehl, ebenso viel geschälte und länglich ge= schnittene Mandeln, 4 Eigelb und 1 ganzes Ei. Der Schnee der Eiweiß, die Dotter und der Zucker werden 20 Minuten gerührt, mit dem Mehl und den Mandeln recht langsam vermengt, ½ cm. dick ausgewellt, in 3 cm. breite, fingerslange Streifen geschnitten und gelb gebacken.

23. Andere Art. 250 Gr. Zucker, 3 Eier, 230 Gr. Mehl, 20 Gr. gestoßener Zimmt, 1 Messerspitze voll ge= stoßener Nelken und eine Hand voll Mandeln, grob ge= stoßen.

24. Citronen=Brot. 250 Gr. gestoßener Zucker, die am Zucker abgeriebene Schale einer Citrone, sowie der Saft derselben, 60 Gr. geschälte, fein gestoßene Mandeln, 185 Gr. feines Mehl, 3 Eier. Der Schnee und das Gelbe der 3 Eier wird zusammen eine halbe Stunde gerührt und diese Masse löffelvollweise unter die Mandeln gemengt, damit es keine Knollen gibt. Ist dieses zusammen noch ein wenig gerührt, so kommt die Citrone und das Mehl dazu. Dann wellt man den Teig aus und macht beliebige Brötchen oder ausgestochene Figuren davon. Es ist gut, dieses Backwerk über Nacht an einen warmen Ort zu stellen und erst am anderen Tage zu backen.

25. Himbeer=Brot. 250 Gr. gestoßener Zucker, ebenso viel Mehl, 2 ganze Eier, 4 Eigelb, 4—5 Eßlöffel voll eingemachter Himbeeren. Der Zucker wird mit dem Schnee und den Dottern der Eier 20—30 Minuten gerührt; dann werden die Himbeeren mit einem Löffel zerdrückt, nebst dem Mehl an die Masse gerührt und Häufchen oder Brötchen davon auf ein gut bestrichenes Blech gesetzt.

26. Tiroler Brot. 250 Gr. geschälte, fein gestoßene Mandeln, 250 Gr. feines Mehl, 250 Gr. Butter, 125 Gr.

gestoßener Zucker, 4 Eidotter, die abgeriebene oder fein
gewiegte Schale einer Citrone, 1 Gläschen Wein und etwas
Anis. Dieses wird zusammen auf einem Backbrett ver-
mengt, ausgewellt, mit Blechformen ausgestochen oder in
Vierecke geschnitten, mit Eiweißschnee bestrichen und mit
Zucker und Zimmt besäet.

27. Belgrader Brot. 250 Gr. ungeschälte, in ganz
kleine Würfelchen geschnittene Mandeln, 250 Gr. gestoßener
Zucker, 250 Gr. Mehl, 15 Gr. gestoßener Zimmt, gewiegte
Citronenschale, Muskatnuß, 4 Eigelb, 2 ganze Eier. Die
Eiweiß werden zu Schnee geschlagen, mit den Dottern ver-
mengt und mit dem Zucker 15—20 Minuten gerührt.
Dann gibt man Mehl, Mandeln und Gewürz langsam da-
zu, wellt die Masse aus, und macht längliche Brötchen davon.

28. Kleien-Brot. 500 Gr. Mehl, 250 Gr. Butter
125 Gr. Zucker, 5 Eigelb werden auf dem Backbrett gehackt, bis der Teig zusammenhängt. Dann knetet man ihn
noch einige Augenblicke, wellt ihn ½ cm. dick aus und sticht
mit Blechförmchen beliebige Figuren aus. Ehe die Brötchen auf das Blech gesetzt werden, taucht man sie in den
Schnee von 1 Eiweiß und grobem sogenanntem Hagel- oder
Streuzucker.

29. Thee-Brot. 500 Gr. feines weißes Mehl, 250 Gr.
Zucker, 125 Gr. zerlassene Butter, 4 Eier, 2 Gr. Hirschhornsalz oder Potasche, 8—10 Gr. gestoßener Zimmt.
Der Schnee der 4 Eiweiß wird mit den Dottern, dem
Zucker und zuletzt mit dem Mehl und der zerlassenen Butter
zu einem Teig angerührt, und Bretzeln oder lange Brötchen davon gemacht. Dieselben werden mit Eiweißschnee
bestrichen und in grob gestoßenen Zucker getaucht. Statt
500 Gr. Mehl können auch nur 400 genommen werden.

30. Nuß-Brote. Diese werden ganz wie die Theebrote
gemacht, nur werden 300 Gr. Mehl, und 120 Gr. klein
gewiegte Nußkerne dazu genommen.

31. Gewiegte S. 250 Gr. Butter, 500 Gr. Mehl,
190 Gr. Zucker und 6 Eidotter werden auf dem Back-

brett zusammen gehackt, S daraus geformt, die obere Seite
derselben in Eiweißschnee und grob gestoßenen Zucker getaucht und die Kuchen in ziemlich heißem Ofen gebacken.

32. Gerührte S. 250 Gr. Butter, 4 Eigelb, 250 Gr.
Zucker, etwas Citronenschale und 500 Gr. Mehl. Die
Butter wird leicht gerührt, mit den Eigelb und dem Zucker
noch 20 Minuten vermengt und hierauf das Mehl und
die Citrone, nach Belieben auch 10 Gr. gestoßener Zimmt,
dazu gegeben. Im übrigen wie oben.

33. Feine Bretzeln. 250 Gr. gestoßener Zucker, 250
Gr. zerknetete Butter, 250 Gr. Mehl, 2 Eier werden zu-
sammen gerührt, kleine Bretzeln daraus geformt und in
Eiweiß und groben Zucker getaucht.

34. Kaiser-Brot. 250 Gr. geschälte, grob geschnittene,
im Ofen gelb geröstete Mandel, 250 Gr. gestoßener und
gesiebter Zucker, 2 ganze Eier, 2 Eigelb, 250 Gr. feines
Mehl und das Abgeriebene einer Citrone. Die Eier und
der Zucker werden 30 Minuten gerührt, dann mit Mandeln, Mehl und Citrone vermengt, ausgewellt und in fingerslange Stückchen geschnitten.

35. Hirschhörner. 500 Gr. Mehl, 250 Gr. Zucker,
250 Gr. Mandeln, geschält und gröblich gestoßen, ½ Tasse
gute, saure Sahne, 1 Tasse zerlassener Butter und 4 Eier.
Die Eier werden abgeteilt, das Weiße zu Schnee geschlagen,
und mit dem Uebrigen zu einem Teig vermengt. Derselbe wird ausgewellt, in Streifen gerädelt, an den Enden
umgebogen, geteilt und auf ein Blech gesetzt.

36. Pfeffernüsse. 250 Gr. Zucker, 250 Gr. Mehl, der
Schnee von 3 Eiweiß, 3 Eigelb, eine geriebene Muskatnuß, etwas gestoßene Nelken, 15 Gr. gestoßener Zimmt
und ein wenig Pfeffer. Die Eier werden mit dem Zucker
20 Minuten gerührt, mit Mehl und Gewürz langsam
vermengt, dick ausgewellt und kleine Kuchen davon ausgestochen, etwa in der Größe eines 10-Pfennigstücks.

37. Weiße Pfeffernüsse. 500 Gr. Mehl, ebenso viel ge=
stoßener Zucker, 4—5 Eier, 10 Gr. Zimmt, ein wenig ge=
stoßene Nelken, 1 geriebene Muskatnuß, 100 Gr. fein ge=
wiegtes Citronat, stark 1 Messerspitze voll Potasche.

38. Springerlen. 500 Gr. gestoßener Zucker, 500 Gr.
feinstes Mehl, 5 Eier, Citronenbitzeln. Das Eiweiß wird
zu Schnee geschlagen, mit den Dottern und dem Zucker
40 Minuten gerührt, dann langsam mit Mehl und Citronen
vermengt. Nun wird der Teig auf dem Backbrett ausge=
wellt, auf dazu bestimmte Formen gedrückt und die einzelnen
Bildchen mit einem Backrädchen ausgeschnitten. Damit der
Teig an der Form nicht anklebe, binde man Mehl in ein
feines Fleckchen und stäube die Form jedesmal vorher sorg=
fältig ein. Die Springerlen werden über Nacht auf ein
Brett gelegt und erst den andern Tag auf einem gut be=
strichenen, mit Anis bestreuten Blech gebacken. Dabei achte
man darauf, daß sie unten noch feucht und oben schön
trocken sind. Sollten sie je unten auch trocken geworden
sein, so feuchte man sie mit einem Läppchen oder einem
reinen Schwämmchen und Wasser wieder an.

39. Andere Art. 4 Eier, 500 Gr. Zucker, ebenso viel
Mehl, 1 Messerspitze voll Potasche, Citronenschale. Im
Uebrigen wie oben.

40. Weiße Lebkuchen. 500 Gr. gestoßener Zucker,
120 Gr. fein geschnittene Mandeln, ebenso viel gewiegtes
Citronat und Pomeranzenschale, die fein gewiegte Schale
einer Citrone, 15 Gr. gestoßener Zimmt, 4 Gr. gestoßene
Nelken, 4 Gr. Muskatblüte, 375 Gr. Mehl, 3 Messerspitzen
voll Potasche und der Schnee von 6 Eiweiß. Gewürz und
Zucker wird vermengt und mit dem Eiweiß angerührt,
dann wird das Mehl und die Potasche darunter gearbeitet
und die Masse auf dem Backbrett stark messerrückendick
ausgewellt. Davon schneidet man beliebige längliche Vier=
ecke, läßt sie über Nacht stehen und setzt sie den andern Tag
auf Oblaten oder ein bestrichenes, mit Mehl bestreutes Blech

41. Andere Art. 500 Gr. gesiebter Zucker, 375 Gr. Mehl, 6 Eier, 60 Gr. geschälte, gröblich gestoßene Mandeln, 60 Gr. Citronat und Pomeranzenschale, 15 Gr. gestoßener Zimmt, 4 Gr. Nelken und etwas Muskatnuß. Der Zucker wird mit dem zu steifem Schnee geschlagenen Eiweiß und den Dottern 30 Minuten gerührt, dann mit Gewürz und Mehl vermengt, ausgewellt, verschnitten und abgetrocknet wie die vorhergehenden; doch brauchen diese einen etwas heißeren Ofen.

42. Feine weiße Lebkuchen. 500 Gr. Zucker, 8 Eier, Citronenschale, 375 Gr. fein geschnittene, im Ofen blaßgelb geröstete Mandeln, 15 Gr. gestoßener Zimmt, 6 Gr. gestoßene Nelken, 180 Gr. Citronat und eben so viel Pomeranzenschale, fein gewiegt, und 300 Gr. feines Mehl. Die Eier werden, nachdem das Weiße zu Schnee geschlagen wurde, mit dem Zucker 20 Minuten gerührt, dann mit dem Gewürz und Mehl vermengt, ausgewellt, ausgeschnitten und in mäßiger Hitze gebacken. Statt 300 können auch 500 Gr. Mehl genommen werden, nur muß dann der Masse etwas Potasche beigefügt werden.

43. Honiglebkuchen. 9/10 Ltr. Honig, 500 Gr. Zucker, 1250 Gr. Mehl, 50 Gr. Citronat, 60 Gr. Pomeranzenschale, beides klein geschnitten, das Abgeriebene von 1 bis 2 Citronen, 45 Gr. Zimmt, 6 Gr. Nelken, 250 Gr. geschälte, grob gestoßene Mandeln, 8 Gr. Potasche und 4 Löffel voll Kirschgeist. Der Honig wird auf Kohlen heiß gemacht, hernach vom Feuer genommen und mit dem Zucker gerührt, bis er aufgelöst ist. Dann arbeitet man Mehl und Gewürz sorgfältig hinein, stellt den Teig einige Stunden in die Kälte, wellt ihn sodann 2 messerrückendick aus, schneidet ihn in längliche Vierecke und backt die Kuchen andern Tags auf einem dick mit Mehl bestreuten Blech.

44. Andere Art. 9/10 Ltr. Honig, 500 Gr. gestoßener Zucker, 50 Gr. roh gestoßene Mandeln, je 120 Gr. fein gewiegtes Citronat und Pomeranzenschale, 20 Gr. gestoßener Zimmt, 4 Gr. gestoßene Nelken, die abgeriebene

Schale einer Citrone, 1 Taffe Kirfchgeift, 1 Kilo Mehl.
Der Honig wird auf dem Feuer gekocht und abgeschäumt,
bis er bräunlich ausfieht, dann kocht man den Zucker
einige Augenblicke mit, rührt die Mandeln dazu und nimmt
das Kochgefäß vom Feuer. Nun wird das Gewürz und
zuletzt das Mehl forgfältig darunter gemengt. Ift der
Teig erkaltet, fo behandelt man ihn wie den in Nr. 43.

45. Eier-Lebkuchen. 5 Eier, 375 Gr. Zucker, 60 Gr.
Citronat, 60 Gr. Pomeranzenschale, beides fein geschnitten,
20 Gr. Zimmt, 4 Gr. gestoßene Nelken, 10 Gr. Potasche,
die abgeriebene Schale einer Citrone, schwach ½ Ltr. Honig,
1 Kilo Mehl, 300 Gr. geschnittene Mandeln. Der Schnee
der Eiweiß, das Gelbe derselben und der Zucker werden
30 Minuten gerührt, dann mit dem Gewürz, hernach mit
Honig, Potasche und Mehl gut durchmengt, ausgewellt, in
Stückchen geschnitten und auf einem bestrichenen, gut mit
Mehl bestreuten Blech gebacken. Sie gehen sehr auf, deshalb dürfen sie nicht eng gesetzt werden. Will man zur
Erfparniß bloß 120 Gr. Mandeln nehmen, fo müffen dafür 250 Gr. Mehl mehr genommen werden.

46. Nürnberger Lebkuchen. 500 Gr. feines Mehl, 500
Gr. gestoßener Zucker, 500 Gr. geschälte, fein geschnittene,
im Ofen getrocknete Mandeln, 8 Eier, je 70 Gr. fein geschnittene Pomeranzenschale und Citronat, 8 Gr. Zimmt,
2 Gr. Nelken, nach Belieben auch etwas Muskatblüte, eine
Messerspitze voll in Rosenwasser gelöste Potasche. Die Eier
werden, nachdem sie abgeteilt und das Weiße zu Schnee geschlagen wurde, mit dem Zucker 20 Minuten gerührt, mit
Gewürz, Mehl und Potasche vermengt, dann ausgewellt,
runde Kuchen ausgestochen, auf Oblaten gesetzt, nach Belieben mit Eiweiß bestrichen und mit Streuzucker besäet.
Sie dürfen nur in mäßiger Hitze gebacken werden.

47. Bafeler Lebkuchen. ½ Ltr. Honig, 1375 Gr. Mehl,
700 Gr. Zucker, 230 Gr. gröblich geschnittene Mandeln,
200 Gr. Citronat, ebenso viel Pomeranzenschale, beides
gröblich geschnitten, die Schale von 2 Citronen, 50 Gr. ge-

stoßener Zimmt, 8 Gr. Nelken, 1 Glas Kirschgeist, 30 Gr. gereinigte Potasche. Honig und Zucker werden auf's Feuer gesetzt, und wenn die Masse steigt, kommen die Mandeln und die Potasche hinein; dann nimmt man das Ganze vom Feuer, verarbeitet Gewürz und Mehl gut damit, läßt die Masse erkalten, knetet und arbeitet sie dann tüchtig durch und setzt die ausgewellten Lebkuchen auf ein sehr dick mit Mehl bestreutes Blech. Die Lebkuchen müssen einer an den andern gesetzt und in frischer Hitze gebacken werden. Wenn sie aus dem Ofen kommen, müssen sie mit einem scharfen Messer auseinander geschnitten und vom Mehl gereinigt werden. Nachdem sie erkaltet sind, bestreicht man sie mit einer weißen Glasur (s. Eis).

48. Zimmtsterne. 250 Gr. Zucker, ebenso viel Mandeln, 15 Gr. feinster gestoßener Zimmt, 6 Eiweiß. Die letzteren werden zu steifem Schnee geschlagen, mit dem Zucker eine Viertelstunde gerührt und mit dem Zimmt vermengt. Ehe die Mandeln, welche mit einem Tuch abgerieben und grob gewiegt werden, dazu kommen, schöpfe man zum Eis eine Tasse voll von der Masse ab. Sind die Mandeln dabei, so stelle man den Teig in die Kälte und steche erst nach einigen Stunden Sterne davon aus. Dabei verwende man so wenig als möglich Mehl zum Auswellen, damit sie nicht fest werden. Zuletzt setze man auf jeden Stern 1 Kaffeelöffel voll von der zurückbehaltenen Glasur. Sie müssen in sehr gelinder Hitze gebacken werden. Wer die Zimmtsterne nicht allzuleicht liebt, nehme nur 4 oder 5 Eiweiß.

49. Mandelhäuflein. Der Schnee von 4 Eiweiß, 250 Gr. Zucker, 250 Gr. rohe, in kleine Würfelchen geschnittene Mandeln, 15 Gr. Zimmt. Der Zucker wird mit dem Eiweiß 20 Minuten gerührt, mit den Mandeln und dem Zimmt vermengt, kleine Häufchen davon auf ein gut bestrichenes Blech gesetzt und in kühlem Ofen gebacken.

50. Zimmt-Bögen. 125 Gr. geschälte, fein gestoßene Mandeln, 250 Gr. gestoßener Zucker, 30 Gr. fein gewiegtes Citronat, die abgeriebene Schale einer Citrone,

30 Gr. fein gestoßener Zimmt, der Saft einer Citrone, 4 Eiweiß als steifer Schnee, 6 Gr. Stärkmehl. Alles wird gut mit einander vermischt, auf ein mit Wachs bestrichenes Blech ungefähr messerrückendick gestrichen und in kühlem Ofen gebacken. Kommt dieser Kuchen aus dem Ofen, so wird er sogleich in fingerslange und 2 fingerbreite Stückchen geschnitten und dieselben über ein Wellholz gebogen.

51. Mandel=Bögen. 375 Gr. geschälte, fein geschnittene Mandeln, 500 Gr. gestoßener Zucker, 6 Eiweiß, 90 Gr. feines Mehl. Die Eiweiß werden zu steifem Schnee geschlagen, mit dem Zucker, den Mandeln und dem Mehl angerührt, auf ein mit Wachs bestrichenes Blech gestrichen, gebacken und sonst wie oben verfahren.

52. Vanille=Bögen. 2 Eiweiß, zu steifem Schnee geschlagen, 1 Eigelb, 120 Gr. gestoßener Zucker, 100 Gr. Mehl, Citronenschale und 15 Gr. gestoßene Vanille. Ist dieses alles mit einander vermischt, streicht man es auf ein Blech, bäckt und schneidet es in Stücke, biegt diese, wie es bei den 2 vorhergehenden Rezepten angegeben und glasiert sie mit einer Schokolade=Glasur.

53. Makronen. 500 Gr. geschälte, mit 3 Eiweiß sehr fein gestoßene Mandeln werden mit 500 Gr. Zucker und dem Schnee von noch 3 Eiweiß in einem Kochgeschirr angerührt, auf dem Feuer unter beständigem Rühren heiß gemacht und kleine, runde Häufchen davon auf ein mit Wachs bestrichenes Blech gesetzt. Sehr hübsch nimmt es sich aus, wenn man diese Makronen in groben Zucker taucht und in die Mitte einer jeden eine eingemachte Himbeere drückt.

54. Andere Art. 250 Gr. mit 2 Eiweiß sehr fein gestoßene Mandeln, 375 Gr. Zucker und noch 2 Eiweiß werden wie oben zubereitet.

55. Grieß=Makronen. 500 Gr. gesiebter Zucker, der Schnee von 7—8 Eiweiß, der Saft und die am Zucker abgeriebene Schale einer Citrone, 500 Gr. geschälte, fein geriebene oder gestoßene Mandeln, 250 Gr. Grießmehl bester Sorte. Der Zucker wird mit dem Eiweiß 30 Minuten gerührt, dann mit Mandeln, Grieß und Citrone vermengt, und von dieser Masse Häufchen auf Oblaten gesetzt.

56. Hagebutten-Makronen. 310 Gr. fein gesiebter Zucker, 250 Gr. geschälte, mit einem Eiweiß zu Brei gestoßene Mandeln, 2 Eßlöffel voll Hagebutten, 3 Eiweiß, die abgeriebene Schale einer Citrone. Der Schnee der 3 Eiweiß wird mit dem Zucker 20 Minuten geschlagen, das Mark mit den Mandeln angerührt, dann die Zuckermasse nebst Citrone löffelvollweise dazu gethan. Davon setzt man kleine Häufchen auf Oblaten und backt sie in gelinder Hitze.

57. Mandel-Ringe. 250 Gr. fein gesiebter Zucker, 250 Gr. geschälte, so fein als möglich geschnittene, in 40 Gr. Zucker hellgelb geröstete Mandeln, 6 Gr. gestoßene Vanille, 4—5 Eiweiß. Der Schnee der Eiweiß wird mit dem Zucker gerührt, mit den erkalteten Mandeln, sowie der Vanille vermengt und Ringe daraus geformt, welche auf einem mit Wachs bestrichenen Blech in kühlem Ofen gebacken werden.

58. Mandelhäufchen. 300 Gr. gestoßener Zucker, 3 Eiweiß, 300 Gr. geschälte, recht fein geschnittene Mandeln, 30 Gr. ebenfalls klein gewiegtes Citronat, Saft und Schale einer Citrone. Die 3 Eiweiß werden zu Schnee geschlagen, mit dem Zucker 15 Minuten gerührt, das Gewürz und die Mandeln damit vermengt und Häufchen davon auf Oblaten gesetzt.

59. Cedernbrot. 250 Gr. geschälte, mit 2 Eiweiß und dem Saft einer Citrone sehr fein gestoßene Mandeln und 300 bis 350 Gr. gestoßener Zucker werden mit einander vermengt, ausgewellt, mit Blechförmchen ausgestochen, auf Oblaten oder Papier gesetzt und, nachdem sie einige Stunden abgetrocknet sind, in sehr gelinder Hitze gebacken. Nach dem

Erkalten überstreut man die Brötchen mit dem Saft einer Citrone, der mit staubfeinem Zucker dick angerührt wurde.

60. Schokolade-Makronen. 3 Eiweiß, zu steifem Schnee geschlagen, 70 Gr. Schokolade, 250 Gr. fein gesiebter Zucker und 8 Gr. gestoßene Vanille werden gut mit einander verrührt, ausgewellt und mit Blechformen ausgestochen.

61. Schokolade-Muscheln. 250 Gr. roh gewiegte Mandeln, 250 Gr. fein gesiebter Zucker, 120 Gr. geriebene Schokolade und der Schnee von 3 Eiweiß. Zucker und Eiweiß werden 15 Minuten mit einander gerührt und mit Mandeln und Schokolade vermengt. Diese Masse drückt man in eigens dazu bestimmte Muschelförmchen, welche aber mit Zucker und Mehl besäet sein müssen, stürzt sie um, schneidet den rings vorstehenden Teig weg und setzt sie auf ein mit Wachs bestrichenes Blech.

62. Andere Art. 250 Gr. durchgesiebter Zucker, 250 Gr. ungeschält geriebene Mandeln, 125 Gr. fein geriebene Schokolade und der Schnee von 4 Eiweiß. Sonst wie oben.

63. Schokolade-Schäumlein. 7 Eiweiß, zu steifem Schnee geschlagen, werden mit 360 Gr. gestoßenem Zucker und 120 Gr. geriebener Schokolade und etwas Vanille-Zucker angerührt, Häufchen auf ein mit Wachs bestrichenes oder mit Papier belegtes Blech gesetzt und in sehr kühlem Ofen gebacken.

64. Himbeerplätzchen. Der Schnee von 1—2 Eiweiß, 90 Gr. gestoßener und gesiebter Zucker und 1 Kaffeelöffel voll Stärkemehl werden mit einander vermischt; dann legt man eingemachte Himbeeren auf rund geschnittene Oblaten, bedeckt sie mit dem Zuckerschaum, und backt diese Kuchen in sehr kühlem Ofen weißgelb.

65. Citronenbiskuit. Eine am Zucker abgeriebene Citrone, der Saft derselben, der Schnee von einem Eiweiß wird mit staubfeinem Zucker zu einem dicken Teig ange-

macht, ausgewellt, mit kleinen Formen ausgestochen und in
sehr kühlem Ofen gebacken.

66. Mandelkörbchen. Der Schnee von 4 Eiweiß, 120
Gr. gestoßener Zucker, 8 Gr. gestoßener Zimmt, Citronenschale, 250 Gr. geschälte, länglich geschnittene Mandeln
werden mit einander vermengt. Nun macht man in einem
eisernen Pfännchen Schmalz heiß, backt einen Löffel voll
von der Masse hellgelb, nimmt das Gebackene noch heiß in
ein kleines Schüsselchen, streut Zucker darauf und drückt
es mit einem Stößer zu einer Körbchenform. Statt kleiner
Körbchen kann auch nur ein großer aus der Masse gemacht werden.

67. Mandeleier. 250 Gr. geschälte, fein gestoßene
Mandeln, 180 Gr. gestoßener Zucker, fein gewiegte Schale
einer halben Citrone und der Schnee von 2 Eiweiß werden mit einander vermischt und auf Kohlen so lange gerührt, bis die Mandeln braun werden. Dann nimmt man
sie schnell vom Feuer, taucht einen Eßlöffel in kaltes Wasser,
drückt von den Mandeln hinein, nimmt sie wieder heraus,
und fährt so fort, bis die Masse gar ist.

68. Geduld-Zeltlein. 125 Gr. gestoßener und durchgesiebter Zucker, 80 Gr. feines Mehl, 4 Eiweiß, Saft und
Schale einer Citrone oder statt dessen gestoßene Vanille. Die
Eiweiß werden zu steifem Schnee geschlagen, mit dem Zucker
eine Stunde gerührt, mit Mehl und Vanille vermengt. Von
dieser Masse läßt man Tropfen durch einen Trichter auf
ein gut mit Wachs bestrichenes Blech fallen. Doch müssen
immer zwei Tropfen hart neben einander sein, damit sie
ein Zeltlein bilden. Schließlich bestreut man sie dicht mit
feinem Zucker und backt sie in kühlem Ofen.

69. Quitten-Zeltlein. 375 Gr. gestoßener, durchgesiebter Zucker, 3 Eiweiß, Saft und Schale einer Citrone,
4—6 Quitten. Die Quitten werden gesotten, gerieben
und dieses Mark durch ein Haarsieb getrieben. Dann
mengt man 250 Gr. davon mit dem Schnee der Eiweiß,
dem Zucker und der Citrone, rührt alles 50 Minuten

lang, setzt Häufchen auf ein Papier und trocknet sie in kühlem Ofen.

70. Quitten-Speck. 500 Gr. Zucker, 500 Gr. Quitten-mark. Die Quitten werden weich gesotten, geschält, gerieben und durch ein Haarsieb getrieben. Hierauf läutert man den in kleine Stücke geschnittenen Zucker, kocht das Mark nebst dem Saft und der abgeriebenen Schale einer Citrone so lange damit, bis es ganz dick ist. Dann streicht man es ganz glatt auf eine Porzellanplatte und sticht nach einigen Tagen beliebige Figuren davon aus. Zuletzt bestreut man dieselben mit Zucker und trocknet sie im warmen Zimmer.

71. Mirenken oder Baisers. 4, zu steifem Schnee geschlagene Eiweiß, 250 Gr. feiner Zucker und 15 Gr. gestoßene Vanille werden schnell mit einander angerührt, Häufchen davon auf ein mit Zucker bestreutes Papier gesetzt, die Häufchen selbst auch dick mit Zucker besäet und sogleich in kühlem Ofen lichtgelb gebacken. Sind die Mirenken aus dem Ofen, so löst man sie vom Papier und füllt sie mit Eingemachtem oder Schlagrahm. Statt dessen können sie aber auch mit einer gekochten Schokolade-Glasur übergossen und dann getrocknet werden.

72. Zuckerbrot. 8 Eier, 250 Gr. durchgesiebter Zucker, 180 Gr. feines Mehl. Die Eier werden abgeteilt, das Weiße zu Schnee geschlagen, mit den Dottern und dem Zucker 30 Minuten gerührt, dann das Mehl recht langsam darunter gemengt, in die Formen geschöpft, mit Zucker bestreut und im kühlen Ofen gebacken.

73. Geröstete Mandeln. 500 Gr. Mandeln, 375 Gr. Zucker, 5 Gr. gestoßener Zimmt. Den Zucker schlägt man in kleine Stücke oder stößt ihn grob, dann kocht man ihn mit einem Gläschen Wasser, wirft die gut ausgelesenen, mit einem Tuch abgeriebenen Mandeln hinein und rührt sie mit dem Zucker auf ganz schwachem Feuer, bis sie trocken werden. Hernach setzt man die Pfanne auf ein wieder etwas stärkeres Feuer und rührt fort, bis die Mandeln glänzen; dann schüttet man sie schnell auf eine Platte, bricht sie auseinander und bestreut sie mit Zucker und Zimmt. Zur Probe, ob der Zucker genug gekocht hat und die Mandeln hinein geworfen werden können, halte man eine Gabel hinein und blase dagegen; fliegt der Zucker in Blasen davon, so ist er gut. Wer die Mandel stark über= zuckert liebt, nehme 500 Gr. Zucker.

74. Pfeffermünz. 125 Gr. Zucker werden wie zu den Mandeln gekocht, mit einigen Tropfen Pfeffermünzöl ver= mischt und auf eine mit Wachs bestrichene Platte getröpfelt.

75. Hustenzucker. 15 Gr. Malven werden mit einem halben Liter Wasser angebrüht, durchgeseiht und mit 500 Gr. Zucker so lange gekocht, bis sich einige, in Wasser schnell abgekühlte, zu einer Kugel geformte Tropfen gut brechen lassen. Nun schüttet man den Zucker so schnell als möglich auf ein mit Mandelöl bestrichenes Blech und schneidet ihn, ehe er hart wird, mit einem großen Messer in Stückchen.

XX. Eingemachtes.

Beim Einmachen und Einkochen der Früchte ist **vor** allem die größte Reinlichkeit und Pünktlichkeit nötig, um die Früchte dadurch längere Zeit zu erhalten. Das dazu verwendete Geschirr darf noch nie zu etwas Fettem ver= wendet worden sein. Man nehme am liebsten ein neues, gut gebundenes irdenes Kochgefäß, koche es mit Wasser aus und verwende es nur zu diesem Zweck. Zu manchen Früchten kann auch, wenn sie nicht in Essig eingemacht werden, ein messingner Kessel angewendet werden. Dabei ist aber wegen möglicher Grünspanvergiftung die größte Vorsicht nötig. Zum Erkalten darf nie etwas in einem solchen Gefäß stehen bleiben, sondern muß sogleich in ein Porzellangefäß umgeleert werden. Während des Einkochens darf auf dem Herde nichts Fettes, stark Dünstendes oder

stark Riechendes gekocht werden. Zum Umrühren bediene
man sich nur eines neuen Holzlöffels oder eines silbernen
Eßlöffels; ebenso muß der Schaumlöffel, dessen man sich
hin und wieder zu bedienen hat, neu sein. Das Feuer darf
nicht zu stark sein und muß hell brennen. Der Zucker soll
nur von der allerbesten Sorte genommen werden, weil es
ja hauptsächlich von dem Gehalt an Zuckerstoff abhängt,
ob die Früchte halten. Alle zum Einmachen bestimmten
Früchte müssen gut ausgelesen werden, damit weder ange=
faulte, unreife oder faule darin zu finden sind. Ist es
nicht unbedingt nötig, so vermeide man das Waschen der
Früchte; sollten sie aber gewaschen werden müssen, so
trockne man sie mit einem reinen Tuche wieder sorgfältig
ab. Die den eingemachten Früchten beigefügten Gewürz=
nelken müssen von den Köpfchen befreit werden, weil die=
selben sonst dunkel färben. Sind die Früchte oder das
Gesetz genug gekocht, so stelle man sie, mit einem Tuch
oder weißen Papier leicht bedeckt, zum Erkalten bei Seite,
fülle sie aber nach demselben aus und binde sie zu. Beim
Einfüllen in Töpfe oder Gläser bediene man sich womöglich
keiner solchen, die zu groß sind. Ist man genötigt, oft
und wenig davon heraus zu nehmen, so ist es noch rat=
samer, einige ganz kleine Gläser zu verwenden; denn ein
angegriffenes Gesetz hält nicht mehr so gut. Die einge=
machten Früchte müssen ganz mit Saft bedeckt sein. Kurz
eingekochte Beeren und Früchte oder Marmeladen belege
man mit einem passenden Stück Papier und übergieße sie
dann mit gutem Kirschgeist, Branntwein oder Rum. Zum
Zubinden der Gläser benütze man weißes Papier, Perga=
mentpapier oder Schweinsblasen. Letztere müssen aber vor=
her einen Tag in frisches Wasser gelegt und mit Kleie
abgerieben werden. Beim Oeffnen der Gläser, welche mit
Schweinsblasen zugebunden sind, feuchte man dieselben durch
ein in heißes Wasser gelegtes und wieder ausgedrücktes
Tuch an. Früchte, welche mit Essig oder sonst in Saft
eingemacht sind beschwere man mit einem kleinen passenden
Porzellantellerchen oder einer Schieferscheibe, damit die

Brühe ja recht darüber gehe. Zur Erhaltung der in Essig
eingemachten Gurken dient ein mit Senfkörnern gefülltes
leinenes Säckchen, mit welchem alle Gurken bedeckt sein
müssen. Die eingekochten Fruchtsäfte fülle man in kleine,
ganz reine Fläschchen, gieße aber langsam und vorsichtig
ein, damit der Bodensatz zurückbleibe. Zum Verkorken
nehme man neue, zuvor in heißes Wasser gelegte Pfropfen,
welche dann verlackt oder mit Schweinsblase, auch Perga-
mentpapier zugebunden werden. Die mit Saft gefüllten
Fläschchen stelle man aufrecht an einen trockenen, kühlen,
nicht zu hellen Ort. Beim Oeffnen der Gläser und Herausnehmen des Eingemachten ist wiederum die größte Vorsicht
zu empfehlen. Man kann dabei nur einen ganz reinen
silbernen Löffel verwenden und muß das Glas sogleich
wieder zubinden. Uebriggebliebenes darf ja nicht mehr zu
dem frischen Gesetz kommen. Ebensowenig darf man ver-
säumen, von Zeit zu Zeit nachzusehen, ob sich nirgends
Schimmel oder Gährung zeigt, in welchem Falle durch
nochmaliges Aufkochen unter Beifügen von einigen Zucker-
stückchen geholfen werden kann. Auch die Branntweinpapiere
müssen immer wieder angefeuchtet werden. Fehlt es den
Früchten an Saft, so koche man etwas Zucker mit Wasser
oder Wein und lasse darin die Früchte noch einmal durchkochen. Sollten die Essiggurken kahnig werden, was in
Folge eines schlechten Essigs der Fall ist, so schwenke man
sie mit frischem Wasser ab, trockne sie mit einem reinen
Tuch, lege sie wieder in den gereinigten Topf und gebe
frischen, gekochten und wieder erkalteten Essig daran.
Beim Läutern des Zuckers muß noch einmal darauf aufmerksam gemacht werden, daß nur Zucker von bester Qualität verwendet werden sollte. Zum Kochen oder Läutern
schlage man ihn in Stücke, tauche diese in frisches Wasser
und lasse sie sich in dem Kochgefäß auflösen, damit der
Zucker bälder gekocht ist. Beim Kochen muß der trübe
Schaum sorgfältig abgeschöpft werden. Wird bei der Verwendung des Zuckers in nachfolgenden Rezepten bemerkt,
daß solcher „zum Breitlauf" gekocht werden soll, so muß er

so lange kochen, bis ein Tropfen davon breit auf einen Teller fällt; unter der Bezeichnung: „zum Faden" ist zu verstehen, daß an dem in Zucker eingetauchten Löffel ein kleiner Faden sich bilden und herabhängen muß; wenn endlich der Zucker „zur Perle" geläutert verlangt wird, so müssen sich an dem Faden, der an dem in Zucker getauchten Löffel herabhängt, Perlen bilden.

1. **Erdbeergesetz** (Marmelade). 500 Gr. Erdbeeren, 750 Gr. Zucker. Die Erdbeeren werden in dem nicht zu dick geläuterten Zucker verkocht, bis der Saft dicklich ist.

2. **Erdbeeren in Zucker.** 500 Gr. Zucker, 500 Gr. rein verlesene, vollständig reife Beeren. Ist der Zucker geläutert, so legt man die Beeren sorgfältig hinein, bedeckt sie mit dem Zucker und stellt sie zurück. Den andern Tag läßt man sie einmal aufkochen, dann wieder in demselben Topfe stehen, und kocht den dritten Tag nur den Saft noch recht dick ein.

3. **Reise Stachelbeeren.** 500 Gr. Stachelbeeren, 500 Gr. Zucker. Die Stachelbeeren werden mit einem trockenen Tuche abgerieben, von Stiel und Blüten befreit und in Zucker, der in Wein getaucht wurde, weich gekocht. Nach einigen Tagen muß das Glas wieder geöffnet und der Saft von den Beeren abgegossen und dick eingekocht werden. Derselbe wird dann noch warm über die Beeren gegossen.

4. **Stachelbeer=Gesetz.** 500 Gr. reife rote Stachelbeeren, 300 Gr. Zucker. Die Beeren werden zerdrückt, durch ein Haarsieb getrieben und mit Citronenschale und ganzem Zimmt in dem Zucker dick eingekocht.

5. **Himbeeren.** 375 Gr. Zucker, 500 Gr. schöne, reife, ausgelesene Beeren. Der Zucker wird zu kleinem Faden geläutert, die Beeren behutsam hinein gelegt, einige Mal aufgekocht, fleißig abgeschäumt, mit einem neuen Schaumlöffel herausgenommen und in eine Porzellanschüssel gelegt. Dann kocht man den Saft noch einige Zeit allein, gießt ihn über die Beeren und füllt diese, nachdem sie erkaltet sind, in Gläser.

6. **Brombeeren** werden ebenso gemacht.

7. **Träublein** (Johannisbeeren). 500 Gr. mit einer Gabel abgestreifte Beeren und 500 Gr. Zucker, sonst wie bei den Himbeeren.

8. **Schwarze Johannisbeeren.** 500 Gr. schwarze Johannisbeeren, 310 Gr. Zucker. Die Beeren werden mit dem geläuterten Zucker recht dick eingekocht.

9. **Heidelbeeren in Zucker.** Zu 500 Gr. Heidelbeeren rechnet man 320 Gr. Zucker. Der Zucker wird zu kleiner Fadenperle geläutert, dann kocht man die Beeren recht lange ein, bis sie nicht mehr zu viel Brühe haben. Oder: man fängt die Beeren, wenn sie einige Zeit gekocht haben, mit dem Schaumlöffel heraus und kocht den Saft recht dick ein.

10. **Gutes Gesetz von dreierlei Früchten.** 500 Gr. Himbeeren, 500 Gr. Preißelbeeren und 300—400 Gr. Heidelbeeren werden in 900 Gr. geläutertem Zucker so lange gekocht, bis die einzelnen Beeren beim Versuchen süß schmecken.

11. **Kirschen in Zucker.** Schöne, schwarze Kochkirschen, abgezupft und ausgesteint, 500 Gr. Zucker, 20 Gr. Zimmt. Die Kirschen werden mit dem grob gestoßenen oder in Stückchen geklopften Zucker und ganzem Zimmt so lange gekocht, bis der Saft dicklich ist. Zu Weichselkirschen nehme man 360 Gr. Zucker und verfahre damit wie bei Himbeeren.

12. **Kirschen in Essig.** 500 Gr. schöne, rote Kirschen, an welchen die Stiele halb abgeschnitten sind, 500 Gr. Zucker, ganzer Zimmt und Nelken. Der Zucker wird mit einem Glase guten Essigs gekocht, dann wirft man die Kirschen hinein, läßt sie einige Male aufkochen, fängt sie heraus und läßt den Saft noch dicker einkochen. Er wird noch warm über die Kirschen gegossen und am andern Tage nochmals eingekocht.

13. **Zwetschgen** werden ebenso eingemacht, nur reibt man sie zuvor mit einem Tuche ab und sticht sie mit einer

dicken Nabel. Um das Aufspringen zu verhindern, kann man sie auch den ersten Tag nur mit dem gekochten Zucker anbrühen und dann erst am andern Tag vollends damit verfahren, wie mit den Kirschen.

14. Heidelbeeren in Essig. 500 Gr. Heidelbeeren, 250 Gr. Zucker, guter Essig, ein Stück ganzer Zimmt. Die Beeren werden, wenn nötig gewaschen, gut ausgelesen und zum Trocknen und Ablaufen auf ein Sieb gelegt. Nun wird der Zucker in Essig getaucht, damit geläutert und die Beeren nebst dem gestoßenen Zimmt einige Male darin aufgekocht; dann stellt man sie in dem gleichen Gefäß, in dem sie gekocht wurden, zurück und kocht sie den andern Tag noch einmal auf. Doch dürfen sie nicht so stark gekocht werden, daß die Beeren zusammenfallen.

15. Preißelbeeren. Auf 1 Ltr. Beeren 200—250 Gr. Zucker. Die gut ausgelesenen Beeren werden in dem zum Breitlauf geläuterten Zucker mit einem Stück ganzen Zimmt einige Mal aufgekocht. Sind die Beeren recht reif und schön, so kann auch weniger Zucker genommen werden.

16. Preißelbeeren mit Aepfel. Nachdem die Beeren, wie oben angegeben wurde, weich gekocht sind, schüttet man sie sogleich auf ein Haarsieb, damit der Saft ablaufe. In diesem Saft kocht man gut säuerliche Aepfelschnitze mit et= was Citronenschale und noch einigen Stückchen Zucker weich, treibt sie durch einen Suppenseiher, rührt diese Marmelade an die Beeren, und kocht alles zusammen nochmals auf.

17. Preißelbeeren mit Birnen. 1 Liter Birnen, gut abgelegen, geschält und geschnitzt, 2 Liter Beeren, 1 Kilo Zucker. Die Preißelbeeren werden mit dem Zucker gekocht und auf ein Sieb geschüttet, damit der Saft abläuft. In diesem Saft kocht man die von dem Kerngehäuse befreiten Birnenschnitze nicht zu weich, läßt sie erkalten und rührt sie an die Beeren.

18. Zwetschgengeselz. Schöne, reife Zwetschgen wer= den ausgesteint, und in einem großen irdenen Topfe weich

gekocht. Dann treibt man sie durch einen Durchschlag und
kocht sie mit einigen Stücken Zucker, ganzem Zimmt, ganzen Nelken und fein geschnittenem Citronat recht dick ein,
was gut 2 Stunden erfordert. Man lasse sich beim Einkochen ja die Mühe nicht verdrießen, denn nur durch langes
Kochen erhält sich das Geselz lange.

19. Geschälte Zwetschgen. 500 Gr. reife, geschälte,
ganze oder ausgesteinte Zwetschgen, 250 Gr. Zucker, 30
Gr. fein geschnittenes Citronat oder Pomeranzenschale. Der
Zucker wird recht dick geläutert, die Zwetschgen einige Male
darin aufgekocht und mit einem neuen Schaumlöffel herausgenommen. Dann läßt man den Saft noch recht dick einkochen und schüttet ihn heiß über die Zwetschgen, welche,
nachdem sie abgekühlt sind, in Gläser gefüllt werden.

20. Feines Zwetschgengeselz. Die Zwetschgen werden
mit siedendem Wasser angebrüht, geschält, ausgesteint und
weich gekocht. Dann treibt man sie durch einen Durchschlag und kocht sie mit Zucker und Gewürz recht dick ein.
Auf 500 Gr. Zwetschgen reichen 100—120 Gr. Zucker.
Sollen sie schön weiß bleiben, so nehme man zum ersten
Ankochen etwas Citronensaft.

21. Dürrlitzen. 750 Gr. Früchte, 500 Gr. Zucker.
Vollkommen reife, aber nicht teige Dürrlitzen übergießt
man mit kochendem Wasser, fängt sie nach einiger Zeit
heraus und läßt sie in dem inzwischen geläuterten Zucker
einige Male aufkochen. Es ist gut, wenn der Saft dann
noch besonders und länger eingekocht wird.

22. Reine=Clauden. 500 Gr. Früchte, 500 Gr. Zucker.
Vollkommen reife, aber noch feste Reine=Clauden werden
mit einer Nadel mehrere Male durchstochen und die Stiele
halb abgeschnitten. Dann übergieße man sie mit kochendem
Wasser und ersetze es jedes Mal nach 6 Stunden durch
frisches, bis die Früchte ziemlich weich sind. Nun legt
man sie zum Ablaufen auf ein Sieb und läutert mittlerweile den Zucker, in welchem die Reine=Clauden einmal
aufgekocht werden. Hernach kocht man den Saft allein

noch mehr ein, gießt ihn über die Früchte, läßt sie stehen bis zum andern Tage und wiederholt dieses Verfahren noch zwei Mal; zuletzt kocht man die Reine-Clauden noch einmal darin durch und füllt sie erkaltet in Gläser.

23. Aprikosen oder Pfirsiche. 500 Gr. Zucker, 500 Gr. reife, noch feste Aprikosen. Diese werden geschält, durch= schnitten, ausgesteint und in dem geläuterten Zucker gar, aber nicht weich gekocht. Den andern Tag werden die Früchte abgegossen und der Saft noch recht dick eingekocht, dann erst die Aprikosen hineingeworfen und nochmals auf= gekocht. Sollte der Saft noch zu dünn oder zu reichlich sein, so wiederhole man dieses Verfahren nochmals.

24. Süße Gurken. Auf 500 Gr. Gurkenschnitze 300 Gr. Zucker, ein paar Pfefferkörner, ganzer Zimmt. Aus= gewachsene, noch ganz grüne Schlangengurken werden ge= schält, ausgekernt und in fingergroße Stücke geschnitten. Diese kocht man in gewöhnlichem Essig einige Male auf und läßt sie auf einem Sieb rein ablaufen. Dann taucht man den Zucker in feinen Weinessig, läutert ihn damit, wirft die Gurken hinein, fängt sie, nachdem sie gut durch= gekocht sind, heraus und läßt den Saft dick einkochen. Der= selbe wird noch heiß über die Gurkenschnitze gegossen. Nach einigen Tagen muß dann der Essig nochmals abgegossen, eingekocht und kalt über die Schnitze gegossen werden.

25. Andere Art. Hiezu 700 Gr. Zucker, schwach 1 Liter guter Weinessig, ganzer Zimmt, Nelken. Die Gurken werden geschält, entzwei geschnitten; von dem Glasigen, sowie den Kernen befreit und in fingerslange, fingerbreite Stücke geschnitten. Dann legt man sie einige Augenblicke in kochendes Wasser, schwenkt sie in kaltem ab und besteckt jeden Schnitz mit 2—3 Stückchen ganzem Zimmt und 3 Nelken, von denen die Köpfchen abgekrümmt wurden. Mitt= lerweile kocht man Essig und Zucker mit einander, wirft dann die Gurken hinein und läßt sie vollends darin gar werden. Am andern Tage kocht man alles zusammen noch=

mals auf, fängt dann die Schnitze heraus, läßt den Saft
noch dick einkochen und gießt ihn wieder über dieselben.

26. Melonen=Kürbis werden ganz auf dieselbe Weise
eingemacht. Die Schale und das Kerngehäuse müssen aber
sehr sorgfältig entfernt werden.

27. Birnen=Schnitze. ½ Liter guter Weinessig, 1000
Gr. Birnen und 500—600 Gr. Zucker, ganzer Zimmt,
Citronenschale. Gute Birnen, am liebsten mürbe Berga=
mottebirnen werden geschält, durchschnitten, ausgekernt und
sogleich in kaltes Wasser gelegt, damit sie schön weiß blei=
ben. Dann kocht man sie in dem inzwischen mit dem Essig
geläuterten Zucker gar. Doch dürfen sie ja nicht zerfallen;
auch kann man nicht alle auf einmal hineinwerfen, sondern
man legt behutsam so viel Schnitze hinein, als Platz haben,
nimmt sie mit einem silbernen Löffel heraus und fährt fort,
bis alle Schnitze gar sind. Hierauf wird der Saft allein
noch recht dick eingekocht und über die Schnitze gegossen.
Nach einigen Tagen muß der Saft nochmals abgegossen
und eingekocht werden.

28. Andere Art. Kleine, gute Birnen, auf 500 Gr.
derselben ebenso viel Zucker, ganzer Zimmt, Nelken. Die
Birnen werden geschält, die Stiele halb abgeschnitten und
sogleich in kochendes Wasser geworfen, dem man etwas
Citronensaft beifügen kann. Haben sie einige Male über=
kocht, so legt man sie zum Ablaufen auf ein reines Tuch
und steckt in jede, statt der Blüte, eine Gewürznelke. Dann
kocht man sie in dem geläuterten Zucker mit dem Zimmt
ein paar Mal auf und stellt sie vom Feuer. Den andern
Tag wird die Brühe abgegossen, dick eingekocht und wieder
an die Birnen gegossen. Den dritten Tag ist dieses Ver=
fahren zu wiederholen, nur daß die Birnen auch noch ein=
mal kurz mit gekocht werden.

29. Birnen=Geselz. Birnen werden geschält, gerieben
und mit süßem Birnenmost recht dick eingekocht.

30. Quitten=Schnitze. 500 Gr. Quitten, 400 Gr. Zucker.
Die Quitten werden geschält, in beliebige Schnitzchen ge=

schnitten und ausgekernt. Dann kocht man sie mit der Schale in siedendem Wasser gar, doch nicht zu weich, läßt sie auf einem Sieb ablaufen, und läutert oder kocht den Zucker in einem Teil des Safts. Die Schnitze siedet man nun in dem Zucker so lange, bis sie ganz davon durchdrungen sind, fängt sie mit einem Seiher heraus und kocht den Saft noch dick ein. Nach einigen Tagen muß der Saft nochmals abgegossen und wieder eingekocht werden.

31. Quitten-Gesetz. 500 Gr. Quitten, 375 Gr. Zucker. Erstere werden mit einem Tuche abgerieben und in siedendem Wasser weich gekocht; doch dürfen sie nicht aufspringen. Sie werden nach dem Sieden geschält und auf einem Reiber gerieben; dann läutert man den Zucker, rührt das Mark durch und kocht beides zusammen so lange, bis der Zucker recht durchgedrungen ist. Wer das Gesetz recht fein liebt, treibe es durch ein Haarsieb, nachdem es gerieben ist.

32. Gelbe Rüben werden fein geschnitten und entweder wie die süßen Gurken im ersten Rezept oder auf folgende Weise gemacht: 500 Gr. Rüben, 375 Gr. Zucker, 2—3 Citronen. Die gelben Rüben werden geschabt, das Herz herausgenommen, und hernach in ganz feine, kleine Streifchen geschnitten. Diese kocht man in siedendem Wasser weich und legt sie auf ein Sieb, damit sie ablaufen. Nun läutert man inzwischen den Zucker, an dem man zuvor eine Citrone abgerieben hatte, in etwas Wasser und dem Saft der Citronen, wirft die gelben Rüben nebst der andern klein gewiegten Citronenschale hinein, läßt es zusammen gut durchkochen und füllt es nach dem Erkalten in Gläser. Es muß aber hinreichend Saft zum Bedecken der Rübenschnitzchen vorhanden sein.

33. Hägen oder Hagebutten. 500 Gr. Zucker, 500 Gr. Hägen. Die schönsten Hagenbutten werden von Blüten und Stielen befreit, entzwei geschnitten, die Kerne und alles Haarige mit einem spitzen Messer ausgeschabt und die Früchte einige Male im Wasser aufgekocht. So lange die Hägen ablaufen, läutert man den Zucker in Wasser oder gutem Weineſſig, kocht die Hägen vollends darin weich, fängt ſie heraus, kocht den Saft nochmals ein und gießt ihn über die Früchte.

34. Hägen-Geſelz. 500 Gr. durchgetriebene Hägen, 400 Gr. Zucker. Die erſteren werden ausgekernt und einige Tage, mit gutem Wein begoſſen, an einen trockenen Ort geſtellt. Sie dürfen aber ja nicht zu lange ſtehen, damit ſie nicht gähren; ferner nehme man nicht zu viel Wein, auf 3 Liter höchſtens $\frac{1}{2}$ Liter Hägen, damit dieſelben noch recht ſchön rot ausſehen. Sie ſind zwar ſchwieriger zum Durchtreiben, aber geben eine viel beſſere Marmelade. Nachdem die Hägen weich ſind, drücke man ſie zuerſt durch einen Suppenſeiher, dann durch ein Haarſieb; ſollte es nötig ſein, ſo kann man noch etwas Wein dazu nehmen. Nun läutert man den Zucker, bis er Fäden ſpinnt, ſtellt ihn vom Feuer weg, rührt die durchgetriebenen Hägen, wenn er ein wenig erkaltet iſt, hinein und läßt ſie noch einige Mal aufkochen.

35. Dreierlei Geſelz. 1500 Gr. (3 Pfund) ausgeſteinte Kirſchen werden mit 250 Gr. Zucker gekocht und zurückgeſtellt, dann kocht man ſchwach 400 Gr. Himbeeren und eben ſo viel Johannisbeeren mit 400 Gr. Zucker gut ein und rührt, ſo lange ſie noch heiß ſind, die Kirſchen darunter. Johannisbeeren (Träublein) können auch mit Kirſchen allein in folgendem Verhältniß zu Geſelz eingekocht werden: 1500 Gr. ausgeſteinte Kirſchen, 500 Gr. Träublein, 1000 Gr. Zucker.

36. Apfel-Geſelz. Auf 500 Gr. gekochte Aepfel 375 Gr. Zucker, Wein, Citronenſaft. Gute Aepfel werden geſchält, geſchnitzt und mit Waſſer und Citronenſaft halb weich gekocht. Dann gießt man ungefähr ein halbes Glas voll Wein zu, kocht ſie damit vollends weich, treibt ſie durch ein Haarſieb und kocht ſie mit dem inzwiſchen geläuterten Zucker dick ein. Statt in Wein können die Aepfel auch nur in Waſſer mit etwas Citronenſaft weichgekocht werden.

37. **Weintraubenbeeren** werden ganz wie Erd= oder Him=
beeren eingemacht; nur müssen die Kernchen während des
Kochens sorgfältig herausgefangen werden.

38. **Nüsse einzumachen.** Auf 500 Gr. Nüsse, 375 Gr.
Zucker, dann später nochmals 250 Gr. Zucker. Die dazu
bestimmten Nüsse müssen Mitte Juni gebrochen werden,
also ehe sie eine Schale ansetzen. Sie werden oben und
unten abgeschnitten und mit einem spitzen Holze mehrmals
durchstochen. Hernach legt man sie 8—10 Tage in kaltes
Wasser, welches alle Tage abgegossen und durch frisches
ersetzt werden muß. Am achten oder zehnten Tage werden
sie in siedendem Wasser so weich gekocht, daß sie leicht zu
durchstechen sind. Nun legt man sie wieder 8 Tage in's
Wasser, versäume aber nicht, dasselbe wieder wenigstens
jeden Tag einmal abzugießen. Nach Verlauf dieser Zeit
nimmt man die Nüsse aus dem Wasser, legt sie zum Ablaufen
auf ein Sieb, kocht sie, nachdem sie gewogen worden, in
dem dünn geläuterten Zucker einige Male auf, leert sie in ein
porzellanenes Geschirr und läßt sie, mit einem weißen Papier
bedeckt, bis zum andern Tage stehen, an welchem dann
der Saft oder die Brühe abgegossen, siedend gemacht und
die Nüsse nochmals darin gekocht werden müssen. Dieses
Verfahren wird vier Mal wiederholt; dann besteckt man
die Nüsse mit ganzen Nelken und Zimmtstückchen, läutert
den andern Zucker noch in der abgegossenen Brühe, kocht
die Nüsse damit auf und füllt sie nach dem Erkalten in
Gläser.

39. **Träublein=Gelée.** Zu ½ Liter Saft 500 Gr.
Zucker. Völlig reife, hochrote Johannisbeeren werden
abgezupft und durch ein reines Tuch oder ein Haarsieb
getrieben, das noch mit nichts Fettigem in Berührung
kam. Darauf wird der Saft gemessen, über Nacht zu=
rückgestellt, damit er sich setze, und dann die dazu nötige
Quantität Zucker bis zum Fadenziehen geläutert, worauf
der Saft hinzu gegossen und so lange mitgekocht wird,
bis ein erkalteter Tropfen davon auf einem Teller fest

gestanden ist. Diese Gelée muß, wenn sie noch warm ist, in Gläser gefüllt und nach völligem Erkalten zugebunden werden.

40. Andere Art. 3 Liter Saft, 3 Kilo (6 Pfund) fein gestoßener Zucker. Die Beeren werden wie oben abgezupft und der Saft ausgepreßt; dann läßt man ihn über Nacht stehen und gießt ihn andern Tags recht vorsichtig ab, damit der Satz zurückbleibt. Hierauf nimmt man den Zucker in einen Messing= oder gut verzinnten Kupferkessel, setzt ihn auf ein sehr schwaches Kohlenfeuer und verarbeitet ihn darauf, bis er sich ballt, aber nicht kandiert. Dabei versäume man nicht, den am Rande anhängenden Zucker immer wieder abzustoßen. Nun gießt man den Saft dazu und bringt ihn bis vor's Kochen, nimmt ihn dann schnell vom Feuer weg und läßt ihn eine halbe Stunde ruhig stehen, worauf der oben schwimmende Schaum abgenommen und die Gelée in Gläser gefüllt wird. Die so ausgefüllte Gelée läßt man 10 Tage offen stehen, bindet sie dann erst gut zu und bewahrt sie an einem kühlen Orte auf.

41. Himbeer=Gelée. Auf ½ Ltr. Saft 500 Gr. Zucker. Die Himbeeren werden gut ausgelesen, in ihrem Safte einmal aufgekocht und auf ein Sieb oder Tuch geleert, damit sie ablaufen. Der so gewonnene Saft wird zum Abklären über Nacht gut zugedeckt und den andern Tag sorgfältig abgegossen, dann in dem geläuterten Zucker gekocht und ausgefüllt, wie es bei Träublein=Gelée angegeben ist.

42. Himbeeren und Johannisbeeren geben zusammen eine sehr angenehm schmeckende Gelée, welche wie die vorhergehende behandelt wird.

43. Gelée von schwarzen Träublein wird behandelt wie die von roten Johannisbeeren, doch genügen dabei 400 Gr. Zucker auf ½ Liter Saft.

44. Preißelbeer=Gelée. 1 Liter Saft, 500 Gr. Zucker. Die Beeren werden, gut ausgelesen, in einem irdenen

Kochgefäß auf's Feuer gesetzt und so lange gekocht, bis der Saft herausgezogen ist. Dann schüttet man alles in einen leinenen Beutel oder auf ein Haarsieb, läßt dann den abgelaufenen Saft sitzen, gießt ihn sorgfältig ab und kocht ihn mit dem geläuterten Zucker, bis er beim Erkalten steht. Diese Gelée muß ebenfalls noch warm in Gläser gefüllt werden.

45. **Zwetschgen=Gelée.** 300 Gr. Zucker, 500 Gr. Saft. Die Zwetschgen werden angebrüht, geschält, aus= gesteint und in einem Steintopf so lange in siedendes Wasser gestellt, bis genug Saft entstanden ist. Hierauf läutere man den Zucker mit gutem Weinessig und koche den Saft unter fleißigem Abschäumen so lange, bis einige erkaltete Tropfen fest stehen.

46. **Apfel=Gelée.** ½ Liter Saft, 500 Gr. Zucker, nach Belieben guter Wein und Citronensaft. Die Aepfel dürfen nicht lange gelegen haben, eher sollten sie noch nicht vollkommen reif, aber von einer feinen Sorte sein. Sie werden geschält, geschnitzt, ausgekernt und mit Wasser zu= gesetzt. Sind sie beinahe weich, so gießt man Wein und Citronensaft zu und stellt die Aepfel 24 Stunden zurück. Dann schüttet man sie in einen ausgebrühten leinenen Beutel, läßt den Saft rein ablaufen und kocht ihn mit dem geläuterten Zucker zu der nötigen Dicke.

47. **Kirschen=Gelée.** ½ Liter Saft, 500 Gr. Zucker. Die Kirschen werden abgezupft, mit den Steinen gestoßen, der Saft durch ein Tuch gepreßt und über Nacht gut zu= gedeckt an einen kühlen Ort gestellt. Am andern Tage läutert man den Zucker, kocht den vorsichtig abgegossenen Saft damit gehörig ein und füllt ihn noch ziemlich warm aus. Zur Probe, ob die Gelée dick genug ist, lasse man einige Tropfen auf einen Teller fallen und probiere, ob sie fest stehen.

48. **Quitten=Gelée.** ½ Liter Saft, 500 Gr. Zucker. Die Quitten werden mit einem Tuch abgerieben, verschnitten,

mit Wasser in einem irdenen Topf zugesetzt und dann mi[
weißem Wein vollends weich gekocht. Den Tag nachhe[
drückt man den Saft durch ein Tuch, läßt ihn sich setze[
und kocht ihn mit dem inzwischen geläuterten Zucker zu[
gehörigen Dicke ein.

49. **Andere Art.** Ebenfalls ¹/₂ Liter Saft und 500 Gr[
Zucker. Die mit einem Tuch gereinigten Quitten werde[
auf dem Reibeisen bis an's Steinige gerieben und durc[
ein Tuch gepreßt. Dann stellt man den Saft gut zuge[
deckt über Nacht an einen kühlen Ort, gießt ihn den ander[
Tag sorgfältig ab, damit der Bodensatz zurückbleibt, un[
kocht ihn mit dem geläuterten Zucker ein, bis ein erkaltete[
Tropfen geliert.

50. **Früchte in Branntwein einzumachen.** ¹/₂ Ltr. Arra[
oder echter französischer Branntwein, auf 500 Gr. Zucke[
ebenso viel Früchte. Der Branntwein wird in ein große[
Glas gegossen, und dann die Früchte, wie sie reif werde[
mit dem nötigen Zucker hineingelegt; doch dürfen sie noc[
nicht überreif und weich sein. Die Beeren werden nu[
rein ausgelesen und von Stielen befreit, die Kirschen[
Zwetschgen ꝛc. werden ausgesteint, und nur die Quitte[
vorher weich gekocht und geschnitzt; Aprikosen werden durch=
schnitten und geschält. Sobald wieder frische Früchte einge[
legt worden sind, muß alles gut durchgerührt und nachgesehen
werden, ob der Branntwein gehörig über die Früchte geht.
In der Zwischenzeit sorge man dafür, daß das Glas immer
mit einem recht gut schließenden Deckel zugedeckt ist.

51. **Früchte in Branntwein einzumachen, andere Art.**
Zu 500 Gr. Zucker stark 1 Ltr. Branntwein. Die sorg=
fältig ausgelesenen Früchte werden mit dem gestoßenen
Zucker lagenweise in ein recht dickes Glas gelegt, und mit
so viel Branntwein begossen, daß er noch über die Früchte
geht. Dann bindet man das Glas zu, stellt es zwischen
Heu in einen Kessel mit kaltem Wasser und bringt es zum
Kochen. Haben die Früchte eine Viertelstunde in dem kochen=

den Wasser gestanden, so läßt man sie in demselben er=
kalten.

52. Kirschen in Weingeist. Zu ½ Ltr. Weingeist 250
Gr. Zucker. An den schönsten schwarzen Kirschen, welche
noch fest sein müssen, werden die Stiele halb abgeschnitten,
worauf man sie in ein Glas legt, mit Franzbrannt=
wein übergießt und 4 Wochen an einen warmen Ort
stellt. Nachher wird der Saft abgegossen, gemessen und
der nötige Zucker gestoßen hineingeworfen. Hat sich der=
selbe vollständig gelöst, so filtriert man den Saft einige
Male, gießt ihn dann wieder über die Kirschen und ver=
propft oder verschließt die Gläser sorgfältigst.

53. Aprikosen und Pfirsiche in Branntwein. Zu 500
Gr. Früchten 300—400 Gr. Zucker. Schöne, reife Früchte
werden abgerieben, in den geläuterten kochenden Zucker ge=
legt und sogleich wieder vom Feuer entfernt. Man läßt
die Früchte 48 Stunden stehen, gießt dann den Saft ab,
kocht ihn ganz dick ein, füllt ihn mit den Früchten in die
Gläser und gießt ein Glas echten französischen Brannt=
weins darauf. Wenn sich die Früchte senken, sind sie zu
gebrauchen.

54. Quitten in Cognak. Zu 500 Gr. Quitten 375
Gr. Zucker. Die Quitten werden geschält, geschnitzelt, so=
gleich in kaltes Wasser geworfen und dann in siedendem
weich gekocht. Sind sie weich, so nimmt man sie mit einem
Schaumlöffel heraus, läßt sie ablaufen und besteckt die
Schnitzchen mit Nelken, Citronenschale und Zimmtstückchen.
Inzwischen wird der Zucker geläutert und dann kochend
über die in eine Schüssel gelegten Schnitze geleert. Nach
zwei Tagen kocht man den Saft noch recht dick ein und
füllt ihn mit den Schnitzen in Gläser. Nachdem sie völlig
erkaltet sind, vermischt man sie mit einem Glase Cognak.

55. Dunstfrüchte. Die billigste Art eingemachter Früchte
sind wohl die in Dunst eingemachten. Sie eignen sich mit
Zucker bestreut sowohl zu Kompott als auch zu Kuchen.
Fast alle Arten Früchte und Beeren sind dazu passend,

nur nicht Kernobst. Die Beeren müssen rein ausgelesen
und vollständig reif sein. Die zum Einkochen der Früchte
bestimmten Gefässe müssen von sehr dickem Glase sein und
haben am besten die Form einer recht weithalsigen Flasche.
Die Früchte oder Beeren legt man sorgfältig in die Flaschen,
füllt sie damit bis zum Rande und bindet sie dann mit
einer Schweinsblase, der ein Tuch unterlegt wurde, fest
zu. Nun stellt man sie auf Heu in einen Kessel, umgibt
sie noch überall mit Heu, und giesst dann recht behut=
sam Wasser zu, bis die Flaschen nur noch etwa einen
Zoll heraussehen. Das Wasser wird langsam zum Sieden
gebracht, und wenn es je ein wenig einkochen sollte, sieden=
des hinzu gegossen. Man lässt die Früchte so lange in
dem siedenden Wasser, bis sie sich senken, was man durch
den oben entstandenen leeren Raum alsbald bemerkt. Nun
nimmt man den Kessel vom Feuer und lässt die Früchte
in und mit dem Wasser erkalten. Hierauf trocknet man
die Flaschen ab und bewahrt sie an einem kühlen, trockenen
Orte auf. Sehr gut ist es, wenn die Früchte mit Brannt=
wein übergossen oder mit Zucker überstreut werden. Wer
es liebt, kann auch die Früchte lagenweise mit seinem ge=
stossenen Zucker in die Flaschen füllen. Eine einmal an=
geg'ffene Flasche muss gleich ganz geleert und der Inhalt
schnell verbraucht werden, weil sich die Früchte nicht mehr
halten, wenn die Flasche geöffnet ist.

56. Essig=Eingemachtes (Perlzwiebel). Die Zwiebel wer=
den gewaschen, in warmes Salzwasser gelegt und wenn
die Haut dadurch erweicht ist, mittelst eines silbernen Kaffee=
löffels oder Obstmessers geschält. Dann schwenkt man sie
wieder rein ab, legt sie mit weissen Pfefferkörnern in kochen=
den Weinessig, nimmt sie nach einigen Minuten heraus,
legt sie mit Meerrettich und Esdragon lagenweise in einen
Topf und übergiesst sie mit dem erkalteten Essig.

57. Rote Rüben. Von den roten Rüben sind die läng=
lichen die besten. Vor dem Sieden wasche man sie recht
rein ab, lasse aber alle kleine Würzelchen und noch einige

Centimeter von dem Kraut an den Rüben. Sie werden
nun langsam weich gekocht, geschält, in Scheiben geschnitten,
mit etwas Salz, ganzem Pfeffer, Koriander, Meerrettich,
auch Lorbeerblättern in einen reinen Steinguttopf gelegt
und mit gutem, gekochtem, wieder erkaltetem Essig über=
gossen.

58. **Kleine Essig=Gurken.** Die Gurken werden in frischem,
kaltem Brunnenwasser rein gewaschen und abgetrocknet; dann
legt man sie lagenweise mit Salz, Meerrettichscheibchen, Zwie=
beln, Dill und Esdragon in einen Steinguttopf und über=
gießt sie mit gutem gekochtem Essig. Zur Erhaltung der
Gurken dient ein mit Senfkörnern gefülltes, leinenes Säckchen.

59. **Andere Art.** Die Gurken werden 2—3 Tage in
Salzwasser gelegt, dann mit dem oben angegebenen Ge=
würz in den dazu bestimmten Topf gethan und mit ge=
kochtem und wieder erkaltetem Essig übergossen.

60. **Teufels=Gurken.** Schlangengurken werden geschält,
zerschnitten, der Samen herausgenommen, dann in beliebige
Stücke geschnitten und stark eingesalzen. Nach einigen
Stunden trocknet man sie ab, legt sie mit Zwiebel= und
Meerrettichscheibchen in einen steinernen Topf und übergießt
sie mit Doppelessig.

61. **Salz=Gurke.** Man nimmt halbgewachsene Gurken,
wäscht sie rein und trocknet sie mit einem Tuche wieder
ab. Dann legt man sie schichtenweise in einen großen Stein=
topf, welcher mit rein gewaschenen Traubenblättern aus=
gelegt wurde, bestreut jede Schicht mit Salz, Dill, Fen=
chel, Lorbeerblättern, Esdragon und Zwiebelscheiben. Da=
rauf kocht man Salzwasser so dick, daß es ein Ei trägt,
und leert es kalt über die Gurken.

62. **Große Gurken in Essig.** Halbgroße glatte Gur=
ken werden rein gewaschen, abgetrocknet und durch ein Loch
mittelst eines Kaffeelöffels von den Kernen befreit, dann
eingesalzen und über Nacht zurückgestellt. Am andern Tage
werden die Gurken abgerieben und die Oeffnung mit fol=

gendem Gewürz gefüllt: Kapern, Meerrettich und Schalotten, klein gewürfelt, grob gestoßene Muskatnuß, Pfeffer, Senfkörner. Sind die Gurken auf diese Weise gefüllt, so bedeckt man die Oeffnung wieder mit dem weggeschnittenen Stück und umbindet die Gurke mit einem Leinwandstreifen oder mit Traubenblättern. Hernach legt man die Gurken in einen Topf und übergießt sie mit kochendem Essig.

63. Zamba. Schöne, große Gurken werden abgeschält, dann der Länge nach fein geschnitten, daß es Streifchen gibt wie eingeschnittenes Kraut. Dieselben werden einige Stunden eingesalzen und nachher zum Ablaufen auf ein Sieb oder in ein Tuch gelegt. Nachdem sie rein abgelaufen sind, kommen sie mit weißen Pfefferkörnern, Muskatblüte und Zwiebeln in einen Steinguttopf, werden mit gekochtem und wieder erkaltetem oder rohem Essig übergossen und fest zugebunden.

64. Gurkensalat (eingemacht). Nicht zu kernige Gurken werden geschält, etwas dick eingeschnitten und stark eingesalzen. Dann gibt man sie sogleich in eine weithalsige Flasche, verkorkt und verpicht sie gut. Vor dem Gebrauch müssen diese Gurken abgewässert werden. Man verfährt dann damit wie bei gewöhnlichem Gurkensalat.

65. Bohnen in Essig. Junge Bohnen werden von den Fäden befreit, in kochendem Salzwasser drei Mal aufgekocht und zum Abtrocknen auf ein Tuch oder Brett gelegt. Hernach legt man sie mit Lorbeerblättern, Esdragon, Meerrettich, Zwiebeln, ganzem Pfeffer und Bohnenkraut in einen mit Traubenlaub ausgelegten Topf, drückt sie so fest als möglich ein und übergießt sie mit Essig. Nach 4—6 Tagen wird letzterer abgegossen, mit dem nötigen Salz aufgekocht und wieder kalt an die Bohnen geleert.

66. Welschkorn in Essig. Dasselbe wird, wenn es nicht ganz fingerslang ist, zu diesem Zweck abgebrochen, von den Fasern befreit und 5 Tage in Salzwasser gelegt, welches aber jeden Tag durch frisches ersetzt werden muß.

Nach Verlauf dieser Zeit kocht man das Welschkorn in siedendem Wasser einmal auf, spült es in kaltem Wasser ab und breitet es zum Abtrocknen auf ein Tuch aus. Dann legt man es recht vorsichtig mit Pfeffer, Zwiebeln, etwas Lorbeerblatt, auch Muskatblüte in Gläser und übergießt es mit weißem Essig.

67. **Mixed-Pickles.** Alle Arten Gemüse, schneeweißer, fester Karviol, in zierliche Stücke geschnitten, fest geschlossene Köpfchen des Rosenkohls, fest geschlossener Wirsing, junge Bohnen, grüne Erbsen, junge Gelbrüben, fingerslange Maiskölbchen, Perlzwiebel werden gereinigt und jedes dieser Gemüse für sich allein in ziemlich dickem Salzwasser ein bis zwei Mal aufgekocht, so daß sie noch härtlich sind. Gleich nach dem Sieden schwenkt man die einzelnen Gemüse mit kaltem Wasser ab und legt sie zum Abtrocknen auf ein reines Tuch. Sind sie ziemlich trocken, so legt man jedes besonders in ein porzellanenes Töpfchen. Dann nimmt man noch kleine Gurken, Kapuzinerkresse und Rettichschoten, wäscht sie und salzt sie gut ein. Am andern Tage füllt man die Gemüse, Gurken und Kapuzinerkresse mit Pfeffer, Dragon, Dill und Lorbeerlaub zierlich in Gläser, übergießt sie mit rohem Essig und bindet sie mit einer Schweinsblase fest zu. Wer derartig Eingemachtes recht scharf liebt, gieße nach einigen Tagen den gewöhnlichen Essig ab, koche nachfolgenden Gewürzessig und schütte ihn kalt und durchgeseiht darüber: In 1 Liter stärkstem Weinessig kocht man 60 Gr. schwarzen, 8 Gr. Cayenne- und 1 Schote spanischen Pfeffer, 30 Gr. Ingwerwurzel, 30 Gr. Salz, 15 Gr. englisches Gewürz.

68. **Bohnen roh einzumachen.** Junge, fleischige Bohnen, von den Fasern gereinigt, gespalten und gewogen; auf 12½ Kilo Bohnen schwach 1 Kilo Salz. Man streut das Salz über Nacht unter die Bohnen, legt sie den andern Tag ohne die Brühe in das bestimmte Gefäß, bedeckt und beschwert sie wie gewöhnlich. Sollte sich nicht mehr die nötige Brühe bilden, so macht man, nachdem die Steine

und Deckel sorgfältig abgewaschen sind, ein dickes Salzwasser daran. Das Abwaschen muß überhaupt alle 14
Tage vorgenommen werden. Will man von diesen Bohnen
kochen, so setzt man sie Tags zuvor mit kaltem Wasser
zu, läßt sie 40 Minuten kochen und legt sie über Nacht
in frisches kaltes Wasser. Am andern Tage sind sie in
einer Stunde voll nds gar.

69. Bohnen einzumachen (in Salzwasser). Ausgewach-
sene Bohnen ohne Kerne werden von den Fasern befreit
und gespalten. Dann bringt man in einem Kessel oder
großen Topf Wasser zum Kochen und wirft immer nur
einen Teil der Bohnen hinein, damit sie recht viel Wasser
haben. Nach einigen Augenblicken nimmt man sie wieder
heraus und wirft sie in viel frisches, kaltes Wasser und
dann zum Ablaufen in einen Korb. So fährt man fort,
bis alle Bohnen gar sind, achte aber wohl darauf, daß
immer kochendes Wasser nachgegossen wird, die Bohnen
nicht zu lange kochen (sie dürfen nicht weich sein) und daß
das Abschwenkwasser immer wieder durch frisches ersetzt
wird. Man legt darauf die abgelaufenen Bohnen in eine
mit Traubenblättern ausgelegte Stande, gibt etwas Bohnenkraut dazwischen und bedeckt sie oben mit einem weißen,
leinenen Tuch. Nun kocht man ein Salzwasser, welches
aber so dick sein muß, daß es ein Ei trägt, gießt es auf
die Bohnen, deckt sie mit einem passenden Holzdeckel zu
und beschwert sie mit großen Steinen. Nach einiger Zeit
muß das Unreine von dem Wasser etwas abgeschöpft
werden; außerdem hat man den ganzen Winter nichts mehr
damit zu thun.

70. Bohnen mit Wasser werden ebenso geputzt, gekocht
und in ein Gefäß gelegt, dessen Boden mit Traubenblättern
ausgelegt und mit Salz bestreut wurde. Oben auf die
Bohnen kommt ebenfalls noch Salz; dann bedeckt man sie
wie vorhergehend angegeben und gießt gewöhnliches frisches
Wasser darauf. Diese Bohnen erhalten sich sehr gut, nur
muß das Wasser alle 14 Tage abgegossen und durch frisches
ersetzt werden.

71. Senf mit Essig und Zucker. ½ Liter Essig, 60 Gr. Zucker, 60 Gr. gelbes und ebenso viel braunes Senf= mehl. Der Essig wird mit dem Zucker einige Augenblicke gekocht und zum Abkühlen in ein anderes Geschirr geleert. Nachdem er so lange gestanden, daß er etwa noch lau= warm ist, vermengt man das Senfmehl damit und rührt es etwa 30 Minuten. Der so zubereitete Senf wird dann in Töpfe oder Flaschen gefüllt.

72. Senf mit süßem Most wird ebenso gemacht, nur nimmt man statt des Essigs und Zuckers auf den vierten Teil eingekochten süßen Most.

73. Gewürz=Senf. 4 Zwiebel, 4 Stückchen Knoblauch, 4 Lorbeerblätter und einige Pfefferkörner werden in einem Liter Essig 15 Minuten gekocht, durchgeseiht und zum Er= kalten zurückgestellt. Dann rührt man 60 Gr. braunes und ebenso viel gelbes Senfmehl mit dem Essig eine halbe Stunde, vermischt noch 200 Gr. Zucker, etwas gestoßenen Zimmt und Nelken damit und füllt ihn in Töpfe.

74. Andere Art. Zwiebel, Esdragon, Lorbeerblätter, Pfefferkörner, ganze Nelken, Kresse und etwas Salz wer= ben in Essig gekocht. Ist dieses erkaltet, rührt man das Senfmehl damit an.

75. Senf, gewöhnliche Art. 120 Gr. gelbes, eng= lisches Senfmehl werden mit 120 Gr. Zucker, Mehl und Essig 30 Minuten gerührt.

76. Esdragon=Essig. Esdragon=Blätter werden mit gutem Weinessig in eine Flasche gefüllt, verkorkt und 12 Tage an die Sonne oder einen warmen Ort gestellt.

77. Dillessig wird von grünen Dill=Samenbüscheln ge= macht, indem man dieselben mit gutem Essig übergießt und gut verschließt. Dieser Essig ist hauptsächlich zum Ein= machen der Gurken zu empfehlen.

78. Himbeer=Essig. Auf 5 Ltr. Himbeeren, 3—4 Ltr. Essig bester Qualität, 250 Gr. Zucker. Die Himbeeren

werden zerdrückt und mit dem Eſſig übergoſſen; jedoch be
halte man noch ſo viel Eſſig zurück, als nötig iſt, der
Zucker damit zu läutern. Man ſtellt die Himbeeren mit
dem Eſſig einige Tage in den Keller, preßt ſie dann durch
ein Tuch, läutert den Zucker mit Eſſig, kocht den ausge
preßten Eſſig 1 Viertelſtunde, ſchäumt ihn ab, und füllt
ihn nach dem Erkalten wie die andern Säfte in Flaſchen.

79. Veilchen=Eſſig. Wohlriechende blaue Veilchen, etwa
4 Hände voll, werden von den Stielen befreit, und mit
gutem, womöglich weißem Wein-Eſſig in eine Flaſche gefüllt, verkorkt und einige Tage der Sonne ausgeſetzt. Dann
filtriert man den Eſſig, füllt ihn in Flaſchen und trinkt
ihn mit Waſſer und Zucker vermiſcht. Dieſer Eſſig kann
aber auch ſofort mit 100 Gr. in Eſſig gekochtem Zucker
vermiſcht und ſomit ſchon verſüßt, aufgehoben werden.

Fruchtſäfte.

80. Himbeerſaft. ½ Liter Saft, 400 Gr. Zucker.
Die Himbeeren werden zu Brei zerdrückt und ſo lange in
den Keller geſtellt, bis ſie ſich werfen. Dann preſſe man
den Saft durch ein reines Tuch, fülle ihn in Gläſer und
laſſe ihn über Nacht ſitzen, koche ihn den andern Tag mit
dem Zucker einige Minuten, gebe aber beim Abgießen des
Saftes recht Acht, daß der Satz zurückbleibt und ſchäume
ihn beim Kochen fleißig ab. Iſt der Saft erkaltet, fülle
man ihn in Flaſchen, verkorke und verpiche ihn und ſtelle
ihn an einen trockenen, kühlen Ort.

81. Heidelbeerſaft. Auf ½ Ltr. Saft 250 Gr. Zucker,
ganzer Zimmt, Nelken. Die Heidelbeeren werden zerdrückt,
der Saft durch ein Tuch gepreßt und zum Abklären an
einen kühlen Ort geſtellt. Hat ſich das Unreine hinläng=
lich zu Boden geſetzt, gießt man den Saft recht vorſichtig
ab, mißt ihn, kocht ihn mit dem Gewürz etwa 10 Minu=
ten in dem geläuterten Zucker, ſeiht ihn durch und füllt
ihn nach dem Erkalten wie oben in Flaſchen.

82. Kirschensaft. ¹/₂ Liter Saft, 250 Gr. Zucker, 4 Gr. ganzer Zimmt, einige ganze Nelken. Schöne, schwarze Kochkirschen werden abgezupft und mit den Steinen in einem Mörser zerstoßen. Den andern Tag preßt man den Saft durch ein reines Tuch, läßt ihn wieder einen Tag stehen, gießt dann den klaren Saft vorsichtig ab und kocht ihn mit dem Gewürz und dem Zucker eine Viertelstunde unter fleißigem Abschäumen. Nachdem dieser Saft erkaltet ist, wird er durchgeseiht, in Flaschen gefüllt, verkorkt und verpicht.

83. Quitten-Saft. ¹/₂ Ltr. Saft, 500 Gr. Zucker. Schöne, gelbe Quitten werden mit einem Tuch gereinigt, auf dem Reibeisen bis an's Steinige abgerieben, ausgepreßt und über Nacht zum Abklären in Gläser gefüllt. Am anderen Tage gießt man den klaren Saft vorsichtig ab, und kocht ihn mit dem grob gestoßenen Zucker einige Minuten. Er wird ebenfalls in Flaschen gefüllt.

84. Brombeersaft. ¹/₂ Ltr. Saft, 400—500 Gr. Zucker. Die Brombeeren werden zerdrückt und durch ein ausgebrühtes Tuch gepreßt. Nachdem der gewonnene Saft einige Stunden ruhig gestanden hat, gießt man das Helle vorsichtig ab, kocht ihn in dem geläuterten Zucker, schäumt ihn ab und füllt ihn erkaltet in Flaschen.

85. Johannisbeersaft wird auf dieselbe Weise gemacht.

———————

XXI. Gefrorenes.

Die zur Bereitung des Gefrorenen nötigen Gerätschaften sind ein Eimer oder ziemlich hoher Kübel mit einem Zapfenloch, um das geschmolzene Eis ablassen zu können; dann eine Zinnbüchse, 30 cm. hoch, mit gewölbtem Boden, gut schließendem Deckel, an dem sich ein bequemer Bügel oder Handgriff befindet, und schließlich noch ein glatter, hölzerner Spaten zum Umrühren. Zuerst legt man eine Hand hoch

in ganz kleine Stückchen geklopftes, stark mit Salz ver-
mengtes Eis in den Eimer, bestreut es noch mit etwas
Salz, stellt dann die Büchse, in welche die zum Gefrieren
bestimmte Crême gefüllt ist, darauf fest und umgibt die
Büchse ringsum mit Eis, und zwar so hoch, daß nur noch
3—4 cm. von derselben heraussehen. Man versäume ja
nicht, Salz auf das Eis zu streuen; denn ohne dasselbe ent-
stände in der Büchse kein Eis. Zur Vorsicht kann man
auch noch ein Tuch auf das Eis legen, damit beim Oeffnen der Büchse kein gesalzenes Eis hineinfalle. Ist die mit
der Masse gefüllte Büchse gut verschlossen, so läßt man sie
einige Minuten ruhig stehen und dreht dann erst die Büchse
so gleichmäßig wie möglich und ziemlich schnell im Kreise
herum, indem man sie an dem Henkel oben packt. Nach
Verlauf von etwa 10 Minuten öffnet man die Büchse recht
vorsichtig, stößt mit dem Spaten das an dem Boden und
den Seiten Angefrorene vorsichtig ab, schließt die Büchse
wieder und beginnt von neuem zu drehen. So wird mit
Drehen der Büchse und Abstoßen des Eises fortgefahren,
bis die ganze Masse gefroren ist. Dabei muß aber immer
das geschmolzene Eis abgelassen und durch neues ersetzt
werden. Nun wird die gefrorene Masse gut mit dem Spaten
durchgearbeitet, damit sie gleichmäßig fest und doch geschmei-
big ist, und dann so bald als möglich serviert.

1. Himbeer-Eis. 500 Gr. Zucker, 1 Kilo Himbeeren,
ein Glas weißer Wein. Die Himbeeren werden durch ein
Haarsieb gepreßt, mit dem Wein, dem in Wasser geläuterten Zucker vermischt und damit, wie angegeben, verfahren.

2. Erdbeer-Eis wird auf dieselbe Weise bereitet. Es
ist aber bei beiden zu bemerken, daß das Fruchteis viel
langsamer entsteht und deshalb mehr Salz auf das Eis
gestreut werden muß.

3. Quitten-Eis. Zu ½ Kilo durchgetriebener Quitten
400 Gr. gestoßener Zucker. Die Quitten werden mit
ganzem Zimmt in Wasser weich gekocht, geschält, auf dem

Reibeisen abgerieben, durch ein Haarsieb getrieben, mit dem Zucker vermengt und in die Gefrierbüchse gefüllt.

4. Gefrorenes von Aprikosen wird ebenso gemacht, nur müssen die Aprikosen selbstredend ungekocht durch das Sieb gepreßt werden. Nach Belieben kann auch der Saft einer Citrone und weißer Wein beigefügt werden.

5. Schokolade-Eis. 125 Gr. Schokolade, 125 Gr. gestoßener Zucker, 1 Ltr. süßer Rahm, 8—10 Eigelb. Die Schokolade wird mit dem siedend gemachten Rahm erweicht, verrührt, dann mit dem Zucker aufgekocht und mit den Eigelb abgezogen. Man gießt die Schokolade nochmals in die Pfanne, läßt sie unter starkem Rühren einige Augenblicke anziehen, seiht sie durch ein Haarsieb und füllt sie erst völlig erkaltet in die Büchse.

6. Kaffee-Eis. 120 Gr. feiner, hellbraun gerösteter Kaffee, 120 Gr. Zucker, schwach 1 Ltr. süßer Rahm, 10 Eigelb. Das Kaffeemehl wird mit dem siedenden Rahm angebrüht, zugedeckt und erst nach einer Stunde durchgeseiht. Nun wird dieser Kaffee mit dem Zucker siedend gemacht, mit den Eigelb abgezogen, zum Anziehen nochmals einige Augenblicke auf Kohlen stark gerührt, durch ein Sieb gegossen und gänzlich erkaltet in die Büchse gefüllt.

7. Vanille-Eis. Eine Stange Vanille wird in 1 Ltr. süßem Rahm abgesotten; dann werden 10—12 Eigelb verrührt, der Rahm recht langsam und unter beständigem Rühren damit angerührt. Man läßt auch hier Milch und Eier nochmals etwas anziehen, seiht sie durch, läßt sie ganz erkalten und füllt sie dann ein.

XXII. Getränke.

1. Schokolade mit Milch. Feine und gute Schokolade soll eine glänzende Außenseite haben und durch das Kochen nicht dick werden. Zu 1 Ltr. Milch rechnet man 90 bis

100 Gr. Schokolade, 4 Eidotter und etwas Zucker. Die Milch wird mit der Schokolade siedend gemacht, abgegossen und die nun erweichte Schokolade langsam und glatt mit der Milch angerührt. Dann gibt man den Zucker hinzu, macht die Schokolade wieder siedend und zieht sie mit den Eidottern ab. Man gibt sie dann nochmals in das Kochgefäß und läßt sie unter beständigem Rühren abermals anziehen. Die Schokolade wird noch stark gequirlt und dann serviert. Sowohl zu dieser, als auch hauptsächlich zu den folgenden Arten Schokolade kann Schlagrahm oder Crême von Eiweißschnee und Zucker gegeben werden.

2. Andere Art. 60 Gr. Schokolade zu knapp ½ Ltr. Milch. Die Schokolade wird mit etwas Milch gelöst, dann mit dem Reste derselben vollends angerührt, versüßt, aufgekocht und stark gequirlt.

3. Schokolade mit Wasser. 1 Ltr. Wasser, 125 Gr. Schokolade werden wie die Milch-Schokolade gekocht, aber ohne Eier, und mit kaltem süßem Rahm serviert.

4. Cacao. Von reinem entbuttertem Cacaopulver rechnet man einen Eßlöffel voll zu einer Tasse, fügt ein klein wenig (etwa 1 Messerspitze voll) feines Mehl bei und rührt es mit Wasser ganz glatt an. Nun setzt man diesen kalt angerührten Cacao auf's Feuer und rührt ihn, bis er stark kocht; dann verdünnt man ihn mit der nötigen, siedend gemachten Milch, gibt den Zucker darein und läßt ihn unter beständigem Rühren nochmals einige Zeit kochen. Im ganzen muß der Cacao 8—10 Minuten kochen. Statt Milch kann auch nur Wasser genommen werden. Diese Art Schokolade ist wegen der gänzlichen Entfernung alles Fettstoffs hauptsächlich für Kranke.

5. Kaffee. Zu einem guten Kaffee ist es am besten, blauen und gelben, etwa Java oder Ceylon, zu nehmen. Der blaue muß etwas stärker geröstet werden, als der gelbe, doch sollte auch er nur hellbraun sein. Man vermeide ja das zu starke Rösten oder Brennen des Kaffee's; er darf nicht so lange gebrannt werden, bis die Bohnen knallen ober aufgehen. Vor dem entgegengesetzten Fehler, dem zu hellen Rösten, muß eben so sehr gewarnt werden; es verdirbt den Kaffee und gibt dem Getränk einen unangenehmen Geschmack. Sind die beiden Sorten Kaffee geröstet, so breitet man ihn auf einer möglichst großen Fläche aus, damit er schnell erkaltet, und vermischt ihn miteinander. In Beziehung auf das Kaffeerösten ist noch zu bemerken, daß frisch geröstete Bohnen den besten Kaffee geben, weshalb man nie zu viel auf einmal rösten soll. Der Kaffee soll erst unmittelbar vor dem Anbrühen gemahlen werden, damit er nicht verdampft. Zu einer Tasse Kaffee rechnet man ca. 10 Gr. Bohnen. Das siedende Wasser wird langsam in den oberen Teil der Kaffeemaschine über das Kaffeemehl gegossen. Das Nachgießen darf nie so lange anstehen, bis der erste Aufguß abgelaufen ist. Ehe der Kaffee eingeschenkt wird, muß er einige Minuten ruhig stehen, damit er sich klärt. Viele Hausfrauen helfen beim Kaffeemachen mit Surrogat oder Cichorien nach; wohlschmeckend kann der Kaffee jedoch nur von reinen Bohnen werden. Ebenso nötig als gute Kaffeebohnen ist ein recht dicker, süßer Rahm zu einem guten Kaffee. Sollte man aber keinen solchen haben, so verrühre man etwas Mehl, am besten Weizen- oder Maismehl, mit Eigelb, und ziehe die siedende Milch damit ab. Es ersetzt zwar den Rahm nicht, aber gibt dem Kaffee eine hübschere Farbe als gewöhnliche Milch.

6. Thee. Der grüne Thee ist seit neuerer Zeit nicht mehr so beliebt, als der schwarze, weil er sehr aufregend wirkt und folglich nicht so gesund ist. Von dem schwarzen Thee ist Pecco und Souchong der beste und empfehlenswerteste. Auf 1 Tasse Wasser rechnet man einen gehäuften Eßlöffel voll Thee. Um demselben auf einmal all sein Aroma und seine belebenden Kräfte zu entziehen, füge man dem Wasser ein klein wenig Soda (etwa eine Erbse groß) bei. Dadurch wird das Aufheben, Trocknen und wieder Anbrühen der Theeblätter mancher Hausfrau überflüssig. Das Wasser muß stark kochend über den Thee

geleert werden; dann lasse man ihn 10 Minuten ruhig
stehen und gieße ihn ab. Sobald das Wasser länger an
den Blättern bleibt, verliert das Getränk an Geschmack.
Verwendet man eine geringere Sorte Thee, so gieße man
kochendes Wasser an und sogleich wieder ab, damit es die
Unreinigkeiten wegnimmt; dann erst wird der so gereinigte
Thee angebrüht. Man gebe zum Thee kalten, ja keinen
gekochten Rahm, auch Schlagrahm oder für Herren feinen
Wein oder Rum.

7. **Reformierter Thee.** Ein Kaffeelöffel voll Thee, ein
Stückchen Zimmt und Citronenschale werden in ein reines
Fleckchen gebunden, in 1 Ltr. Milch abgesotten, mit dem
nötigen Zucker versüßt und mit 3—4 Eidottern abgezogen.
Damit dieser Thee dicker wird, läßt man ihn noch unter
beständigem Umrühren etwas anziehen.

8. **Eiermilch** wird ebenso gemacht, nur siedet man statt
des Thee's ein wenig Vanille mit dem übrigen Gewürz
ab. Auch können einige Kaffeelöffel Kirschgeist beigefügt
werden.

9. **Kern= oder Rosenthee.** Die aus den Hagebutten ab=
gefallenen Kerne werden rein gewaschen, getrocknet und in
einem Säckchen aufbewahrt. Zum Gebrauch werden sie
wie Kaffee geröstet, und mit Wasser bis zur Hälfte lang=
sam eingekocht. Dieser Thee muß, ehe er zu Tisch kommt,
wenigstens eine halbe Stunde zuvor abgegossen werden und
ruhig bei der Wärme stehen, damit er hell wird. Man
trinkt ihn mit Milch, und ist dies ein sehr angenehmer
und billiger Thee. Zu 1 Ltr. Wasser nimmt man stark
1 Eßlöffel voll Kerne.

10. **Mandel=Milch.** 120 Gr. Mandeln, 1 Ltr. Milch,
etwas Zucker. Die Mandeln werden geröstet, abgerieben,
fein gestoßen, mit einem Stück Zimmt und Zucker in der
Milch gekocht, durch eine Serviette gepreßt, nochmals auf=
gekocht und mit Eidottern abgezogen.

11. **Kalte Mandel=Milch.** 250 Gr. Mandeln werden
mit einem Tuch abgerieben und mit etwas Wasser zu Brei

gestoßen, mit Wasser verrührt, durch eine Serviette gepreßt und beliebig mit Zucker versüßt.

12. Reis-Content. In 1½ Ltr. Milch kocht man 60 Gr. fein gestoßenen Reis, ein Stück Zucker, ein Stück Zimmt, 2—3 ganze Nelken und klein geschnittene Citronenschale. Ist der Reis weich, gießt man die Reismilch durch ein Haarsieb, macht sie wieder siedend und rührt sie mit 4—6 Eidottern ab. Nun läßt man die Milch auf Kohlen unter fleißigem Rühren ein wenig anziehen und quirlt sie nach dem Anrichten recht schaumig.

13. Pulver zu Reis-Content. Auf 250 Gr. Reis 40 Gr. gestoßener Zimmt, 4 Gr. Muskatblüte, 2 Gr. gestoßene Nelken, 4 Gr. weißer Aron. Der Reis wird sehr fein gestoßen, durch ein Haarsieb gesiebt, mit dem Gewürz und 30 Gr. indianischem Balsam angerührt. Dieses Pulver wird in gut verschlossenem Glase aufbewahrt. Zum Gebrauch kocht man 30—40 Gr. von diesem Pulver in 1½ Ltr. Milch, versüßt die Milch mit dem nötigen Zucker, zieht sie mit 4 Eidottern ab, läßt sie noch einmal anziehen und quirlt sie vor dem Servieren recht schaumig.

14. Eier-Wein (Chaudeau). Zu ½ Ltr. Wein oder feinem Rum, 100 Gr. Zucker, 4—6 Eidotter, nach Belieben Citronenschale und Saft. Der Wein wird entweder mit der Citronenschale und dem Zucker siedend gemacht, mit den Eidottern abgezogen und auf Kohlen schaumig geschlagen, oder: Eidotter, Wein und Zucker werden auf dem Feuer bis vor's Kochen geschlagen.

15. Kalter Eier-Wein. ½ Ltr. guter mit Zucker versüßter Wein wird mit 3—4 Eidottern verrührt.

16. Glühwein. Zwei Flaschen Rotwein macht man mit 250 Gr. Zucker, 15 Gr. ganzem Zimmt, einigen ganzen Nelken und Citronenschale siedend, seiht ihn durch und serviert ihn heiß.

17. Punsch. An 250 Gr. Zucker wird die Schale einer Citrone abgerieben; dann schlägt man ihn in kleine

Stückchen und begießt ihn mit dem Saft von 2 Citronen und ¹/₈ Ltr. Arrak. Bis der Zucker schmilzt, macht man von 15 Gr. Thee und 1 Ltr. Wasser einen starken grünen Thee und vermischt ihn, wenn er abgegossen ist, mit dem Zucker. Wird heiß serviert.

18. **Weinpunsch.** 1¹/₂ Ltr. feiner Wein wird heiß gemacht und über 220 Gr. Zucker, an dem eine kleine Citrone abgerieben wurde, gegossen. Dann macht man ¹/₂ Ltr. starken Thee und vermischt ihn nebst Citronensaft und Arrak mit dem Wein.

19. **Kaiser-Punsch.** In stark 1 Ltr. Wasser wird ein Stück Zimmt und ein Stück Vanille abgesotten. Inzwischen reibt man eine Citrone an 370 Gr. Zucker ab, schlägt diesen in kleine Stückchen und legt ihn mit klein geschnittener Orangenschale und 2 in Scheibchen geschnittenen Orangen in eine Terrine und gibt den Saft von 4 Citronen und das kochende Gewürzwasser darüber. Nach Belieben kann man auch eine in Scheiben geschnittene Ananas dazu thun. Ist das über das Gewürz gegossene Wasser erkaltet, so gibt man je eine Flasche Rheinwein, Arrak, Champagner und ¹/₂ Ltr. Selterswasser dazu.

20. **Orangen-Punsch.** Die Schale eine Orange wird an 630 Gr. Zucker abgerieben; dann wird derselbe in Stückchen geschlagen, mit dem Saft von 3 Orangen, dem Saft einer Citrone, schwach 1 Ltr. siedendem Wasser, 2 Ltr. heißem Wein, ¹/₂ Ltr. Arrak übergossen, verrührt und heiß serviert.

21. **Eier-Punsch.** Man macht einen gewöhnlichen Punsch, rührt 3 Eigelb mit Zucker recht schaumig und gibt den Punsch nach und nach dazu.

22. **Punsch-Essenz.** An 1¹/₄ Kilo (1250 Gr.) Zucker werden 4 Orangen und 1 Citrone abgerieben, dann 8 Orangen und 3 Citronen ausgepreßt und der Zucker mit diesem Saft gekocht, abgeschäumt und durch ein Tuch geseiht. Nach dem Erkalten verrührt man eine Flasche Arrak damit und

hebt diese Essenz gut verkorkt auf. Zum Gebrauch vermischt man sie mit starkem, heißem Thee.

23. Bischof. Die Schale von 8 Orangen oder einer Pomeranze wird an Zucker abgerieben, mit 1½—2 Ltr. Medoc übergossen, einige Tage zugedeckt und dann in Flaschen gefüllt.

24. Andere Art. 370 Gr. Zucker werden geläutert, dann mit einem Stück ganzem Zimmt und einigen Nelken noch etwas gekocht. Mittlerweile bratet man 3 Orangen auf dem Ofen fleckig, schneidet sie in Stücke, gießt 1½ Ltr. guten Wein daran, leert alles zusammen zu dem kochenden Zucker in das Kochgefäß, läßt es recht heiß werden, und seiht es durch. Dieses Getränk wird kalt serviert.

25. Grog. 400 Gr. Zucker und einige ausgekernte Citronenrädchen werden mit einem halben Ltr. kochendem Wasser übergossen und zugedeckt. Ist der Zucker gänzlich geschmolzen, so gießt man noch 1 Ltr. starken Thee und ⅝ Ltr. feinen Rum daran.

26. Gewöhnlicher Grog. 2 Ltr. heißes Wasser, ½ Ltr. Arrak und 360 Gr. Zucker mit einander vermischt.

27. Warmes Bier. 1 Ltr. Bier wird mit etwas Citronenschale, ganzem Zimmt und dem nötigen Zucker eine Weile gekocht, mit Eidottern abgezogen und stark damit gequirlt.

28. Kardinal. 2 Orangen werden mit einem scharfen Messer so fein als möglich abgeschält. Diese Schale gibt man eine Viertelstunde in ein Glas mit Wasser, und deckt sie gut zu. Indessen löst man 400 Gr. Zucker mit etwas Wasser, 2 Flaschen feinem weißem und einem Glase Rotwein auf, gibt das Orangenwasser noch dazu und füllt ihn in Gläser. Nach Belieben kann auch unmittelbar vor dem Servieren Champagner und statt der Orangenschale eine Ananas dazu gegeben werden.

29. Maitrank. Noch nicht ganz aufgeblühte, frisch gepflückte Waldmeister werden mit dem Kraut in eine Ter-

rine gelegt und mit feinem, weißem Wein begossen, zugedeckt und 2—4 Stunden zurückgestellt. Dann gießt man
den Wein ab und versüßt ihn mit dem nötigen Zucker.

30. Erdbeer-Bowle. Schöne große Erdbeeren werden
zerdrückt, mit gestoßenem Zimmt und Zucker vermischt, und
mit gutem Rotwein angerührt. Wer diese Bowle recht fein
will, treibe die Erdbeeren durch ein Haarsieb, und nehme
halb Weiß-, halb Rotwein.

31. Limonade. 1 Ltr. Wasser wird mit dem Saft
von 2 Citronen und dem nötigen Zucker vermischt. Man
kann auch in dem Wasser vorher ein Stück Citronenschale
ausziehen lassen und dem Wasser beliebig einen Fruchtsaft
zusetzen. Sehr gut mit Himbeersaft oder Apfelsinensaft
und Scheiben.

32. Hoppelpoppel. 4 Eidotter werden mit einer Tasse
süßem Rahm und dem nötigen Zucker schaumig gerührt,
dann langsam ¼ Ltr. Arrak dazu genommen.

33. Hoppelpoppel (sehr gut gegen Husten). 120 Gr.
Kandis-Zucker werden gestoßen, durchgesiebt, und mit 4 Eidottern recht schaumig gerührt.

34. Johannisbeer- (Träublein-) Wein. Vollkommen reife
weiße oder rote Johannisbeeren werden abgezupft, zerdrückt
und durch ein Tuch gepreßt. Dann mißt man den Saft
und löst zu jedem Liter desselben 1 Kilo Zucker in 2 Ltr.
Wasser auf, vermengt Zuckerwasser und Träubleinsaft mit
einander und füllt beides zusammen in einen weithalsigen
Kolben, der aber ganz voll werden muß. Dann bedeckt
man die womöglich recht weite Oeffnung mit einem Stückchen Mull, und läßt den Kolben an einem kühlen, trockenen Orte ruhig stehen. Wenn die Gährung beginnt, muß
jeden Morgen der Schaum vorsichtig weggenommen werden;
ferner muß immer wieder der nötige mit Zuckerwasser vermischte Saft nachgegossen werden, um den Kolben stets voll
zu erhalten. Nach ungefähr 8 Wochen wird der Wein in
Flaschen gefüllt, verkorkt, versiegelt und aufrechtstehend im

Keller aufbewahrt. Dieser Wein ist nach einem Jahr vorzüglich.

35. **Stachelbeerwein** kann von roten Stachelbeeren ebenso gemacht werden. Oder: 20 Ltr. Beeren werden zerdrückt und nach 3 Tagen durchgepreßt. Das im Tuche oder dem Preßchen Zurückbleibende wird mit 1½ Ltr. Most verrührt, nochmals durchgepreßt, und der dadurch gewonnene Saft mit dem vorher ausgepreßten vermischt. Man versüßt ihn nun mit Zucker, läßt ihn, wie den Träubleinwein, gähren und füllt ihn ebenso aus.

36. **Hägenwein.** Von den Hägen oder Hagebutten werden die Blüten und Stiele abgeschnitten; dann läßt man sie teigig werden, zerdrückt sie und vermengt sie mit Wasser. Auf 3 Ltr. Hägen 4 Ltr. Wasser. So läßt man die Hägen 6 Tage stehen, bis sie sich geworfen haben, wonach das obere sorgfältig abgenommen und alles durch ein Tuch gepreßt wird. Nun füllt man diesen Saft in einen Kolben, der aber wegen des Gährens ganz voll sein muß, und wirft auf 1 Ltr. Saft 12—15 Gr. Zucker hinein, rührt es um und läßt es ruhig stehen. Hat sich nach einigen Wochen die Gährung vollzogen, so füllt man den Wein aus und läßt ihn bis Januar ruhig stehen, bindet aber die Flaschen bis dahin nur leicht zu.

Liqueure.

37. **Nußliqueur.** Auf 500 Gr. Nüsse, 15 Gr. ganzen Zimmt, 8 Gr. Nelken, beinahe 2 Ltr. guten Branntwein, 500 Gr. Zucker und ⅜ Ltr. Wasser. Die Nüsse müssen um Johanni gebrochen werden. Sie werden von den Stielen befreit und in kleine Stückchen geschnitten. Dann gibt man sie mit dem Zimmt und den Nelken in einen großen Glaskolben oder in eine Flasche, gießt den Branntwein darauf und verschließt ihn recht lose. Nun stellt man den Kolben 6—7 Wochen an die Sonne. Nach Ablauf dieser Zeit seiht man den Branntwein durch ein Tuch, filtriert ihn durch eine Filzkappe oder Fließpapier, vermischt ihn

mit dem Zucker und dem Wasser und füllt den Liqueur in Flaschen.

38. Kirschenliqueur. 1 Kilo schwarze Kirschen werden abgezupft, mit den Steinen gestoßen, dazu 15 Gr. ganzer Zimmt, 8 Gr. ganze Nelken, 500 Gr. Zucker, 3½ Ltr. Branntwein und etwas Wasser. Die Kirschen und das Gewürz werden mit dem Branntwein angesetzt und 3 Wochen, lose verschlossen, in die Sonne gestellt. Nun wird der Liqueur filtriert und gezuckert wie der Nußliqueur.

39. Quitten-Liqueur. 2 Ltr. Quittensaft, 2 Ltr. Branntwein, 6 Gr. ganzer Zimmt, ein paar ganze Nelken, 20 Gr. grob gestoßene bittere Mandeln, Citronenschale und 250 Gr. Zucker. Die Quitten werden mit einem Tuch gereinigt, auf dem Reibeisen gerieben und den andern Tag durch ein Tuch gepreßt. Dann vermischt man den gewonnenen Saft mit Gewürz und Branntwein, stellt alles in einem Glaskolben recht lose verschlossen 3 Wochen an die Sonne, filtriert den Liqueur und füllt ihn in Flaschen.

40. Liqueur von schwarzen Johannisbeeren. Ein Liter vollständig reife, schwarze Träublein, 2 Liter Branntwein, ganzer Zimmt, 700 Gr. Zucker. Die Beeren werden abgezupft, zerquetscht, mit Gewürz und Branntwein vermischt, 4 Wochen in die Sonne gestellt, dann durchgeseiht, filtriert, gezuckert und in Flaschen gefüllt. Es muß wiederholt bemerkt werden, daß der Kolben, in dem der Branntwein an der Sonne bestilliert, ja nicht fest verschlossen wird, weil er sonst zerspringt.

41. Himbeer-Liqueur wird ebenso bereitet. Man richte sich aber bei allen Liqueuren mit der Menge des Wassers insofern ganz nach der Qualität des Branntweins, als zu starkem Branntwein etwas Wasser zugesetzt werden darf.

42. Anis-Liqueur. 1 Ltr. Branntwein, 1 Ltr. Wasser, 120 Gr. Zucker, 20 Tropfen Anisöl, Zimmt und Nelken werden 2 Tage lang in einem Gefäß an einen warmen Ort gestellt, filtriert und in Flaschen gefüllt.

43. Zimmt-Liqueur. Von feinem ganzem Zimmt kocht man einen dickroten Thee und vermischt ihn mit Branntwein und Zucker.

44. Pfeffermünz-Liqueur. 2 Ltr. Branntwein werden mit jungen, fein geschnittenen Pfeffermünzblättern 4 Wochen in einem Glaskolben in die Sonne gestellt; dann seiht man ihn durch und versüßt ihn mit einem Glase Zuckerwasser, in welchem 360 Gr. Zucker gelöst wurden.

45. Kalmus-Liqueur wird ebenso gemacht; auf 2 Ltr. Branntwein kommen 60 Gr. geschnittener Kalmus.

46. Citronen- oder Orangen-Liqueur. Die fein geschnittene Schale von 2 Citronen wird mit 1 Ltr. Branntwein angesetzt. Nach 10 Tagen versüßt man ihn mit 180 Gr. in 1 Ltr. Wasser gekochtem Zucker, filtriert ihn und füllt ihn aus.

47. Hagebutten-Liqueur. Abfall von Marmelade und frische Früchte werden mit Branntwein angesetzt und mit ihnen wie bei den obigen Liqueuren verfahren.

Getränke für Kranke.

Mandelmilch (s. Seite 297).

48. Reiswasser. 130 Gr. Reis werden, nachdem sie abgebrüht wurden, mit ganzem Zimmt und beinahe 2 Ltr. Wasser zugesetzt. Ist das Wasser etwa zur Hälfte eingekocht, so gießt man es durch ein Sieb ab und trinkt es, kalt oder warm, mit oder ohne Zucker.

49. Gerstenschleim. Feine geringelte Gerste wird mit gestoßenem Zucker geröstet, bis sie sich ballt; dann setzt man sie mit viel Wasser zu und kocht sie ab.

50. Andere Art. Mit Wasser gekochter, ungesalzener Gerstenschleim wird mit Preißelbeergelée oder -Saft angerührt und kalt gegeben.

51. **Apfel-Wasser.** 40 Gr. Kandiszucker werden mit 2 Ltr. Wasser gekocht, diese über 5 geschälte, klein geschnittene Aepfel gegossen, zugedeckt und nach 20 Minuten durchgeseiht.

52. **Gerstenwasser.** Feine Gerste, etwa 1 Löffel voll, wird mit kochendem Wasser abgebrüht, nach dem Erkalten durchgeseiht und mit Fruchtsaft vermischt.

53. **Moosthee.** 30 Gr. Isländisch Moos wird abgebrüht, mit stark 1 Ltr. Wasser zugesetzt und bis zu zwei Dritteilen eingekocht. Der Thee wird, mit Zucker versüßt, mit oder ohne Milch genommen, kann auch einen Tag aufbewahrt werden.

XXIII. Rauchfleisch.

Das zum Räuchern bestimmte Fleisch muß frisch und rein sein. Man reibt es überall mit feinem Salz, auch mit etwas Zucker und Salpeter gut ein, wobei man darauf zu achten hat, daß dies namentlich um die Knochen herum gründlich geschieht. Auf 4 Kilo rechnet man 250 Gr. Salz, 65 Gr. Salpeter und 35 Gr. Zucker. Nun drückt man das eingesalzene Fleisch eng und fest in ein hölzernes Gefäß oder bei kleineren Quantitäten in eine Schüssel und beschwert dasselbe etwas. Sollte es nach einigen Tagen keine Lake gezogen haben, so gießt man etwas Salzwasser daran. Bei größeren Stücken, wie Schinken und Schinkenroulade, ist es nötig, eine Lake zu kochen, damit das Wasser besser einbringt, womit das Fleisch täglich und wiederholt begossen werden muß.

1. **Lake zu Rauchfleisch.** Man wirft in kochendes Wasser so viel Salz, als sich darin auflöst, läßt es erkalten, probiert, ob die Lake ein Ei trägt und gießt sie kalt an das eingesalzene Fleisch. Es können auch Citronenscheiben, Wachholderbeeren, ein Lorbeerblatt, Zwiebel, Pfefferkörner und alle Arten Küchenkräuter in der Lake abgekocht werden.

Ist das Fleisch nur mit Salz eingerieben oder mit Lake begossen, so kann es nach 8—14 Tagen in den Rauch gehängt werden. Ein Schinken braucht 3—4 Wochen, um gut durchgesalzen zu werden.

2. Rauchfleisch. Junges, mit Fett gut durchwachsenes Schweinefleisch wird mit ein wenig Salpeter, Zucker und zuletzt mit dem nötigen Salz eingerieben und sogleich in den Rauch gehängt. Bei der Anwendung des Salpeters ist Vorsicht nötig; zu viel schadet der Gesundheit.

3. Schinken. Sind die Schinken auf die angegebene Weise gesalzen und geräuchert, so legt man sie am besten in Buchenasche, oder reibt sie damit ein und hängt sie an einem kühlen, trockenen Orte auf. Sollen sie zum Gebrauch kommen, so reibt man sie mit Kleie ab, wäscht sie rein und schlägt sie in dick ausgewellten Schwarzbrotteig ein, aber so, daß sie überall ganz gut bedeckt sind und beim Backen nirgends Dampf heraus kann. Der Schinken wird nun auf ein gut bestrichenes Blech gelegt und 2—3 Stunden gebacken.

4. Andere Art. Der Schinken wird abgerieben, wenn nötig, gebürstet und gewaschen, wie oben; dann setzt man ihn mit kaltem Wasser, allen Arten Gewürz und Kräutern auf's Feuer. Wenn das Wasser anfängt zu kochen, muß das Feuer entfernt werden. Man darf dann nur noch mit Kohlen nachschüren, damit das Schinkenwasser immer Blasen wirft, aber nicht kocht. Läßt sich die Haut leicht abziehen, so ist der Schinken gar.

5. Speck zu räuchern. Derselbe wird mit feinem Salz eingerieben und nach 8—10 Tagen in den Rauchfang gehängt.

6. Frankfurter Würste. Mit Fett durchwachsenes Schweinefleisch ohne Sehnen wird mit etwas Fett zu Brei gehackt, mit Salz, Pfeffer, Muskat und rotem Wein vermischt, in dünne Schweinsdärme gefüllt und geräuchert.

7. Blutwurst. Das Blut dazu muß noch rauchend warm sein. Man schlägt oder rührt es bis zum Erkalten, treibt es durch ein Haarſieb und vermengt es mit Pfeffer, Salz, etwas Nelken und engliſchem Gewürz, auch mit weich= gekochtem, gewürfeltem Speck und Schwarten. Es kann auch noch feingehacktes geſottenes Schweinefleiſch mit dem Uebrigen gut vermengt werden. Dieſe Maſſe wird in Därme gefüllt und eine halbe Stunde gekocht; kann auch leicht geräuchert werden. Eine ſolche Wurſt darf, wenn ſie un= geräuchert verwendet wird, nur in Waſſer heiß gemachı werden, ja nicht kochen.

8. Weiße Wurſt. Auf 1 Kilo Schweinsbraten kommen 500 Gr. gutes Schweinefleiſch, beides fein gehackt; dann 500 Gr. gekochter, klein gewürfelter Speck, 200 Gr. in Fleiſchbrühe geweichtes, wieder gut ausgedrücktes Weißbrot, Salz und Muskat. Iſt alles gut vermengt, wird die Maſſe in Därme gefüllt und die Würſte 18 Min. geſotten.

9. Leberwurſt. Die Leber wird roh oder nachdem ſie 8—10 Minuten in kochender Fleiſchbrühe gelegen, recht fein gehackt und durch ein Sieb gerührt; dann würfelt man gekochten Speck recht fein, vermiſcht die Leber mit dem= ſelben, gibt noch recht fein gehacktes Fleiſch, Gewürz und etwas Salz dazu. Beim Einfüllen in die Därme muß ziemlich leerer Raum gelaſſen werden, weil die Leber durch das halbſtündige Sieden der Würſte ſehr aufgeht. Zu dieſer Art Würſte kann auch feines Mehl genommen wer= den, nur muß man dann noch gute Fleiſchbrühe zum Bin= den zugießen.

10. Mettwurſt. 4 Kilo Mett= oder Schabefleiſch vom Schwein, 1 Kilo reines Fett, am beſten Rückenſpeck, 3 Eß= löffel voll geſtoßenen Zuckers, 1 Kaffeelöffel voll geſtoßenen Pfeffers und, je nach Belieben, 8—12 Eßlöffel voll Salz. Das Fleiſch wird ſorgfältig ausgeſehnt und fein gehackt, ebenſo das Fett, worauf man beides nebſt den Gewürzen etwa 3/4 Stunden zuſammen knetet. Darauf ſtopft man die Maſſe in gut gereinigte Gedärme zu ſehr feſten Würſten, die man 14 Tage bis 3 Wochen räuchern läßt.

11. **Geräucherte Gänsebruft (Spickbruft).** Man schneidet eine Gänsebruft aus der frisch geschlachteten und gereinigten Gans heraus, steckt sie einige Sekunden in kochendes Wasser und reibt sie mit viel Salz nebst einem Kaffeelöffel voll Zucker und ebenso viel Salpeter ein. Alsdann legt man sie, mit dem Fleisch nach unten, in ein Gefäß, auf dessen Boden Salz gestreut ist, läßt sie 3 Tage darin liegen, trocknet sie gut ab, bewickelt sie mit Papier, welches man darum befestigt, und räuchert sie 9 Tage.

Inhalts-Verzeichniß.

Zeitfracht Medien GmbH
Ferdinand-Jühlke-Straße 7
99095 Erfurt, Deutschland
produktsicherheit@kolibri360.de